# Musik aktuell

## Informationen, Dokumente, Aufgaben

Ein Musikbuch für die Sekundar- und Studienstufe

von
Werner Breckoff, Günter Kleinen,
Werner Krützfeldt, Werner S. Nicklis,
Lutz Rössner, Wolfgang Rogge,
Helmut Segler.

8. Auflage

Bärenreiter Kassel · Basel · Tours · London

Redaktion: Günter Kleinen, Helmut Segler

Genehmigt für den Gebrauch in Schulen.
Bundesländer und Genehmigungsdaten
teilt der Verlag auf Anfrage mit.

1. Auflage 1971
5., verbesserte Auflage 1974
8. Auflage 1978



Gesamtherstellung: Bärenreiter.
Printed in Germany

ISBN 3-7618-0467-9

# Inhalt

# Vorwort

*Musik aktuell* entstand im Teamwork. Ein Musikpädagoge, ein Musikwissenschaftler, ein Musiklehrer, ein Schulfunkredakteur, ein Komponist, ein Sozialwissenschaftler und ein Schulpädagoge haben daran gearbeitet. Lehrer, Studenten und Schüler haben bei einer ersten Erprobung der Texte mitgewirkt.
Im Verlauf der gemeinsamen Arbeit stellte sich heraus, daß es weniger darauf ankommt, richtige Antworten zu geben als richtige Fragen zu stellen. Es ist wichtig, Musik und Musikunterricht als ein Problem zu begreifen, das jeden zu eigenen Stellungnahmen herausfordert. Das Buch versucht, die dafür notwendigen Informationen zu geben und Hinweise darauf, wo man sich weiter informieren kann. Vom Leser wird die Bereitschaft verlangt, sich mit der Sache Musik auseinanderzusetzen. Die „richtige" Antwort kann für jeden anders ausfallen. Jeder sollte bereit sein, eine begründete Ansicht anderer zu respektieren.

*Musik aktuell* ist auf Initiativen der Schüler wie der Lehrer angewiesen; es rechnet damit. Oft ist es ratsam, nach Arbeitsgruppen zu differenzieren. Der Horizont der Arbeit wird sich notwendig über die Schulhofmauern erweitern, denn dort beginnen meist die aktuellen Interessen der Schüler.
Als wissenschaftliche Begriffe haben sich Begabung im allgemeinen und Musikalität im besonderen als untauglich erwiesen. Heutzutage ist jeder dem Konsumzwang Musik ausgesetzt, jedem ist Musik zugänglich und jeder hat ein Recht darauf informiert zu werden, um eigene Entscheidungen zu finden und selbständige Verhaltensweisen zu entwickeln.
Auch im Bereich der Musik muß sich der Lehrer mehr und mehr an ein lebenslanges Lernen gewöhnen. Für die Schüler ist er Lernhelfer.
Die einzelnen Beiträge sind zwar aufeinander bezogen und aufeinander abgestimmt, ihre Reihenfolge ist aber frei wählbar. Man kann das Buch von jedem beliebigen Punkt aus angehen. Lernen kann sich individuell und in jeder Gruppe auf sehr verschiedenen Wegen vollziehen. Das Buch will zu eigenen Wegen auffordern.

*Musik aktuell* hat Eigenschaften eines scrambled textbook. Als lockerer Gliederungsfaden dient das PRINZIP DER PSYCHISCHEN NÄHE: Ausgehend vom Nahfeld — von der Musik im Haus und in der näheren Umgebung — folgen die Bereiche der Erziehungsinstitutionen, der Kirche, des Theaters, des Konzerts; schließlich folgen Hinweise auf das internationale Musikleben. Innerhalb dieses Bezugssystems sind die einzelnen Beiträge nach ihrer sachlichen Nachbarschaft angeordnet.

Der Orientierung in *Musik aktuell* dienen die folgenden Hilfsmittel:

FLUSSDIAGRAMME sind an den Anfang jedes Kapitels gestellt und vermitteln sowohl eine Inhaltsübersicht als auch Einsicht in die Struktur der Abschnitte.

ARTIKELVERWEISE stehen am Schluß einzelner Artikel und machen auf ergänzende, erweiternde und vertiefende Beiträge an anderer Stelle aufmerksam.

Stichwörter sind als zentrale Begriffe eines Artikels durch Kapitälchen besonders hervorgehoben. Sie erscheinen zum größten Teil im Stichwortverzeichnis am Ende des Buches; es kann sinnvoll sein, das Buch von hier aus zu erschließen. Im Personenverzeichnis sind alle erwähnten Komponisten, Autoren und Dichter aufgeführt, die Komponisten mit Lebensdaten.
Eine Taschenbuch-Bibliographie erleichtert Lehrern und Schülern das Zusammenstellen einer Handbücherei. Auf eine entsprechende Diskographie wurde verzichtet, da sie zu schnell veralten würde.

Die Artikel sind nach folgendem Prinzip aufgebaut:

Am Anfang stehen in der Regel Impulse zur Weckung der Aufmerksamkeit; ihnen schließen sich grundlegende *Informationen* an; oft sind *Impulse* und *Informationen* identisch. Es folgen *Aufgaben* oder *Fragestellungen*. Die *Aufgaben* sind als Anregungen gedacht, mit denen frei umgegangen werden kann. Die Numerierung bezeichnet keine zwingende Reihenfolge.
Erfordert die Lösung einer Aufgabe einen verhältnismäßig großen Aufwand, so ist von *Vorhaben* die Rede. Häufig liefern *Hinweise* weiteren Stoff und didaktisch-methodische *Anregungen*. Geeignete Bücher, die im besonderen Zusammenhang weiterführen oder vertiefen können, sind unter *Literatur* angeführt. Manchmal schließen sich *Artikelverweise* an. — Nicht sämtliche Elemente müssen in jedem Artikel vertreten sein. Grundlegend ist die Information.

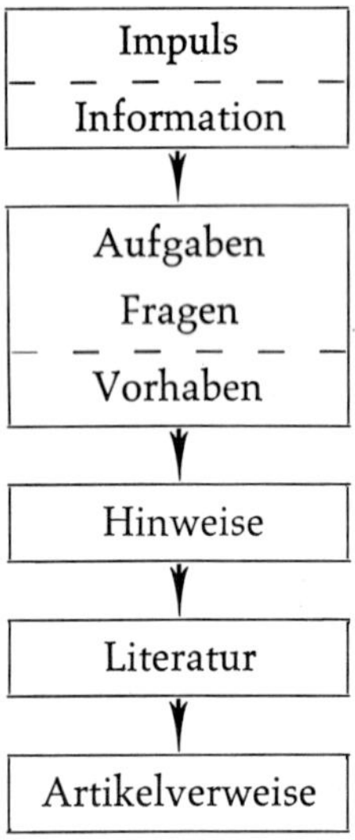


Von Zeit zu Zeit sollte der Lehrer durch Lernkontrollen überprüfen, wie effektiv der Unterricht war. Das nimmt dem Musikunterricht auch jene Unverbindlichkeit, die lange genug für ihn typisch war. Vorschläge sind am Ende eines jeden Kapitels in das Buch eingefügt. Sie sollen als Anregungen dienen, da der tatsächliche Unterrichtsverlauf und die erarbeiteten Inhalte nicht vorausgesehen werden können.

Hinweise:

1. In unserer Zeit ändern sich Gesellschaft und Denken rascher als die Generationen. Eine Grundthese von *Musik aktuell* lautet daher: Heute ist jeder Musikunterricht zur Wirkungslosigkeit verurteilt, der diesen gesellschaftlichen Wandel nicht berücksichtigt. Es geht also darum, praktische und stoffliche Konsequenzen zu ziehen. Die sozialen, psychischen, ökonomischen und politischen Dimensionen des Kulturphänomens Musik dürfen nicht weiterhin aus dem Musikunterricht ausgeklammert bleiben. Sie müssen die bisher allein übliche historische Betrachtungsweise ergänzen.
2. Durch kritische Reflexion ändert sich unsere Beziehung zur Musik in der Vielfalt ihrer Funktionen und Erscheinungsformen. Das einmal durchschaute Kunsterleben wird von anderer Qualität sein, als die ausschließlich individualitätsbezogene Verinnerlichung reiner Kunst. Dadurch, daß man die Machbarkeit des Kulturphänomens Musik einsichtig macht, könnte dieses neue Kunsterleben dazu beitragen, den Menschen als Schöpfer der Kultur zu neuen Formen des Selbstbewußtseins und Selbstverständnisses zu führen. Musik und Musikunterricht als Instrumente der *„Bewußtseinserhellung“* (Alfred Weber) und *„Entzauberung der Welt“* (Max Weber) bilden ein Gegengewicht zur ästhetischen Verklärung der Welt.
3. Schon im Aufbau weicht *Musik aktuell* wesentlich von herkömmlichen Musiklehrbüchern ab. Aufbau und Anordnung gehen von der Frage aus, wo dem

Menschen, zumal dem Jugendlichen der Gegenwart, Musik begegnet. Dieses PRINZIP DER PSYCHISCHEN NÄHE ergibt einen räumlich geordneten Bezugsrahmen, in den historische, musikalische, soziologische, sozialpsychologische, technische, ökonomische und andere wichtige Fragen einbezogen werden.

4. *Musik aktuell* ist für Schüler und Lehrer gemeinsam geschrieben — allerdings in einem Sinn, der hierzulande noch populär zu machen ist: Der Schüler verfügt über die Informationen, die der Lehrer didaktisch verarbeitet; der Lehrer sieht, was und wie der Schüler lernt. Die wechselseitige Verständigung über Ziele, Inhalte und Methoden des Lernens wirkt einerseits lernmotivierend und andererseits sachstrukturierend. Dabei sollen die FLUSSDIAGRAMME behilflich sein, die gleichzeitig als Inhaltsverzeichnis dienen. Selbstanleitung zum Lernen ist eine der didaktischen Implikationen von *Musik aktuell.*

5. Die Texte und Dokumente berücksichtigen eine breite Altersstreuung. Informationen und Aufgaben sind so gehalten, daß sie nach Möglichkeit am gleichen Problem, aber auf verschiedenen Lernebenen zünden. Sie ermöglichen es, ein und dasselbe Lernziel durch graduell verschiedene Arbeitsmethoden (z. B. Analysieren, Sammeln, Analogisieren, Erkunden, Ordnen) zu realisieren.

6. *Musik aktuell* ist ein selbstanleitendes Studien- und Arbeitsbuch. Es soll zum selbständigen Denken und Arbeiten anregen. Zu diesem Zweck verbindet *Musik aktuell* in freier Weise die Idee der Programmierung mit der bisher üblichen Lehrbuchform. Das Buch kann der Gruppen-, Partner- und Einzelarbeit dienen und als Grundlage für Gespräche und Diskussionen oder als Grundriß einer vom Lehrer projektierten Lektion einschließlich praktischer Übungen und Experimente verwendet werden.

7. *Musik aktuell* ist entworfen im Hinblick auf das Konzept einer integrierten Gesamtschule. In ihr wird die Dreigliedrigkeit der traditionellen Schultypen zugunsten differenzierender Verfahren aufgehoben. *Musik aktuell* kann auch an herkömmlichen Schulen verwendet werden; allerdings bringt es nach Inhalt und Anlage eine notwendige Ergänzung und Neuorientierung, entsprechend einem sich wandelnden Selbstverständnis des Faches. Dieses Selbstverständnis steht im Widerspruch zu dem traditionellen „Bildungsanliegen", wie es in den meisten derzeit gültigen Richtlinien noch verankert ist.
   Neben *Musik aktuell* können selbstverständlich andere Musikbücher benutzt werden. Außerdem wurde parallel zu *Musik aktuell* ein *Liedermagazin* erarbeitet, das eine neue LIEDDIDAKTIK vorstellt.

## ZUR VERBESSERTEN AUFLAGE

Die große Nachfrage und zahlreiche Anregungen der Benutzer haben Autoren und Verlag veranlaßt, bereits nach drei Jahren eine verbesserte Auflage von *Musik aktuell* vorzulegen. Am Konzept des Musikbuches hat sich dabei nichts verändert, doch wurden Korrekturen und — besonders bei den Literaturhinweisen — Ergänzungen vorgenommen sowie statistische Angaben auf den heute möglichen Stand gebracht. Das Kapitel *Jazz und Rockmusik* wurde in wesentlichen Punkten unter Berücksichtigung der augenblicklichen Tendenzen in der Popmusik neu gefaßt. Bei allen Veränderungen wurde versucht, die bisherige Seitenzählung beizubehalten, so daß alte und neue Auflagen nebeneinander verwendet werden können.

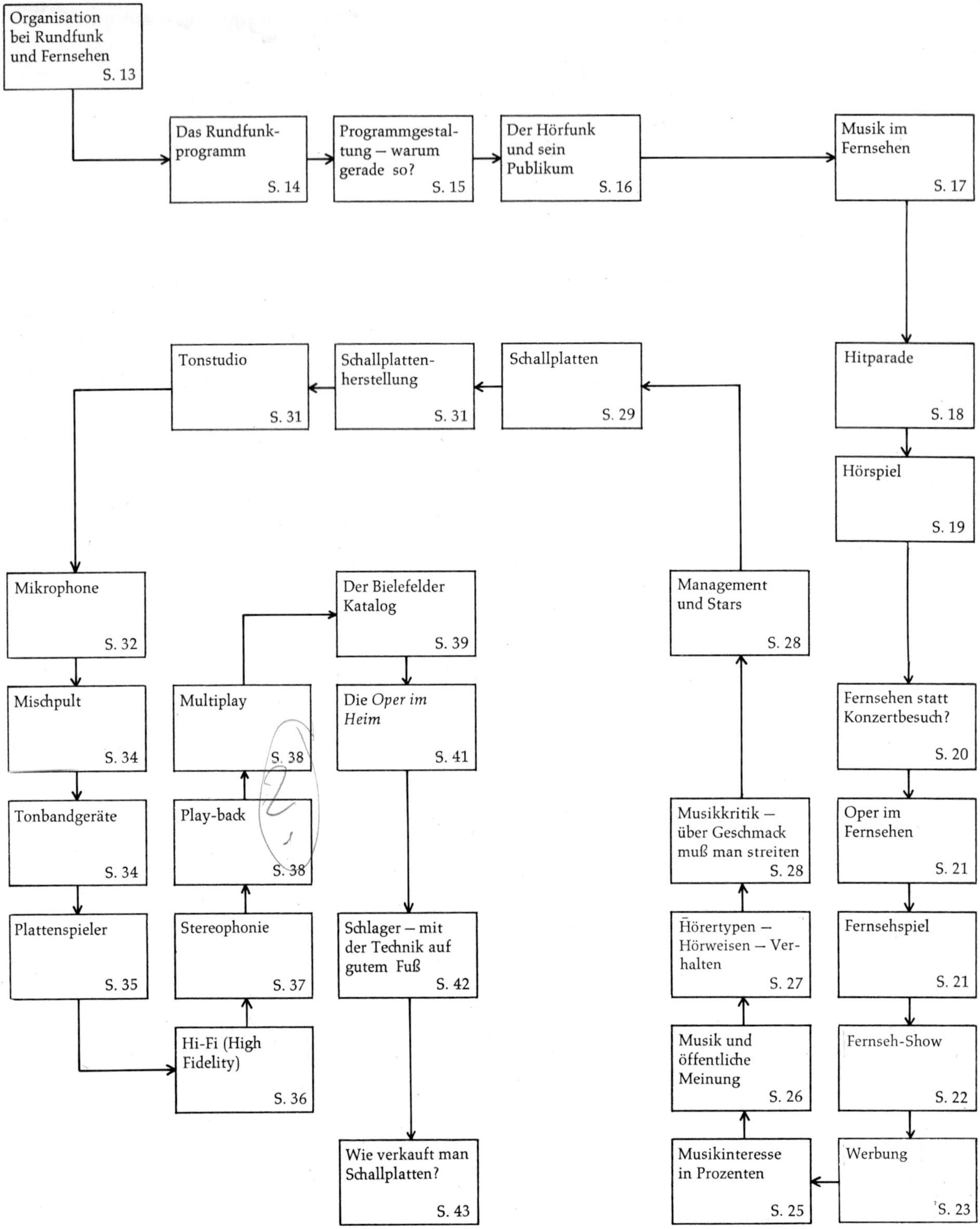
Organisation bei Rundfunk und Fernsehen S. 13
Das Rundfunkprogramm S. 14
Programmgestaltung – warum gerade so? S. 15
Der Hörfunk und sein Publikum S. 16
Musik im Fernsehen S. 17
Hitparade S. 18
Hörspiel S. 19
Fernsehen statt Konzertbesuch? S. 20
Oper im Fernsehen S. 21
Fernsehspiel S. 21
Fernseh-Show S. 22
Werbung S. 23
Musikinteresse in Prozenten S. 25
Musik und öffentliche Meinung S. 26
Hörertypen – Hörweisen – Verhalten S. 27
Musikkritik – über Geschmack muß man streiten S. 28
Management und Stars S. 28
Schallplatten S. 29
Schallplattenherstellung S. 31
Tonstudio S. 31
Mikrophone S. 32
Mischpult S. 34
Tonbandgeräte S. 34
Plattenspieler S. 35
Hi-Fi (High Fidelity) S. 36
Stereophonie S. 37
Play-back S. 38
Multiplay S. 38
Der Bielefelder Katalog S. 39
Die *Oper im Heim* S. 41
Schlager – mit der Technik auf gutem Fuß S. 42
Wie verkauft man Schallplatten? S. 43

# 1. Kapitel Aus dem Lautsprecher

## ORGANISATION BEI RUNDFUNK UND FERNSEHEN

Musikprogramme des RUNDFUNKS werden in der Hauptabteilung Musik und der Hauptabteilung Unterhaltung produziert. Musiksendungen gibt es ferner auch im SCHULFUNK.

Wie diese Abteilungen im einzelnen aufgegliedert sein können, zeigt das folgende Schema:

Organisationsschema

| HAUPTABTEILUNG MUSIK | HAUPTABTEILUNG UNTERHALTUNG | PROGRAMMDIREKTION HÖRFUNK |
|---|---|---|
| Sinfonische Musik<br>Kammermusik<br>Neue Musik u. Chormusik<br>Alte Musik, Podium der Jungen, Kammerorchester<br>Diskothek<br>Oper, Operette, gehobene Unterhaltungsmusik<br>Sinfonieorchester<br>Chor | Schallplatte<br>Tanz- u. Unterhaltungsmusik<br>Schlagerparade und Übernahmen<br>Unterhaltung: Wort<br>Tanz- und Unterhaltungsorchester<br>Jazz, Folklore | u. a. Schulfunk,<br>Redaktion Musik |

(Beispiel NDR Hamburg)

Das ORGANISATIONSSCHEMA beim FERNSEHEN ist entsprechend anders aufgebaut.

Aufgaben:

1. Welche Programme von Rundfunk und Fernsehen können wir empfangen?
2. Welche Sendungen des Fernsehens haben eine ähnliche Zielsetzung wie der Schulfunk? Worin liegen die Unterschiede?
3. Wohin schreiben wir, wenn wir
   a) uns an einer HITPARADE beteiligen wollen,
   b) uns zu einer bestimmten Musiksendung äußern wollen,
   c) das Begleitheft zu einer Musiksendung im SCHULFUNK anfordern wollen?
4. In der Ansage eines KONZERTS (Direktübertragung), eines HÖRSPIELS oder eines FERNSEHSPIELS werden die Namen der Mitwirkenden genannt. Welche Personen sind sonst noch am Zustandekommen der Sendung beteiligt?

In der folgenden Tabelle ist das Musikprogramm des NDR (WDR) im 1., 2. und 3. Programm nach Musikarten aufgeschlüsselt. Als Grundlage der Auszählung dienten die vier Juni-Ausgaben einer Programmzeitschrift des Jahres 1969. Die Zeiten sind auf einen Tag umgerechnet. Die Nachtsendung *Musik bis zum frühen Morgen* blieb unberücksichtigt.

| Sendungen | 1. Programm | | | 2. Programm | | | 3. Programm | | |
|---|---|---|---|---|---|---|---|---|---|
| | % | (Std. | Min.) | % | (Std. | Min.) | % | (Std. | Min.) |
| Gesamtprogramm | 100 | 18 | — | 100 | 18 | — | 100 | 14 | — |
| davon Musik | 63 | 11 | 20 | 80 | 14 | 20 | 58 | 8 | 7 |
| Musik insgesamt | 100 | 11 | 20 | 100 | 14 | 20 | 100 | 8 | 7 |
| davon: | | | | | | | | | |
| Operetten | 7,1 | — | 48 | 4,7 | — | 41 | — | — | — |
| deutsche Volksmusik | 4,8 | — | 33 | 4,1 | — | 35 | 2,7 | — | 13 |
| leichte Unterhaltungsmusik | 19,7 | 2 | 14 | 11,4 | 1 | 38 | — | — | — |
| Evergreens | 1,7 | — | 12 | 1,8 | — | 16 | — | — | — |
| deutsche Schlager | 2,2 | — | 15 | 8 | 1 | 9 | — | — | — |
| Tanzmusik | 7,7 | — | 52 | 43,4 | 6 | 13 | — | — | — |
| klassische Opern | 2 | — | 13 | 1,7 | — | 14 | — | — | — |
| ausländische Schlager, Beat | 6,8 | — | 47 | 14,9 | 2 | 9 | — | — | — |
| klassische Konzerte | 14,3 | 1 | 37 | 2,6 | — | 22 | 37 | 3 | 1 |
| Musicals | 1,2 | — | 7 | 1,6 | — | 14 | — | — | — |
| Kammermusik | 19,2 | 2 | 10 | 2,4 | — | 20 | 30,4 | 2 | 28 |
| Jazz | 5,8 | — | 41 | 1,8 | — | 16 | 23 | 1 | 52 |
| ausländische Volksmusik | 0,6 | — | 4 | — | — | — | 2,9 | — | 14 |
| moderne Sinfonien | 5,7 | — | 39 | — | — | — | 4 | — | 19 |
| moderne Opern | 0,6 | — | 4 | — | — | — | — | — | — |
| Chansons | 0,6 | — | 4 | 1,6 | — | 13 | — | — | — |
| Gesamt: | 100 | 11 | 20 | 100 | 14 | 20 | 100 | 8 | 7 |

wer hört was?

Aufgaben:

1. Welche Musikarten werden in den einzelnen Programmen am häufigsten, welche verhältnismäßig selten gesendet?
2. Wir vergleichen 1., 2. und 3. Programm (graphische Darstellung). Warum sind die Programme unterschiedlich gestaltet?
3. Wie würden wir ein Rundfunkprogramm entwerfen? (Mit Beispielen und Begründung.)
4. Wir beobachten das Hörverhalten in der eigenen Familie, bei Bekannten, in einem Heim. Welche Musik wird zu bestimmten Tageszeiten bevorzugt gehört?

Vorhaben:

Wir bilden eine Arbeitsgruppe, die die Ergebnisse aus dem Jahr 1969 mit den jetzigen vergleicht. Hat sich etwas geändert? Wenn ja, worauf ist das zurückzuführen?

Hinweis:

Bemerkung zur Methode

Die vielen musikalischen Gattungsbegriffe sollten nicht verwirren. Wie weit sie aufgegriffen und geklärt werden, hängt von der Vorbildung der Gruppe ab,

außerdem sind sie in diesem Buch in anderen Zusammenhängen dargestellt. (Siehe STICHWORTVERZEICHNIS.) Fachlich-theoretische und geschichtliche Fragen können in Leistungskursen (Gesamtschulsystem) behandelt werden, so daß die Schüler zu gegenseitigen Informationen und zu eigenen Fragestellungen angeregt werden. Immer wieder sollten Musikbeispiele herangezogen werden. Aber auch eigene experimentelle Produktionen oder Zusammenstellungen auf TONBAND sollten versucht werden.
Die Folge der Unterrichtsschritte ist nicht festgelegt. Wichtig ist, die weit verbreiteten Klischeevorstellungen über die Wirkung von Rundfunkmusik (Aufwachen, Entspannung, Einschlafen u. ä.) bewußt zu machen, musikalisches Gehör und Urteilsfähigkeit zu schärfen. In regelmäßigen Abständen sollten schriftliche Kontrollen durchgeführt werden.

Literatur:

H. SEGLER, *Das Rundfunkprogramm — Unterrichtsversuche*, in: *Musik und Musikunterricht in der Gesamtschule*, hrsg. von H. SEGLER. Weinheim 1972, S. 241 bis 246.

## PROGRAMMGESTALTUNG — WARUM GERADE SO?

Der RUNDFUNK fühlt sich dem Unterhaltungsbedürfnis der Hörer verpflichtet; in den Anfängen trug er sogar den Namen Unterhaltungsrundfunk.

nur leichte Kost?

Die U-MUSIK (Unterhaltungsmusik) gilt als übliche Konzession an den vermeintlichen musikalischen Geschmack der Allgemeinheit. Die Bindung eines großen Publikums wird aus Gründen des Renommees, bei einigen Sendern auch aus kommerziellen Gründen angestrebt. Freilich gibt es daneben eine Reihe von Argumenten, E-MUSIK (ernste Musik) besonders zu pflegen:

a) Die Sender sehen eine pädagogische Aufgabe darin, anspruchsvolle Musik möglichst vielen Hörern nahezubringen.
b) Einem unversorgten, aber interessierten Hörerkreis kann zu Kunstgenuß verholfen werden.
c) Das Prestige eines Senders beruht häufig auf den Programmen mit Bildungscharakter und auf einer großzügigen Förderung von ernster Musik.
d) Insbesondere sehen es Rundfunkanstalten als ihre Verpflichtung an, u. a. Künstlernachwuchs zu fördern und Kompositionen in Auftrag zu geben. Durch solche AUFTRAGSWERKE fördern sie die ZEITGENÖSSISCHE MUSIK.

Dem stehen die ERWARTUNGEN DER RUNDFUNKHÖRER gegenüber:

| | |
|---|---|
| Unterhaltung / Zerstreuung | 52 % |
| Information / Nachrichten | 41 % |
| Kunstgenuß / Erbauung | 4 % |
| Wissensbereich / Bildung | 3 % |

Literatur:

F. EBERHARD, *Der Rundfunkhörer und sein Programm.* Berlin 1962.

Das EMNID-Institut (Institut für Markt- und Meinungsforschung, Bielefeld) hat Anfang 1970 für den NDR Hamburg eine umfangreiche Untersuchung über den Hörfunk und sein Publikum im Sendegebiet des NDR durchgeführt. Auf die Frage, welche Musiksendungen in welcher Häufigkeit gehört werden, antworteten die (insgesamt 5600) Befragten (Zahlenangaben in Prozenten):

Demoskopie

| | Regelmäßig | Öfters | Selten | Nie | Keine Antwort | |
|---|---|---|---|---|---|---|
| Tanzmusik und Schlager international | 20 | 36 | 23 | 19 | 2 | 100 |
| Tanzmusik und Schlager deutsch | 22 | 42 | 20 | 14 | 1 | 100 |
| Popmusik und Folklore | 8 | 16 | 25 | 48 | 3 | 100 |
| Operettenmusik, volkstümliches Konzert | 9 | 35 | 26 | 28 | 2 | 100 |
| Oper und Sinfonie | 4 | 13 | 24 | 57 | 2 | 100 |
| Kammermusik und Kunstlied | 2 | 6 | 18 | 71 | 2 | 100 |
| Volkslied und Chor | 5 | 29 | 29 | 35 | 2 | 100 |
| Neue Musik | 1 | 9 | 19 | 67 | 3 | 100 |
| Jazz | 2 | 12 | 21 | 62 | 2 | 100 |

Die 15- bis 19jährigen interessieren sich

zu 86 % für internationale TANZMUSIK
zu 78 % für POPMUSIK und FOLKLORE
zu 40 % für NEUE MUSIK
zu 33 % für JAZZ

Eine Aufgliederung nach Altersgruppen erfolgte anläßlich der Frage, wozu das Radio neben dem Fernsehen jetzt noch wichtig sei (Zahlenangaben in Prozenten):

| | Insgesamt | 10–14 Jahre | 15–19 Jahre | 20–29 Jahre | 30–39 Jahre | 40–49 Jahre | 50–59 Jahre | 60 J. u. älter |
|---|---|---|---|---|---|---|---|---|
| Nachrichten und Informationen | 69 | 33 | 59 | 73 | 76 | 73 | 75 | 65 |
| Leichte Musik | 67 | 76 | 73 | 78 | 73 | 70 | 65 | 47 |
| Hörspiele | 22 | 27 | 22 | 22 | 23 | 19 | 25 | 20 |
| Kulturelle Sendungen | 10 | 3 | 8 | 11 | 10 | 10 | 11 | 10 |
| Schwere Musik | 9 | 2 | 4 | 8 | 8 | 10 | 11 | 14 |
| Als Musiklieferant wie Plattenspieler und Tonband | 31 | 46 | 58 | 44 | 33 | 29 | 22 | 13 |
| Ganz bestimmte, besonders interessierende Sendungen | 6 | 10 | 8 | 6 | 7 | 5 | 5 | 6 |
| Sonstiges | 4 | 4 | 3 | 4 | 4 | 4 | 4 | 3 |
| Ist nicht mehr wichtig | 7 | 4 | 1 | 2 | 3 | 5 | 6 | 17 |
| Keine Antwort | 2 | 2 | 0 | 2 | 2 | 2 | 3 | 3 |
| Prozentuierungsbasis (Mehrfachnennungen möglich) | 4 936 | 246 | 345 | 793 | 1 041 | 784 | 680 | 1 047 |

Aufgabe:

Welche HÖRGEWOHNHEITEN lassen sich aus der Tabelle ablesen?

## MUSIK IM FERNSEHEN

Das Meinungsforschungsinstitut INFRATEST führte 1970 im Auftrag des ZDF eine Umfrage zum Thema *Musik im Fernsehen* durch. Dabei wurde die folgende Frage vorgelegt:

*„Haben Sie schon einmal eine Übertragung von Musikstücken, also reine Musiksendungen im Fernsehen angeschaut?"* 75 % der 1454 Befragten antworteten mit Ja, 25 % mit Nein. Interessant ist eine Aufschlüsselung dieser Zahlen nach Berufsgruppen und Schulbildung:

| Berufsgruppen: | Ja | Nein | keine Antwort |
|---|---|---|---|
| selbständige und freie Berufe | 81 | 19 | – |
| leitende Angestellte und Beamte | 82 | 17 | 1 |
| sonstige Angestellte und Beamte | 82 | 18 | – |
| Arbeiter und nicht selbständige Handwerker | 68 | 32 | – |
| Schulbildung: | | | |
| Volksschule ohne Berufsausbildung / Lehre | 69 | 31 | – |
| Volksschule mit Berufsausbildung / Lehre | 75 | 25 | – |
| mehr als Volksschule | 84 | 16 | – |

Bei einer anderen Frage ging es darum, aus welchem Grunde sich die Zuschauer eine bestimmte Musiksendung im Fernsehen anschauten, und zwar war dies BEETHOVENS *Pastoralsymphonie,* dirigiert von HERBERT VON KARAJAN. Für die

Starkult

meisten Fernseher (230 Befragte) gab KARAJAN den Ausschlag (36 %), *„wegen der Musik"* war mit 32 % die nächst häufigste Begründung, es folgten *„war eben eingeschaltet"* (20 %), *„Beethoven ist für mich alles"* (7 %), *„Klassische Musik ist mein Hobby"* (2 %) u. a.
Hier ist die Aufschlüsselung nach Geschlecht, Altersgruppen, Berufsgruppen und Schulbildung insbesondere bei *„war eben eingeschaltet"* (A) und *„Beethoven ist für mich alles"* (B) aufschlußreich:

| | A (%) | B (%) |
|---|---|---|
| Geschlecht: | | |
| männlich | 23 | 11 |
| weiblich | 17 | 5 |
| Altersgruppe: | | |
| 14–29 Jahre | 36 | 14 |
| 30–49 Jahre | 15 | 9 |
| 50 Jahre und älter | 13 | 3 |
| Berufsgruppe: | | |
| Leitende Angestellte und Beamte | 6 | 23 |
| sonstige Angestellte und Beamte | 14 | 8 |
| Arbeiter, nicht selbständige Handwerker | 28 | 2 |
| Schulbildung | | |
| Volksschule ohne Berufsausbildung / Lehre | 23 | – |
| Volksschule mit Berufsausbildung / Lehre | 26 | 6 |
| mehr als Volksschule | 6 | 15 |

2

Hinweis:

Als Rahmenthema für einen Jahreskurs wird vorgeschlagen: Die Medien Fernsehen, Rundfunk, Schallplatte und Tonband unter informatorischem, hörtheoretischem und spielpraktischem Aspekt.

ein Jahreskurs

Vorhaben:

1. Sammeln und Besprechen von PROGRAMMZEITSCHRIFTEN, SCHALLPLATTENKATALOGEN und -HÜLLEN; Einordnen von Produkten der sogenannten E- und U-MUSIK und ihrer Werbemittel.
2. Klärung unbekannter Begriffe und Erstellen von Beispielreihen durch Tonaufzeichnungen aus RUNDFUNKSENDUNGEN und von SCHALLPLATTEN. Vergleiche unterschiedlicher BESETZUNGEN und SOUNDS.
3. Sammeln und Ordnen von Bildmaterial zur Veranschaulichung — z. B. Instrumente, Interpreten, DIRIGENTEN u. a. m.
4. Produktion eigener TONBANDAUFNAHMEN (Singen und Instrumentalspiel), Klangexperimente (etwa mit ORFF-INSTRUMENTARIUM), HÖRSPIELSZENEN, WERBESPOTS; Unterweisung in AUFNAHMETECHNIK.
5. Kontrolle, Kritik und Korrektur solcher Aufnahmen (Spieltechnik, TONTECHNIK).

Je nach Vorbildung der Schülergruppe ergeben sich auch Themengruppen und fachliche Akzentuierungen in kleinerem Rahmen.

Zu beachten sind:

a) das fachliche Leistungsprinzip und überprüfbare Lernergebnisse,
b) die Einbeziehung außerschulischer Bildungsmittel und -institutionen,
c) die notwendige Erziehung zu einem sinnvollen Kulturverhalten in der Welt der Erwachsenen, d. h. Erhellung der gesellschaftlichen Bedeutung, die Musik heute hat, und die Erarbeitung einer dem jeweiligen Gegenstand angemessenen Fachsprache.

(Dieser Jahreskurs wurde dem Niedersächsischen Kultusministerium von der Fachgruppe Musik der Pädagogischen Hochschule Niedersachsen für Schulversuche mit dem 10. Schuljahr vorgeschlagen.)

## HITPARADE

Im RUNDFUNKPROGRAMM erfreuen sich HITPARADEN großer Beliebtheit vor allem bei Jugendlichen. HIT bedeutet eigentlich Treffer und meint einen Erfolgsschlager. Hitparade ist eine SCHLAGERPARADE, auch SCHLAGERBÖRSE genannt.
Der Musiksoziologe THEODOR W. ADORNO kommentiert: *„Die zu best sellers auserkorenen* SCHLAGER *werden in die Hörer wie mit Eisenhämmern so lange hineingerammt, bis sie sie wiedererkennen müssen, und, wie die kompositorischen* REKLAMEPSYCHOLOGEN *richtig sich ausrechnen, darum lieben. Die Institutionen der hit parades, Schlagerbörsen und wie sie sich sonst annoncieren, sind dafür prototypisch; kaum läßt mehr sich unterscheiden, was von den Schlagern wirk-*

mit Eisenhämmern

*lich, wie man hierzulande sagt, ankam und was darum dem Publikum als Liebling präsentiert wird, oder was nur dank einer Präsentation ankommt . . ."*
*„Zunächst müssen einmal Schlager, damit sie Erfolg haben können, im allgemeinen den im Augenblick gängigen Spielregeln genügen . . . Nicht genug*

Dauer-Hits

*daran jedoch, gibt es auch bei* SCHLAGERN, *bei Musik, die kaum zur Kunst rechnet, eine spezifische, sehr schwer zu umschreibende Qualität, die von den Hörern honoriert wird. Die sogenannten* EVERGREENS, *Schlager, die nicht zu veralten scheinen und die Moden überstehen, bezeugen die Existenz dieser Qualität . . ."* (Th. W. ADORNO, *Einleitung in die Musiksoziologie.* Reinbek 1968 — rowohlts deutsche enzyklopädie, Band 292/293 — S. 44 f.)

Aufgaben:

1. Welche Voraussetzungen müssen gegeben sein, um einem Schlager zum Erfolg zu verhelfen?
2. Wie ist ADORNOS Aussage, daß Schlagermusik *„kaum zur Kunst rechnet"*, zu begründen?
3. Welche uns bekannten Schlager sind EVERGREENS?
4. Welche Qualitäten müssen Schlager haben, um zu EVERGREENS zu werden?
5. Wie werden HITPARADEN in JUGENDZEITSCHRIFTEN kommentiert?

Vorhaben:

1. Wir erarbeiten HITPARADEN nach dem Durchschnittsgeschmack unserer Klasse (Gruppe) und vergleichen Zusammenstellung und Beliebtheitsfolge mit den Hitparaden in RUNDFUNK und FERNSEHEN.
2. Wir vergleichen Verkaufszahlen in den PLATTENGESCHÄFTEN am Ort mit den Beliebtheitserfolgen der Hitparaden.

Siehe auch SCHLAGER — MIT DER TECHNIK AUF GUTEM FUSS S. 42 und ERFOLG NACH REZEPT S. 55.

## HÖRSPIEL

Das Wort HÖRSPIEL hat meistens die Bedeutung von gesprochenem Theaterstück. Aber in den letzten Jahren ist es immer mehr zu einem Spiel mit Dingen, die man

Musik-Hörspiel

hören kann, geworden. Zu dieser neuen Art von Hörspiel passen nicht einmal mehr gewöhnliche Titel: PETER HANDKE zum Beispiel entwirft Funkarbeiten, denen er statt Namen Nummern gibt. Für sein *Hörspiel Nr. 22* hockte er sich in eine Funktaxizentrale und schrieb auf, was er von den gefunkten Gesprächen in Erinnerung behalten hatte. Im Funkhaus verband er dann die Gesprächsstimmen mit Chorgesang (einem *Ave Maria*) und mit SONGS von JIMI HENDRIX. Dadurch entstand eine Art MESSE, wie er selbst es genannt hat.

Vorhaben:

1. Wir versuchen selber, ein solches Spiel mit Dingen, die man hören kann, zu machen. (Erforderlich sind ein TONBANDGERÄT mit Tricktaste oder MULTIPLAY und ein MIKROPHON.)

2. Wir wählen ein modernes Hörspiel aus und diskutieren an diesem Beispiel die Aufgabe der Musik.

Literatur:

*Neues Hörspiel — Essays, Analysen, Gespräche*, hrsg. von K. Schöning, Frankfurt am Main 1970 (edition suhrkamp 476).
G. Kleinen und H. Lägel, *Tontechnik — Montagen — Collagen. Medien im Musikunterricht.* Mainz 1974, Unterrichtsprojekt 8.
*Neue Hörspiele* werden von der Deutschen Grammophon Gesellschaft auf Schallplatten angeboten.

## FERNSEHEN STATT KONZERTBESUCH?

Verpackung statt Inhalt

*„Ich glaube insgesamt, daß gerade bei der Fernsehwiedergabe von Musik eine Verschiebung stattfindet, die der musikalischen Konzentration und der sinnvollen Erfahrung von Musik nicht zugute kommt." — „Von den wesentlichen Dingen wird auf unwesentliche abgelenkt; nämlich von der Musik als Zweck auf die Mittel, auf die Art, in der gespielt, geblasen und gestrichen wird."* Diese Sätze stammen aus einem Interview mit dem Soziologen Theodor W. Adorno. Dieser sagte weiter: *„Das Fernsehen als ein optisches Medium steht der Musik, die wesentlich akustisch ist, einigermaßen fremd gegenüber. Von vornherein erfolgt über die Fernsehtechnik eine gewisse Verlagerung der Aufmerksamkeit, die der Musik nicht günstig ist. Im allgemeinen ist Musik zum Hören und nicht zum Sehen da."* (Aus: *Musik im Fernsehen ist Brimborium*, in: *Der Spiegel* 22, 1968, Heft 9, S. 116 ff.)

Vorhaben

Nach einer Programmzeitschrift eine Opern- oder Konzertübertragung auswählen und ansehen. Eindrücke notieren.

Folgende Punkte können unter anderem interessieren:

— Kameraführung

— Was wird im Bild gezeigt?

— Bildausschnitt: Totale, Halbtotale, Nahbilder oder Großaufnahmen?

— Steht der Bildwechsel im Zusammenhang mit dem musikalischen Geschehen, bei einer Oper: mit der Handlung?

— Wird Unwichtiges, Nebensächliches gezeigt, vielleicht, weil es optisch besonders gut wirkt?

— Erscheint das Publikum im Bild? Wenn ja, wann und weshalb?

— Versucht die Übertragung einen Blick hinter die Kulissen zu werfen? Wie?

## OPER IM FERNSEHEN

Großaufnahme

In einer Fernsehproduktion *„bestimmen nicht nur die Schwenkungen der Kamera, sondern auch der Bildausschnitt weitgehend den Erfolg der Inszenierung. Großaufnahmen und Nahbilder erscheinen immer gefährlich; denn sie sind auf ein isoliertes Moment des Opernablaufs gerichtet, das zumindest nicht einmal das wesentliche zu sein braucht."* (Aus: GÜNTER HAUSSWALD, *Oper in Funk und Fernsehen*, in: Musica, 1964, S. 118.)

Aufgaben:

1. Wir tragen die Unterschiede einer Opernaufführung im Theater und auf dem Bildschirm zusammen. Gibt es auch akustische Unterschiede?
2. Wie verändert sich die Wirkung einer Oper im Fernsehen im Vergleich zu einer Rundfunkübertragung?
3. In welcher Form vermittelt das FERNSEHEN zusätzlich Informationen (z. B. Interviews, Reportagen)?

Siehe auch DIE OPER IM HEIM S. 41 und SPIELPLÄNE BEFRAGT S. 146.

## FERNSEHSPIEL

*„Musik für ein Fernsehspiel mag einer geschickten Hörspiel- oder Theatermusik ähneln. Der Stimmungsgehalt einer Szene wird aufgegriffen; die Blende in die neue Szene ist auskomponiert. Besonders wirkungsvoll ist Musik bei irrealen Bildern oder Rückblenden, bei denen die Optik zur Verdeutlichung nicht ausreicht."* (Aus: F. F. ABEGG, *Musikalische Möglichkeiten des Fernsehfunkes*, in: Das Musikleben, 1952, S. 253.)

Aufgabe:

Wie klingt die „typische" Musik: a) für eine Quizsendung, b) für einen Krimi, c) für ein heiteres Fernsehspiel, d) für ein Heimatstück?

Zur Diskussion:

*„Seit der Krieg zwischen Indien und Pakistan ausgebrochen ist, tragen in den europäischen Fernsehstationen auch die Musikredakteure zu den Kämpfen bei. Sie haben beizeiten vornehmlich aus* BEETHOVENS *und* TSCHAIKOWSKYS *Sinfonien allerlei Paukenwirbel, Trompetensignale, vor allem aber dramatische Partien von motorischem Rhythmus und Accelerando-Figuren ins Rüsthaus gebracht. Jetzt kann das Tonmaterial jederzeit und zu jedermanns Nutzen leicht und schnell hervorgezogen und dem Kriegsmaterial hinzugefügt werden. Mir z. B. ist es nun möglich, den stürmischen oder tragischen Tönen zu entnehmen, ob es Sturmangriffe oder viele Tote gegeben hat. Ich brauche gar nicht hinzusehen."* (Aus: J. M.-M., *Lügnerin Musik*, in: *Die Zeit*, 24. 12. 1971).

Vorhaben:

Wir wählen ein Fernsehspiel aus und diskutieren an diesem Beispiel die Aufgabe der Musik.

Siehe auch FILMMUSIK S. 164.

## FERNSEH-SHOW

Die IVAN-REBROFF-Show am 6. Oktober 1973 dauerte 90 Minuten. In *Bild am Sonntag* wurden die Kosten mitgeteilt (Ausgabe vom 14. 10. 1973). Die Gagen der Stars machen bei weitem nicht den Hauptteil der Kosten aus. Das Drum und Dran kostet erheblich mehr. Hier die Aufstellung im einzelnen:

| | |
|---|---|
| Autoren (4) | 19 250,— DM |
| Ballett (19 Tage) | 24 480,— DM |
| Bearbeitungsgebühren | 1 500,— DM |
| Choreographie | 7 300,— DM |
| Darsteller (7 Personen) | 27 000,— DM |
| Dekorationen und Bauten inkl. Zuschauertribüne | 80 672,— DM |
| Gagen, Stars (Ivan Rebroff, Caterina Valente, Elfriede Ott, Les Humphries) | 65 000,— DM |
| Graphik, Fotos, Inserts | 10 000,— DM |
| Komparsen (4) | 1 600,— DM |
| Kostüme, Kostümbildner (inkl. Reise) | 37 660,— DM |
| Maskenbildner (inkl. Reise) | 6 730,— DM |
| Multivisionswand (für farbige Dias) | 25 400,— DM |
| Musikalische Bearbeitung | 7 300,— DM |
| Orchester und Chöre | 37 000,— DM |
| Produktionsnebenkosten (Feuerwehr, Bewachung usw.) | 12 000,— DM |
| Regiestab (3 Leute) | 17 485,— DM |
| Reisekosten (Stars) | 20 500,60 DM |
| Studiopersonal (10 Leute für 45 Tage) | 27 650,— DM |
| Szenenbildner und Ausstattung (inkl. Reise) | 19 720,— DM |
| Ü-MAZ-Wagen (Übertragungswagen mit Aufzeichnungsanlage) | 150 000,— DM |
| | 598 247,60 DM |
| Eine Sendeminute kostet: | 6 647,60 DM |

Aufgaben:

1. Rechtfertigt die große Sehbeteiligung derartiger Fernseh-Shows die hohen Produktionskosten?
2. Welche Bedürfnisse werden durch eine solche Show befriedigt, welche werden geweckt?
3. Der große technische Aufwand sorgt für perfekte Unterhaltung. Warum aber muß auch Unterhaltung so perfekt sein?

Vehikel „Musik"

Musik war schon immer gefügig für außermusikalische Zwecke. Da das Verständnis von Musik gelernt ist und ihre Erscheinungsformen durch geschichtliche und gesellschaftliche Vermittlung im allgemeinen Bewußtsein mehr oder weniger verankert sind, kann Musik selbst Markenzeichen sein oder zur akustischen Verpackung von Ware genutzt werden.
Ein Komponist schreibt über seine Tätigkeit für die Wirtschaftswerbung im RUNDFUNK und FERNSEHEN u. a.: *„... Die Musik entsteht heute noch so wie seinerzeit die ‚Feuerwerksmusik' von Herrn* HÄNDEL. *Der Komponist ist nicht etwa ‚frei' in seinen Vorstellungen, sondern bekommt präzise Anweisungen vom Gestalter, welche Stimmung, welchen Effekt, welche Assoziationen er zu ‚zaubern' hat."* Sollten wir daher nicht erst einmal mißtrauisch gegenüber jeglicher Musik sein? Versuchen wir zu fragen, wie sie gemacht und warum sie gerade so gemacht ist.

Vor 1970 kostete eine Werbesekunde im Rundfunk zwischen 17,— DM (Saarländischer Rundfunk) und etwa 30,— DM (Hessischer Rundfunk), im Fernsehen zwischen etwa 53,— DM (Saarland) und über 600,— DM (ZDF). Die regionalen Unterschiede werden trotz Preissteigerungen im Verhältnis gleich bleiben.

Aufgaben:

1. Werbesendungen werden zwischen bestimmten Programmen und zu immer gleichen Zeiten eingestreut. Hat das einen Grund?
2. Werbespots im Fernsehen sind sehr teuer, aber die Warenproduzenten kaufen trotzdem die Zeit und müssen für die Herstellung der Spots auch noch zahlen. Wie mag die Kalkulation aussehen?
3. Mit Werbesendungen sind musikalische Reize verbunden. Sie machen die Ware schöner. Gibt es ein „Ideal der Warenästhetik"? Wie könnte man es formulieren?
4. Werbung ist nicht nur ein modischer Unterrichtsinhalt. Außer der Analyse des Tatbestandes sind ökonomische Hintergründe aufzudecken (siehe Literatur).

Vorhaben:

1. Welche Entsprechungen lassen sich feststellen zwischen Musik, Bildinhalt und Werbetext? Wir hören bzw. betrachten Werbesendungen systematisch. Dazu entwerfen wir ein Schema, in das wir unsere Feststellungen eintragen, z. B.: Ware — Marke/Firma — Instrumente, Stimme — Funktion der Musik (Einleitung, Gliederung, Ausklang, Begleitung, Hintergrund) — Form (Ruf, Signal, Liedanfang) — Stilmittel (Barock, Schlager, Folklore, sinfonisch, elektronisch, Jazz, Beat) — gewünschte Stimmung — erwünschte Assoziationen — Beurteilung.
2. Wir befragen Hörer bzw. Zuschauer, wieweit ihnen KENNMELODIEN von Reklamesendungen bekannt sind und was sie davon halten. Falls erforderlich, spielen wir Beispiele vom Tonband.

3. Die bisher ermittelten Kenntnisse ermuntern zu einem eigenen Versuch: Wir produzieren selbst eine Werbesendung auf TONBAND. Es wäre möglich, eine Art Wettbewerb durchzuführen und das Ergebnis von Fachleuten begutachten zu lassen.

Allgemeine Zielsetzung der Werbung: Erregung von Aufmerksamkeit — Interessenweckung — Unterdrückung einer kritischen Einstellung — Erregung von Wunschvorstellungen — Auslösen aktiven Verhaltens — erneute Weckung von Interessen.

Üblich ist die Verwendung von STILKOPIEN, da die Musik allen oder vielen zugänglich sein muß. Methoden: es wird signalisiert, illustriert, Stimmungen und Bekanntheitserlebnisse werden erzeugt, wiederkehrende Formeln werden eingeübt, die das Verhalten steuern sollen.
Besonders gerne werden bestimmte Instrumente in der Werbung eingesetzt. Es ist nicht schwer zu überlegen, bei welchen Bildern und Waren etwa Hörner, Trompeten und Trommeln, Kastagnetten, Zither oder Mundharmonika erklingen. Die Liste könnte aus dem eigenen Erfahrungsbereich leicht erweitert werden.
Wichtig ist die Einsicht, daß das Bewußtsein der Menschen und ihr Verhalten ohne Terror, nämlich durch ästhetische Mittel gelenkt wird. Durch das *„Medium des Schönen"* soll die sinnliche Unmittelbarkeit der Menschen gebrochen und absolut beherrschbar werden. Es gibt Gesetzmäßigkeiten und Warenästhetik (vgl. W. F. HAUG, *„Kritik der Warenästhetik"*).
Musik ist — und dies nicht nur in der Werbung — Artikulation und Transportmittel von Bewußtsein? Darüber sollte man sprechen.

Literatur:

L. H. EISNER und H. FRIEDRICH (Hrsg.), *Publizistik.* Frankfurt—Hamburg 1958 (Das Fischer-Lexikon, Band 9).
P. R. HOFSTÄTTER, *Psychologie.* Frankfurt—Hamburg 1957 (Das Fischer-Lexikon, Band 6).
H. HOLZER, *Gescheiterte Aufklärung?* München 2/1972.
W. F. HAUG, *Kritik der Warenästhetik.* Frankfurt 3/1972 (Edition Suhrkamp Nr. 513).
G. KLEINEN und R. SCHÖNHÖFER, *Beispiel Fernsehwerbung.* Boppard 1974.

Siehe auch ERFOLG NACH REZEPT S. 55 und KALKULIERBARE WIRKUNG DER MUSIK S. 67, Propaganda — ein Weg zum Herzen? S. 76.

## MUSIKINTERESSE IN PROZENTEN

Die verschiedenen Arten von Musik sind bei Schülern je nach Schulart und Alter unterschiedlich beliebt. Aus einer UMFRAGE von RADIO BREMEN ergibt sich folgendes Bild:

| | | |
|---|---|---|
| Volks- und Mittelschüler | | |
| | Schlager | 76,7 % |
| | Volkslieder | 12,0 % |
| | Klassische Musik | 2,1 % |
| | Opernmusik | 3,8 % |
| | Operetten | 3,4 % |
| | Jazz | 1,2 % |
| | Marschmusik | 0,8 % |
| Oberschüler | | |
| | Schlager | 35,3 % |
| | Volkslieder | 1,3 % |
| | Klassische Musik | 25,0 % |
| | Opernmusik | 10,8 % |
| | Operetten | 8,7 % |
| | Jazz | 18,9 % |
| | Marschmusik | 0,0 % |

(Die Zahlenangaben sind entnommen: W. STRZELEWICZ, *Jugend in ihrer freien Zeit.* München 1965, S. 33.)

Aufgaben:

Zuteilungsapparat Schule

1. Wie können wir uns die einzelnen Verteilungen erklären?
2. Worauf sind die Unterschiede zwischen Volks- und Mittelschülern und den Oberschülern zurückzuführen?
3. Stimmen die Befragungsergebnisse mit unseren eigenen Erfahrungen überein?
4. Der Begriff POPMUSIK kommt in der Befragung nicht vor.

Bei einer anderen Umfrage waren insgesamt mehr als 5300 Schüler im Alter von 12 bis 21 Jahren beteiligt. Die Schüler gingen auf Volks- oder Realschulen, aufs Gymnasium oder auf eine Gesamtschule.

Ausmaß der jugendlichen Zuwendung zu einzelnen Musikgattungen

| | | |
|---|---|---|
| Rang 1: | Beat, Pop, Underground | zwischen 43,5 und 78,1 % |
| Rang 2: | Schlager | zwischen 5,6 und 45,0 % |
| Rang 3: | Jazz | zwischen 9,5 und 1,4 % |
| Rang 4: | „Klassische Sinfonien“ | zwischen 10,9 und 0,7 % |
| Rang 5: | „Folklore“ | zwischen 6,2 und 1,4 % |
| Rang 6: | Märsche | zwischen 0,8 und 9,0 % |
| Rang 7: | Operette | zwischen 0,7 und 3,7 % |
| Rang 8: | Kammermusik | zwischen 0,7 und 4,4 % |
| Rang 9: | „Chormusik“ | zwischen 0,2 und 3,4 % |
| Rang 10: | Opern | zwischen 0 und 3,3 % |

(Zahlenangaben nach: D. HARTWICH, *Musikalisches Verhalten Jugendlicher,* Manuskript Gießen 1973).

Aufgaben:

1. Zur Erklärung der Unterschiede können mehrere Faktoren dienen.

2. Wie ist unser Verhältnis zu den verschiedenen Musikgattungen? Überprüfung anhand von Klangbeispielen. Welche sind für die einzelnen Gattungen typisch?

Vorhaben:

Wir selber veranstalten in unserer Schule eine Umfrage zu den Musikinteressen von Schülern und Lehrern.

Literatur:

GRAF V. BLÜCHER, *Jugend — Bildung und Freizeit.* EMNID-Untersuchung, hrsg. vom Jugendwerk der Deutschen Shell o. J. (1966), S. 129—137.
D. HARTWICH, *Pop-Musik, Analysen und Interpretationen.* Köln 1974.

## MUSIK UND ÖFFENTLICHE MEINUNG

Diskussionsthesen zum Zusammenhang von Musik und öffentlicher Meinung:

Urteile/Vorurteile

1. Die Rolle, die die Musik im Leben der Menschen spielt, richtet sich beträchtlich nach der herrschenden Ideologie.
2. Es gibt sehr wirksame öffentliche Meinungen in musikalischen Dingen. Diese Meinungen tragen weitgehend den Charakter von Stereotypen, Vorurteilen. Zahllose Menschen hören wahrscheinlich nach den Kategorien, die ihnen von der öffentlichen Meinung nahegelegt werden.
3. Besonders deutlich werden Vorurteile der öffentlichen Meinung bei der Einstellung zu moderner Musik.
4. Die Ideologie der öffentlichen Meinung kleidet sich gern in den Mantel des Normalen; als Maßstab muß der gesunde Menschenverstand herhalten.
5. *„Sozial dürfte . . . das Hören (von Musik) weitgehend an der besonderen Gruppe sich orientieren, der die einzelnen jeweils sich zuzählen. Sie bekennen sich nicht notwendig zu dem Geschmack, den sie für den besten halten, sondern statt dessen manchmal zu dem, der ihnen nach ihrer Selbsteinschätzung zukommt. Vollends Menschen, die mit Musik überflutet werden, ohne durch Tradition oder spezifische Bildung darauf vorbereitet zu sein, orientieren sich an der öffentlichen Meinung."* (Aus TH. W. ADORNO, *Einleitung in die Musiksoziologie,* Reinbek 1968 — rowohlts deutsche enzyklopädie, Band 292/293 — Kapitel *Öffentliche Meinung,* S. 149 ff., Zitat S. 156.)

Gruppenzwang

MEINUNGSSTEUERUNG DURCH DEN „CHEFCLAQUEUR": Berufsklatscher (ein Berufsstand in Italien) CARRERA, 46, arbeitet bereits seit 16 Jahren an der Mailänder Scala; seine Hilfsklatscher sind zumeist Studenten. Chefclaqueur von Parma, PIVA, 64: „Mein Applaus ist nicht käuflich. Ich will den Zuschauern einfach nur dabei helfen, das wirklich Schöne zu erkennen."

Man unterscheidet neben Hörertypen (ADORNO) auch Hörweisen (BESSELER), wobei die Rangordnung, wie sie bei ADORNO vorliegt, aufgegeben ist. Eine absolute Wertskala von Hörmöglichkeiten ist längst relativiert aufgrund der historischen Bedingtheit dieser Skala (BESSELER) oder in bezug auf die musikalischen Verhaltensweisen eines Musikpublikums in der gegenwärtigen Konsumgesellschaft (RAUHE).

ADORNO (1962): Der Experte
Der gute Zuhörer
Der Bildungshörer
Der emotionale Hörer
Der Ressentiment-Hörer
Der Hörer von Musik als Unterhaltung
Der gleichgültige, unmusikalische, antimusikalische Hörer.

Diese Typen kommen, wie ADORNO sagt, nicht „chemisch rein" vor.

BESSELER (1959): Das vernehmende Hören (Musik im 15./16. Jahrhundert)
Das gliedhafte, verknüpfende Hören (17. Jahrhundert)
Das aktiv-synthetische Hören (18. Jahrhundert)
Das passive Hören (Romantiker).

BESSELER gibt einen Überblick der „Zugangsweisen zur Musik".

RAUHE (1968): Motorisch-reflektive Rezeption, d. h. unbewußt spontane Umsetzung motorischer Reize in körperliche Bewegung.
Die assoziativ-emotionale Rezeption, d. h. automatische Verknüpfung außermusikalischer, emotionaler Erlebnisinhalte
Die passiv-stimmungshafte Rezeption entspricht dem „passiven Hören" BESSELERS.
Die cogitative Rezeption, d. h. denkend, bewußt, beziehungserfassend.

RAUHE ordnet nach Wahrnehmungskategorien, denen musikalische Verhaltensweisen entsprechen. Neuerdings wird von ihm die „kollektive Identifikation" als Motivation des Musikpublikums hinzugefügt (1972).

Aufgaben:

1. Können wir typisches Verhalten beobachten bei Konzerten, in der Oper, beim Platzkonzert oder in der Diskothek?
2. Die Abhängigkeiten sind stark — wie schätzen wir uns selber als Musikpublikum ein?

Literatur:

TH. W. ADORNO, *Einleitung in die Musikpsychologie*, Reinbek 1968 — rowohlts deutsche enzyklopädie, Band 292/293. S. 12 ff.
H. BESSELER, *Das musikalische Hören der Neuzeit*, Berlin 1959.
H. RAUHE, *Schlager und Beat im Unterricht*, in: *Musikhören und Werkbetrachtung in der Schule*, hrsg. von K. SYDOW, Wolfenbüttel 1970.
D. VENUS, *Unterweisung im Musikhören*, Wuppertal 1969.
H. RAUHE, *Kulturindustrielle Sozialisierung durch Musik und ihre pädagogischen*

*Konsequenzen* aufgezeigt am Beispiel kollektiver Identifikationsvorgänge, in: *Neue Ansätze im Musikunterricht*, hrsg. von H. RECTANUS, Stuttgart 1972.

Siehe auch DAS SOLOKONZERT S. 176.

## MUSIKKRITIK — ÜBER GESCHMACK MUSS MAN STREITEN

Thesen zur Diskussion:

1. Erstes Ziel einer Musikkritik ist Information.
2. Ein Kritiker übt Einfluß auf das allgemeine musikalische Bewußtsein, auf die ÖFFENTLICHE MEINUNG aus. Die Kritik schafft also mit an der öffentlichen Meinung. — Demokratie
3. Die Kritik wendet sich zuweilen auch gegen die öffentliche Meinung.
4. In der totalitären Presse sind die Kritiker nichts anderes als Funktionäre.
5. *„Nichts spricht nachdrücklicher für das Recht von Kritik als ihre Abschaffung durch die Nationalsozialisten."* (ADORNO) — Diktatur
6. Während T. S. ELIOT ein Ziel der Kritik in einer *„Verbesserung des Geschmacks"* sieht, spricht H. v. HENTIG von einer *„Terrorherrschaft des guten Geschmacks"*.
7. v. HENTIG: *„Ich glaube nicht, daß es das gibt: Erziehung zum guten Geschmack. Es gibt entweder:*
   *a) Abrichtung des anderen auf meinen Geschmack, den ich für den guten erkläre, wobei ich beliebig viele und bedeutende Bundesgenossen zählen mag; oder:*
   *b) eine Ausbildung in der Redlichkeit auch in bezug auf die sinnliche Wahrnehmung; man gibt sich, soweit man kann, Rechenschaft über das, was man schön findet, und erst recht über die Gründe, aus denen man anderes statt dessen ablehnt; an dieser Rechenschaft wird sich erweisen, ob man dem anderen gerecht geworden ist oder ihn einfach verfehlt hat . . . De gustibus est disputandum, um Geschmacksfragen muß man streiten!"* (Aus: H. v. HENTIG, *Spielraum und Ernstfall.* Stuttgart 1969, S. 371 f.) — Erziehung
8. Musikalischer Geschmack muß neu formuliert werden:
   Geschmack zeigt sich da, wo man beginnt, über Geschmack zu streiten. Er ist gleichbedeutend mit Urteilsfähigkeit des einzelnen.

Aufgaben:

1. Stimmen die hier aufgestellten Thesen?
2. KONZERTKRITIKEN sammeln und auswerten.
3. Verschiedene Kritiken zu ein und derselben Aufführung sammeln.

Vorhaben:

1. Wir laden einen KRITIKER in die Schule ein, um mit ihm über seine Arbeit zu sprechen.
2. Wir versuchen selbst eine Konzertkritik zu schreiben.

## MANAGEMENT UND STARS

Der Komponist IGOR STRAWINSKY sagte 1968 in einem Interview u. a.:
Frage: *Herr STRAWINSKY, haben Sie irgendeine neue Entwicklung in der Musikwelt wahrgenommen?*

STRAWINSKY: *(Auf dem Höhepunkt ist) die* POP-MUSIK, *wo die Plattengesellschaften, wie früher die Goldsucher, ihr ganzes Geld dransetzen, einen Hit zu machen. Auf dem klassischen Sektor dagegen hat sich nichts getan. Die* DIRIGENTEN *sind immer noch die Schoßhunde des Musiklebens — und die Schöße sind nun einmal nicht die von Göttern. Selbst die verblüffendste Virtuosität eines Instrumentalisten zählt im Vergleich dazu kaum. Instrumentale Meisterschaft wird ja auch unter Einsatz von Zeit und Arbeit erreicht, wohingegen das musikalische Training der Dirigenten — die zunächst einmal Experten in Flugplänen, internationalen Steuergesetzen, Basic English und Frisuren sein müssen (der Ausdruck „der silberhaarige Karajan" ist fast schon zu einem mythosähnlichen Begriff geworden ähnlich der „rosenfingrigen Morgenröte" bei* HOMER*) — immer kürzer wird, je schneller die Saison auf dem Sensationsmarkt verläuft. Aber ich habe längst meine Bedenken erhoben gegen eine nach außen hin scheinbare Aktivität, die zwar mit Musik zu tun hat, die aber durchaus nicht immer von ihr abgelöst wurde. Es könnte sogar an der Zeit sein, die Kritik ein wenig geradezurücken und darauf hinzuweisen, daß zuviel Professionalgehabe genauso erbärmlich ist wie Amateurhaftigkeit . . ."* (Aus: *Ich habe meine Nachwelt überlebt.* Ein Interview mit IGOR STRAWINSKY, in: Die Zeit 23, 1968, Nr. 17, S. 20.)

Pop-Musik und Karajan

Aufgaben:

1. Können wir ähnliche Erscheinungen, wie sie hier beschrieben werden, im gegenwärtigen MUSIKLEBEN beobachten?
2. In welchen Sendungen von RUNDFUNK und FERNSEHEN wird über besondere Ereignisse des Musiklebens berichtet? In welcher Weise wird Kritik geübt?

Vorhaben:

Wir sammeln aus Illustrierten und PROGRAMMZEITSCHRIFTEN Berichte über bekannte STARS des gegenwärtigen MUSIKLEBENS. Welche Informationen erhalten wir, welche Bezüge zum Musikleben sind festzustellen?

## SCHALLPLATTEN

Konsumfreude

Was häufig gespielt wird, prägt sich ein, und was sich einprägt, bringt Geld. Das läßt sich unmittelbar am Umsatz der Schallplattenindustrie ablesen. Für 1970 lauten die Zahlen:

SCHALLPLATTEN für etwa 700 Millionen Mark
PLATTENSPIELER im Wert von 142,6 Millionen Mark
MUSIKAUTOMATEN mit einer Einnahme von rund 234 Millionen Mark.

Die GEMA sammelte 1969 für in- und ausländische Komponisten, Texter und Verleger, deren Musik in der Bundesrepublik und West-Berlin gespielt wurde, 167,2 Millionen Mark ein und verteilte 147,5 Millionen Mark.

Geschäft

Auf rund vier Milliarden Mark schätzt man den mit der Musik direkt zusammenhängenden Umsatz in der Elektrogeräteindustrie, bei Rundfunk, Fernsehen und Film. In den USA rangiert das Musikgeschäft gleich hinter dem Stahl- und Ölgeschäft, in Frankreich liegt es noch vor der Mode.

Die SCHLAGERBILANZ deutscher Schallplattenfirmen läßt sich wie folgt illustrieren: Im abgewickelten Zustand aneinandergehängt, erreichen die Rillen von 67 Millionen großen und kleinen Schallplatten mit Unterhaltungsmusik des Jahres

1970 eine Länge von 12 998 000 Kilometern. Das ist mehr als sechzehnmal die Entfernung von der Erde zum Mond und zurück. Würde man diese Platten auf einem einzigen Plattenspieler hintereinander abspielen, so dauerte das mehr als 1200 Jahre.

1972 wurden insgesamt 28 845 678 deutsche Musikschallplatten in 119 Länder ausgeführt. Es erhielten z. B.

Fließbandproduktion

| | |
|---|---|
| Schweiz | 4 612 237 |
| Niederlande | 4 341 784 |
| Schweden | 2 862 387 |
| Großbritannien | 2 843 135 |
| Österreich | 2 808 403 |
| Uruguay | 80 |

(Aus: *GEMA-Nachrichten*, Heft 95, August 1973)

Aufgaben:

1. Jeder stellt eine Liste der Schallplatten zusammen, die bei ihm zu Hause stehen.
2. Aus den Einzellisten fertigen wir eine Gesamtliste der Platten an und ordnen sie. Welche Arten von Musik sind vertreten, welche nicht?

Blick in die Regiekabine in einem Aufnahmestudio

## SCHALLPLATTENHERSTELLUNG

Für die Herstellung einer Schallplatte ist es erforderlich, zunächst eine perfekte TONBANDaufnahme des betreffenden Musikstücks herzustellen. Bei der Überspielung wird das Tonbandgerät mit einem Schreiber gekoppelt. Dieser ritzt Tonrillen in eine Folie, die aus einer mit feinem Lack überzogenen Leichtmetallscheibe besteht. Diese Folie, die bereits wie eine Schallplatte abgespielt werden könnte, wird mit einer dünnen Silberschicht versehen und in ein galvanisches Bad gelegt. Hier erhält sie auf elektronischem Wege erst eine Nickel- und dann eine Kupferschicht. Dabei entstehen an den Stellen der ehemaligen Rillen jetzt Erhöhungen. Dieses Zwischenstadium — ein negatives Bild der Schallplatte — bezeichnet man als „Vater". Man könnte hiervon bereits die endgültigen Platten pressen. Wiederum aus Sicherheitsgründen wird jedoch im gleichen Prozeß nochmals ein positives Abbild, die „Mutter" hergestellt. Diese Nickel-Kupferplatte, die erheblich widerstandsfähiger ist als die ursprüngliche Schallfolie, wird nun wie eine Schallplatte abgespielt und auf Fehler untersucht. Geschickte Graveure können hier sogar kleine Fehler beseitigen.

Vater

Mutter

Söhne

Wieder auf galvanischem Wege werden jetzt von der Mutter mehrere „Söhne" gezogen, die als Preßmatrizen verwendet werden. Sie werden in die Preßform eingelegt und prägen dann automatisch unter hohem Druck von ca. 120 atü und bei Temperaturen von 300° die Schallplatten. Von einer Preßmatrize können ca. 150 Langspielplatten oder bis zu hundert 17-cm-Platten hergestellt werden. Vergleiche die Abbildungen auf Seite 33 und 35.

Literatur:

*Handbuch der Musik*, hrsg. von P. P. KELEN und G. SCHNEIDER. Köln 1960.

## TONSTUDIO

Funk, Fernsehen, Film und Schallplattenindustrie machen ihre Sprach- und Musikaufnahmen zumeist in einem TONSTUDIO. Beim Rundfunk besteht dieses aus zwei bzw. drei Räumen, die schalldicht voneinander getrennt sind: Aufnahmeraum, auch Studio genannt, Regieraum und Tonträgerraum.
Im Studio befinden sich MIKROPHONE für Musiker und Sprecher. Sämtliche Mikrophone sind über Kabel an das MISCHPULT des Regieraumes angeschlossen. Sie werden hier vom TONINGENIEUR ausgesteuert und in der richtigen Balance miteinander gemischt. Dem Toningenieur, der für die Aufnahmetechnik verantwortlich ist, steht ein TONMEISTER oder Regisseur zur Seite. Tonmeister bzw. Regisseur sind für die künstlerische Qualität einer Aufnahme verantwortlich.
Vom Mischpult führt eine weitere Kabelverbindung zu den TONBANDGERÄTEN des Tonträgerraumes. Hier sind TONTECHNIKER bzw. -TECHNIKERINNEN tätig. Sie bedienen die Geräte und schneiden im Anschluß an eine Aufnahme die Bänder zurecht.
Die Verständigung zwischen Studio, Regie- und Tonträgerraum geschieht in der Regel über eine Sprechanlage, durch Lichtsignale oder gelegentlich durch Handzeichen. Bei größeren Entfernungen bedient man sich auch des FERNSEHENS: auf einem Monitor kann man im Regieraum beobachten, was im Studio vor sich geht.

In wachsender Zahl befinden sich auch an SCHULEN Tonstudios. Aus der großen Zahl an Einsatzmöglichkeiten seien einige aufgezählt:

- Überspielung von Schallplatten und Rundfunksendungen
- Reportagen, Interviews
- Tonbandmontagen für den Unterricht (Hörübungen, Interpretationsvergleiche . . .)
- Aufnahmen eigener Produktionen (Hörspiele, Orchester- und Chormusik, Schulkonzerte, Improvisationsgruppen, Beat-band, Experimente)
- Klangcollagen

Siehe auch STUDIOS S. 219.

## MIKROPHONE

Mikrophone gehören — ebenso wie LAUTSPRECHER — in die Gruppe der elektroakustischen Wandler. Schallschwingungen werden in elektrische Schwingungen umgewandelt und umgekehrt. Am verbreitetsten sind elektrodynamische Mikrophone, Tauchspulenmikrophone. An einer dünnen Membran ist eine kleine Spule befestigt, die in das Magnetfeld eines Ringmagneten hineinragt. Bewegt sich die Membran im Takt der Schallschwingungen, so folgt die Spule natürlich auch diesen Schwingungen. Da sie sich in einem Magnetfeld bewegt, wird in ihren Drahtwindungen ein elektrischer Strom induziert, dessen Spannungs- und Richtungsschwankungen genau dem Schallereignis entsprechen.

Schallwandler

Außerdem gibt es noch Kondensator-, Bändchen- und Kristallmikrophone.

Mikrophone haben eine RICHTCHARAKTERISTIK. Darunter versteht man ihre Eigenschaft, den Schall nicht aus allen Richtungen gleich gut aufzunehmen. Nur Mikrophone mit Kugel-Charakteristik sind unabhängig von der Richtung des Schalls. Manchmal aber braucht man gerade Mikrophone, die den Schall nur aus einer ganz bestimmten Richtung aufnehmen. Sie nehmen ihn nur von vorn und etwas noch von der Seite auf. Zeichnet man diese Einfallsgrenzen (von oben gesehen) auf, so ergibt sich ein Bild, das ähnlich wie eine Niere aussieht. Daher spricht man bei solchen Mikrophonen von einer Nierencharakteristik.

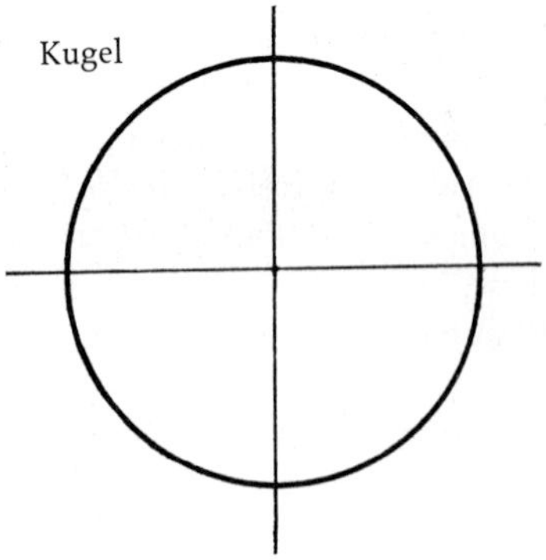


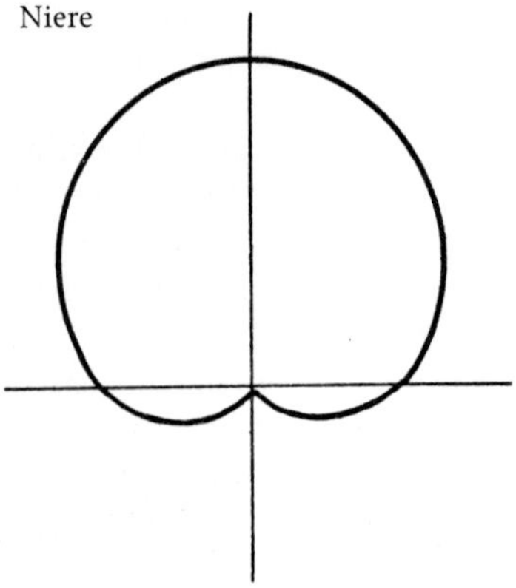

Überspielung vom Tonband auf Schallfolie

in der Galvanik

## MISCHPULT

Bei Rundfunksendungen, Schallplattenaufnahmen, bei der Komposition elektronischer Musik und manchmal auch bei der Vertonung von Schmalfilmen oder Diaserien kommt es vor, daß man verschiedene Schallereignisse — etwa Sprache und Musik — gleichzeitig aufs Tonband bekommen möchte. Das geschieht am besten mit Hilfe eines Mischpultes.
Ein Mischpult hat viele Eingänge, die alle mit Hilfe von Schiebereglern unabhängig voneinander geregelt werden können, und einen Ausgang, an den das Tonbandgerät angeschlossen wird.
Es gibt schon für Heimtonbandgeräte Mischpulte, die preislich ganz erschwinglich sind, während Studio-Mischpulte mehrere tausend Mark kosten.

## TONBANDGERÄTE

Seit etwa 1950 werden serienmäßig TONBANDGERÄTE für Amateure hergestellt. Die Technik der Aufzeichnung akustischer Ereignisse auf einem ca. 6 mm breiten Kunststoffband — das mit einer Schicht aus Magnetit ($FeO_3$) versehen ist — wurde fortlaufend verbessert, so daß es heute (1970) möglich ist, auch mit Heimtonbandgeräten hochwertige Musikaufnahmen herzustellen.

Schallaufzeichnung

Die akustischen Vorgänge werden meist mit einem MIKROPHON aufgenommen, dort in elektrische Schwingungen umgewandelt, in einer elektronischen Einrichtung verstärkt (VERSTÄRKER) und auf einen Elektromagneten geführt (TONKOPF). Im Takte der Schwingungen magnetisiert dieser Tonkopf die Magnetitschicht des Tonbandes, das mit einer konstanten Geschwindigkeit an ihm vorbeigeführt wird. Die winzigen Moleküle des Eisenoxydes erhalten dadurch eine ganz bestimmte Lage und Anordnung — für jedes Schwingungsereignis verschieden — und speichern somit die Information, die durch den Tonkopf zugeführt wurde.
Je schneller das Tonband am Tonkopf vorbeigeführt wird, um so genauer kann das Ereignis fixiert werden. Früher liefen deshalb professionelle Tonbandgeräte mit der sehr hohen Geschwindigkeit von 76 cm pro sec. Inzwischen wurden die Eigenschaften auch des magnetisierbaren Materials so verbessert, daß mit geringeren Geschwindigkeiten (38 cm/sec., 19, 9,5, ja sogar 4,75 cm/sec.) noch brauchbare und — für eine Sprachaufnahme — noch gute Aufnahmen hergestellt werden können.
Will man die magnetische Aufzeichnung wieder in akustische Ereignisse umwandeln, läßt man das Tonband (mit gleicher Geschwindigkeit wie bei der Aufnahme) an einem anderen Tonkopf vorbeilaufen. Die magnetisierte Schicht beeinflußt den Elektromagneten des Tonkopfes und induziert dort einen Strom, der im Takte der Aufzeichnung pulsiert. Dieser Strom wird verstärkt und in einem LAUTSPRECHER in akustische Schwingungen zurückverwandelt.

Aufgaben:

1. Was ist ein Kombi-Tonkopf?
2. Welche Bandgeschwindigkeit(en) besitzt das Schultonbandgerät?
3. Wie lang sind handelsübliche Tonbänder? Wie groß ist ihre Spieldauer?
4. Was sind Langspielband und Doppelspielband?

5. Worin unterscheidet sich ein KASSETTENRECORDER von einem Tonbandgerät?

Literatur:

G. KLEINEN und H. LÄGEL, *Tontechnik — Montagen — Collagen*, Mainz 1974.

## PLATTENSPIELER

Die SCHALLPLATTE hat eine fast hundertjährige Geschichte. Schon 1877 konstruierte der amerikanische Erfinder THOMAS ALVA EDISON einen Phonographen. 1887 zeichnete EMIL BERLINER Schallereignisse auf einer Zinkplatte auf, die eine Wachsschicht trug. Heute ist die Schallplatte aus dem Musikleben nicht mehr wegzudenken.

Zur Wiedergabe benötigt man einen PLATTENSPIELER. Er besteht im wesentlichen aus einem Laufwerk, das eine gleichmäßige Drehung der Schallplatte garantiert, und einem Tonarm, der die Tonrillen der Schallplatte mit Hilfe eines Abtastsystems entlangfährt. Dabei verwandelt er die mechanischen Schwingungen — die durch die Auslenkung der Nadel (des Saphirs oder des Diamanten) entstehen — in elektrische Schwingungen. Diese werden über Verstärker und Lautsprecher wieder hörbar gemacht. Die Abtastnadel besteht aus einem sehr harten kleinen Edelstein (Saphir oder Diamant) und ist — bei hochwertigen Plattenspielern — meist mit einem elektromagnetischen System gekoppelt.

Auch Diamanten nutzen sich im Laufe der Zeit ab. Nach ca. 700 Spielstunden muß eine Diamantnadel erneuert werden, weil sonst Abtastverzerrungen auftreten.

Pressen der Schallplatte

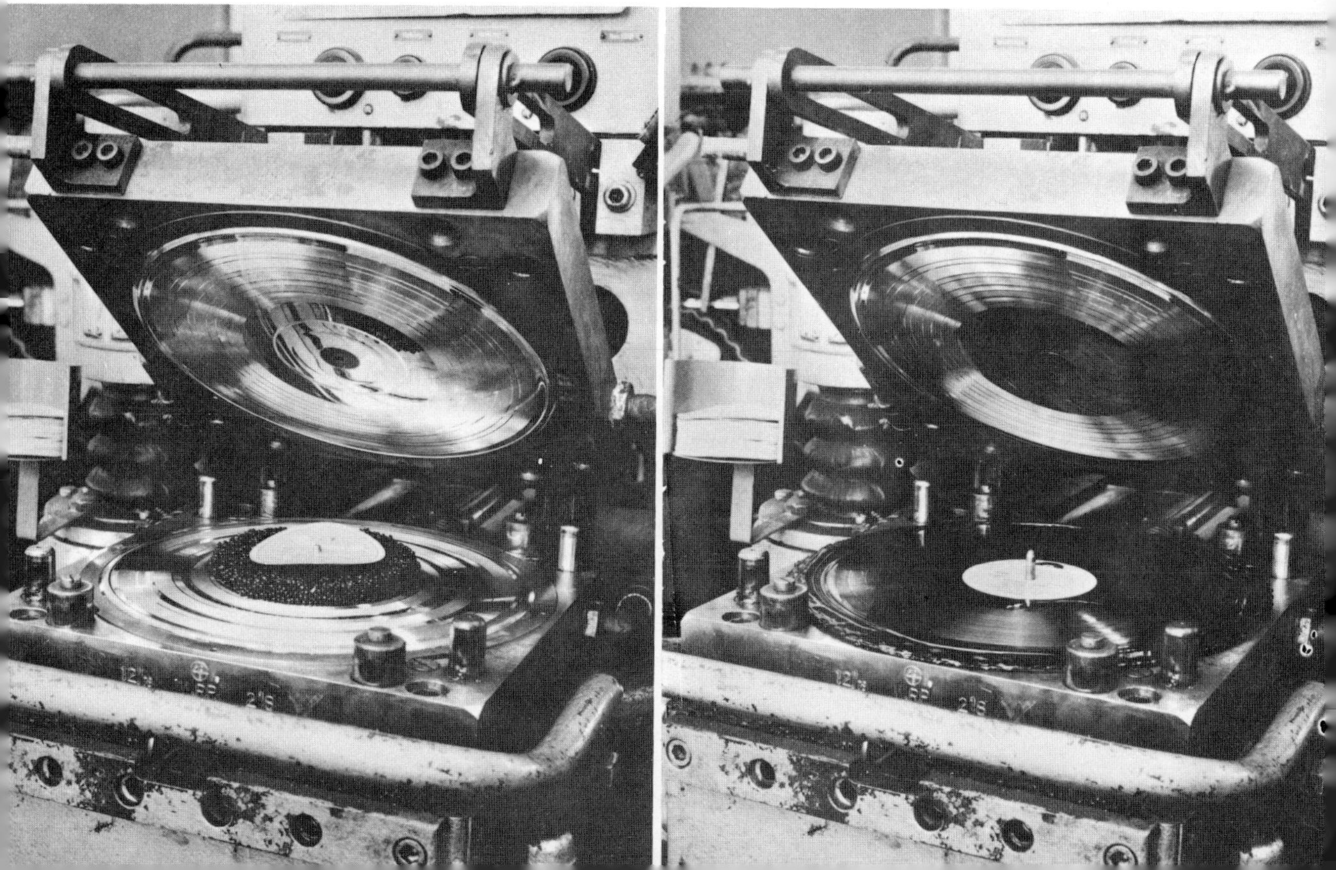

Der Motor des Laufwerks muß absolut geräuschlos arbeiten und darf keine Rumpeleffekte auf die Wiedergabe ausüben. Damit ein möglichst guter Gleichlauf erreicht wird, besitzt das Laufwerk in seinem Plattenteller eine relativ große Schwungmasse. Viele (billigere) Plattenspieler begnügen sich mit einfachen Kristalltonabnehmern und verzichten auf die Zwischenstufe des elektromagnetischen Systems. Sie haben oft auch gleich den Verstärker — manchmal sogar den Lautsprecher — in ihrem Gehäuse eingebaut.

## HI-FI (HIGH FIDELITY)

Hi-Fi (sprich: Hai-Fi, oder auch Slang: Hai-Fai), eine aus dem Amerikanischen stammende Abkürzung für High Fidelity (hohe Wiedergabetreue), ist seit etwa 1960 ein Schlagwort zur Kennzeichnung hochwertiger Musikübertragungsanlagen geworden. Der Deutsche Normenausschuß hat in seinem DIN-Blatt 45 500 (DIN = Abkürzung für Deutsche Industrie Norm) einige Richtlinien aufgestellt, die bei der Vergabe des Hi-Fi-Prädikats zu beachten sind.

Perfektion

So darf z. B. der KLIRRFAKTOR in einem Übertragungsbereich zwischen 20 und 20 000 Hz 1 % nicht überschreiten. Der FREQUENZGANG eines Hi-Fi-Verstärkers soll zwischen 30 und 16 000 Hz geradlinig (linear) sein. Die AUSGANGSLEISTUNG eines Verstärkers muß auch in Wohnräumen mindestens 10 Watt betragen.

Darüber hinaus enthält das Normenblatt noch eine ganze Reihe anderer strenger Vorschriften.

Von den rein technischen Problemen abgesehen ist der Begriff der High Fidelity allerdings ein Symbol für hohen Preis geworden. Da die Vorschriften der DIN-Blätter einen erhöhten technischen Aufwand verlangen, ergibt sich automatisch auch ein erhöhter Anschaffungspreis. Gute Musikwiedergabe-Anlagen — die heute meist auch Stereophonie voraussetzen — kosten meist mehrere tausend D-Mark. Hi-Fi-Stereo-Anlagen sind mehr oder weniger bereits STATUSSYMBOLE geworden. *„Der Hi-Fi-Kult, der heute betrieben wird . . ., lenkt den Blick leicht von anderen wichtigen Gesichtspunkten ab und betont einseitig die akustische Perfektion."* (Aus: H. P. REINECKE, *Stereo-Akustik.* Köln 1966, S. 142.)

Prestige

Hinweis:

In der High-Fidelity-Norm ist von Klirrfaktor, Frequenzgang und Ausgangsleistung die Rede. Hier kurze Definitionen:

Der KLIRRFAKTOR wird definiert aus den nicht linearen Verzerrungen, die bei der Übertragung eines Signals in einem Verstärker auftreten und einen gegenüber dem Eingangssignal unterschiedlichen Verlauf des Ausgangssignals hervorrufen. Eine solche Verzerrung kann optisch mit einem Oszillographen verfolgt werden und ist besonders dann sehr eindrucksvoll zu beobachten, wenn das Eingangssignal eine Sinusschwingung ist: Das Ausgangssignal läßt bei starkem Klirrfaktor erkennen, wie die Grundschwingung von zahlreichen Oberschwingungen (harmonischen) überlagert ist.

Hinsichtlich des FREQUENZGANGES werden in einer normalen Verstärkeranlage nicht alle Tonhöhen (Frequenzbereiche) gleich gut übertragen. Daher werden sehr tiefe oder auch sehr hohe Töne im Verhältnis zu mittleren Tonlagen leiser. Die deutschen Hi-Fi-Normen schreiben nun vor, daß der Frequenzgang in einem sehr breiten Bereich linear sein muß. Zwischen 30 Hz in der Tiefe und 16 000 Hz in der Höhe müssen alle Frequenzen gleich laut und in gleicher Weise unverzerrt übertragen werden.

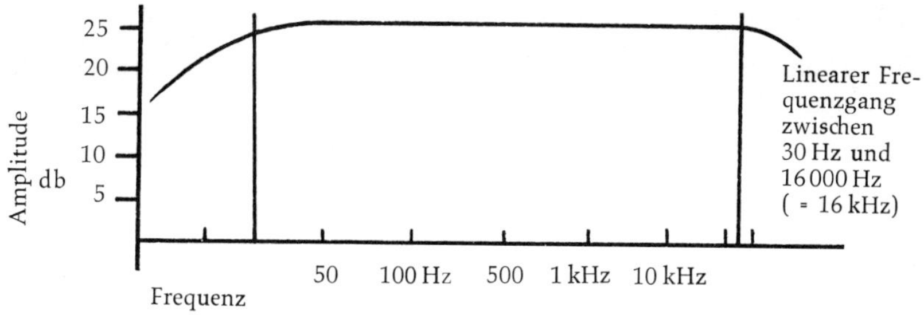


Die Verstärker in den Musikübertragungsanlagen geben über ihre Endstufe eine bestimmte Leistung an die Lautsprecher ab. Diese AUSGANGSLEISTUNG wird in Watt gemessen. Hi-Fi-Verstärker müssen mindestens 10 (besser 12—15) Watt abgeben. Spitzenverstärker erreichen Leistungen zwischen 50 und 200 Watt. Eine so hohe Leistung ist nicht nur in sehr großen Räumen sinnvoll, sondern kann durchaus auch in Wohnräumen zweckmäßig sein, weil dann große Lautsprechersysteme, die meist stark gedämpft sind, ohne störende Verzerrungen betrieben werden können.

Leistung

Neuerdings unterscheidet man meist zwischen Sinusleistung und Musikleistung; letztere liegt meist 20—30 % höher.

Bei Stereo-Verstärkern wird die Leistung pro Kanal angegeben; also etwa 2 x 25 Watt.

Aufgabe:

Entspricht die Musikwiedergabe, die uns in der Schule zur Verfügung steht, der Hi-Fi-Norm DIN 45 500?

## STEREOPHONIE

Eines der wichtigsten Probleme bei einer elektrischen Musikübertragung ist die Erzeugung eines Klangbildes, das sich möglichst wenig vom Originalklang (etwa in einem Konzertsaal) unterscheidet.

räumliches Hören

Hierzu gehört u. a. die räumliche Wirkung. Nimmt man den Orchesterklang mit mindestens zwei Mikrophonen auf, die etwa an den beiden Seiten stehen (AB-Anordnung) und überträgt die Information eines jeden Kanals getrennt vom anderen, so stellt sich — bei geeigneter Aufstellung der Lautsprecher — wieder das gleiche oder sogar ein verbessertes Raumklangbild ein, wie ein Hörer es während des Konzerts im Saal auch haben würde.

*„Sicher ist, daß der räumliche Eindruck dem an normale Rundfunkübertragung gewöhnten Hörer zuerst ins Auge fällt . . . Es wird mehr übertragen als bisher möglich war und damit eine neue Ebene erreicht: Auch in der elektroakustischen Übertragung die optimale Annäherung des Reproduzierten an das klangsinnliche Konzept des Musikwerks. Diese Tatsache wird zumeist mit dem etwas flachen Begriff einer gesteigerten Transparenz umschrieben."* (Aus: H. P. REINECKE, *Stereo-Musik.* Köln 1966, S. 14.)

Aufgaben:

1. Wie stehen wir zu der These: Die Stereoanlage ist so etwas wie ein Musikinstrument (Reinecke)?
2. Was ist unter dem klangsinnlichen Konzept eines Musikwerkes zu verstehen?

## PLAY-BACK

Play-back (Zurückspielen) ist ein Fachausdruck für ein besonderes Aufnahmeverfahren bei Rundfunk-, Fernseh- und Schallplattenproduktionen. Bei Opernaufnahmen für das Fernsehen bedeutet es, daß die gesamte Musik — einschließlich der Gesangsstimmen — vorher auf Tonband aufgenommen wird, wobei auf höchste musikalische und technische Präzision geachtet wird. Zu den Filmaufnahmen selber brauchen das Orchester und die Sänger nicht mehr zu musizieren. Sie können sich ganz auf die schauspielerische Darstellung konzentrieren. Die Sänger z. B. bewegen nur noch synchron zu dem ablaufenden Tonband die Lippen.
Play-back kann auch bedeuten, daß eine Solostimme nachträglich zu einem vorher auf Tonband aufgenommenen Orchesterpart überspielt wird. Dieses Verfahren wird in der Schlagerbranche häufig angewandt. Es hat den Vorteil, daß der Sänger nicht zu jeder Probe das ganze Orchester benötigt, sondern seinen Part beliebig lange proben und wiederholen kann, bis die Aufnahme zufriedenstellend ausgefallen ist. Probenzeit für ein ganzes Orchester kostet sehr viel Geld. Der Solist hört, während er singt oder spielt, das Orchester über Kopfhörer und kann sich so ständig am Gesamtklang orientieren.
Gute Tonbandgeräte besitzen oft eine Synchrontaste. Sie ermöglicht auch dem Amateur eine Play-back-Aufnahme.

## MULTIPLAY

Bei einem Tonbandgerät befindet sich vor dem Aufnahmekopf ein Löschkopf. Dieser hat die Aufgabe, alle magnetischen Aufzeichnungen, die sich etwa von früheren Aufnahmen auf dem Tonband befinden, zu entfernen. Er macht das durch hochfrequente Schwingungen (zwischen 50000 und 150000 pro Sekunde). Bei vielen Tonbandgeräten gibt es einen besonderen Schalter — oft Tricktaste, meist aber Multiplay genannt —, der den Löschkopf ausschaltet. Dann können beliebig viele Aufnahmen übereinander gespielt werden. Bei modernen Heimtonbandgeräten allerdings ist das Verfahren komplizierter, da man eine Verbindung mit dem Play-back-Verfahren angestrebt hat. Dort funktioniert es etwa auf folgende Weise: Man macht eine normale Aufnahme; dann stellt man auf die zweite Spur um und kann nun — nach Betätigung des Multiplay-Schalters — die erste Spur über einen Kopfhörer mithören, wobei diese gleichzeitig mit der neuen Aufnahme auf der zweiten Spur aufgezeichnet wird. Will man etwa „dreistimmig" allein singen, schaltet man jetzt zurück auf die erste Spur und spielt die dritte Stimme hinzu. Dann befinden sich also drei Aufnahmen gleichzeitig auf der ersten Spur. Dieses Verfahren läßt sich so lange fortsetzen, bis durch das häufige Überspielen die Qualität der ersten Aufnahmen unbrauchbar wird (in der Regel etwa nach sechsmaligem Überspielen).

Klangmontage

Aufgabe:

Zu welchen Zwecken werden Play-back und Multiplay eingesetzt? Gibt es weitere Möglichkeiten?

## DER BIELEFELDER KATALOG

Seit einer Reihe von Jahren erscheint unter dem Namen BIELEFELDER KATALOG eine Zusammenfassung sämtlicher Schallplatten klassischer Musik.
In ihm sind schätzungsweise 12000 in Europa lieferbare Schallplatten verzeichnet. Er ist lexikalisch gegliedert und enthält auf rund 400 Seiten eine Aufzählung von Platten unter der Rubrik *Komponisten und ihre Werke.* Weitere Zusammenstellungen haben die Titel *Operntitel, Musical- und Operettentitel, Folklore* und *Sammelprogramme.* Allein vom Werk BEETHOVENS gibt es annähernd 400 in Deutschland erhältliche Schallplatten.

Schallplattenaufnahme von Bachs *Matthäus-Passion*

Aufzeichnung von Verdis *Rigoletto*

Aufgaben:

1. Wir untersuchen den BIELEFELDER KATALOG nach folgenden Gesichtspunkten:
   a) Von welchen Werken BEETHOVENS gibt es die meisten Aufnahmen? Wie sieht es bei MOZART aus, wie bei BACH?
   b) Was bedeuten die bei den Komponisten (BACH und MOZART) immer wieder vorkommenden Abkürzungen BWV und KV?
2. Warum kann es für einen Schallplattensammler oder für eine DISKOTHEK interessant sein, von einem Werk verschiedene Aufnahmen zu besitzen?
3. Welche Schallplattenfirmen sind uns bekannt?

Vorhaben:

Wir sammeln mehrere Interpretationen eines Werkes und überspielen charakteristische Ausschnitte in den verschiedenen Ausführungen hintereinander auf ein Tonband. Sind die Unterschiede der Interpretationen hörbar? Wenn ja, worin bestehen sie? Wir diskutieren den Begriff der künstlerischen INTERPRETATION eines Werkes.

Siehe auch ZWEI OPERNSZENEN S. 147.

## DIE „OPER IM HEIM"

*Oper im Heim* ist ein gern verwendeter Werbeslogan der SCHALLPLATTENINDUSTRIE, dessen suggestive Tendenz untersucht werden sollte.

Logenplatz im Wohnzimmer

Um bei einer Aufnahme für die Schallplatte einen akustisch befriedigenden Eindruck zu erzielen, genügt es nicht, etwa auf einem Zuschauerplatz ein Mikrophon aufzubauen. Die Entfernung wäre zu groß, der Klang der Aufnahme zu verwaschen.

Aus diesem Grund werden mehrere Mikrophone dicht vor den Sängern aufgestellt und zusammen mit den Mikrophonen des Orchesters ausgesteuert. Die Oper wird gleichsam in einer akustischen Großaufnahme produziert. Der Sessel vor dem häuslichen Plattenspieler wird somit zu einem Platz in der ersten Loge.

Auch bei einer FERNSEHAUFZEICHNUNG wird manipuliert: In einer Programmzeitschrift wurde unter der Überschrift *„Süßer die Stimmen nie schummeln"* festgestellt: *„Die Stimmen der Sänger, die Sie im Fernsehen hören, sind Konservenstimmen. Denn das Fernsehen traut sich nicht, die Stars live singen zu lassen . . . Fast alles, was wir aus dem Fernsehgerät an Musik hören — von* EGK *bis zu den* EGERLÄNDERN, *von* BEETHOVEN *bis zu den* BEATLES *— ist* PLAY-BACK. *Nur wenn unsere Lieblinge ein Mikrophon in den Händen halten, singen sie tatsächlich. Doch selbst dann ist der Toningenieur nicht unbeteiligt . . ."* (Aus: *Fernseh-Woche* vom 6. bis 12. Juni 1970, Nr. 23, S. 24.)

Aufgaben:

1. Wir hören und vergleichen Operneinspielungen auf Schallplatten im Hinblick auf die Aufnahmetechnik (HALL, FILTER). Welchen Einfluß hat der TONINGENIEUR auf den Klang einer Aufnahme?
2. Wie ist die Klangqualität des Fernsehtons? Kann man hören (sehen), ob mit dem Play-back-Verfahren gearbeitet wurde?
3. Ist es bei Schallplatten oder Fernsehübertragungen gerechtfertigt, von einer Oper im Heim zu sprechen?
   Wenn ja, bis zu welchem Grad?
   Wenn nein, welche wesentlichen Komponenten fehlen oder sind verfälscht?

Siehe auch OPER IM FERNSEHEN S. 21 und SPIELPLÄNE BEFRAGT S. 146.

beim Abhören der Aufnahme

Ohne eine raffinierte Technik sind heutige Schlagerproduktionen nicht mehr denkbar. Sie werden im wesentlichen durch Schallplatten verbreitet, und so bedienen sie sich selbstverständlich der Mittel, die die Schallplattentechnik bietet.
Um deutlich auseinanderhalten zu können, welche Faktoren zum fertigen Schlager beitragen, empfiehlt es sich, folgende Unterscheidungen zu treffen:

1. Primärkomponenten. Darunter versteht man Text und Melodie eines Schlagers. Sie müssen bestimmten Regeln entsprechen, wenn der Schlager erfolgreich werden soll.
2. Sekundärkomponenten. Hiermit ist gemeint, wie ein Schlager frisiert und dem Publikum serviert wird, also das Arrangement (Instrumente, Harmonien, Rhythmus) und die Interpretation (Solist, Orchester oder Band). drei Stadien
3. Tertiärkomponenten. Unter ihnen faßt man alles zusammen, was durch die Aufnahmetechnik bewirkt wird: der Sound und die Verhallung der Solostimme gehören ebenso dazu wie elektronische Gags, Play-back-Verfahren, Klangmontagen usw.

Die musikalische Wirkung eines Schlagers hängt entscheidend davon ab, daß alle drei Komponenten aufeinander abgestimmt sind. Sie sind gleichermaßen wichtig. (Unter primär, sekundär und tertiär sind hier die aufeinander folgenden Stadien verstanden, in denen ein Schlager entsteht.)

Aufgaben:

1. Wir vergleichen Schlagermelodien. Mit welchen melodischen Wendungen hängt der Erfolg von Schlagern zusammen?
2. Wir vergleichen verschiedene Interpretationen eines Schlagers. Gibt es charakteristische Merkmale der Stars, typische Sounds von Orchestern? Wie unterscheiden sich Arrangements?
3. Bei welchen Aufnahmen ist die Stimme, sind die Instrumente verhallt?
   Wo wurde Play-back-Verfahren angewendet?
   Wer arbeitet mit besonderen elektronischen Gags?

Vorhaben:

Wir spielen einen Schlager auf Tonband. Als Besetzung wäre Singstimme, Gitarre und Schlagzeug möglich. Dabei setzen wir die Singstimme im Play-back-Verfahren über die Begleitung (Singstimme verhallt, Instrumente trocken).

Literatur:

H. Rauhe, *Zum Wertproblem der Musik. Versuch einer Ästhetik der Trivialität als Grundlage für eine Didaktik der Popularmusik*, in: *Didaktik der Musik 1967*, hrsg. von W. Krützfeldt. Hamburg 1968, S. 24—44.
H. Rauhe, *Schlager und Beat im Unterricht — Möglichkeiten einer Einbeziehung der Pop-Musik in die Didaktik und Methodik des Musikhörens*, in: *Musikhören und Werkbetrachtung in der Schule*, hrsg. von K. Sydow. Wolfenbüttel 1970, S. 55—87.

Siehe auch Hitparade S. 18, Schallplattenherstellung S. 31, Tonstudio S. 31 und Schlager — ein Millionengeschäft S. 52.

## WIE VERKAUFT MAN SCHALLPLATTEN?

Musikmarkt

Der PLATTENMARKT regelt sich nach Angebot und Nachfrage. Die Nachfrage wird durch Werbung der verschiedensten Art beeinflußt:

a) Ausstellungen in Musikhandlungen
b) Prospekte, Hinweise und Informationen der Plattenfirmen
c) Sendungen in Rundfunk und Fernsehen (Hitparaden und Plattenkonzerte)
d) Besprechungen und Anzeigen in Zeitungen und Zeitschriften
e) Plattenhüllen (Vorder- und Rückseite)

Aufgaben:

1. Wir erörtern, welche Reklamemittel für die Gestaltung einer Plattenhülle besonders wirkungsvoll sind.
2. Wir entwerfen in verschiedenen Arbeitsgruppen Vorder- und Rückseite der SCHALLPLATTENHÜLLE (Abbildung und Text).
3. Wie hängt das Image einer Schallplattenfirma mit deren Produktionsprogramm zusammen?

## VORSCHLÄGE FÜR LERNKONTROLLEN (1. Kapitel: Aus dem Lautsprecher)

1. Wir vergleichen unsere Erwartungen an das Rundfunkprogramm mit der tatsächlichen Programmfolge.
2. Welche Rolle spielt die Musik bei der Fernsehwerbung?
3. Stelle eine Liste der Fachausdrücke zusammen, die sich auf Herstellung und Wiedergabe von Musik auf Schallplatte und Tonband beziehen. (Gib in Klammern eine Kurzdefinition.)
4. Inwieweit wird durch Musik aus dem Lautsprecher öffentliche Meinung gemacht? Welche Absichten stehen dahinter?

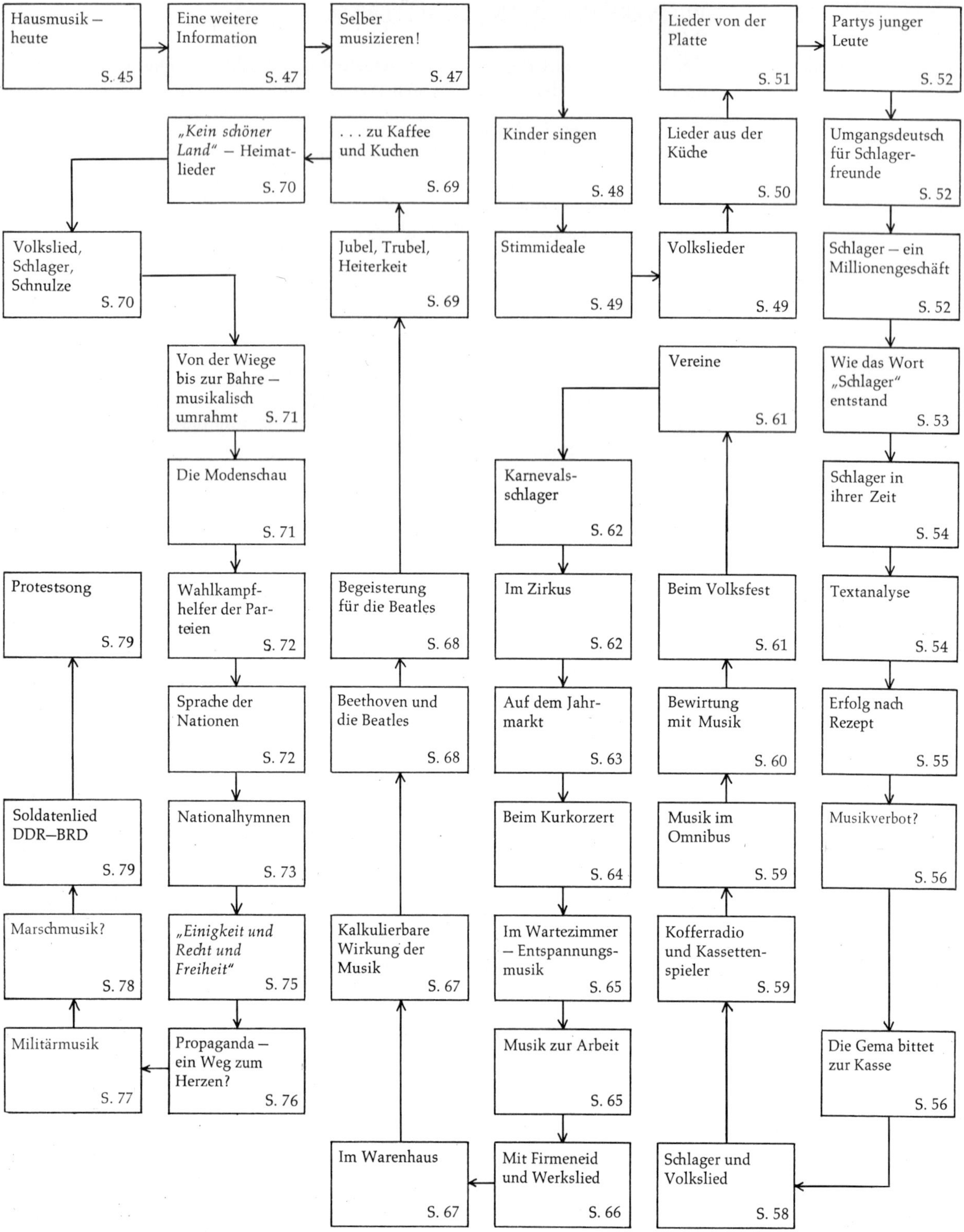
Hausmusik – heute S. 45
Eine weitere Information S. 47
Selber musizieren! S. 47
Kinder singen S. 48
Stimmideale S. 49
Volkslieder S. 49
Lieder aus der Küche S. 50
Lieder von der Platte S. 51
Partys junger Leute S. 52
Umgangsdeutsch für Schlager-freunde S. 52
Schlager – ein Millionengeschäft S. 52
Wie das Wort „Schlager“ entstand S. 53
Schlager in ihrer Zeit S. 54
Textanalyse S. 54
Erfolg nach Rezept S. 55
Musikverbot? S. 56
Die Gema bittet zur Kasse S. 56
Schlager und Volkslied S. 58
Kofferradio und Kassetten-spieler S. 59
Musik im Omnibus S. 59
Bewirtung mit Musik S. 60
Beim Volksfest S. 61
Vereine S. 61
Karnevals-schlager S. 62
Im Zirkus S. 62
Auf dem Jahr-markt S. 63
Beim Kurkorzert S. 64
Im Wartezimmer – Entspannungs-musik S. 65
Musik zur Arbeit S. 65
Mit Firmeneid und Werkslied S. 66
Im Warenhaus S. 67
Kalkulierbare Wirkung der Musik S. 67
Beethoven und die Beatles S. 68
Begeisterung für die Beatles S. 68
Jubel, Trubel, Heiterkeit S. 69
. . . zu Kaffee und Kuchen S. 69
„Kein schöner Land“ – Heimat-lieder S. 70
Volkslied, Schlager, Schnulze S. 70
Von der Wiege bis zur Bahre – musikalisch umrahmt S. 71
Die Modenschau S. 71
Wahlkampf-helfer der Par-teien S. 72
Sprache der Nationen S. 72
Nationalhymnen S. 73
„Einigkeit und Recht und Freiheit“ S. 75
Propaganda – ein Weg zum Herzen? S. 76
Militärmusik S. 77
Marschmusik? S. 78
Soldatenlied DDR–BRD S. 79
Protestsong S. 79

# 2. Kapitel In der näheren Umgebung

## HAUSMUSIK — HEUTE

Hausmusik meint zweierlei:

Zum einen das Musizieren von Laien (Musikliebhabern) zum eigenen Vergnügen im Kreise der Familie oder mit Freunden, zur Pflege der Geselligkeit, schließlich zur Pflege von Musik, zum Kennenlernen von Musik, zum Erlernen, ja zur Erkenntnis des Gegenstands- bzw. Kulturbereiches „Musik".
Gesungen und gespielt werden: einstimmige Lieder, Liedsätze, Liedkantaten, Kanons, Quodlibets, kleine Motetten, Duette und Duos, Triosonaten, reine Instrumentalstücke in variablen Besetzungen, je nach vorhandenen Spielern; weiterhin werden geübt und gepflegt: Klavierspiel, klavierbegleiteter Liedgesang, Klaviertrio, Streichtrio, Streichquartett, d. h. von Laien spielbare Kammermusik. In diesem Zusammenhang sind die Ansichten darüber, was Hausmusik ist, unterschiedlich. Das Wort Hausmusik kann alle Musik meinen, die im Hause gespielt wird, eine bestimmte Art der Ausführung von Musik oder auch solche Musik, die zum Zwecke des häuslichen Musizierens geschrieben ist.

bürgerliche Geselligkeit

Zum anderen ist mit dem Begriff Hausmusik ein ideologisches Moment gekoppelt; Hausmusik tritt auf und wird gepflegt zur Bewahrung bürgerlicher Geselligkeit, zur Befestigung eines gehobenen Status bürgerlichen Lebens: *„Hausmusik ist nicht nur Hausmusik. Seitdem sich häusliches Musizieren nicht mehr von selbst versteht, gilt die Pflege von Hausmusik nicht nur als etwas Vergnügliches, sondern als etwas Auszeichnendes: wer Hausmusik treibt, gehört zur geistigen . . . Elite, die die höheren Werte . . . nicht nur schätzt, sondern ihnen ‚dient'. Darüberhinaus pflegt der Hausmusiker das deutsche Gemüt . . ."* (Aus: R. Stephan, *Überlegungen zur Funktion der Hausmusik heute,* in: *Über das Musikleben der Gegenwart.* Veröffentlichungen des Instituts für neue Musik und Musikerziehung Darmstadt, Band 9, Berlin 1968, S. 32.)
Entsprechende Aussagen deuten auf diese ideologische Fixierung hin: Hausmusik ist *„ein Gestaltenwollen und ein gemütvolles Versenken in das Reich der Töne"* und diese *„schaffen erst die Stimmung für eine Hausmusik. Der gemütvolle Wert eines häuslichen Familienlebens wird am sichtbarsten durch die musizierende Familie . . . Die Pflege der Hausmusik gehört zum deutschen Volkscharakter".* (Eine Aussage aus dem Jahr 1942, zitiert nach R. Stephan, a. a. O., S. 27.)

Aufgaben:

1. Einzelne Arbeitsgruppen sammeln Beispiele für Hausmusik etwa z. Z. der Reformation, aus dem 17., 18., 19. Jahrhundert und auch Spielmusik aus dem 20. Jahrhundert (siehe Programmzeitschriften, Schallplattenkataloge, Verlagsverzeichnisse).
2. Wer kennt Familien, in denen Hausmusik gepflegt wird? Zu welcher Tages- und Jahreszeit wird musiziert? Wer ist der Anreger (Beruf)? Welche Instru-

mente werden verwendet? Was wird musiziert? Wer kennt die Form des Hauskonzerts? Welche Antworten geben die Teilnehmer der Hausmusikrunde auf die Frage, warum sie Hausmusik betreiben? In welchem Geselligkeitsrahmen tritt das Musizieren zu Hause auf?

3. Welche Rolle spielen alte Instrumente (z. B. Cembalo, Blockflöten, Gamben, Lauten) in der Hausmusik und weshalb?
4. Wie kam und kommt es zu dem Mißbrauch mit dem Begriff Hausmusik? Welche Rolle spielen dabei die Schule, Musiker, Politiker?
5. Wo und wie können heute Freunde miteinander musizieren? Was könnte gespielt werden? Mit welchen Instrumenten?
6. Welche Meinungen äußern Personen unserer Umgebung zur Hausmusik? (Wir befragen Mitschüler, Bekannte, Lehrer usw.)
7. Welche gesellschaftlichen Veränderungen (insbesondere auch im Hinblick auf die Rolle der Familie) mögen der Grund dafür sein, daß die Hausmusik heute nicht mehr die Verbreitung hat wie in früheren Jahrzehnten?
8. Wäre ein stärkeres Wiederaufleben der Hausmusik zu begrüßen? Warum? Welche Voraussetzungen müßten dafür gegeben sein?
9. In einer Erhebung, die das INSTITUT FÜR DEMOSKOPIE ALLENSBACH 1964 durchführte, wurde festgestellt:
   In Italien musizieren 6%, Frankreich 8%, Belgien 10%, Holland 23%, Luxemburg 18%, Deutschland (BRD) 20%, und England 17% der Bevölkerung im Hause.
   Wie kann man diese Unterschiede erklären?

Hausmusik in Europa

Unter der Überschrift *„Nation der Hausmusik: BRD"* meldete *Die Zeit* am 9. 2. 1973, daß trotz Radio, Fernsehen und *„Millionen von Schallplatten"* in einer Untersuchung des Bundesverbandes der deutschen Musik-Instrumenten-Hersteller 14 Millionen musizierende Deutsche festgestellt wurden. *„Die Freunde des aktiven Musizierens"* sind zahlreicher geworden: 1963 gab es in einem Viertel der deutschen Haushalte, 1971 in einem Drittel ein oder mehrere Musikinstrumente. *„Daß die Zahl der Gitarristen sich fast verdoppelt hat, wundert gar nicht, denn Beat, Rock und Folk haben ihre Wirkung getan. Daß es aber nicht mehr nur in zehn, sondern nunmehr in fünfzehn von hundert Haushalten Blockflöten gibt, läßt zumindest stutzen, denn wo ist das Blockflöten-Pop-Idol?"*
Wie erklären wir uns diese Entwicklung?

Hausmusik in der BRD

Vorhaben:

Der erwähnte Aufsatz von STEPHAN gibt viele Informationen und kann als Grundlage für ein Rahmenthema (z. B. Hausmusik im Wandel der Musikkultur) verwendet werden.

Hinweis:

JOHANN STADEN veröffentlichte 1623 Geistliche Gesänge als *Hauss-Music* mit dem ausdrücklichen Hinweis *„. . . darinnen ich nit auf große Kunst gesehen"*, während ERNST KRENEK 1959 eine zwölftönige *Hausmusik* schrieb, die hohe Ansprüche an das Können der Spieler stellt. Dazwischen liegt das weite Feld der von der JUGENDMUSIKBEWEGUNG wieder entdeckten BAROCKMUSIK und der Kammermusik aus KLASSIK und ROMANTIK, die gleichermaßen im häuslichen Kreis wie im Konzertsaal gepflegt werden. Mit dem wachsenden Schwierigkeitsgrad der Kammermusik des ausgehenden 19. und des 20. Jahrhunderts entfernte sich die

Literatur der Hausmusik mehr und mehr von der Konzertmusik. Wurden bis in unser Jahrhundert hinein die Sinfonien der Klassiker noch durch vierhändige Bearbeitungen zugänglich gemacht, so ist dies heute dank Schallplatte und Rundfunk nicht mehr nötig.

Die Wiederbelebung der BAROCKMUSIK ist unzweifelhaft ein Verdienst der JUGENDMUSIKBEWEGUNG. In der Zeit nach der Jahrhundertwende wurde Barockmusik u. a. als Protest gegen die SALONMUSIK empfunden. Ähnlich wie die JUGENDBEWEGUNG überhaupt und die mit dieser zusammenhängende SINGBEWEGUNG wollte man sich bewußt von bestimmten Erscheinungsformen des städtischen BILDUNGSBÜRGERTUMS absetzen.

Literatur:

R. STEPHAN, *Überlegungen zur Funktion der Hausmusik heute,* in: *Über das Musikleben der Gegenwart.* Veröffentlichungen des Instituts für neue Musik und Musikerziehung Darmstadt, Band 9, Berlin 1968.

L. FINSCHER, *Hausmusik und Kammermusik,* in: *Musik und Verlag,* hrsg. von R. BAUM und W. REHM, Kassel 1968, S. 67—76.

## EINE WEITERE INFORMATION

Die *Welt* vom 4. 1. 1968 meldet unter der Überschrift *„16 Prozent der Volksschüler spielen ein Instrument"*: *„Umfassenden instrumentalen Elementarunterricht schon in der ersten Volksschulklasse forderten die Teilnehmer einer Tagung der Arbeitsgemeinschaft für musikalische Bildung in München. Schon von der ersten Klasse an sollten Musikinstrumente in genügender Zahl zur Verfügung stehen, um möglichst früh ein Fundament zu schaffen, auf dem später musikalisch weiter aufgebaut werden kann. Die Lehrmittelfreiheit sollte auf Musikinstrumente ausgedehnt werden, forderten die Komponisten und Musikpädagogen."*

Aufgaben:

1. Würde sich mehr Instrumentalunterricht in der Grundschule positiv auf die Entwicklung der Hausmusik auswirken?
2. Was ist neben dem Instrument-spielen-können Voraussetzung für HAUSMUSIK?

## SELBER MUSIZIEREN!

Wozu selbst ein Instrument spielen, ich kann doch jederzeit Musik auf Platten, im Radio oder Fernsehen hören, sagen sich viele Leute. Trotzdem gibt es andere, die Freude am Gitarrenspiel, am häuslichen Musizieren, im Posaunenchor, Spielmannszug, im Jugendorchester, im Chor oder Blockflötenkreis haben. Müssen sie nicht entmutigt sein, wenn ihnen täglich die vollkommensten Interpretationen im Radio begegnen? Offenbar führt eigenes Musizieren zu anderem Erleben als das Zuhören.

Jugend musiziert

In der Bundesrepublik finden jährlich zahlreiche musikalische Lehrgänge, Schüler- und Jugendmusizierwochen statt. Sie werden u. a. veranstaltet vom Internationalen Arbeitskreis für Musik, von der Arbeitsgemeinschaft

Musik in der Evangelischen Jugend, vom Arbeitskreis für Musik in der Jugend, von der Musikalischen Jugend Deutschlands und von der Werkgemeinschaft Lied und Musik. Jahrespläne erhält man von den Geschäftsstellen dieser Organisationen.

Aufgaben:

1. Wer hat ähnliche Erfahrungen gemacht?
   Wie könnte er sie beschreiben?
2. Welchen Einfluß hat eigenes Musizieren auf das Hören von Musik?
3. Wer hat schon an einer Musizierwoche teilgenommen und kann darüber berichten?

Vorhaben:

Wir befragen Mitglieder des Posaunenchors, des Gesangvereins, Bekannte, die ein Instrument spielen.
Was sagen sie zum eigenen Musizieren, zum gemeinsamen Singen oder Spiel mit anderen, zur Haus- und Kammermusik?

Siehe auch INTERNATIONALE FERIENWOCHEN S. 259.

## KINDER SINGEN

frühe Kindheit

Schon im Alter von vier bis sechs Monaten beginnen Kinder sich für die Welt der Töne zu interessieren. Später versuchen sie dann, sich zur Musik zu bewegen. Auch trällern sie selbst bald kleine Melodien. Kinderpsychologen sprechen von LALLGESANG. Selbst das Protestgeschrei verstummt fast immer, wenn Musik ertönt oder die Mutter ein Wiegenlied singt.
Etwa Dreijährige beherrschen ihre Stimme soweit, daß sie die Erwachsenen nachahmen können. Kinder lernen das Singen nämlich durch Nachmachen.
Es dauert viele Jahre, bis ein Kind in der musikalischen Welt der Erwachsenen zu Hause ist. Trotzdem benutzt es schon frühzeitig Melodiewendungen und Intervalle, die den Kinderliedern und dem Singen der Erwachsenen abgelauscht sind. So tauchen immer wieder Stellen aus Kinderliedern auf, selbst dort, wo das Kind scheinbar unbeobachtet beim Spielen vor sich hin trällert.

Vorhaben:

Wir nehmen den „Gesang" von Zwei- bis Vierjährigen auf Tonband auf. Treten bekannte Wendungen auf? Erinnern die Gesänge an Kinderlieder? Wie sind sie verändert?

Literatur:

S. ABEL-STRUTH, *Musikalischer Beginn in Kindergarten und Vorschule: Band II: Praktikum.* Kassel 1971.
W. BRECKOFF, M. KÜNTZEL-HANSEN, W. ROGGE, H. SEGLER, *Musikbuch — Primarstufe A.* Hannover 1971.
M. KÜNTZEL-HANSEN, *Die Liederkommode. Songs, Szenen, Klangaktionen.* Velber 1973.

## STIMMIDEALE

Andere Völker unterscheiden sich von uns Europäern auch in der Vorstellung von dem, was schön klingt. Während wir seit dem Aufkommen des BELCANTO (in der italienischen Oper der BAROCKZEIT) einem ziemlich einheitlichen Ideal anhängen, das sich vorwiegend auf die Pflege von Brust- und Kopfstimme stützt, gelten bei anderen Kulturen die Kehlstimme — wir würden es Quetschen nennen — oder die Fistelstimme (bekannt aus dem Überschnappen der Stimme beim Jodeln) als Zeichen besonders kultivierten Singens.

kultiviertes Singen

Auch unser Stimmideal hat sich im Lauf der Jahrhunderte geändert. Wir wissen nicht, wie es sich weiterentwickeln wird.

Aufgaben:

1. Wir hören Schallplatten mit Musik fremder Völker. Welche Singweise ist festzustellen? Wir ahmen sie nach und vergleichen.
2. Wir vergleichen GREGORIANISCHEN GESANG, SCHUBERT-Lied und PUCCINI-Arie im Hinblick auf das jeweilige Gesangs- oder Stimmideal.
3. Was verlangen zeitgenössische Komponisten von der Singstimme? Wir hören dazu AVANTGARDE-Schallplatten.
4. Welches Stimmideal ist bei farbigen Sängerinnen und Sängern im JAZZ festzustellen?

Vorhaben:

Besonders Unternehmungslustige gehen auf Reportage. Sie bitten um die Erlaubnis, in einer Musikhochschule Aufnahmen von Anfängern, Fortgeschrittenen und Examenskandidaten zu machen. Daraus läßt sich ein Quizspiel machen.

Literatur:

UNESCO-REIHE bei Bärenreiter-Musicaphon (siehe S. 250).

## VOLKSLIEDER

Das Wort VOLKSLIED stammt von JOHANN GOTTFRIED HERDER und entstand etwa zur Zeit der Französischen Revolution. In den ersten Volksliedsammlungen (etwa in HERDER, *Stimmen der Völker* oder in *Des Knaben Wunderhorn* von ACHIM VON ARNIM und CLEMENS VON BRENTANO) finden sich in bunter Folge Lieder der verschiedensten Art: Balladen, Liebeslieder, Gassenhauer, Chansons, Kinder- und Wiegenlieder, Kirchengesänge, Wanderlieder, Lieder zum Tanz und zur Arbeit. Volkslied ist also eine Sammelbezeichnung. Sie besagt lediglich, daß das Lied bekannt und beliebt war oder noch ist. Dadurch konnten auch Kompositionen von SCHUBERT oder MOZART zu Volksliedern werden. Häufig aber sind die Namen der Dichter und Tonsetzer vergessen. Typisch für Volkslieder ist, daß sie im Lauf ihrer mündlichen Überlieferung verändert, „zersungen" werden. (Das Zersingen kann als Verfallserscheinung und als schöpferischer Vorgang gedeutet werden.)

„Volk"

*„Das Volkslied weist hin auf eine Situation, ein Erlebnis der Gemeinschaft und läßt sich von solcher Situation aus handhaben und gestalten. Die Selbständig-*

*keit und Bündigkeit, die dem Kunstlied eigen ist, geht ihm ab; es ist wesentlich der Situation, dem Augenblick verhaftet ... Es hat seine historische Einmaligkeit aufgegeben, läßt sich in kleine Partikel auflösen, jeden Moment bereit, der Gegenwart zu dienen. Wo und wie eine Situation der Gemeinschaft es verlangt, da fügen sich Einzelstücke aneinander, da entstehen Liedkörper und Singzyklen, nicht um ihrer selbst und der Art ihrer Fügung willen, sondern lediglich im Dienst der Situation hic et nunc, als Geräte dieses Erlebnisses."* (Aus: M. Bringemeier, *Gemeinschaft und Volkslied.* Münster 1931, S. 111 f.) *„Ein Werk der Folklore existiert nur, wenn es von einer Gemeinschaft angenommen wurde; es existiert von ihm nur das, was diese Gemeinschaft anerkennt und weitergibt. Wenn die Bedürfnisse der Gemeinschaft sich ändern, ändert sich auch ein Volkslied."* (Aus: W. Steinitz, *Arbeiterlied und Volkslied,* in: Sitzungsberichte der Deutschen Akademie der Wissenschaften zu Berlin, 1965, Heft 8, S. 8.)

„Gemeinschaft"

Aufgaben:

1. Von welchen Volksliedern kennen wir den Namen des Dichters oder des Komponisten?
2. Welche Kunst- oder Kirchenlieder sind zu Volksliedern geworden?
3. Wir vergleichen an zwei Liedern die volkstümliche Fassung mit den Kompositionen von Franz Schubert: *Das Wandern ist des Müllers Lust* und *Sah ein Knab' ein Röslein stehn.*
4. Kennen wir Situationen, in denen Lieder anders gesungen werden, als sie im Liederbuch stehen? Wie werden die Lieder verändert und warum?

Literatur:

W. Wiora (Hrsg.), *Das Volkslied heute.* Musikalische Zeitfragen 7. Kassel 1959.
E. Klusen, *Volkslied — Fund und Erfindung.* Köln 1969.
H. Bausinger, *Volkskultur in der technischen Welt.* Stuttgart 1961.
H. Bausinger, *Formen der „Volkspoesie".* Berlin 1968.
H. Bausinger, *Volkskunde.* Darmstadt o. J. (1971).
V. Karbusicky, *Ideologie im Lied — Lied in der Ideologie.* Köln 1973.
Eine umfassende Sammlung mit Nachwort zur Geschichte des Volkslieds bietet *Bruder Singer,* Kassel seit 1952.

Siehe auch Schlager und Volkslied S. 58, Volkslied — Schlager — Schnulze S. 70 und Ein Volkslied in der Kirche S. 115. Vgl. Liedermagazin.

## LIEDER AUS DER KÜCHE

Bei Küchenliedern handelt es sich um Lieder, die zum Teil namenlos überliefert sind. Manche stammen aus beliebten Opern und Singspielen, andere waren irgendwann einmal in kleinen Druckschriften und Almanachen erschienen. *„Sie schliffen sich ab im Laufe der Zeit, verloren Strophen oder nahmen neue auf, wechselten je nach Vorliebe die Melodien und endeten alle einmal in der Küche. Denn hier waren die Mädchen tätig, die sich so gern durch den Tag sangen."*
Beispiele: *Zwei Königskinder; Du, du liegst mir im Herzen; Kein Feuer, keine Kohle; Es war einmal ein treuer Husar; In einem kühlen Grunde; Sie war ein Mädchen voller Güte;* u. a.

es war einmal ...

Aufgaben:

1. Wer sang diese Lieder und für welche soziale Situation sind sie typisch?
2. Welches Lebensgefühl zeigt sich in diesen Liedern?
3. Können heute noch solche Lieder entstehen und wenn ja, in welchen Abwandlungen?
4. Welche Beziehungen bestehen zwischen VOLKSLIED und KÜCHENLIED, zwischen SCHLAGER, SCHNULZE und KÜCHENLIED?
5. Wir vergleichen Küchenlieder mit Liedern aus dem LITERARISCHEN UNTERGRUND.

Literatur:

H. GOERTZ, *Wie tut mir mein Herze bluten — Lieder aus der Küche*. München 1965, dtv-Taschenbuch, Band 312.

H. SEGLER, *Das „Volkslied" im Musikunterricht*, in: *Handbuch des Deutschen Volkslieds*, hrsg. von R. W. Brednich, L. Röhrich und W. Suppan, 2 Bände. München 1973/74.

H. BAUSINGER, *Formen der „Volkspoesie"*. Berlin 1968.

P. RÜHMKORF, *Über das Volksvermögen*. Reinbek 1969 (rororo 1180).

## LIEDER VON DER PLATTE

*„Bitte mitsingen. Diese Musik ist Männersache:*

*Kräftige Blasmusik. Bekannte Märsche. Volks-, Heimat- und Stimmungslieder. Das ist Musik, die Ihnen gefällt, die Ihnen Spaß macht. Gönnen Sie sich ein paar Langspielplatten davon.*
*Es gibt überhaupt keinen Grund dafür, warum Sie nicht genauso viele Lieblingsplatten haben dürfen wie Ihre Frau und Ihre Tochter."* (Aus einem Schallplattenprospekt der Deutschen Grammophon, Herbst 1969.)

Folgende Titel:

Stimmung

*Spaziergang am Rhein / Eine feucht-fröhliche Kegelpartie / Wir machen durch bis morgen früh / Bier her / Im Försterhaus am Waldesrand / Egerländer Heimatklänge / Hier ist was los! Jubel, Trubel, Heiterkeit / Frau Wirtin hat auch einen . . . / Beim Heideröslein im alten Försterhaus, Folge 2 / Humba-Humba-Täterä / Wenn das so weitergeht / Die schönsten Märsche der Welt / Alte Kameraden / Jenseits des Tales / Wem Gott will rechte Gunst erweisen / 40 Jahre Hamburger Hafenkonzert / Wenn das Schifferklavier an Bord ertönt / Wiedersehen in der Haifischbar / La Paloma / Im alten Försterhaus / Sonntags im Hafen / Lieder am Lagerfeuer / Weinfest / Ohne Hemd und ohne Höschen I / Mit Hemd und ohne Höschen II / Der große Zapfenstreich / Weit ist die Welt / Schützenfest / Armee- und Reitermärsche.*

Aufgaben:

1. Wir ordnen die Titel nach Lebensbereichen und Inhalt. Kennen wir ähnliche Platten?
2. Welche dieser Lieder werden auch in der Schule gesungen?
3. Zu welchen Gelegenheiten kann die Platte gespielt werden?
4. Sind die Lieder und Märsche tatsächlich Männersache?

## PARTYS JUNGER LEUTE

Eine vorwiegend aus den angelsächsischen Ländern übernommene Gesellungsform, die die bürgerliche Geselligkeit (Einladung) zum Teil — und nicht nur bei der Jugend — abgelöst hat, ist die PARTY. Sie unterscheidet sich vom Kaffee-Nachmittag und der bürgerlichen Abendgesellschaft durch ein höheres Maß an Unverbindlichkeit und Zwanglosigkeit. Die Musik spielt auf den Partys als Zusammenhalt stiftendes Moment eine nicht unwichtige Rolle, wie sich in Untersuchungen von Psychologen, Soziologen und Pädagogen ergeben hat. Es bietet sich daher an, einmal Häufigkeit, Art und Wirkung der Musik bei Partys zu untersuchen. Von folgenden Fragestellungen kann hier ausgegangen werden:

1. Welche Musik wird auf Partys bevorzugt? Gibt es spezielle Party-Musik?
2. Welche Wirkungen scheint die Musik auf die Party-Geselligkeit zu haben? Mit welchen Verhaltensweisen reagieren Party-Teilnehmer?
3. Gibt es Partys ohne Musik? Wenn nicht, warum wohl nicht?
4. Wer organisiert das Musik-Angebot während der Party? Gibt es hier bestimmte oder vorherrschende Organisationsformen (DISCJOCKEY)?
5. Unterscheiden sich Musik-Interessen von Party-Teilnehmern während und außerhalb der Partys?
6. Welche anderen Gesellungen kennen wir? Wie unterscheiden sich die Musikangebote?
7. Fördern die Partys den passiven MUSIK-KONSUM oder treffen die Teilnehmer eine kritische, der Geselligkeit entsprechende Auswahl?
8. Ist die Party in musikalischer Hinsicht eine moderne Form der Hausmusik?

Siehe auch AUFFORDERUNG ZUM MENUETT S. 95.

## UMGANGSDEUTSCH FÜR SCHLAGERFREUNDE

In der Schlagerbranche sind Begriffe gang und gäbe, die oft nur den Spezialisten verständlich sind. Hier eine Probe:
Image, U-Musik, Come-back, Texter, Arrangeur, Star, Starlet, Amateur, Profi, Titel, Hit, Evergreen, Refrain, Schlagzeile, Producer, Tantiemen, Urheberrechte, Gema, Punktierungsliste, Song-Pluggers, Werbemanager, herausbringen, Management, kreieren, Publicity, Konsumenten, Schallplattenmarkt, Schlagerbörse, Hitparade, Seller-Listen, Revue, Show, Musikbox, Discjockey, Sound, Gag, Aufhänger, Background, Improvisation, Play-back, verjazzen, Fan, Chanson, Schnulze, Break usw.

Geheimsprache

Aufgaben:

1. Wir versuchen, die Begriffe zu erklären. Lassen sie sich übersetzen?
2. Wir ordnen die Begriffe, die miteinander zusammenhängen, in Gruppen.

## SCHLAGER — EIN MILLIONENGESCHÄFT

Schlager bringen Geld. Der Schallplattenumsatz betrug 1970 in der Bundesrepublik rund 700 Millionen Mark.

An diesem Umsatz sind die Jugendlichen fast zu 50 Prozent beteiligt, sie gaben 1969 rund 200 Millionen Mark für Schallplatten aus, in der Hauptsache für Schlager und Pop-Musik.
Auch Musikverleger versprechen sich vom Schlager ein Geschäft. In der Bundesrepublik gibt es sechs führende Verlage, von denen jeder pro Jahr 120 bis 150 Schlagertitel herausbringt. Hinzu kommen verschiedene kleinere Verlage mit etwa 30 bis 50 Titeln jeweils. Insgesamt kommen im Monat ungefähr 480 neue Schlagertitel auf den Markt.
Schlager werden auf Verdacht gedruckt. Daher bringt nur ein Bruchteil des Angebots etwas ein. Diese wenigen Erfolgstitel machen die finanziellen Ausgaben für alle übrigen wieder wett und schaffen *„das große Geld"*.
Schlagerproduktion ist Teamwork. Beteiligt sind: Komponist, Arrangeur (Bearbeiter), Textdichter, Ausführende und Verleger. Sie sind unterschiedlich am Ertrag der Aufführungsrechte beteiligt (siehe Die Gema bittet zur Kasse S. 56).
Die Haupteinnahmen kommen für einen Schlagerkomponisten durch die Vergabe des Aufführungsrechtes und durch die Beteiligung am Schallplattengeschäft, nicht aber — wie z. B. bei klassischer und vorklassischer Musik — durch den Notenverkauf („Papiergeschäft").

Musiktransport

Das Schlagergeschäft ist international. Größere Musikverlage und Schallplattenfirmen haben überall in der westlichen Welt ihre Niederlassungen. So können Schlager (Hits) aus Amerika schnell auf den europäischen Markt kommen und umgekehrt.

Aufgaben:

1. Wieviel Geld wird in unserer Klasse (Gruppe) monatlich für Schlagerplatten ausgegeben?
2. Wie viele Groschen werden wohl wöchentlich in die Schallplattenbox der nächsten Gastwirtschaft gesteckt?
3. Wie ist das Verhältnis des amerikanischen zum deutschen Plattenmarkt? Gibt es mehr deutsche oder mehr englischsprachige Titel in den Hitparaden?

Literatur:

G. von Irmer, *Jugend und Schlager.* Bremen 1970.

Siehe auch Hitparade S. 18.

## WIE DAS WORT „SCHLAGER" ENTSTAND

Als um 1880 ganz Wien durch Johann Strauss ins Walzerfieber versetzt wurde, entstand auch das Wort Schlager. *„Kinder, das hat eingeschlagen!"* sagten Musiker, die einen Erfolg witterten.
Dabei gab es Schlager zu allen Zeiten. Goethe schrieb unter dem Datum vom 17. 9. 1786 in das Tagebuch seiner *Italienischen Reise: „Das Liedchen von Malbrough hört man auf allen Straßen . . ."*

*„So verfolgte das Liedchen ‚Malbrough' den reisenden Briten*
*Einst von Paris nach Livorno, dann von Livorno nach Rom,*
*Weiter nach Napel hinunter; und wär' er nach Smyrna gesegelt,*
*Malbrough! empfing ihn auch dort, Malbrough! im Hafen das Lied."* (Römische *Elegien,* in: Goethes Werke, Hamburger Ausgabe, Band 1. 1949, S. 157 f.)

Was früher mündlich überliefert oder erst gedruckt werden mußte, ehe es bekannt werden konnte, wird heute jedem unmittelbar durch Schallplatten, Rundfunk, Film und Fernsehen zu Gehör gebracht. Deshalb folgen Erfolgsstücke schneller aufeinander, als dies früher möglich war.

Aufgaben:

1. Wenn GOETHES *Liedchen von Malbrough* ein Schlager war, warum nannte er es nicht so?
2. Welche Schlager sind heute international?
3. Wie lange hält sich ein HIT normalerweise in der SCHLAGERPARADE?
4. Was bedeutet *„Evergreen"*?

## SCHLAGER IN IHRER ZEIT

Schlager ermöglichen Rückschlüsse auf die Zeit, in der sie gesungen wurden und beliebt waren.

Hier einige Beispiele:

1925: *Ich hab mein Herz in Heidelberg verloren*
1926: *Wo sind deine Haare, August*
1931: *Das gibts nur einmal*
1932: *Wochenend und Sonnenschein*
1934: *Ich tanze mit dir in den Himmel hinein*
1936: *Sag beim Abschied leise Servus*
1939: *Das kann doch einen Seemann nicht erschüttern*
1940: *Für eine Nacht voller Seligkeit*
1942: *Wir machen Musik, da geht uns der Hut hoch*
1944: *Es geht alles vorüber*
1947: *Möwe, du fliegst in die Heimat*
1949: *Wer soll das bezahlen*

es geht alles vorüber . . .

Aufgaben:

1. Welche Grundhaltung drücken allein die Titel der genannten Schlager aus?
2. Wie war in jenen betreffenden Jahren die wirtschaftliche und politische Lage?
3. Kann man an heutigen Schlagern ebenso charakteristische Grundstimmungen ablesen? Wir sammeln Beispiele.

## TEXTANALYSE

Der Schlager könnte innerhalb einer größeren Unterrichtseinheit (Epoche) von verschiedenen Seiten behandelt werden. Sinnvoll erscheint eine Zusammenarbeit mit dem Deutschunterricht bei der Textanalyse. Mögliche Aufgabenstellungen:

1. Wir zählen Begriffshäufigkeiten in Schlagertexten.
2. Wir ordnen die Begriffsliste nach
   a) sprachlichem Ausdruck
   b) Lebensgebieten.
3. Welche psychischen Situationen sind bevorzugt?
4. Sind die Texte gereimt? Gibt es Alliterationen? Welche Strophenform ist gewählt?
5. Enthalten die Texte fremdsprachige Wörter?

Wegen der Vielzahl der englischsprachigen Schlager sollte auch die Zusammenarbeit mit einem Englischlehrer angestrebt werden. Hierbei bieten sich folgende Aufgabenstellungen an:

1. Wir vergleichen Originaltext und Übersetzung eines Schlagers.
2. Wir wählen einen englischen oder amerikanischen Hit aus und übertragen ihn ins Deutsche. Gibt es Amerikanismen im Text?
3. Wie lauten die Schlüsselwörter englischsprachiger Hits im Vergleich zu denen der deutschen Schlager?
4. Warum erfreuen sich ausländische, insbesondere englischsprachige Schlager bei uns so großer Beliebtheit?
   Hängt dies auch mit Besonderheiten der englischen Sprache zusammen? Wenn ja, mit welchen?

Literatur:

S. Helms (Hrsg.), *Schlager in Deutschland.* Wiesbaden 1972.

## ERFOLG NACH REZEPT

Zum Schlager gehört, daß er einschlägt. Die Masse des Publikums muß ihn akzeptieren und kaufen. Das geschieht nach erkennbaren Regeln.

1. Zu einem gelungenen Schlager gehört eine zündende Schlagzeile, ein leicht einprägsamer, ansprechender Refrain.

   Wir tragen zusammen, was uns an Schlagerrefrains einfällt. Was sind die textlichen und die musikalischen Merkmale einprägsamer Schlagzeilen?

2. In Schlagern geht es immer um bestimmte Themen.

   Welche Situationen, welche Stimmungen und Gefühle, welche Personen kommen am häufigsten vor? (Wir legen eine Statistik an.)

   Traumländer

   Inwiefern fühlen wir uns durch Schlager persönlich angesprochen? Inwiefern geben sie schon so etwas wie die Erfüllung unserer geheimen Wünsche?

3. Schlager sind modisch immer up to date.

   Wie sieht die gegenwärtige Mode bei Schlagern aus? (Sprache, Gesang, Arrangement, Sound, Aufnahmetechnik, Stars, Verbindung mit Show usw.)

4. Schlager benötigen heute, um erfolgreich zu sein, Reklame. Schlagermoden und Schlagergeschmack werden durch Werbung zumindest stark beeinflußt.

1973 waren etwa 200 000 Jungen und Mädchen in 3000 Fan-Clubs organisiert, die es sich zum Ziel gesetzt haben, die Karriere „ihres" Stars zu fördern.

Vorhaben:

Nach diesen Rezepten versuchen wir selber einen Schlager zu produzieren.
Vier Arbeitsgruppen: Text, Musik (Komposition und Arrangement), Ausführung und Tonbandaufnahme, Public Relation (Werbung).

Siehe auch SCHLAGER — MIT DER TECHNIK AUF GUTEM FUSS S. 42 und KALKULIERBARE WIRKUNG DER MUSIK S. 67.

## MUSIKVERBOT?

1972 meldete eine Tageszeitung *„NDR weigert sich, einige* HEINO-*Lieder zu senden. — Jetzt gibt es böse Briefe und Morddrohungen."* PETER HÖHNE, der Leiter der Redaktion Schallplattenmusik in der Hauptabteilung Unterhaltung/ Hörfunk des NDR, bestreitet, daß der NDR angeblich den Sänger HEINO boykottiere. *„Das stimmt nicht, wir haben etwa ein Dutzend Titel von* HEINO *gesendet.*
*Ich möchte hier klar unterscheiden zwischen Tagesschlagern und zum Beispiel den alten bündischen Liedern auf den meisten Langspielplatten von* HEINO. *Tagesschlager wie ‚Mexicana Shalali' oder* HEINOS *neuester Hit ‚Blau, blau, blau blüht der Enzian' hat die Abhörkommission übereinstimmend textlich und musikalisch für so primitiv befunden . . ., daß wir sie abgelehnt haben. Daß es darüber auch andere Auffassungen gibt, zeigt der große Erfolg dieser Lieder in der Öffentlichkeit.*
*Jetzt aber zu den Liedern nach bündischen Vorlagen; ich will einige Titel nennen: ‚Wenn die bunten Fahnen wehen', ‚Weit ist der Weg zurück ins Heimatland', ‚Jenseits des Tales'. Diese Lieder stammen aus der bündischen Jugend, sind aber während der Nazizeit von der Hitlerjugend und später im Krieg von der Wehrmacht in Deutschland und vielen besetzten Ländern so häufig gesungen worden, daß sie für viele Menschen der Generation, die diese Jugend mitgemacht haben, unliebsame Erinnerungen wecken. Meine Kollegen und ich sind daher der Meinung, daß wir solche Lieder nicht senden sollten, auch wenn wir wissen, daß ein anderer Teil der Bevölkerung sie gern hört, was immer der Grund dafür sein mag. Ganz schlimm aber finde ich, daß* HEINO *das — man kann wohl sagen offizielle — Nazi-Weihnachtslied ‚Hohe Nacht der klaren Sterne' singt."* (Aus: *Information* Nr. 45 des NDR vom 9. 11. 1972.)

## DIE GEMA BITTET ZUR KASSE

Ein Gastwirt, der eine Tanzkapelle von drei Mann auftreten läßt, zahlt jährlich DM 655,— an die GEMA. Bei Verwendung einer Verstärkeranlage erhöht sich dieser Betrag um 12 ½ %. Für einen Musikautomaten (ohne Tanz) sind DM 95,— zu zahlen. Die Musik für ein Riesenrad kostet jährlich DM 172,50, für eine Achterbahn DM 287,50. Ein Kinobesitzer zahlt bei zwei Veranstaltungen täglich und einer Kapazität bis zu 300 Sitzplätzen DM 1,56 je Sitzplatz und Jahr.
Für ein Orchesterkonzert in einer Stadt von über 300 000 Einwohnern wird, wenn der Saal mehr als 500 Plätze hat und ein Eintrittsgeld bis zu DM 10,—

verlangt wird, ein Gesamtsatz von DM 450,— erhoben. Für städtische Jugendkonzerte, zu denen nur Schüler und deren Lehrkräfte Zutritt haben und deren Unkostenbeitrag DM 1,— nicht übersteigt, ermäßigt sich der Vergütungssatz um 50 Prozent.
Der Artikel 27, Absatz 2, der Allgemeinen Erklärung der Menschenrechte der Vereinten Nationen vom 10. Dezember 1948 lautet: *„Jeder hat Anspruch auf Schutz der ideellen und Vermögensinteressen, die sich aus einer wissenschaftlichen, literarischen oder künstlerischen Urheberschaft ergeben."*
Die musikalischen Aufführungsrechte werden in der Bundesrepublik und West-Berlin von der Gema wahrgenommen (Gesellschaft für musikalische Aufführungs- und mechanische Vervielfältigungsrechte). Sie bewertet die aufgeführten Musikwerke nach einem Punktsystem, wobei der Punktwert nach den Jahreseinnahmen der Gema jeweils wieder neu festgesetzt wird. 1969 wurden beispielsweise 147,5 Millionen Mark verteilt.

E- und U-Musik

Entsprechend den Statuten der Gesellschaft gehört zu den Aufgaben der Gema die besondere Förderung der ernsten Musik. Die Bewertung der aufgeführten Musikwerke unterscheidet demnach grundsätzlich zwischen E-Musik (ernste, klassische Musik) und U-Musik (Unterhaltungsmusik). Hier einige Beispiele:

Instrumentalwerke (1—2 Instrumente)

| | |
|---|---|
| bis etwa 5 Minuten | 36 Punkte |
| über 5 bis 10 Minuten | 96 Punkte |

Werke für großes Orchester sowie Vokal-, Chor- und Instrumentalwerke mit großem Orchester

| | |
|---|---|
| bis etwa 5 Minuten | 240 Punkte |
| über 5 bis 10 Minuten | 480 Punkte |
| über 60 Minuten | 2 400 Punkte |

Tanzmusik sowie Tanzlieder, Lieferungstänze, Märsche, Chansons, Stimmungslieder, Chöre — 12 Punkte

Die Gema schlüsselt die Ertragsanteile wie folgt auf:

| | | | |
|---|---|---|---|
| Komponist | $^{1}/_{3}$ | ($^{4}/_{12}$) | |
| Bearbeiter | $^{1}/_{6}$ | ($^{2}/_{12}$) | (bei U-Musik $^{1}/_{12}$) |
| Textdichter | $^{1}/_{4}$ | ($^{3}/_{12}$) | |
| Verleger | $^{1}/_{4}$ | ($^{3}/_{12}$) | (bei U-Musik $^{4}/_{12}$) |

Der Autorenschutz der Gema erstreckt sich auf 70 Jahre nach dem Ableben der Beteiligten.
Für Sendegebühren bestehen besondere Vereinbarungen mit den Rundfunk- und Fernsehanstalten.

Aufgabe:

Was halten wir von der durch die Gema getroffenen Unterscheidung zwischen U- und E-Musik?

Literatur:

E. Schulze, *Urheberrecht in der Musik.* Berlin $^{4}$/1971.

Siehe auch Ein Beispiel für Musikmarkt S. 168.

Einige Zitate zur Diskussion:

*„Eine kleine musikalische Ursache mit einer großen geistigen Wirkung — das ist das* VOLKSLIED, *könnte man sagen. Bescheidene Vier- oder gar nur Zweizeiler, schlichte Töne von geringem technischen Anspruch, aber bedeutende Geister ließen sich davon erfüllen, ganze Bewegungen haben sie ausgelöst — im Wohl und Wehe; Grundlagen sind dadurch gelegt worden — in Gebrauch und Mißbrauch."* (WILHELM EHMANN, 1968)

*„*SCHLAGER *aber sind zu banal und amusisch, als daß sie in Leben und Lehre an die Stelle des Volksliedes treten könnten."* (WALTER WIORA, 1959)

*„Der* SCHLAGER *ist das* VOLKSLIED *unserer Zeit."* (FRIEDRICH KLAUSMEIER, 1963)

*„Das* VOLKSLIED *ist notwendige Aussage einer ursprünglichen und natürlichen Lebenserfüllung . . . Das Volkslied steigert das echte Lebensgefühl und wächst in gehobene Kulturschichten hinein; es gewinnt künstlerische Züge, die aber immer noch Bezug zur seelischen Grundschicht haben. Daher ist es primär nicht auf Zweckmäßigkeit gerichtet, sondern auf Lebensentfaltung.*

künstlerische Züge?

*Der* SCHLAGER *ist die unterhaltsame Äußerung eines konventionell bedingten Daseins . . . Der Schlager beschränkt sich auf die Antriebe des Alltags, dient der Bewußtmachung egoistischer Ansprüche und bezweckt die Befriedigung individualistischer Neigungen, die — unabhängig vom sozialen Stande des Verbrauchers — durch Grundschichtverlust gekennzeichnet sind. Daher ist er primär nicht auf Lebenserfüllung gerichtet, sondern auf Lebensgenuß . . . Was dem Schlager fehlt, ist die Wahrhaftigkeit der Aussage."* (ALEXANDER SYDOW, 1962)

*„Die Musikerziehung in Schule und Haus hat heute einen schweren Stand gegenüber dem* SCHLAGER. *Nicht nur in der Großstadt, sondern auch auf dem Lande hat sich eine musikalisch und textlich entartete Musik breitgemacht, die ob ihrer geist- und seelenlosen, ihrer ehrfurchts- und würdelosen Haltung als eine kulturfeindliche Angelegenheit bezeichnet werden muß . . . Der Mensch der Großstadt . . . hat vielfach den Sinn für die keusche Schönheit und Innigkeit des* VOLKSLIEDES *verloren."* (BERNHARD SCHEIDLER, 1964)

entartete Musik?

*„Am wichtigsten und notwendigsten scheint mir eine sachliche, faire und positive Einschätzung des* SCHLAGERS *zu sein. Die bei uns in Deutschland übliche Geringschätzung der leichten Musik übersieht völlig, daß ein Schlager nicht nur mit literarischen oder musikästhetischen Maßstäben gemessen werden kann. Es kommt ebensosehr auf die Berücksichtigung seiner Funktionen (also etwa als Tanzmusik oder zur Entspannung), auf die Situation der Schlagerhörer und auf technische und kommerzielle Fragen an. So gesehen ist der Schlager so gut oder so schlecht wie die Gesellschaft, in der er produziert, gespielt und gehört wird."* (GÜNTER HEGELE, 1963)

Aufgaben:

1. Durch welche Schlüsselbegriffe werden in den Zitaten Schlager bzw. Volkslied gekennzeichnet?
2. Wie wird die Bewertung von Schlager und Volkslied jeweils begründet?
3. Wie stehen wir zu Schlager bzw. Volkslied?

Es ist nicht einfach, genau zu sagen, was ein SCHLAGER oder ein VOLKSLIED (Folklore) ist und was sie voneinander unterscheidet.

Folgende Gesichtspunkte sollen helfen, aus der Sache selbst zu einem Urteil zu finden:
a) Form b) Darbietung und Interpretation c) Instrumentale Begleitung und Sound d) Situation e) Text.

Aufgaben:

1. Wir erarbeiten anhand dieser Gesichtspunkte die musikalischen, sprachlichen und funktionalen Merkmale von Volkslied und Schlager. Dazu fertigen wir zwei Übersichten an: eine für gleichbleibende und eine für unterscheidende Merkmale.
2. Inwiefern können wir sachliche und gesellschaftliche Zusammenhänge von Schlagern bzw. Volkslied begründen?

Literatur:

F. Klausmeier, *Jugend und Musik im technischen Zeitalter*. Bonn 2/1968.
W. Wiora (Hrsg.), *Das Volkslied heute*. Musikalische Zeitfragen 7. Kassel 1959.
W. Ehmann, *Volkslied und Singbewegung*, in: *Musik und Verlag*, hrsg. von R. Baum und W. Rehm. Kassel 1968.

Siehe auch Volkslieder S. 49 und Volkslied — Schlager — Schnulze S. 70.

## KOFFERRADIO UND KASSETTENSPIELER

ständiger Begleiter Musik

Man kann heute Musik ständig mit sich herumtragen. Kofferradio und Kassettenspieler erfreuen sich großer Beliebtheit, z. B. sollen künftig auch die Wedelkünstler *„in den Genuß der Musikberieselung"* kommen. *„Sie sollen schwingen im Rhythmus der Hits der Woche. Das wird möglich durch eine Skibrille (made in Bayern) mit eingebauten Kopfhörern."* (Die Zeit, 11/1972)

Aufgaben:

1. Wie kommt es zu der hohen Beliebtheit dieser technischen Mittler?
2. Bei welchen Bevölkerungsgruppen stellen wir die höchste Beliebtheit fest? (Beobachtungen in Straßen, Vergnügungsgebieten etc. geben Aufschluß.)
3. Welche Programme werden von den Kofferradio-Trägern bevorzugt? Welche Musik wird von Musiccassetten gehört?
4. Welche Sendungen werden von Autofahrern bevorzugt? Wie ist ein Programm aufgebaut, das sich direkt an Autofahrer wendet?

Hinweis:

1972 breiteten die ARD-Anstalten einen *„bunten Musikteppich über dem Reiseland Bundesrepublik aus, gewebt aus Verkehrsmeldungen, Tips, leicht verdaulicher Unterhaltung, aktuellen Hinweisen . . . (in verschiedenen Landen mit schwungvoller* Musik *und geschickt eingeflochtener Werbung verziert)"*. (Hör zu, 24/1972.)

5. Welchen Einfluß haben Kofferradio und Kassettenspieler auf das Musikverhalten der Konsumenten?

## MUSIK IM OMNIBUS

Auf Ausflügen und Reisen im Omnibus vertreibt man sich die Zeit auf mannigfache Weise. Unter anderem werden Lieder angestimmt, man hört Musik aus dem Autoradio. Neuerdings stehen dem Busfahrer oder Reiseleiter auch TONBÄNDER in KASSETTEN zur Verfügung. Es sind mehrere Serien von Bändern mit Musikstücken in unterschiedlicher Zusammenstellung. Musik wird geliefert für kürzere oder längere Reisen, Musik zum Vormittag, zur Rast, zum Abend.

Aufgabe:

Welche Zusammenstellungen könnten wir uns selber ausdenken und was wäre bei der Auswahl zu berücksichtigen?

Vorhaben:

1. Wir überprüfen unsere Ergebnisse durch Befragung von Reiseleitern. Welche Erfahrungen haben sie mit den Serien gemacht? Welche Maßstäbe haben sie für Auswahl, Folge und Bezug zu den Reisenden oder Touristen? Gibt es Ablehnungen, Kritik, Widerstände? Wird im Omnibus gesungen? Was? Soll man eher singen oder Musik aus dem Radio bzw. Tonband hören?
2. Wir fertigen ein LIEDERBUCH mit Omnibusliedern an.
3. Wir versuchen, selbst ein Omnibuslied zu erfinden. Wie müssen Text und Melodie beschaffen sein? Omnibuslieder

Vgl. LIEDERMAGAZIN.

## BEWIRTUNG MIT MUSIK

Ein MUSIKAUTOMAT (MUSIKBOX) gehört heute neben Groschenspiel- und Zigarettenautomaten zur Standardausrüstung vieler GASTSTÄTTEN. Der Gast hat die Möglichkeit, seine Schallplatten selber auszuwählen und spielen zu lassen. Je nach Art des Lokals und seiner Besucher unterscheidet sich das Angebot. Es trägt zur besonderen Atmosphäre eines Lokals bei und kann der Zerstreuung, der Unterhaltung oder dem Tanz dienen.

Aufgaben:

1. Wie funktioniert eine Musikbox?
2. In welchen Gaststätten unseres Ortes oder Stadtteils ist eine Musikbox aufgestellt? Wo nicht?
3. Sind die angebotenen Titel in allen Musikboxen die gleichen? Wer bestimmt das Angebot?
4. Lassen sich Beziehungen feststellen zwischen den Besuchergruppen eines Lokals und der Plattenauswahl? Kann man aufgrund des Musikangebots ein gut bürgerliches Lokal von einer Gaststätte unterscheiden, die vorwiegend von Jugendlichen besucht wird?
5. Wer verdient an der Musikbox? Weshalb stellen Gastwirte Musikautomaten auf?
6. Welche Schallplattentitel würden wir für eine Musikbox zusammenstellen?

Vorhaben:

Wir untersuchen in verschiedenen Arbeitsgruppen die Beziehungen zwischen verschiedenen Gaststätten, ihrem Musikangebot und dem Verhalten der Besucher. Beobachtungen des Publikums: Wird mitgesungen, geschunkelt, gelacht, getanzt? Interviews: Wir befragen Gaststättenbesucher nach ihren musikalischen Erwartungen, den Gastwirt nach seiner Meinung über die Wirkung von Musikautomaten auf das Verhalten des Publikums. Der Wirt weiß auch Bescheid darüber, wieviel ein Musikautomat einbringt und welche Kosten er verursacht.

## BEIM VOLKSFEST

heile Welt

*„In Verbindung mit der Feier zum 50jährigen Bestehen des Bergmannvereins ‚Glück-auf' . . . beging die Gemeinde ihr Volksfest. Es wurde eingeleitet mit einem Lampionzug der Kinder, die vom Jugendspielmannszug der Freiwilligen Feuerwehr vom Schulhof zum Festplatz begleitet wurden. Am nächsten Tag versammelte sich die Schuljugend zu ihrem Umzug und zum Kindertanz im Festzelt. Delegationen . . . legten am Ehrenmal der Gemeinde . . . Kränze nieder. Am Abend kamen die Einwohner mit den Gästen zum Tanz zusammen. Das traditionelle Wecken durch die beiden Spielmannszüge der Freiwilligen Feuerwehr leitete die Veranstaltungen des letzten Tages ein . . ."* (Aus einer Tageszeitung vom 15. Juli 1969)

Vorhaben:

Wir beauftragen eine Arbeitsgruppe, gemeinsame Kennzeichen von Volksfesten herauszufinden. Besonders die folgenden Fragen sollten geklärt werden:

1. Welche Rolle spielt die Musik beim Volksfest? Wie sieht der Ablauf in der Regel aus? In welcher Jahreszeit finden Volksfeste statt? Wie lange dauern sie? Welche Rolle spielen Schulkinder und Lehrer? Welche Musikgruppen treten auf?
2. Wir beschreiben ein Volksfest, das wir selber mitgemacht haben, und vergleichen damit den Bericht in der Tageszeitung.
3. Womit wird die Veranstaltung von Volksfesten begründet? (Wir befragen dazu Bürgermeister, Vereinsvorstände, Lehrer.)
4. Müssen Volksfeste so begangen werden, oder gibt es andere Möglichkeiten?
5. Sind Karneval (Fastnacht) und Oktoberfest noch Volksfeste?

## VEREINE

Zahlreiche VEREINE widmen sich speziell der Musik: GESANGVEREINE, ORCHESTER der verschiedensten Prägung, Kunst- oder Musikvereine; zahlreiche Organisationen unterhalten spezielle Gruppen, die sich musikalisch betätigen: Militärkapellen, Feuerwehr-Spielmannszüge, CHÖRE und Orchester in Jugendverbänden, in Fabriken, Kirchenchöre etc.

Die Zahl der Gesangvereine, die seit 1957 über 100 Jahre bestehen, ist beachtlich. Bis 1972 erhielten 3617 Chöre die ZELTER-PLAKETTE; davon entfielen z. B. 1045 auf Baden-Württemberg, aber nur 103 auf Schleswig-Holstein. Wie ist das zu begründen?

Die ZELTER-PLAKETTE wurde 1956 von Bundespräsident HEUSS gestiftet. In der Stiftungsurkunde heißt es: *„Die ZELTER-PLAKETTE ist als Auszeichnung für Chorvereinigungen bestimmt, die sich in langjährigem Wirken besondere Verdienste um die Pflege der Chormusik und des deutschen Volksliedes erworben haben ...“*

Aufgaben:

1. Wir stellen in unserer engeren und weiteren Umgebung fest, welche Vereine und Organisationen sich ganz oder teilweise der Musik widmen.
2. Welcher Antrieb steht hinter
   einem Männerchor
   einem Kirchenchor
   einer Volksmusikkapelle
   einem Sing- und Spielkreis
   einem Ärzteorchester
   einer Kurkapelle
   einem Rundfunkchor?
3. Wir besuchen Musikveranstaltungen einheimischer Vereine und beschreiben sie.

Vorhaben:

1. Wir entwerfen eine Übersicht über das MUSIKLEBEN in unserer engeren und weiteren Umgebung.
2. Wie ist die Teilnahme der Öffentlichkeit an diesem Musikleben, wie werden die Angebote genutzt? Wir befragen Menschen unserer Umgebung nach ihrer Teilnahme am Musikleben.

## KARNEVALSSCHLAGER

Knüller bringen Geld

Unter der Überschrift *„Humba, humba, täterä“* meldet eine bekannte Tageszeitung: *„Vom Karnevalsschlager wird niemand Millionär.“* Nur selten erreichten Karnevalsschlager eine Auflagenhöhe wie *Humba, humba, täterä,* von dem die Schallplattenfirma 250000 Stück verkaufen konnte — ein Rekord! Im Vergleich zu einem normalen Schlager ist die finanzielle Ausbeute eines Karnevalsschlagers gering. *„Nur wenn es gelingt, einen Saison-Hit über mehrere Jahre ‚frisch‘ zu halten, lassen sich überdurchschnittlich gute Gewinne machen. Auch für Komponist und Textdichter springt dann einiges heraus. Dafür sorgt die ... GEMA. Für jede nachgewiesene Aufführung auf Tanz- und ähnlichen Veranstaltungen werden grob gerechnet insgesamt 0,24 bis 0,38 DM an Komponisten, Texter, Arrangeure und Musikverleger nach einem komplizierten Punktsystem ausgeschüttet. Das sind für Fastnachtsknüller wie ‚Humba täterä‘, die in der erfolgreichen Saison nachweisbar etwa 200000mal gespielt worden sind, durchschnittlich 16000 bis 24000 DM für den Komponisten. Ist der Komponist zugleich auch Textdichter, erhöht sich die Summe entsprechend. Hinzu kommen die Vergütungen, die für Aufführungen in Hörfunk und Fernsehen gezahlt werden. Das sind je Minute Sendedauer nach Angaben der GEMA etwa 4,— DM, die ebenfalls auf Komponisten, Textdichter und Musikverlage aufgeteilt werden. Wird der Schlager im Fernsehen gespielt, dann werden die einzelnen Beträge mit neun multipliziert, da in der ARD (erstes Programm) neun Anstalten zusammengeschlossen sind.“* (Aus: Frankfurter Allgemeine Zeitung, 7. Februar 1970)

Siehe auch DIE GEMA BITTET ZUR KASSE S. 56.

## IM ZIRKUS

Auf der Empore im Zirkuszelt spielt die ZIRKUS-KAPELLE. Sie begleitet die gesamte Schau. Der Salto mortale am Trapez, die Clownerie, die Hohe Schule u. a. — sie alle erhalten eine musikalische Begleitung, und so werden Aufmerksamkeit und Spannung der Zuschauer durch Musik mitgesteuert.
Der Zirkus übt seit jeher eine große Anziehungskraft auf Kinder wie Erwachsene aus. Auch Komponisten haben sich faszinieren lassen. So schrieb z. B. IGOR STRAWINSKY eine *Zirkuspolka* und ERNST TOCH ein Klavierstück mit dem Titel *Der Jongleur.*

Vorhaben:

Ein Zirkusbesuch oder eine einschlägige Fernsehsendung, möglichst auch Gespräche mit Veranstaltern von Zirkusprogrammen, Verhaltensbeobachtungen bei Akteuren und Zuhörern bzw. Zuschauern und deren Befragung können zur Beantwortung folgender Fragen beitragen:

1. Welche Musik wird im Zirkus gespielt? Gibt es spezielle Zirkus-Musik?
2. Wir beschreiben eine Zirkuskapelle.
3. Wie werden Musik und Handlung aufeinander abgestimmt?
4. Wie reagieren Musik, Akteure und Publikum aufeinander? Wir beobachten insbesondere den Schlagzeugspieler.
5. Wir hören STRAWINSKYS *Zirkuspolka.* Welche musikalischen Elemente erinnern an eine Zirkusmusik? Warum wird STRAWINSKYS Musik gewöhnlich nicht in einem Zirkus gespielt?

Literatur:

Eine Deutung des Phänomens und „Wunschlandes" Zirkus gibt ERNST BLOCH in seinem Werk *Das Prinzip Hoffnung.* Frankfurt 1959, S. 422 f.

## AUF DEM JAHRMARKT

Wunschland

Musikalisch gesehen ergibt der JAHRMARKT ein vielstimmiges Orchester. Wer sich in der Nähe eines Jahrmarktes aufhält, hört die typische Jahrmarktsmusik, die sich aus den verschiedensten voneinander unabhängigen Geräuschen, Klängen und Melodien zusammensetzt. Jedes Karussell, jede Bude, jede Kleinkunstbühne produzieren ihre eigenen musikalischen Reize — zur Unterhaltung, zur Einstimmung, zur Werbung . . . Der Leierkastenmann, der Geige spielende Bettler fügen sich in das Ganze ein. Eine bunte Welt der Farben und Töne, Südsee, Märchen- und Abenteuerland, Kleinkunst und Kitsch, Kinder- und Wunschträume der Erwachsenen, alles nahe beieinander. Die Geräusche, Klänge und Melodien stiften im bunten Trubel einen Zusammenhang; ohne sie ist Jahrmarkt nicht denkbar, durch sie ist hier jeder Mensch und darf es sein.
IGOR STRAWINSKY hat in seinem Ballett *Petruschka* eine Jahrmarktsszene musikalisch mit den Klangmöglichkeiten eines großen Sinfonieorchesters dargestellt.

Vorhaben:

1. Mit einem transportablen Tonbandgerät machen wir Aufnahmen auf einem Jahrmarkt (auf einer Kirmes). Wir versuchen zu analysieren:

a) Welche Musik wird an welchen Stellen gespielt? Wo laufen Musikautomaten mit Schallplatten, wo wird gesungen, wo wird auf Instrumenten gespielt?
b) Welche Funktionen haben die musikalischen Reize in den verschiedenen Jahrmarktsbereichen?
2. Wir führen einen Wettbewerb um die gelungenste Klangcollage aus Jahrmarktsklängen durch.
3. Welches gesellschaftliche Ansehen haben Jahrmarktsmusikanten? Wir informieren uns über die Geschichte der fahrenden Musiker, über Stadtpfeifer, Trompeter, Fiedler etc.

Literatur:

Eine sehr einprägsame Beschreibung und Deutung des „Wunschlandes" Jahrmarkt gibt ERNST BLOCH in: *Erbschaft dieser Zeit.* Frankfurt 1962, S. 173 ff. und in *Das Prinzip Hoffnung.* Frankfurt 1959, S. 421 ff.
W. DANCKERT, *Unehrliche Leute.* Bern—München 1963.
*Der Sozialstatus des Berufsmusikers vom 17. bis 19. Jahrhundert,* hrsg. von W. SALMEN. Kassel 1971.

## BEIM KURKONZERT

Musik-Medizin?

Musik ist gesellschaftlich und politisch vermittelt. Sie ist ein Welt- und Gesellschaftsspiegel. Prüfen wir dies nach — ein Bild diene als Diskussionsgrundlage: Gepflegte Parkanlagen, saubere Wege, grüne saftige Wiesen, vereinzelte Gänseblumen, Rosenrabatten. *„Betreten der Grünanlage verboten — Die Kurverwaltung"*, *„Hunde sind an der Leine zu führen"* (ein Schild mit einem weißen gelockten Pudel weist darauf eindringlich, aber nicht zudringlich hin). Die Stühle, Bänke — wohlgeordnet, gradlinig oder sanftes Rund — sind sauber, auch das Kurhaus im Hintergrund — im Stil der Gründerzeit, immer wieder neu gestrichen. Eine Orchestermuschel, weiß mit schwarzem Dach, ein Kurorchester darin. Ringsum ernste, doch gelöste Gesichter, gemessener Schritt oder ebenso gelöste doch ordentliche Sitzhaltung. Gute Kleidung, bunte Hüte, *„Sonntagskleidung, Sonntagsstimmung allüberall, in einem kühlen Grunde"*, jedenfalls: *„Kein schöner Land"*. STRAUSS-Walzer, der *Reigen seliger Geister*, die *Barcarole*, SMETANAS *Moldau*, SINDINGS *Frühlingsrauschen*, NINI ROSSOS *Il Silenzio* (Abschiedsmelodie). Heilwasser aus der Kurquelle, Heilmusik aus dem Musikpavillon (Odeon) — Einstimmung zur Zufriedenheit, gemäßigte Erbauung. Heilwasser wie -musik sind leicht und bekömmlich, greifen Herz und Nerven nicht an — *„Wenn alle Brünnlein fließen"*. Die Musik ist Baustein einer heilen oder einer zu heilenden Welt: *„Du bist die Welt für mich"*.

Aufgaben:

1. Stimmt die Schilderung? Ist sie lediglich eine Karikatur?
2. Welche Musik wird bei Kurkonzerten gespielt?

Hinweis:

Die Theologin DOROTHEE SÖLLE berichtet in *„Skizzen von einer Reise"* aus Vietnam über einen 20jährigen Schlosser, der eine hervorragende Stimme hat und sich ausbilden lassen sollte. *„... aber für ihn ist das Singen nicht verwertbar oder verkäuflich. Er schüttelt den Kopf und ein Kollege zitiert Ho Tschi Minhs Wort: ‚Wir wollen mit unseren Liedern die Detonation der Bomben übertönen.' Der Chefarzt des Krankenhauses erzählt von der Singgruppe, die jedes Krankenhaus hat. ‚Mit ihren Liedern heilen sie die Patienten, das gehört zur Therapie.'"* (*Die Zeit*, 51/1972)

Musik-Therapie?

IM WARTEZIMMER – ENTSPANNUNGSMUSIK

Musik-Prophylaxe?

Musik ist wie kaum ein anderes Mittel geeignet, die Gefühlswelt des Menschen zu beeinflussen. *„Unbewußt wahrgenommene Musik ohne extreme Höhen und Tiefen übt eine ausgleichende Wirkung auf die Stimmungslage aus und beseitigt Reizzustände."* So heißt es in dem Prospekt einer Firma, die Entspannungsmusikprogramme für Warte- und Behandlungsräume in ENDLOSKASSETTEN herstellt. *„Es handelt sich um speziell arrangierte bzw. komponierte Musik, die ganz auf das Ziel abgestimmt ist, den Hörer zu entspannen. Die Musik ist grundsätzlich melodisch unkompliziert und von positivem Charakter."* Solche ENTSPANNUNGSMUSIK *„ist auf Beseitigung von Angst und Spannungszuständen ausgerichtet und dient der Förderung einer harmonischen Grundeinstellung"*. Sie wird über Drahtfunk den Beziehern (Ärzte, Büros, Fabrikräume) zugespielt.

Aufgaben:

1. Wie muß Musik beschaffen sein, damit sie zur Entspannung führt? Welcher Musikstil, welche Instrumente sind geeignet? Welches Tempo, welche Lautstärke sind angemessen? Sollte ein Gesangssolist vorkommen?
2. Welche Musik würden wir für ärztliche Wartezimmer oder Behandlungsräume auswählen? Wir stellen aus Rundfunksendungen und von Schallplatten ein Band zusammen.
3. Könnte es sein, daß ähnliche Musik auch in Fahrstühlen, im Schwimmbad, bei Start und Landung von Flugzeugen, im Flughafengebiet gespielt wird?

MUSIK ZUR ARBEIT

Eine Tageszeitung berichtet von folgenden Untersuchungen:

musikalisches Betriebsklima

*„Für* ARBEITSMUSIK *eigneten sich alle Arten von monotoner Arbeit wie Fließbandarbeit und Handarbeit, Büroarbeiten und geistige Routinearbeiten, die keine hohen Anforderungen an die Aufmerksamkeit und das Denken stellen. Für Arbeiter mit diffiziler Tätigkeit und Führungskräfte der Wirtschaft werde Arbeitsmusik zu einem störenden Faktor.*
*Arbeitsmusik solle gesendet werden zu Arbeitsbeginn, nach den Pausen, zum Arbeitsschluß. Über- und Unterschreitungen der Gesamtsendezeit von etwa zweieinhalb Stunden pro Arbeitstag und der Dauer der einzelnen Musikperioden führten zu Störungen im Betrieb. Die Arbeitsmusik in den Händen Ungeeigneter könne zu einem nicht ungefährlichen Instrument werden. Schon die einseitige Darbietung von Kompositionen sei in der Lage, neurotische Zustände auszulösen. Ein geeignetes Programm soll Gesangsdarbietungen enthalten und sich*

*aus Schlagern, Tanzmusik, volkstümlichen und Operettenmelodien zusammensetzen.*
*Die Wirkung der Arbeitsmusik liege in der Steigerung der Arbeitsfreude, der Hebung des Betriebsklimas und der Reduzierung von Monotonie und seelischer Ermüdung. Eine eindeutige Produktionssteigerung sei jedoch bisher zweifelsfrei nicht nachgewiesen worden."* (*Hamburger Abendblatt,* 14. März 1970)

## MIT FIRMENEID UND WERKSLIED

Aus einem Bericht über die neue Weltmacht Japan:
*„Fernsehgeräte-Fabrik ‚National' in Ibaraki bei Osaka morgens kurz vor Schichtbeginn. Zwischen den langen Fließbändern in Reih und Glied, auf Vordermann und Seitenrichtung angetreten 3500 Transistor-girls, junge Mädchen, frisch, kurzbeinig und etwas pummelig. Alle in hellgrauem Werksdrillich und mit weißen Turnschuhen. Im ersten Glied, wie Unteroffiziere und Feldwebel, etwa hundert männliche Vorarbeiter, Meister und Abteilungsleiter. Aus Lautsprechern zunächst die krächzende Stimme eines Ansagers und danach Musik von einem verstimmten Klavier. Die 3600 im Chor:*

Transistor-Girls

*Für den Aufbau eines neuen Japans*
*laßt uns Muskelkraft und Geisteskraft vereinen!*
*Laßt uns unser Bestes geben, um die Produktion voranzutreiben —.*
*Schickt unsere Erzeugnisse, gleich einem großen Strom,*
*in alle Länder der Welt,*
*wie die Wasser eines Springbrunnens.*
*Blühe, Industrie, in Harmonie und Aufrichtigkeit!*
*Blühe, blühe, Industrie,* MATSUSHITA-*Electric!*

*Das Werkslied des ‚National'-Konzerns für elektrische Haushaltsgeräte wird zur selben Minute in allen Betrieben gesungen. Gesamtzahl der Angetretenen im ganzen Land: 38 000. Gleichzeitig sprechen sie den Firmeneid nach: ‚Wir sind dankbar für Leben und Freiheit in der Gemeinschaft unserer Arbeitskameraden und für den Geist der Freundschaft, durch den wir Kraft und Freude gewinnen. Wir sind uns bewußt, daß Dankbarkeit alle Schwierigkeiten überwindet. Wir müssen unsere Überzeugungen täglich in die Tat umsetzen, denn durch unser Beispiel liefern wir Vorbilder und beeinflussen andere.'*

Betriebs-Hymne

*Neben Firmeneid und Werkslied lernen Arbeiter und Arbeiterinnen noch das* MATSUSHITA-*Glaubensbekenntnis: ‚Unsere Ziele heißen nicht Wohlstand und Protzentum; unsere Mission dient der Erquickung und Wohlfahrt der Menschheit. Wir marschieren und arbeiten in einem Gemeinschaftsgeist gegenseitiger Hilfe, Fairness und Gerechtigkeit . . . Allein sind wir schwach, nur zusammen sind wir stark . . . Fortschritt kann es nur geben, wenn wir uns den Verhältnissen anpassen, darum gehen wir mit der Zeit . . .'*
*Der Verfasser dieser Betriebsideologie heißt* KONOSUKE MATSUSHITA. *Er hat ‚National' gegründet, mit Eisschränken, Waschmaschinen, Staubsaugern, Bügeleisen, Radioapparaten und Fernsehgeräten Millionen gemacht und gilt heute als Japans reichster Mann. Sein Lebenslauf steht in allen Schullesebüchern und muß von den Kindern auswendig gelernt werden."* (Aus: H. W. VAHLEFELD, *100 Millionen Außenseiter — Die neue Weltmacht Japan.* Düsseldorf und Wien 1969).

## IM WARENHAUS

Supermärkte und größere Warenhäuser führen eine ständige musikalische Berieselung der Käufer durch. Aus Lautsprechern erklingt eine angenehme, dezente Musik, die Hausfrauen und Familienväter beschwingt und unbekümmert einkaufen läßt. In wissenschaftlichen Untersuchungen hat man herausgefunden, daß der Umsatz durch Schlagermelodien, die vor 10 bis 15 Jahren einmal aktuell waren, am besten gefördert wird. Wie erklären wir uns die besonders verkaufsfördernde Wirkung der SCHLAGER von anno dazumal?

Vorhaben:

Wir erkunden in einem großen Warenhaus unserer Stadt, welche Musik gespielt wird, wer für die Auswahl der Stücke verantwortlich ist, was Kaufhausleitung, Verkäufer und Besucher von der Musik erwarten.

## KALKULIERBARE WIRKUNG DER MUSIK

Verhaltenssteuerung

Die Wirkung der Musik ist kalkulierbar, auch wenn sie nur nebenbei, als Hintergrund, Berieselung oder zur Unterhaltung gehört wird. Unterhaltung — ist sie nicht zwanglos, gesellig und harmlos? Und Musik zur Unterhaltung — ist sie nicht am besten dann, wenn man sie nicht wahrnimmt? Aber auch das Nichtwahrnehmen-Sollen ist geplant. Wir würden uns gestört fühlen, wenn plötzlich Unerwartetes, Ungewohntes und Unbekanntes erklingt. Erregendes, Neues, Überraschendes darf nicht vorkommen. Musik wirkt um so tiefer, je oberflächlicher sie gehört wird.
Musik hat immer eine Wirkung, auch wenn sie nicht bewußt wahrgenommen wird. Voraussetzung dafür ist, daß der jeweilige Zusammenhang von Musik und ihrer Wirkung eingeübt und gelernt worden ist. Dann kann Musik zerstreuen, ablenken, erbauen, erfreuen, entspannen, einstimmen, Personen oder Ereignisse signalisieren . . .

Aufgaben:

1. In einer Liste tragen wir möglichst vollständig zusammen, wo Musik zur Unterhaltung und als background gebraucht werden könnte.
2. Wie sind nun nach unseren Beobachtungen, Erfahrungen und Protokollen die Zusammenhänge von Musik und ihrer Wirkung zu ordnen? (Anfertigung einer Tabelle)
   z. B. Ort — Musikstück — Klangquelle — Hörer — Wirkung
3. Was sagen die Begriffe: hören, zuhören, lauschen, vernehmen, aufnehmen, erkennen, verstehen . . .?
   Wie ordnen wir sie der obigen Tabelle zu?

Literatur:

A. SCHMITZ, *Figuren (musikalisch-rhetorische)*, in: *MGG* Band 4, Spalte 176 ff.

Siehe auch WERBUNG S. 23, HÖRERTYPEN — HÖRWEISEN — VERHALTEN S. 27, ERFOLG NACH REZEPT S. 55 und PROPAGANDA — EIN WEG ZUM HERZEN S. 76.

## BEETHOVEN UND DIE BEATLES

Der BEATLE JOHN LENNON sagte einmal über seine Musik: *„Was wir* BEATLES *machen — na ja, Kunst ist es nicht unbedingt. Soll's ja auch nicht. Zwischen den* BEATLES *und* BEETHOVEN *ist immer noch ein leiser Unterschied. Ein lauter Unterschied."* (Aus: D. Bow, *Die Beatles kommen.* München 1964 — Lichtenberg-Taschenbuch, Band 124 — S. 47.)
Ein äußerliches, aber auffälliges Merkmal des BEAT bzw. ROCK ist die LAUTSTÄRKE. Diese macht die Schallschwingungen sogar mit dem Tastsinn spürbar.
Physikalisch kann man die Lautstärke in PHON-Werten angeben. Ein Schallereignis muß eine Mindestlautstärke haben, um überhaupt wahrgenommen zu werden. Man nennt dies die HÖRSCHWELLE, sie mißt null Phon. Bei extremen Lautstärken über 120 Phon liegt die FÜHLSCHWELLE, auch SCHMERZSCHWELLE genannt. Die Phon-Werte berücksichtigen, daß das Ohr in bestimmten Tonhöhenbereichen besonders empfindlich (zwischen 1000 und 2000 Schwingungen pro Sekunde), in anderen weniger empfindlich ist.
Der Beat erreicht Lautstärken bis nahe 120 Phon.

Aufgabe:

Wir erörtern, welche Bedingungen für die Beat- bzw. Rock-Musik notwendig sind und welche Wirkungen beabsichtigt sind.

Hinweis:

Opposition durch Beat?

Eine ausführliche und sehr detaillierte soziologische wie pädagogische Analyse des BEAT bietet D. BAACKE: *Beat — die sprachlose Opposition.* München 1968.
Es sei darauf hingewiesen, daß der Musikunterricht mit dem Beat-Phänomen wichtigste Impulse für die POLITISCHE BILDUNG leisten kann, indem das Beat-Phänomen vor allem auf dem Hintergrund der modernen Gesellschaft untersucht wird.

## BEGEISTERUNG FÜR DIE BEATLES

Fans

*„Als in der Bundesrepublik viele noch gar nicht ahnten, was vor sich ging, hatte — im Jahre 1964 — die Beat-Welle in England ihren Höhepunkt erreicht. Bei der Premiere des ersten* BEATLES*-Films ‚A Hard Day's Night' tobten 12000 Teenager auf dem Picadilly-Circus in London. ‚Als die Beatles ihrer Limousine entstiegen, entlud sich die Spannung in einem Schrei von einer Minute Dauer' (RIAS am 24. Juli 1964). Vier Tage später kehrten die Beatles in ihre alte Heimatstadt Liverpool zurück, wo es zum größten Menschenauflauf seit 30 Jahren kam. Der Höhepunkt wird wie eine Wundergeschichte wiedergegeben: ‚Als die Beatles auf den Balkon des Rathauses traten, erhob sich aus den Tausenden von Kehlen ein solches Geschrei, daß selbst die auf Bahren gebetteten ohnmächtigen Opfer des Auflaufs aufsprangen' (RIAS). Im gleichen Jahr waren auch bereits Konsumartikel, die nach den Beatles benannt wurden, eine volkswirtschaftlich bedeutende Exportware. Allein in den USA wurden 1964 Beatles-Produkte im Wert von umgerechnet 600 Millionen Mark angeboten. Zur aku-*

*stischen Begeisterung kam ein bis dahin nicht für möglich gehaltener Fetischismus: Hemden, Puderdosen, Motorroller, Hüte, Hosen, Schmuckstücke aller Art, Postkarten, Regenschirme, Taschentücher, Schuhe, Bettdecken, Uhren, Bleistifte, Pullover, Gitarren, Speiseeis, Torten und — last not least — langmähnige Perükken fanden, an irgendeiner Stelle mit einem Beatlessymbol signiert, reißenden Absatz, gleichgültig, ob es sich um notwendige Gebrauchsgüter oder die zusätzlichen Produkte der Vergnügungsindustrie handelte . . .“* (Aus, D. BAACKE, *Beat — die sprachlose Opposition.* München 1968, S. 31 f.)

Aufgaben:

1. Wie ist es zu dieser weltweiten Begeisterung für die BEATLES und damit für die BEATBEWEGUNG schlechthin gekommen?
2. Kennen wir ähnliche Erscheinungen? Wie sind sie zu erklären? (Jugend, Weltanschauung, Begeisterungsfähigkeit, Suggestion der Musik?)

Literatur:

H. RAUHE, *Kulturindustrielle Sozialisierung durch Musik und ihre pädagogischen Konsequenzen, aufgezeigt am Beispiel kollektiver Identifikationsvorgänge,* in: *Neue Ansätze im Musikunterricht,* hrsg. von H. RECTANUS. Stuttgart 1972.

Siehe auch BEAT IN DER TANZSTUNDE S. 96.

## JUBEL, TRUBEL, HEITERKEIT

verordnete Fröhlichkeit

Schallplattentitel: *Die große Stimmungsblase*
*Wenn das so weiter geht . . .*
*Potpourri: Jubel, Trubel, Heiterkeit mit Willy Millowitsch . . .*

Aufgaben:

1. Wir suchen weitere Titel.
2. Was soll STIMMUNGSMUSIK?
3. Wie sehen Stimmungsorchester aus?
   Wie unterscheiden sie sich von anderen Ensembles?
4. Welche sonstigen Zutaten gehören zum Erklingen und Konsumieren von Stimmungsmusik?

## . . . ZU KAFFEE UND KUCHEN

musikalische Behaglichkeit

Das BILDUNGSBÜRGERTUM sitzt nicht in der Gaststätte mit Musikbox; es sitzt, sich entspannend und unterhaltend, aber auch Atmosphäre der Gepflegtheit genießend, im Café-Haus. Viele dieser Lokale haben eine Café-Haus-Konzert-Kapelle engagiert. Nicht der SCHLAGER oder der Marsch oder Stimmungs-Musik dominieren, sondern das Salon-Stück, zu dem allerdings auch der SCHLAGER in verfeinerter Form aufsteigen kann (man denke hier an den BEATLES-Hit *Yesterday*). Musik, Gesellschaft und Geselligkeit, Kleidung, Möblierung und alle weiteren kulinarischen Momente sind fein aufeinander abgestimmt: Gediegene Behaglichkeit, wohltemperiertes Sprechen, Erinnerungsoptimismus und Wünsche nach vorn in eine heile Welt harmonisieren: Kranzler-Appeal.

Aufgaben:

1. Welche Gesellschaft, welche gesellschaftlichen Wünsche bilden sich hier ab?
2. Welche Funktion hat das Musik-Repertoire der CAFÉ-HAUS-KAPELLE? Wie reagiert das Publikum?
3. Wie würde das Publikum beim unangemeldeten Auftritt einer BEAT-BAND reagieren, wie beim Auftreten eines Protestsängers?

## „KEIN SCHÖNER LAND" — HEIMATLIEDER

1. Zusammenstellung:
   *Nun ade, du mein lieb Heimatland / In einem kühlen Grunde / Kleines Dorf in der Heide / Im schönsten Wiesengrunde / Sah ein Knab' ein Röslein stehn / Horch, was kommt von draußen rein / Die Stimme der Heimat / Lustig ist das Zigeunerleben / Weißt du, wieviel Sternlein stehen / Du, du liegst mir am Herzen / Am Brunnen vor dem Tore / So leb denn wohl, du stilles Haus / Im grünen Wald, da wo die Drossel singt / Kein schöner Land.*

2. Zusammenstellung:
   *Wach auf, du deutsches Land / Nun ruhen alle Wälder / Ein Jäger längs dem Weiher ging / Im Frühtau zu Berge / Wir woll'n im grünen Wald / Zum Tanze da geht ein Mädel / Weiß mir ein schönes Röselein / Ich hört' ein Sichlein rauschen / Ich reise übers grüne Land / Wir lieben die Stürme, die brausenden Wogen / Es blies ein Jäger wohl in sein Horn / Auf, auf, ihr Wandersleut / Nun will der Lenz uns grüßen / Kein schöner Land.*

Die eine Zusammenstellung entstammt einer Liedauswahl aus einem Bildungsplan für MUSIKUNTERRICHT in der Hauptschule, die andere ist entnommen der Schallplatte: *Freddy — Die Stimme der Heimat.*

Aufgabe:

Welche Liedtitel gehören zum Bildungsplan, welche zur Schallplatte?
Fällt die Zuordnung schwer? Wenn ja, warum? Kann man das Los entscheiden lassen? Was würde dies besagen?

## VOLKSLIED — SCHLAGER — SCHNULZE

Der Schlagerstar FREDDY QUINN sagte einmal: *„Ich war und bin der Ansicht, daß die Lieder, die ich singe,* VOLKSLIEDER *sind, im wörtlichen Sinne: Lieder des Volkes. Mehr sollen sie nicht sein, und mehr wollen sie auch nicht sein. Wer sie für* SCHNULZEN *hält, für den müßten dann auch Lieder wie: ‚In einem kühlen Grunde ...' oder ‚Am Brunnen vor dem Tore ...' und vielleicht viele andere deutsche* VOLKSLIEDER SCHNULZEN *sein. Ich gebe zu, daß meine Lieder beim Zuhören oft eine nachdenkliche Stimmung erzeugen, vielleicht sogar traurig*

Volksschnulzen?

*machen. Ich war im Leben viel allein und daher oft traurig. Ich glaube, daß es bei jedem von uns Situationen und Augenblicke gibt, in denen es einmal dunkler wird. Natürlich will ich aus dieser Traurigkeit keinen* KULT *machen . . ."*

Aufgaben:

1. Wie interpretieren wir diese Gegenüberstellung von Volkslied und Schnulze?
2. Wir vergleichen Lieder, die unter dem Begriff HEIMATLIEDER auf Schallplatten angeboten werden, mit einer Auswahl von SCHLAGERN, die sich der gleichen Themen, nämlich der Heimat, der Sonne, des Waldes, der Berge, der Meere, des Rheines, der Heide usw. annehmen. Welche Unterschiede stellen wir hinsichtlich der Melodie (der musikalischen Struktur), hinsichtlich der Texte fest?
3. Für weitere Vergleiche ziehen wir Volkslieder (auch hier geben Schallplattensammlungen Hinweise) und OPERETTEN-LIEDER heran.

Literatur:

S. HELMS (Hrsg.), *Schlager in Deutschland.* Wiesbaden 1972.

Siehe auch VOLKSLIEDER S. 49 und SCHLAGER UND VOLKSLIED S. 58.

## VON DER WIEGE BIS ZUR BAHRE — MUSIKALISCH UMRAHMT

These:

Musikzwang

Musik dient der REPRÄSENTATION. Das MUSIKLEBEN unserer Gesellschaft ist von Repräsentation durchsetzt: Keine Feier, möglichst kein gesellschaftliches Ereignis ohne Musik. Durch Musik wird die Feier erst feierlich.

Beispiele:

Staatsbesuch ausländischer Gäste; Amtseinführungen; Einweihungen repräsentativer Gebäude; Betonung wichtiger Lebensabschnitte: Taufe, Schuleintritt und -abschluß, Heirat, Beerdigung, Geburtstage und Jubiläen.

Zur Diskussion:

*„Wiens Zentralfriedhof ist der drittgrößte Konzertunternehmer der Stadt — Mit* SCHUBERT *und Schrammeln zur ewigen Ruhe."* (Überschrift in der *Süddeutschen Zeitung* am 21. August 1971.)
Hannover (6. Januar 1973) *„Weil einem Polizeioffizier an seinem Grab das Polizeimusikkorps das Lied ‚Ich hatt' einen Kameraden' spielen darf und einem einfachen Polizeiobermeister diese Ehre nicht zukommen wird, wollen Polizeibeamte in Hannover protestieren."*

Aufgabe:

Wir stellen fest, welche Musik bei welchen Gelegenheiten von wem aufgeführt und von wem gehört wird.

## DIE MODENSCHAU

Eine MODENSCHAU ohne Musik scheint nicht (mehr) denkbar zu sein. Modenschauen sind Informations- und Werbeveranstaltungen mit dem Ziel, die auf das jeweilige Angebot gerichteten Kaufwünsche zu aktivieren.

Aufgaben:

1. Wie unterscheiden sich die den WERBESPOTS unterlegten Melodien etwa bei der Werbung für Zigaretten und für Damenstrümpfe? Oder warum hüpfen wohl Strumpfhosenträgerinnen tanzend eine Freitreppe herunter, während ein großes Tanzorchester den neuesten HIT intoniert? Welche Einstimmung erzeugt die Musik?
2. Wie stehen wir zu der These: Herrensocken, Damenmieder, Krawatten, Pullover, Schuhe u. a. sind auch „musikalische" Gegenstände?

Vorhaben:

Wir analysieren Fernseh-Mode-Magazine und untersuchen die musikalische Begleitung der Vorführungen und die musikalischen wie tänzerischen Einlagen.

## WAHLKAMPFHELFER DER PARTEIEN

Feststellungen: Im BundestagsWAHLKAMPF 1969 wurde der Vorsitzende einer Partei mit „bayrischer Stimmungsmusik" begrüßt. Im gleichen Wahlkampf bettete eine Partei ihre Wahlkampfparolen, die auf der Straße mit Lautsprecherwagen vermittelt wurden, in das wiederholte Ertönen der Zapfenstreich-Melodie, also in die Titel-Musik des amerikanischen Films *Verdammt in alle Ewigkeit* ein.

musikalische Politik

Schon diese beiden Beispiele führen zu folgenden Fragestellungen:

1. Ist die Musik nicht etwas Unpolitisches? Inwiefern erhält sie eine politische Funktion?
2. Welche Stimmungslage, welche Reaktionen und Assoziationen sollen durch die Musik bei den Besuchern von Wahlveranstaltungen erzielt werden?
3. Können wir Beziehungen zwischen Parteiparolen und Musikangebot feststellen?
4. Welche historischen Beispiele können wir im Hinblick auf den Gebrauch von Musik für die Durchsetzung parteipolitischer Ziele zusammentragen?

Vgl. Liedermagazin

## SPRACHE DER NATIONEN

THOMAS MANN bezeichnet die Musik als *„jene andere, vielleicht innigere, aber wundersam unartikulierte Sprache, diejenige der Töne"*. (Aus: THOMAS MANN, *Doktor Faustus*. Frankfurt a. M. [1947] 1960, S. 13.)
Nach TH. W. ADORNO ist sie *„eine universale Sprache und doch kein Esperanto: sie unterdrückt keine qualitativen Eigentümlichkeiten . . . Trotz ihres universalen Charakters — den sie dem verdankt, was ihr gegenüber der redenden Sprache mangelt, der Absenz des festen Begriffs — zeigte sie nationale Charakteristiken. Daß man diese realisierte, gehörte zu ihrer vollen Erfahrung, vielleicht zu ihrer Universalität selber."* (Aus: TH. W. ADORNO, *Einleitung in die Musiksoziologie*. Reinbek 1968 — rowohlts deutsche enzyklopädie, Band 292/293, S. 167.)

Nationales

Ernst Krenek äußert sich zum gleichen Sachverhalt wie folgt: *„Weit heftiger und radikaler als auf jedem anderen Gebiet müssen sich die autarkischen Bestrebungen der Völker in den kulturellen Belangen auswirken, weil diese viel weniger als andere Bereiche von objektiven Hemmungen belastet sind, so daß es scheint, als könnten Eingriffe auf diesem Gebiet ohne verheerende Folgen materieller Art vorgenommen werden, und weil die kulturellen, besonders die künstlerischen Leistungen als reine Produkte unabhängiger Phantasie jedem* Volk *instinktiv als Blüte und vollkommenster Ausdruck seines Wesens vorkommen. Es ist klar, daß ein gesteigertes nationales Selbstbewußtsein sich gerade dieses leicht zugänglichen, weithin sichtbaren und besonders empfindlichen Bereiches mit besonderer Leidenschaft zu bemächtigen sucht."* (Aus: Ernst Krenek, *Das Nationale und die Kunst,* 1934, in: *Zur Sprache gebracht — Essays über Musik.* München 1958, S. 149 f.)

Dieser Ideologisierung der Musik ist entgegenzuwirken. Dazu Adorno: *„Entideologisierung hätte auch vor dem Verhältnis von Musik und Gesellschaft nicht innezuhalten . . . Je mehr die gesellschaftlich integrierte Musik sich zu einem Stück Kitt und Affirmation erniedrigte, je mehr sie Reklame schlechthin wurde, desto fragwürdiger, ob sie in ihren überkommenen Formen nach dem Maß der Wahrheit, das ihren obersten Gebilden innewohnt, überhaupt noch betrieben werden sollte. Ein Äußerstes an Entideologisierung ist die Antwort auf totale Ideologisierung. Daß der objektive Sinn, den musikalische Gebilde bis zur jüngsten Phase, ob sie es wollten oder nicht, bekräftigen, in seiner Wahrheit ungewiß ward, ist der metaphysische Grund dafür. Vielleicht kommt Musik erst dann zu dem Ihren, wenn sie sich als nicht mehr schlechthin notwendig und gerechtfertigt erkennt."* (Aus: Th. W. Adorno, *Anmerkungen zum deutschen Musikleben,* in: *Impromptus.* Frankfurt a. M. 1969, S. 29.)

Fragestellungen:

1. Wie stehen wir zu der Alternative: Kunst — national oder international?
2. Was halten wir davon, daß Kunst dem nationalen Renommee dienen muß?

## NATIONALHYMNEN

Zur Uraufführung der symphonischen Dichtung *Kossuth* von Béla Bartók im Jahre 1903 berichtet der ungarische Komponist Zoltán Kodály: *„Während einer Orchesterprobe weigerte sich ein österreichischer Trompeter, die Karikatur der Österreichischen* Nationalhymne *zu spielen. Die Hymne ‚Gott erhalte' war in Ungarn als Symbol des österreichischen Joches verhaßt. Jenes Werk war der ‚Kossuth' von* Bartók, *eine Programmsymphonie, die den letzten heroischen Kampf Ungarns für seine Unabhängigkeit zum Gegenstand hatte. Die entstellte Hymne sollte die 1848 besiegten und fliehenden Österreicher symbolisieren. Der Komponist, der stets das ungarische Nationalkostüm trug, war schon als glänzender Pianist bekannt und wurde von Tag zu Tag berühmter."*
(Serge Moreux, *Béla Bartók.* Zürich ²/1952, S. 22.)

Hier einige weitere Beispiele für die symbolhafte Verwendung von Nationalhymnen:

Joseph Haydn verwendet die Melodie von *Gott erhalte* (österreichische Kaiserhymne) als Thema des Variationensatzes im Streichquartett op. 76, das deshalb auch den Namen *Kaiserquartett* trägt.
Robert Schumann läßt in seinem Lied *Die beiden Grenadiere* (Text: H. Heine) die französische Nationalhymne, die *Marseillaise,* in der Klavierbegleitung erklingen, während im Liedtext der todkranke Kriegsheimkehrer auf die Wiederkunft Kaiser Napoleons hofft.
Ludwig van Beethoven hat in seinem Orchesterstück *Wellingtons Sieg oder die Schlacht bei Vittoria* England und Frankreich durch die Lieder *Rule Britannia* bzw. *Marlborough* charakterisiert.
Peter Tschaikowsky verarbeitet in seiner *Ouvertüre 1812* die französische und russische Nationalhymne. Musikalisch wird dargestellt, wie die Truppen Napoleons in Rußland besiegt werden.
Die Beatles zitieren in ihrem Titel *All you need is love* die *Marseillaise.*
Im Titelsong des Musicals *Hair* wird die amerikanische Nationalhymne zitiert, desgleichen bei Jimi Hendrix, *Star spangled banner.*
Karlheinz Stockhausens *Hymnen* basieren auf Nationalhymnen aus aller Welt, darunter auch auf *Einigkeit und Recht und Freiheit* und dem *Horst-Wessel-Lied.*

Textbeispiele einiger Nationalhymnen aus aller Welt

| | | |
|---|---|---|
| Afghanistan | *Wir sind stets mit Leib und Seele bereit, uns zu opfern zu jeder Zeit.* | armes Vaterland! |
| Albanien | *Der Held sein Leben unserm Lande weiht.* | |
| Argentinien | *Hoheit und Würde erfüllt ihre Herzen, von ihrem Marschtritte alles erbebt.* | |
| Belgien | *Das Leben schwören wir dir zu, dir, unser Blut, o Vaterland!* | |
| Bulgarien | *Liebe Heimat, du bist ein Paradies auf Erden, deine Schönheit, dein Zauber sind ohne Ende.* | |
| Chile | *Sonst mit dir, hehre, ruhmreiche Fahne, woll'n wir fallen im blutigen Krieg.* | |
| China (VR) | *Wenn wir stürzen auf den Feind mit Mut. Nur los! Nur los! Nur los! Los!* | |
| Dänemark | *Sein Schwert traf wie des Hammers Last, bis Helm und Haupt der Goten barst.* | |
| Griechenland | *Dich erkenn' ich: deinem Schwerte eigen ist der Zornesblitz.* | |
| Guatemala | *Laß dein schönes Banner im Winde lohn,*<br>*und es wird zum Sieg oder Tod uns weihn.* | |
| Iran | *In deinem Schatten opfern wir das Leben,*<br>*Dem Feinde nehmen wir das Leben.* | |
| Italien | *Fest geschlossen die Reihen,*<br>*woll'n wir dem Tode uns weihen.* | |
| Korea (Nord) | *Gehn wir an der Spitze der ganzen Welt.*<br>*Eine aufwallende Kraft treibt es an.* | |

| | |
|---|---|
| Mexiko | *Nun durchbebe das Inn're der Erde der Kanonen aufgrollender Ton.* |
| Monaco | *Monaco hat immer Helden gesehn, und ihre würdigen Söhne sind wir.* |
| Norwegen | *Ja, wir lieben unsere Heimat, die, vom Meer zernagt und durchfurcht, mit tausend Heimen aus den Fluten ragt.* |
| Österreich | *Heimat bist du großer Söhne, Volk begnadet für das Schöne, Vielgerühmtes Österreich.* |
| UdSSR | *Fahne der Sowjets, Fahne des Volkes, führe von Siegen zu Siegen uns fort.* |
| USA | *Handgranatenblitze, Raketen grellrot bezeugen, daß die Fahne noch loht.* |

Aufgabe:

Welche Funktion haben die Hymnen? Welche Haltungen erkennen wir aus den Texten? Unterscheiden sich monarchische und revolutionäre Hymnen?

Literatur:

*Die Nationalhymnen der Erde.* Stuttgart — Reclam Nr. 8441.

Vgl. LIEDERMAGAZIN.

## „EINIGKEIT UND RECHT UND FREIHEIT . . ."

Die Melodie der Hymne stammt von JOSEPH HAYDN. Er schrieb sie zu dem Text: *Gott erhalte Franz den Kaiser;* die Hymne wurde 1797 zum Geburtstag des Kaisers erstmals öffentlich aufgeführt. Vorausgegangen waren die englische Hymne *God save the king,* deren begeisternde Wirkung HAYDN in England erfahren hatte, und die französische Hymne, die *Marseillaise,* mit deren Klängen das französische Revolutionsheer unter Napoleon Europa eroberte.

Deutschland

Zur DEUTSCHLANDHYMNE dichtete HOFFMANN VON FALLERSLEBEN 1841 im politischen Exil auf der damals englischen Insel Helgoland den Text *Deutschland, Deutschland über alles.* Aber erst 1922 erklärte Reichspräsident FRIEDRICH EBERT Text und Melodie zur NATIONALHYMNE.

Zur Zeit des Kaiserreichs, seit 1871, galt das preußische Lied *Heil dir im Siegerkranz* als Nationalhymne. Im Dritten Reich wurde das HORST-WESSEL-Lied, ein Kampflied der SA, zur zweiten Nationalhymne erklärt. Nach dem Zweiten Weltkrieg wurde in der Bundesrepublik die dritte Strophe des Deutschlandliedes als Hymne wieder eingesetzt. In der DDR singt man *Auferstanden aus Ruinen* (JOHANNES R. BECHER / HANNS EISLER), auch BECHER-HYMNE genannt.

Aufgaben:

1. Warum ist das DEUTSCHLANDLIED so umstritten? Wir versuchen, die Gründe zusammenzustellen.

2. Welche Aufgabe hat eine Nationalhymne? Was ist die INTERNATIONALE (*Völker, hört die Signale*)?
3. Vergleiche Text und Melodie der Nationalhymnen in der BRD und der DDR.

Literatur:

U. GÜNTHER, *„... über alles in der Welt?" Studien zur Geschichte und Didaktik der deutschen Nationalhymne.* Neuwied a. R. und Berlin 1966.

Vgl. LIEDERMAGAZIN.

## PROPAGANDA — EIN WEG ZUM HERZEN?

*„Jede Propaganda hat volkstümlich zu sein und ihr geistiges Niveau einzustellen nach der Aufnahmefähigkeit des Beschränktesten unter denen, an die sie sich zu richten gedenkt ... in psychologisch richtiger Form den Weg zur Aufmerksamkeit und weiter zum Herzen ..."* (Aus: ADOLF HITLER, *Mein Kampf.* München $^{509-513}$/1939, S. 197 f.)
Propaganda erwächst aus übersteigerter Werbung und ist nicht etwa anrüchig, sondern auch in einer demokratischen Gesellschaft notwendig; zu fragen ist nur wie bei der Werbung: Propaganda wofür?

Aufgaben:

1. Wir suchen, hören und analysieren Beispiele: Revolutionslieder, politische Lieder, religiöse Kampflieder, Wahlkampfschlager. (LIEDERMAGAZIN)
2. Wir untersuchen RICHTLINIEN für den Musikunterricht im Hinblick auf Propagierung politischer, religiöser, künstlerischer Ideen.

Gemütssteuerung

3. Welche Funktion hat Propaganda in einer Demokratie?

Vorhaben:

Wir machen Propaganda für die Schülermitverantwortung (SMV) und unterstützen eine spezielle Aktion. Welche akustischen, sprachlichen, farblichen Mittel setzen wir für unser Ziel ein? Durch welche musikalischen Mittel wird Intensivierung erreicht? Wir experimentieren mit Instrumenten und Stimmen, mit technischen Geräten wie Tonband, Mikrophon, Verstärker.

Hinweis:

Bei diesem Vorhaben empfiehlt sich Zusammenarbeit mit Geschichts-, Sprach-, Kunstunterricht. Sprache, Farbe, Fotografie in der Plakatgestaltung.
Es sollten geeignete akustische Symbole gefunden werden, die Aufmerksamkeit erregen. Anregungen in großer Zahl gibt die Werbung im Rundfunk und Fernsehen. Dazu sei erinnert z. B. an KENNMELODIEN vor regelmäßig wiederkehrenden Programmen wie EUROVISION, Tagesschau, Magazine, Krimiserie u. ä.

Literatur:

J. C. FEST, *Hitler.* Frankfurt — Berlin — Wien 1973, besonders z. B. S. 453 ff.

Siehe auch WERBUNG S. 23, ERFOLG NACH REZEPT S. 55, KALKULIERBARE WIRKUNG DER MUSIK S. 67.

## MILITÄRMUSIK

Unter der Überschrift *„Vom Feldsignal bis zum Parademarsch"* hieß es im April 1968 in einer Tageszeitung: *„Major . . . erteilte einen sehr interessanten Geschichtsunterricht . . . So sah und hörte das Publikum primitive Hörner, antike Trompeten und Luren aus der Zeit der alten Römer und Germanen, Fanfaren der Ritterzeit, Flöten und Trommeln der Landsknechte . . . Nun spielte auch das Große Orchester der Panzergrenadiere in seiner ganzen Klangfülle, wobei der Große Zapfenstreich . . . die Zuhörer in seinen Bann schlug . . . Anschließend wurden Märsche aller Waffengattungen gespielt, darunter Kompositionen weltberühmter Tonschöpfer."*

Uniformen für die Seele

*„Seit seinem letzten Geburtstag ist Jochen im Jungvolk. Kürzlich hat er sein ‚grcßes Erlebnis' gehabt, sein musikalisches Jungvolk-Erlebnis. Der Jungbann ist aufmarschiert . . .*

*Von den Trompeten herab hingen schwarze Fahnentücher mit weißen Sigrunen. Schon als diese Jungen vor Beginn der Feier noch ruhig dastanden, war es ein stolzes und soldatisches Bild; Jochen lachte das Herz im Leibe. Als die Schar aber gar anfing ‚das Spiel zu rühren' . . . da war es vorbei mit seiner inneren Ruhe. Sein Herz lachte nicht nur, es tanzte geradezu nach den schmetternden Klängen der Fanfaren und im Rhythmus der schweren Trommeln."* (Aus: *Es blasen die Trompeten — ein Fanfarenheft,* Potsdam 1935.)

Hitlerjugend

Aufgaben:

1. Welche Informationen geben diese beiden Texte?
2. Seit wann gibt es MARSCHMUSIK?
   Wann ist ihre Blütezeit?
3. Warum haben auch weltberühmte Komponisten Märsche und Musik für Militärkapellen geschrieben?
4. Wann und warum werden heute Märsche gespielt, welche Instrumente werden verwendet?
5. Welche Wirkung soll von Marschmusik ausgehen? Ist Militärmusik noch sinnvoll? Ja oder nein? (Begründung der Stellungnahme)
6. Wir vergleichen zwei Marschmelodien (pfeifen, singen, textieren, nach der Melodie marschieren):

Badenweiler-Marsch (1914, 1933, 1960)

Werbe-Marsch einer Zigarettenmarke (1966)

Hinweis:

Militärmusik und ihre Nachahmung, ist das nicht Musik der Verführung? Viele Fragen sind mit dem Thema zu verbinden:

Uniformen der Militärmusiker, marching bands in Chicago und Jazz-Musik, Ballett, Parade, Tanz, Choreographie. Das Marschtempo anderer Völker, Marschlieder, Wandel im Einsatz der Instrumente, Fragen der Artikulation, Volksfeste. Reaktion der AVANTGARDE: BERG, Bühnenmusik im *Wozzeck*; STRAWINSKY, Marsch in der *Geschichte vom Soldaten*.

Vgl. auch Abbildung S. 253.

MARSCHMUSIK?

*„Es läßt sich zeigen, daß* RICHARD WAGNER *die eminent deutschen Partien seiner Werke gern durch eine Musik mit ausgesprochenem Marschcharakter auszudrücken pflegt. Das beginnt lange vor den Meistersingern. Folgt man dem Rhythmus gerade des Tannhäuser-Liedes, so ist der Charakter einer hymnischen Marschmusik nicht zu verkennen."* (Aus: HANS MEYER, *Richard Wagner und das neue Bayreuth*. München — List-Bücherei Nr. 237 — S. 90.)

Vorhaben:

Wir besorgen uns eine Aufnahme von WAGNERS *Tannhäuser*. Am Klangbeispiel überprüfen wir HANS MEYERS Behauptung, das *Tannhäuser-Lied* trage den Charakter einer hymnischen Marschmusik. — Kennen wir weitere Beispiele einer marschähnlichen Musik bei WAGNER, bei anderen Komponisten?

Siehe auch RICHARD-WAGNER-FESTSPIELE IN BAYREUTH S. 255.

## SOLDATENLIED DDR — BRD

zweimal Deutschland

*„Die rote Flut, sie steigt an!*
*Vorwärts, Sozialisten!*
*Zum Endkampf wir rüsten . . .!*
*Tragt über den Erdball, tragt über die Meere*
*die Fahne der Arbeitermacht!"*

(Aus: *Soldaten Singen, Liederbuch der* NATIONALEN VOLKSARMEE. Verlag des Ministeriums für Nationale Verteidigung. Berlin.)

*„Wir sind die Grenadiere der deutschen Bundeswehr.*
*Wir führen unsere Waffen für Freiheit und für Ehr'.*
*Ja, wir marschieren stolz und sind im ganzen Land bekannt,*
*wir stehen tapfer und entschlossen ein für Volk und Vaterland."*

(Aus: *Hell klingen unsere Lieder, Liederbuch der* BUNDESWEHR, hrsg. vom Bundesminister für Verteidigung. Bad Godesberg 1963.)

Aufgaben:

1. Wir vergleichen die beiden Texte.
2. Wie sind die auftretenden Schlüsselbegriffe politisch-gesellschaftlich zu erklären?
3. Was soll durch das Singen dieser und ähnlicher Lieder erreicht werden?

Vgl. LIEDERMAGAZIN.

## PROTESTSONG

Der Begriff findet sich noch nicht — dazu ist er zu jung — in den gängigen Lexika. Es handelt sich bei diesen Songs um einen Ausdruck der Opposition, des Protestes insbesondere der Jugend gegen Krieg und Militär, gegen die bestehende gesellschaftliche Ordnung, gegen Macht und Machtwillkür. Der Protest artikuliert sich u. a. in PROTESTSONGS der verschiedensten Art. In der Regel handelt es sich um einfache, einprägsame Texte, einfache der FOLKLORE ähnliche Melodien, die von den Protestsängern auf der Gitarre oder auf dem Banjo begleitet werden. Die Protestsong- und BEATbewegung fallen (mehr oder weniger) zeitlich zusammen, auch der Beat wird als Opposition, als *„die sprachlose Opposition"* (DIETER BAACKE) bezeichnet. Eine Systematik für diesen Bereich zu geben, wäre verfrüht. Zur Zeit ist es nur möglich, Erscheinungs- und Ausdrucksweisen zu sammeln und zu ordnen.
Die Protestsong-Bewegung ist in aller Welt zu finden und hat entsprechend sehr verschiedene Ausdrucksformen. Auch in den Ländern des Ostblocks zeigen sich Sing-Bewegungen; je nach gesellschaftlichen Systemen haben die Protestsongs verschiedene Angriffsziele und artikulieren sich unterschiedlich.
In Deutschland dürften — neben vielen anderen — FRANZ-JOSEF DEGENHARDT (Bundesrepublik) und WOLF BIERMANN (DDR) als hervorragende Vertreter des Protestsongs (allerdings keineswegs nur des Protestsongs) gelten. Als Texter, Komponisten und Interpreten ihrer Lieder haben beide eine sehr eigenständige

und für viele Protestsänger leitbildhafte Form gefunden. Jedoch: Die ganze Protestsongbewegung ist zunächst nicht exakt zu interpretieren.

Beispiel für einen Protestsong:

*Die Ahnungslosen*

die Bombe

*Wißt ihr noch, wie's damals war,*
*so im dreiunddreiß'ger jahr?*
*Der bürger schlief in guter ruh,*
*er deckte sich mit phrasen zu.*
*Daß man die rüstung für den krieg verstärkt,*
*hat er erst nach Stalingrad gemerkt.*
*Ach, da war sein kummer groß,*
*denn der gute, denn der brave*
*war ja völlig ahnungslos.*
*Drum, ihr leute, hört euch heute*
*unsre lieder an.*
*Von der bombe singen wir bewußt,*
*damit keiner, auch nicht einer,*
*wieder sagen kann:*
*von der gefahr hätt' er nichts gewußt.*
*Denn, wer die gefahr erkennt*
*und setzt sich nicht zur wehr,*
*der wäscht seine hände nicht in unschuld mehr.*

(Text aus: *Lieder gegen die Bombe 3 des Komitees Volkskunstschaffender gegen den Atomtod.* Bochum o. J., S. 10f.)

Aufgaben:

1. Wir legen eine Sammlung von Liedern an, die uns als Protestsongs erschei-

nen oder als solche herausgegeben werden. Welche Gemeinsamkeiten im Hinblick auf Texte und Melodien stellen wir fest?

2. Wir vergleichen Protestsongs verschiedener Gruppen in unserer und anderen Gesellschaften. Wie groß ist die Spannweite des Begriffes Protestsong?
3. Wo liegen die Grenzen zwischen PROTESTSONG, CHANSON und SCHLAGER? Lassen sich eindeutige Abgrenzungen vornehmen?

1972: Protestsong nicht mehr aktuell?

*„Hat der Protestsong noch eine Chance?"* fragt WOLF SCHELLER 1972 in der *Braunschweiger Zeitung.* Seine Antwort ist *„Nein"*; denn *„der gesungene Protest hat seine Protagonisten von einst (insbesondere* FRANZ JOSEF DEGENHARDT *und* DIETER SÜVERKRÜP) *inzwischen längst überholt. Auch hier ist die weiche Welle auf dem Vormarsch"*. Gegen die *„linken Barden"* hat sich REINHARD MEY durchgesetzt, nur HANS DIETER HÜSCH, ein *„Literat am Klavier"* genießt noch die Gunst eines kleinen Publikums. DEGENHARDT und SÜVERKRÜP haben enttäuscht und sind nun allenfalls nochmal im III. TV-Programm zugelassen. Ein Comeback und eine neue Gunst des Publikums, seien, so SCHELLER, nicht möglich, wenn SÜVERKRÜP und DEGENHARDT wie andere *„den selbstgewählten Schmollwinkel ihrer Klassenkampfidylle wieder verließen"*.

4. Stimmen wir mit SCHELLER überein? Welche gesellschaftlichen Gründe gibt es für diese Entwicklung?
5. Wir vergleichen Songs von DEGENHARDT, SÜVERKRÜP, HÜSCH, BIERMANN, MEY und UDO JÜRGENS.

Vgl. LIEDERMAGAZIN. Siehe auch PROTEST IN DER SCHULE S. 84 und DAS CHANSON S. 215.

VORSCHLÄGE FÜR LERNKONTROLLEN (2. Kapitel: In der näheren Umgebung)

1. Wo in unserer näheren Umgebung begegnen wir Musik?
2. Welche Funktion hat die Musik jeweils?
3. Was trägt zum Erfolg eines Schlagers bei?
4. In welcher Weise kann man mit Musik Geld machen?
5. Welchen Werten dienen
   A) die Hausmusik
   B) das Heimatlied
   C) die Nationalhymne
   D) der Protestsong?
   Sind sie
   a) altmodisch
   b) lächerlich
   c) überzeitlich
   d) notwendig
   e) fortschrittlich
   f) gleichgültig
   g) sentimental
   h) revolutionär?

Wir begründen unsere Entscheidung für A, B, C und D getrennt.

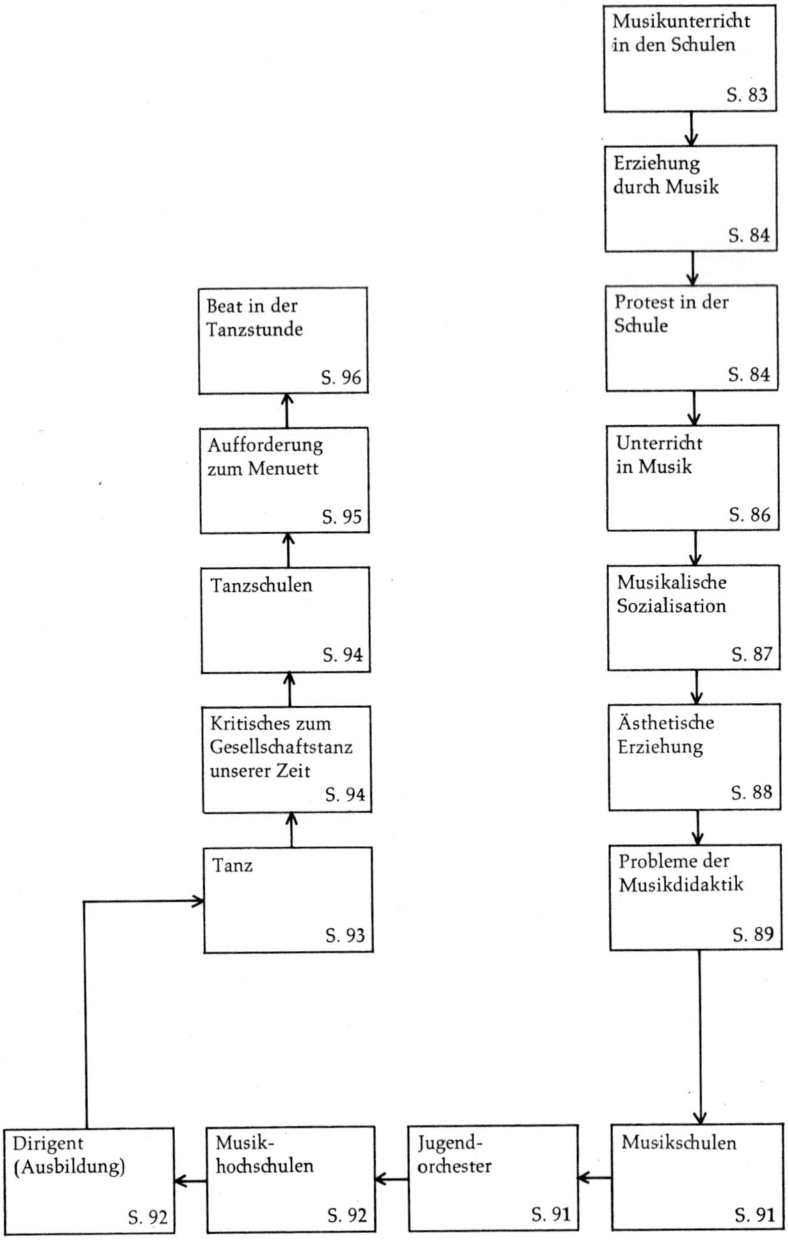
Musikunterricht in den Schulen
S. 83
Erziehung durch Musik
S. 84
Protest in der Schule
S. 84
Unterricht in Musik
S. 86
Musikalische Sozialisation
S. 87
Ästhetische Erziehung
S. 88
Probleme der Musikdidaktik
S. 89
Musikschulen
S. 91
Jugend-orchester
S. 91
Musik-hochschulen
S. 92
Dirigent (Ausbildung)
S. 92
Tanz
S. 93
Kritisches zum Gesellschaftstanz unserer Zeit
S. 94
Tanzschulen
S. 94
Aufforderung zum Menuett
S. 95
Beat in der Tanzstunde
S. 96

# 3. Kapitel In Schulen

stolzes Lernen

THOMAS MANN berichtet über einen Musiklehrer, daß dieser *„von Dingen, Angelegenheiten, Kunstverhältnissen sprach, die noch gar nicht in unseren (der Kinder) Gesichtskreis fielen und nur am Rande desselben erst durch sein immerfort gefährdetes Sprechen schattenhaft für uns auftauchten; daß wir ihn nicht zu kontrollieren vermochten, außer durch seine eigenen erläuterten Vorführungen am Pianoforte, und dem alle mit der dunkel erregten Phantasie von Kindern zuhörten, die Märchen lauschen, welche sie nicht verstehen, während ihr zarter Geist sich doch auf eine eigentümlich traumhaft ahnungslose Weise dadurch bereichert und gefördert sieht. ‚Fuge', ‚Kontrapunkt', ‚Eroica', ‚Verwirrung durch überfärbte Modulation', ‚strenger Stil'; — das war im Grunde alles noch Märchengeraun für uns, aber wir hörten es so gern und mit so großen Augen, wie Kinder das Unverständliche, eigentlich noch ganz Unzukömmliche hören — und zwar mit viel mehr Vergnügen, als das Nächste, Wohlentsprechende, Angemessene ihnen gewährt. Will man glauben, daß dies die intensivste und stolzeste, vielleicht förderlichste Art des Lernens ist — das antizipierende Lernen, das Lernen über weite Strecken von Unwissenheit hinweg? Als Pädagoge sollte ich ihm wohl nicht das Wort reden, aber ich weiß nun einmal, daß die Jugend es außerordentlich bevorzugt, und ich meine, der übersprungene Raum füllt sich auch mit der Zeit wohl von selber aus."* (Aus: THOMAS MANN, *Doktor Faustus — Das Leben des deutschen Tonsetzers Adrian Leverkühn erzählt von einem Freunde.* Frankfurt a. M. [1947] 1960, S. 63.)

Aufgabe:

Wo und wann hören wir heutzutage *„Unverständliches"* und *„Unzukömmliches"*? Ist es die *„förderlichste Art des Lernens"*?

## MUSIKUNTERRICHT IN DEN SCHULEN

1538: *„Musicam habe ich allzeit lieb gehabt. Wer diese Kunst kann, der ist guter Art, zu Allem geschickt. Man muß Musicam von Noht wegen in Schulen behalten. Ein Schulmeister muß singen können, sonst sehe ich ihn nicht an."* (D. MARTIN LUTHERS *Werke.* Weimar 1912, Nr. 968.)
1921: *„Der Schulgesang ist in hervorragendem Maße Wecker und Förderer religiöser und patriotischer Gesinnung."* (ROLLE, einflußreicher Musikdidaktiker)
1925: Die Tätigkeit der Schule sollte dazu verhelfen, *„die schöpferischen Kräfte der Jugend zum Segen der Volksgemeinschaft sich frei entfalten zu lassen ... Dabei spielen aber die irrationalen, insbesondere künstlerischen Anlagen eine erheblich größere Rolle als die bisher einseitig überschätzten rationalen bzw. intellektuellen ..."* (C. H. BECKER, Preußischer Kultusminister)

1942: *„Die Musikerziehung als wesentlicher Teil der musischen Erziehung führt zu einer volksbewußten Kulturerhaltung auf dem Gebiet der Musik durch Pflege der Freude am Singen und Musizieren."* (Erlaß über Unterricht an den Lehrerbildungsanstalten.)
1967: *„Jeder Jugendliche soll während der Schulzeit ein Liedgut erwerben, das allen gemeinsam ist und ihm auch später etwas zu bedeuten vermag."* (Richtlinien für die *„Erziehung und den Unterricht in den Klassen 7—9 der Hauptschulen"*, Hamburg ³/1967.)

Aufgaben:

1. Wie könnte man LUTHERS Zielsetzung (singender Schulmeister) begründen, und wie hat sie sich gewandelt? (Schulgesang, Gesinnung, Volksgemeinschaft, volksbewußte Kulturhaltung, Liedgut)
2. Wir fragen unseren Lehrer nach seiner Zielsetzung; warum haben wir Musikunterricht?
3. Hilft uns das vorliegende Musikbuch für den Musikunterricht? Was haben wir auszusetzen? Wir schreiben an den Verlag.

warum haben wir Musikunterricht?

## ERZIEHUNG DURCH MUSIK

*„Von allen schönen Künsten beeinflußt die Musik die Leidenschaften am stärksten, sie muß der Gesetzgeber am meisten fördern."* (Aus: FLEISCHMANN, *Napoleon et la musique.* Brüssel 1965, S. 17.)

Aufgaben:

1. Das Zitat könnte genauso gut von KIESINGER, ULBRICHT, HITLER, WILHELM II., NAPOLEON, LUTHER oder PLATO stammen. Wir informieren uns über die Musikauffassung der genannten Politiker und Erzieher.
2. Welche Instrumente sind besonders gut geeignet, um Leidenschaften zu beeinflussen und wie wird in diesem Zusammenhang die menschliche Stimme eingesetzt?
3. Welche jeweilig zeitgenössische Musik könnten die oben genannten politischen Denker benutzt haben?

Literatur:

U. GÜNTHER, *Die Schulmusikerziehung von der Kestenberg-Reform bis zum Ende des Dritten Reiches.* Neuwied 1967.
W. HEISE, H. HOPF, H. SEGLER (Hrsg.), *Quellentexte zur Musikpädagogik.* Regensburg 1973.

## PROTEST IN DER SCHULE

PETE SEEGER: *That's what I learned in school*

*What did you learn in school today,*
*dear little boy of mine?*
*I learned that Washington never told a lie,*
*I learned that soldiers seldom die,*

voller Ironie

*I learned that everybody is free,*
*that's what the teacher said to me.*
*That's what I learned in school.*
*I learned that policemen are my friends,*
*I learned that justice never ends,*
*I learned that murder must die for the crime,*
*even if we make a mistake sometime.*
*I learned our government must be strong*
*it's always right and never wrong,*
*our leaders are the finest men,*
*and we elect them again and again.*
*I learned that war is not so bad,*
*I learned that about the great one we have had,*
*we fought in Germany and in France,*
*and someday I might get my chance.*

Notiert nach der Schallplatte CBS 62209, Original C-dur.

Übertragung ins Deutsche nach der Diskussion des Liedes in einem 10. Schuljahr:

*Was hast du heute in der Schule gelernt,*
*sag mir mein kleiner Boy?*
*Ich lernte, was es heißt, demokratisch zu sein,*
*daß man aufstehn muß, kommt der Lehrer herein,*
*daß, was den Menschen unterscheidet vom Tier,*
*die Arbeit ist, ja das sagte man mir.*
*Das hab ich heut in der Schule gelernt . . .*
*Ich lernte, bei uns herrscht Gerechtigkeit,*
*daß man unanständig aussieht im Minikleid,*
*wir lasen, daß Faust Margarete geküßt,*
*daß beim Menschen der Sex wie beim Schmetterling ist.*
*Ich lernt', die Polizei ist dein Helfer und Freund,*
*der Kommunist dagegen unser Feind,*
*das Gammlertum unser Volk verdirbt,*
*der Soldat in der Regel fürs Vaterland stirbt.*
*Ich lernte, daß man Hausaufgaben niemals vergißt,*
*daß man antwortet, wenn man gefragt worden ist,*
*daß es gut ist, wenn man selbständig denkt.*
*Doch der Mensch denkt und der Lehrer lenkt.*
*Das hab ich heute in der Schule gelernt,*
*das habe ich heute gelernt.*

Vorhaben:

Was könnte uns veranlassen, selbst ein Protestlied zu machen? Welche Mittel setzen wir ein? Was soll bewirkt werden?

Hinweis:

*„Der Lehrer, nicht erst indem er dies Lied hört, hat schon immer den Konflikt zwischen den Forderungen der bestehenden Ordnung und den Belangen des heranwachsenden Individuums auszuhalten gehabt. Widersprüchliche pädagogische Verhaltensweisen sind daher wohl unvermeidbar. Sie wären eben als solche zuzugeben und durch Rationalisierung zu entschärfen. Kann dazu ein Lied verhelfen?* Konflikte

*Das ist in der Tat unsere Meinung. Es macht aufmerksam, es fordert das Nachdenken heraus, wozu alle Spielarten des Komischen vom Witz bis zur Groteske exzellent geeignet sind. Es trägt dazu bei, den Konflikt ins Bewußtsein zu heben, statt ihn zu verdrängen — dem einen zur Bestärkung, dem anderen zur Beunruhigung. Doch darüber hinaus kann das Lied wohl nichts bewirken."* (MENZEL)

*„Der Ausdruck Protestlied ist eine Art Überspitzung. Jedes Kunstwerk, angefangen von einem Gemälde Michelangelos über eine Beethovensymphonie bis zu einem Bühnenstück von Shaw, hat eine Aussage. Wenn wir diese nicht akzeptieren, dann nennen wir diese Kunst ‚Propaganda'. Ein Wiegenlied ist ein Propagandalied, vom Standpunkt des Dreijährigen aus gesehen, der nicht zu Bett gebracht werden will. Auch ein Kirchenlied ist eine zweischneidige Sache: Man versuche es nur einmal in der falschen Kirche zu singen! Selbst der Sänger unzüchtiger Lieder protestiert — scheinheilig."* (PETE SEEGER)

Aus einem Interview mit FRANZ JOSEF DEGENHARDT.

Frage: *„Werden Sie, d. h. Ihre Lieder, konsumiert wie* KARAJAN *und die* BEATLES?"
DEGENHARDT: *„Ich nehme an, hier soll unter konsumieren ‚folgenlos aufnehmen' verstanden werden. Direkte Folgen, etwa die, daß das Publikum wie ein Mann aufsteht und Herrn* VON KARAJAN *ins Orchester schmeißt oder den Klassenkampf beginnt — solche direkten Folgen haben Kulturmarktprodukte, also auch meine Lieder, ganz selten. Über weitere Folgen weiß man nicht viel."*

Literatur:

W. MENZEL, *„Was hast du heut' in der Schule gelernt?" Zur Diskussion eines Liedes* von PETE SEEGER, in: Westermanns Pädagogische Beiträge 1969, Heft 1, S. 36 ff., hier S. 39.
O. und H. KRÖHER, *Rotgraue Raben — vom Volkslied zum Folksong.* Heidenheim 1969. Information über PETE SEEGER S. 40 f.

Siehe auch PROTESTSONG S. 79.

## UNTERRICHT IN MUSIK

*„Nicht ist Kunst für eine Pädagogik da, die durch Musik nach einem prätendierten Leitbild bilden soll, sondern Musikpädagogik ist da für den jungen Menschen, der in Musik heute und hier einzuführen ist."* (Aus: H. ANTHOLZ, *Unterricht in Musik.* Düsseldorf 1970, S. 16.)

Aufgaben:

1. Ist es überhaupt notwendig, daß der Musikunterricht in Musik hier und heute einführt? Offensichtlich verfolgt die Schule andere Zielsetzungen als Schallplattenindustrie, Rundfunk und Fernsehen. Begründungen.
2. In den verschiedenen Unterrichtswerken sollen bestimmte, *„exemplarische"* Musikwerke dazu dienen, in Musik einzuführen. Wir vergleichen. Was heißt *„exemplarisch"* und wie wird die Auswahl jeweils begründet (siehe Literatur)?
3. Mit welchen Verfahrensweisen (Methoden) wird eingeführt? Lassen sich so die auf S. 89 aufgezählten Erziehungsziele verwirklichen?

ÄSTHETISCHE ERZIEHUNG (vgl. S. 88 f.) unterscheidet sich von einem derartigen Unterricht in Musik.

Literatur:

S. VOGELSÄNGER, *Musik als Unterrichtsgegenstand der Allgemeinbildenden Schule. Didaktische Analysen — Methodische Anleitungen.* Mainz 1970.
H. HOPF, H. RAUHE, H. KRÜTZFELDT-JUNKER, *Lehrbuch der Musik I—III.* Wolfenbüttel — Zürich 1970—1972.
M. NEUHÄUSER, A. REUSCH, H. WEBER, *Resonanzen. Arbeitsbuch für den Musikunterricht Sekundarstufe I,* Frankfurt am Main — Berlin — München 1973.
L. BADER, *Musik in der Orientierungsstufe.* Mainz 1973.

Siehe auch HÖRERTYPEN — HÖRWEISEN — VERHALTEN S. 27.

## MUSIKALISCHE SOZIALISATION

Normen

Unter SOZIALISATION versteht man den Prozeß, *„durch den ein Individuum, das mit einer enormen Variationsbreite von Verhaltensmöglichkeiten geboren wird, zur Ausbildung seines faktischen, weit enger begrenzten Verhaltens geführt wird, — wobei die Grenzen des üblichen und akzeptablen Verhaltens durch die Normen der Gruppe, der es angehört, bestimmt werden."* (Aus: I. L. CHILD, *Socialization,* in: G. LINDZEY, *Handbook of Social Psychology, Vol. II.* Cambridge [Mass.] 1954, S. 655.)

Literatur:

P. BERGER, TH. LUCKMANN, *Die gesellschaftliche Konstruktion der Wirklichkeit.* Frankfurt a. M. 1969.
H. FEND, *Sozialisierung und Erziehung.* Weinheim—Berlin—Basel 1969.
R. OERTER, *Moderne Entwicklungspsychologie.* Donauwörth $^{13}$/1973.
H. RAUHE, *Kulturindustrielle Sozialisation . . .,* in: *Neue Ansätze im Musikunterricht,* hrsg. von H. RECTANUS. Stuttgart 1972.

Auch Musik vermag zu sozialisieren, vermag Verhalten zu steuern, vermag zu verändern (d. i. zu erziehen). Je nach den Werten und Normen, die eine Gesellschaft der Musik zuordnet, je nach Art des Angebotes und des Nicht-Angebotes(!) wird der Mensch anders verändert! Konfrontation mit Musik bedeutet immer zugleich ästhetische Erziehung, und *„ästhetische Erziehung heißt Ausrüstung und Übung des Menschen in der Wahrnehmung"*. (Aus: H. v. HENTIG, *Spielraum und Ernstfall.* Stuttgart 1969, S. 358.) Je nach der Auswahl des Angebotes (der Reize) wird die Wahrnehmung anders gelenkt, verhält sich der Mensch anders zu seiner Umgebung, hier zu seiner Musik-Umgebung. Vor allem ist zu berücksichtigen: Was darf nicht wahrgenommen, also gelernt werden?

Erziehung

H. GIESECKE schreibt: *„Man könnte eine ganze Geschichte der Erziehung schreiben unter dem Gesichtspunkt, was nicht gelernt wurde, als eine Geschichte von Lernverboten,"* und er kritisiert unsere Bildungseinrichtungen in folgender Weise: *„Alle unsere Bildungseinrichtungen bis hin zur Universität scheinen zunehmend so organisiert zu sein, als ob sie kritisches Nachdenken verbieten wollten. Natürlich will das niemand ausdrücklich, aber der gesellschaftliche Druck scheint solche Verbote nahezulegen, wenn nicht unausweichlich zu machen."* (Aus: H. GIESECKE, *Einführung in die Pädagogik.* München 1969, S. 58 und 60.)

Lernverbote

Aufgaben:

1. Wir untersuchen, was wir in der Schule lernen und was nicht. Gibt es im Unterricht Denk- und Lernverbote?
2. Welche Angebote werden in unserem Musikunterricht nicht berücksichtigt?

Literatur:

L. RÖSSNER, *Jugend und Musik,* in: W. KRÜTZFELDT (Hrsg.), *Didaktik der Musik 1969.* Hamburg—Wolfenbüttel—Zürich 1970.

## ÄSTHETISCHE ERZIEHUNG

*„Wir haben erkannt, daß die sogenannten Bildungsziele, die Leitbilder, die Kulturideale zur gemeinverbindlichen Begründung von Erziehung und Unterricht nicht ausreichen; . . . wir haben dafür aber die Notwendigkeit erkannt, den Menschen . . . zu fortdauernder Lernbereitschaft und Lernfähigkeit zu erziehen. Lernen heißt dabei neue Wahrnehmung, neues Verhalten, neue Ziele und Maßstäbe, also Selbstveränderung und nicht einfache Zunahme der Erkenntnis."* (Aus: H. v. HENTIG, *Spielraum und Ernstfall.* Stuttgart 1969, S. 212.)

Dies setzt aber voraus, daß das Angebot offen, möglichst frei von Lernverboten bleibt, daß wir nicht von Musik eingewickelt werden und nicht auf die Wert- und Normenvorstellungen anderer (der Lehrer?) eingeschworen werden. Dies setzt die Möglichkeit voraus, zwischen Angeboten und Wertvorstellungen (Gruppen-Normen) selbst wählen zu können. Nicht der Lehrer oder sonstige Erziehungspersonen oder amtliche Richtlinien sind die Normen-Instanz, sondern jeder selbst aufgrund kritischer Prüfung des Angebots und auch dessen, was nicht angeboten wird (siehe oben). Nicht Identifikation, sondern Distanz kennzeichnet das richtige Verhältnis zum Unterrichtsangebot.

ständiges Lernen

*„Kunst ist etwas durch seine Wirkungen, nicht durch seine Absicht und seinen Hersteller."* (HENTIG, ebd. S. 364.)

*„,Bildung' sucht ... Anschluß an Höheres. ,Ästhetische Erziehung' heißt Ausrüstung und Übung des Menschen in der αἴσθησις in der Wahrnehmung."* (HENTIG, ebd. S. 357 f.)

Aufgabe:

Wir versuchen, die Aufgabenstellungen in *Musik aktuell* durch Stichproben zu überprüfen. Ist Unterricht an Musik und damit Selbsterziehung als Selbstveränderung möglich?

Vorhaben:

Wir erarbeiten anhand von *Musik aktuell* und weiterer Literatur ein SYSTEM DER MUSIK: Wie kann Klangmaterial zu Musik werden, wobei Musik als *geordneter Ausschnitt* des Hörbaren zu verstehen ist?

1. Unter welchen Bedingungen entsteht Klang?
2. Welches Klangmaterial gibt es? Wir ordnen mögliche musikalische Ereignisse in einer Systematik.
3. Wie beschreiben wir die klanglichen Ereignisse mit Worten?
4. Welche ethnischen, nationalen, sozialen, historischen und kulturellen Faktoren bestimmen, was als geordneter Ausschnitt des Hörbaren gilt?
5. Welche Verhaltensweisen des Menschen zur Musik kennen wir?
6. Welche Wirkungen hat Musik?

Literatur:

W. ROSCHER, *Ästhetische Erziehung — Improvisation — Musiktheater.* Hannover 1970.

R. FRISIUS, P. FUCHS, U. GÜNTHER, W. GUNDLACH, G. KÜNTZEL, *Sequenzen, Sekundarstufe I.* Stuttgart 1972.

## PROBLEME DER MUSIKDIDAKTIK

Hauptziele des Musikunterrichts an allgemeinbildenden Schulen sind:

Erziehungsziele

1. Steigerung der allgemeinen Wahrnehmungsfähigkeit, insbesondere Schärfung des akustischen Sensoriums;
2. Einführung in die vielfältigen Erscheinungen einer weltweiten Musikkultur;
3. Erhellung des soziologisch-kulturell-ökonomischen Hintergrundes, auf den alle musikalisch-ästhetischen Erscheinungen und Normensysteme bezogen sind;
4. Befähigung zu eigenem musikalischem Urteil und selbständigen musikalischen Entscheidungen gegenüber Musik.

Eigene musikalische Betätigung (Instrumentalspiel, Singen, Klangexperimente) sind von diesen Zielen her zu begründen. Die Ziele können unabhängig von Altersstufen und musikalischer Vorbildung in Angriff genommen werden.

Nicht intendiert ist:

Kanalisierung

1. dem Jugendlichen eine Menge vermeintlicher Bildungsgüter aufzubürden;
2. ihn einseitig auf Normen der abendländischen Musiktradition festzulegen;

3. ihn durch gemeinsames Liedgut, durch einen unkritisch tradierten Kanon von Meisterwerken, durch das Einüben bestimmter musikalischer Verhaltensweisen, durch die Konditionierung mit musikalisch-rituellen Formeln manipulierbar zu machen.

Zu der Aussage „ . . . *manipulierbar zu machen*" ist einiges anzumerken. Der Begriff MANIPULATION ist mit dem Begriff ERZIEHUNG dann fast identisch, wenn in autoritären Erziehungssystemen und -stilen die Kennzeichen und Methoden übereinstimmen. Manipulation heißt: Handhabung des Menschen, Kunstgriff. Kennzeichen sind: Verschleierung der Absicht, also gezielte, aber nicht erkennbare Einengung des Entscheidungsspielraums bis zur Vorherbestimmung der Entscheidung und keine Möglichkeit, die Zustimmung zu verweigern.

Gefühlssteuerung

Die Methoden: Das Herstellen von Atmosphäre; Einstimmung; Schaffung assoziativer Bindungen durch Verweis auf zentrale, hohe und heilige Werte; Förderung des Wir-Bewußtseins; Berufung auf geachtete Autorität von PLATO bis LENIN, deren Erkenntnisse keiner langen Beweisführung bedürften; Erzeugung von Feiertagsgefühlen.

Autoritätsgläubigkeit

Als Mittel haben sich Musik, Spiel, Tanz, Wort und Bild und ihre Kombinationen hervorragend bewährt (musisch = Liturgie des Alltags). Anläßlich der Eröffnung des ISME-Kongresses 1970 in Moskau hieß es: *„Musik verwandelt Erkenntnisse in Überzeugungen"*.

MUSIKUNTERRICHT in der Schule hat die Aufgabe, diesen Sachverhalt durchschaubar zu machen. Das allgemein menschliche Bedürfnis nach Projektion, nach Identifikation und Zeremonien verschiedener Art kann auf anderer Bewußtseinsebene neu befriedigt werden. Der Regelkreis, in dem sich Manipulation abspielt, soll durch den Musikunterricht durchbrochen werden.

Aufklärung

Das bisherige dreigliedrige Schulsystem kann eine solche Zielsetzung und Aufgabenstellung des Musikunterrichts kaum erfüllen, da es als „Zuteilungsapparat" anzusehen ist (Musik für die Hauptschule, Realschule oder für das Gymnasium). Eher geeignet ist die Organisationsform der integrierten GESAMTSCHULE, in der der Klassenverband aufgehoben ist und wechselnde Gruppierungen sich in den Inhalten und Verfahrensweisen ergänzen. Ein Beispiel ist „Das Rundfunkprogramm", ein Rahmenthema, das vielfältige Sachverhalte für alle Schüler erhellt, eigene Produktionen in Projektgruppen ermöglicht und in Leistungskursen zu speziellen Studien und Untersuchungen führen kann. Auch das berufliche Selbstverständnis des Musiklehrers wird sich ändern; er ist weder Volksbildner noch verhinderter Künstler, sondern wird sich in vielseitiger Zusammenarbeit mit Kollegen entweder mehr dem musiksoziologischen, dem musiktheoretischen und musikgeschichtlichen oder dem praktischen Aspekt des Musikunterrichts zuwenden. Wie jeder Pädagoge kann sich auch der Musiklehrer als Lernhelfer verstehen, der einem modernen Dienstleistungsberuf nachgeht und versuchen wird, ohne jedes falsche Pathos anderen Menschen bei ihren Lernproblemen zu helfen.

Bildungszuteilung

Musiklehrer

Lernhelfer

Literatur:

H. GIESECKE, *Einführung in die Pädagogik.* München 1969, hier: 6. Kapitel, *Zum Selbstverständnis des professionellen Pädagogen,* S. 219—228.
H. SEGLER (Hrsg.), *Musik und Musikunterricht in der Gesamtschule.* Weinheim 1972.

Siehe auch VORWORT S. 9.

## MUSIKSCHULEN

Schon in kleineren Städten gibt es MUSIKSCHULEN. Kinder, Jugendliche und Erwachsene können hier eine musikalische Grundausbildung erhalten und sich im Instrumentalspiel bzw. Gesang unterrichten lassen. Die Musikschulen ergänzen den Musikunterricht an allgemeinbildenden Schulen und können als Vorbereitung für das Studium an einem Konservatorium oder einer Musikhochschule dienen. Sie wollen musikalische Begabungen aufspüren und fördern, sie wollen Nachwuchs für das Laien- und Liebhabermusizieren heranbilden, neuerdings widmen sie sich auch der musikalischen Früherziehung.
Der Unterricht verteilte sich 1970 bei 70 000 Schülern in der Bundesrepublik auf die verschiedenen Instrumente mit folgenden Prozentzahlen (entnommen einem Prospekt des Verbandes deutscher Musikschulen e. V.):

| | |
|---|---|
| Klavier | 30,0 % |
| Gitarre | 19,4 % |
| Streicher | 16,6 % |
| Blockflöte | 14,3 % |
| Akkordeon | 8,2 % |
| Holzbläser | 5,5 % |
| Blechbläser | 3,1 % |
| sonstige Instrumente und Gesang | 2,9 % |

Aufgabe:

Wir veranschaulichen die Prozentzahlen in einer Graphik.

Vorhaben:

Wir erkundigen uns nach der Musikschule in unserer Stadt. Was kostet der Unterricht und welche Bedingungen werden gestellt?

## JUGENDORCHESTER

Zur Förderung von künstlerischem Nachwuchs wurden in mehreren Ländern unter anderem Jugendorchester eingerichtet. In ihnen spielen Jugendliche im Alter von 15 bis 20 Jahren mit, solange sie nicht berufsmäßig Musik studieren. Gelegentlich werden noch jüngere Jugendliche zugelassen, wenn sie entsprechend weit fortgeschritten sind.
Jugendorchester gibt es beispielsweise in Großbritannien, Jugoslawien, den Niederlanden, Polen, Schweden, der UdSSR, Kanada, den USA und der Bundesrepublik Deutschland (BRD).

Jugendförderung

Das BUNDESJUGENDORCHESTER wurde im Sommer 1969 gegründet. Es ist als Förderungsmaßnahme für junge Instrumentalisten vorgesehen, vorwiegend für diejenigen, die sich in den Wettbewerben „JUGEND MUSIZIERT" ausgezeichnet haben. Das Bundesministerium für Familie und Jugend fördert das Bundesjugendorchester als ständige Einrichtung mit Mitteln des Bundesjugendplans.
Im August 1970 trat das Bundesjugendorchester unter anderem mit einer Uraufführung an die Öffentlichkeit: es führte die Auftragskomposition *Edition D 1970*

von Werner Heider auf. Im September des Jahres wurde das Orchester mit der Herbert-von-Karajan-Medaille für die beste Interpretation eines zeitgenössischen Werks ausgezeichnet.

Siehe auch Wettbewerb „Jugend Musiziert" S. 259.

## MUSIKHOCHSCHULEN

In der BRD gab es 1969 elf Staatliche Hochschulen für Musik und vierundzwanzig Städtische Hochschulen, Akademien oder Konservatorien der Musik.
Hochschulen, Akademien und Konservatorien bilden zukünftige Berufsmusiker aus. Dadurch unterscheiden sie sich von Musikschulen und Jugendmusikschulen, die vorwiegend der Laienausbildung dienen.
An den Hochschulen studieren rund 6000 Studenten Musik, davon sind 57,9 % männlich und 42,1 % weiblich.
Die rund 6000 Studierenden an den Ausbildungsstätten für Musikberufe werden von ca. 2000 Lehrern unterrichtet.
Von den rund 6000 Musikstudenten in der BRD studieren 17 % Gesang, 31 % ein instrumentales Hauptfach, 11,6 % erlernen ein Orchesterinstrument, 27,8 % wollen Musiklehrer entweder im freien Beruf oder an einer Schule werden und 6,8 % haben sich für einen kirchenmusikalischen Beruf entschieden. Nur 1,4 % der Studierenden wollen sich das kompositorische Handwerk aneignen, 1,2 % lernen Dirigieren und 3,2 % hatten sich zum Zeitpunkt der Befragung noch nicht für ein festes Berufsziel entschieden.

Musiker-Berufe

Das Dozent-Student-Verhältnis von 1:3 unterscheidet sich ganz wesentlich von dem viel ungünstigeren Verhältnis an Universitäten und anderen wissenschaftlichen Hochschulen.

Aufgabe:

Wir tragen die Gründe zusammen, die ein solches zahlenmäßiges Verhältnis notwendig erscheinen lassen.

## DIRIGENT (AUSBILDUNG)

Zur Ausbildung eines Dirigenten gehört neben der Erlernung der Schlagtechnik: Harmonielehre, Komposition, Klavierspielen, Instrumentationskunde, Partitur- und Klavierauszugsspiel (d. h. Partituren und Klavierauszüge auf dem Klavier darstellen), Korrepetieren (Einstudieren und Begleiten der Sänger), Formenlehre, Gehörbildung, Musikgeschichte.

Die wichtigsten Schlagfiguren:

Zweitaktschlag in 2/4, 2/2, C, 6/8 — Dreitaktschlag in 3/4 – 3/2 – 3/8

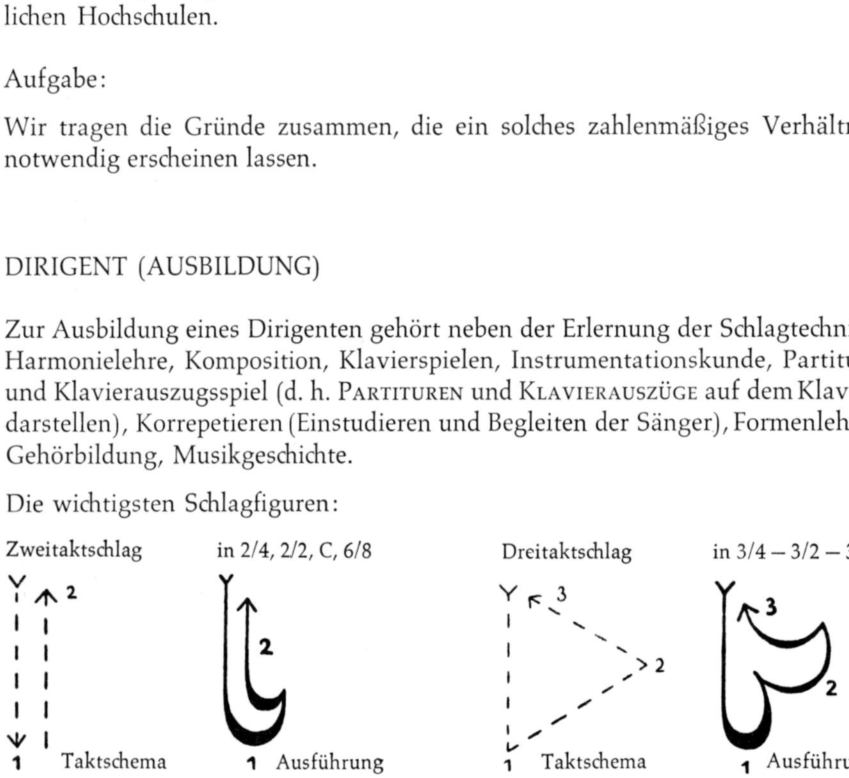


Taktschema — Ausführung — Taktschema — Ausführung

Viertaktschlag in C–4/4 – 4/2 – 4/8

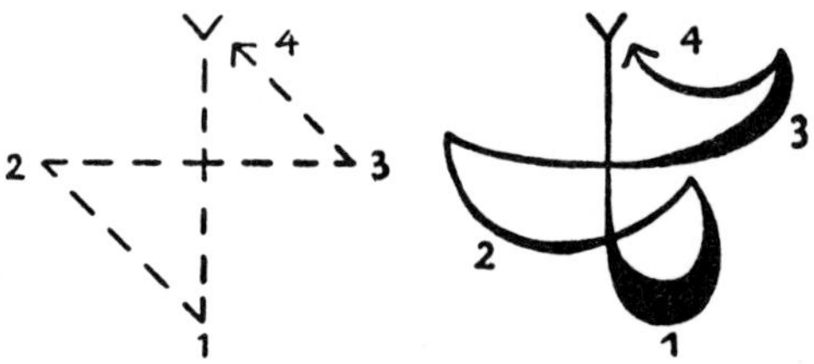

Taktschema Ausführung

Fünftaktschlag in 5/4 – 5/2 – 5/8

Er kann in zweierlei Betonung vorkommen: entweder 3 + 2 oder 2 + 3. Hier die Taktfiguren für beide:

Drei zu zwei: Zwei zu drei:

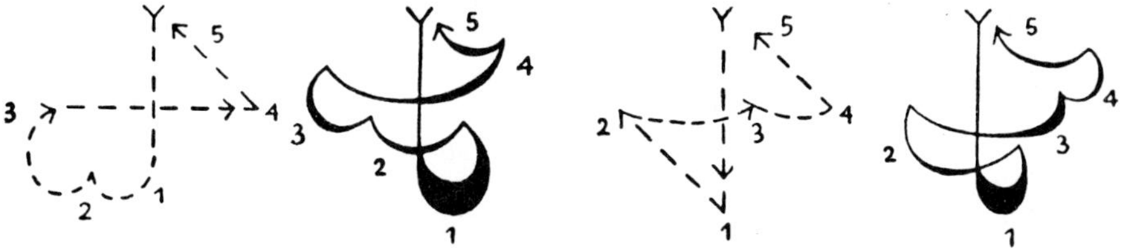

Schema Ausführung Schema Ausführung

Sechstaktschlag in 6/8 – 6/4 – 6/2 6/8 aus 3/4

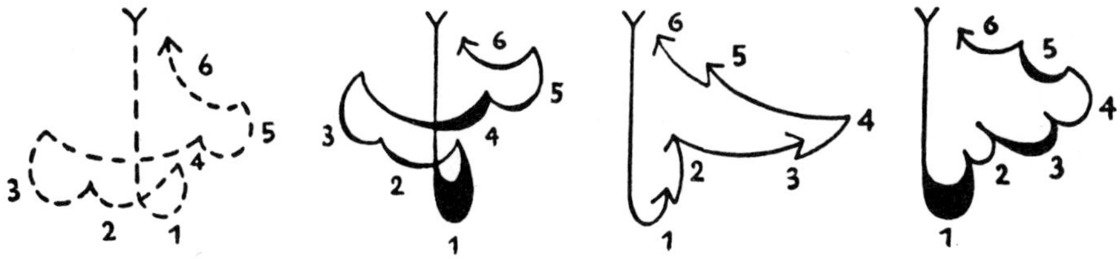

Taktschema Ausführung Schema Ausführung

Aus: W. Klink, *Der Chormeister.* Mainz 1952.

Aufgaben:

1. Wir erklären die einzelnen Begriffe.
2. Wir versuchen selber, den Takt zu einem Lied zu schlagen und die Taktart einzelner Musikstücke zu bestimmen. Auch Taktschlagen und Wechsel des Taktes auf Zuruf (Taktwechsel).
3. Wir hören verschiedene Plattenaufnahmen desselben Werkes. Sind die Tempi gleich? Die Akzente, die Verzögerungen?

Siehe auch Über das Dirigieren S. 173, Taktstock S. 174 f.

## TANZ

*„Man kann zur Trauer oder zur Freude tanzen; man kann sogar auf eine abstrakte Art tanzen ... das Entscheidende ist aber, daß durch den reinen Akt des Tanzens die Elemente, aus denen er besteht, verwandelt werden; der Tanz ist Selbstzweck wie das Leben. Die Bejahung der gegebenen Lage, irgendeiner Lage, löst einen Strom aus, einen rhythmischen Impuls zur Selbstdarstellung. Sich entspannen ist natürlich das erste, was ein Tänzer zu erlernen hat ... Es ist das erste, was jeder lernen muß, um zu leben. Es ist außerordentlich schwierig, weil es Hingabe bedeutet, völlige Hingabe."* (Aus: *Ein Henry Miller Lesebuch,* hrsg. von L. Durrell. Reinbek 1961, S. 225.)

Hingabe

Siehe auch Ballett S. 157 und Die Suite (Partita) S. 205.

## KRITISCHES ZUM GESELLSCHAFTSTANZ UNSERER ZEIT?

Folgende Aussagen sollten diskutiert werden:

1 *„Hemmungsloses Schreien und Jammern, ekstatisches Hüftewackeln und Zittern, das verschafft dem Rock'n' Roll-Sänger den Massenerfolg. Im Rock'n' Roll-Tanz ist der freien Improvisation, sprich Willkür, Tür und Tor geöffnet. Ist er nicht eine Enthemmung aller Gefühle und aller Vitalität? Wer sich von dieser Hysterie packen läßt, gerät in Ekstase und wird ins Chaos geworfen. Soll man unserer Jugend einen Vorwurf machen, wenn sie sich mitreißen läßt? Wie soll sie ihre Kraft austoben? Sie kennt ja nicht den fränkischen Dreher, den Schlenkerer ..., den Schuhplattler ... Die Jugend brauchte wahrhaftig keine Anleihen bei einer amerikanischen Mixkultur zu machen, mit der wir unser Gesicht verlieren ... Was kann schöner sein? Bewegtes Leben in der Gemeinschaft! Selbstverständlich macht die Jugend mit, jedenfalls der gesunde, heimatgebundene, ordentliche Teil der Jugend."* (Aus H. Hinkeldey, *Vitalität und Tanzbrauchtum — einst und jetzt,* in: Schauen und Bilden 1960, S. 12 f.)

2 *„Im modernen Rock'n' Roll träumen und kreischen unsere jungen Leute, winden und drehen sich, als ob sie mit der ganzen Last der zivilisierten Zurückhaltung zu ringen hätten. Die Tänzer werden zu einer Masse ungegliederter Gestalten, stammelnd, schwitzend, geifernd vollführen sie in archaischem Singsang unsublimierte sexuelle Gesten."* (Aus: J. A. M. Meerloo, *Rhythmus und Ekstase,* Wien—Hannover—Basel o. J., S. 32.)

Aufgaben:

1. Welche Tänze kennen wir? Wie werden sie getanzt?
2. Wir ordnen sie nach Herkunft, Tempo, Taktart und Rhythmus.

Literatur:

H. Günther, *Tanzunterricht in Deutschland,* hrsg. vom Arbeitskreis für Tanz im Bundesgebiet. Osnabrück o. J.

C. W. Müller, P. Nimmermann, *In Jugendclubs und Tanzlokalen.* München 1968.

H. Lander, *Tanz und Erziehung, Informationen 1*, Frankfurter Tanzkreis (1974).
L. Rössner, *Gesellschaftstanz und gesellschaftliche Normen*, in: deutsche jugend 17, 1969, H. 2.

## TANZSCHULEN

Der *Weser-Kurier* (Bremen) meldete am 16. 12. 1964: *„Die Tanzstunde gehört wieder zum guten Ton — neun Tanzschulen unterrichten in der Hansestadt.*
*In diesen Tagen geben junge Menschen in den Tanzschulen unserer Stadt einander die Türklinken in die Hand. Es ist die Zeit der Anmeldungen für die Anfänger-, F- und FF-Kurse. Jahr für Jahr werden es mehr, die den Weg zum Tanzunterricht finden, Schülerinnen und Schüler, in steigendem Maße Berufstätige, vor allem aber auch junge und ältere Ehepaare. Es scheint, daß die Aufwärtsentwicklung des Gesellschaftstanzes nicht mehr aufzuhalten ist . . . Auf den Lehrplänen stehen: Das Welttanzprogramm mit seinen zehn Tänzen. Moderne Tänze vom Twist über den Skinny-Mine bis zum Chicken.*
*Umgangsformen . . . Wichtige Aufgabe der Tanzschule ist es . . . nach wie vor, besonders in den Anfängerkursen, die Umgangsformen zu lehren . . . (Die Tanzschulen müssen) jungen Leuten das erforderliche Rüstzeug für ein sicheres Auftreten geben. Und auch diesem Unterricht stehen die Schüler keineswegs mißtrauisch gegenüber."*

guter Ton

Fragen:

1. Können wir die Angaben dieser Pressemeldung für unseren Bereich bestätigen?
2. Welche Aufgaben nehmen die Tanzschulen unserer näheren Umgebung wahr?
3. Was heißt Welttanzprogramm?

## AUFFORDERUNG ZUM MENUETT

Unter dieser Überschrift meldet die *Frankfurter Allgemeine Zeitung* in ihrer Ausgabe vom 31. 1. 1964:

*„Der Tanzlehrer bestätigt, daß diese jungen Leute mit Anteilnahme die Quadrille à la cour lernen und im Moment selbst ganz verwundert sind, wenn man sie daraufhin anspricht, daß sie doch eigentlich alle ‚auf Twist stehen'. Ja, es scheint sogar so, als ob diese Jugend, der man Illusionslosigkeit und Skepsis nachsagt, zu den alten Tänzen mehr Beziehung hat als zu den jüngst vergangenen. Walzerdrehungen gehen ihnen nur schwer ein, und gegen Tango herrscht mitunter offene Aversion.*
*Diese angeblich so zornigen jungen Männer lassen sich sogar dazu bewegen, beim Tanzen weiße Handschuhe zu tragen (welch völlig anachronistisches Accessoire, wer außer Polizisten trägt wirklich noch solche?). Die jungen Mädchen erschienen (zum) Debütantenball zumeist in weißen Ballkleidchen, und die Reférence-Quadrille in Schwarz-Weiß mit französischen Kommandos, von einer Vierzehnjährigen erteilt, bot den wie seit eh und je stolzen Eltern ein wohlanständiges Bild. Dies wandelte sich auch nicht, als man anschließend im selben Atemzug mit den gewohnten Slop und Twist und Rumba dem Drang zum*

*Explosiven nachgab . . . Nein, in den zwanzig Frankfurter Tanzschulen treffen sich keine leather-necks, keine blouson noirs und keine copains. Die Schüler können meistens schon vom Schulhof her twisten. Die Twistbewegung ist von selbst da, und die Musik, ein fast unbegreifliches Phänomen zwischen Las Vegas und Spitzbergen, steckt im Blut. Die meisten der Schulen — sie bestehen zum Teil schon seit zwanzig, vierzig und sechzig Jahren — lehren nach dem Welttanzprogramm . . . An zwölf bis siebzehn Abenden lernt der Schüler . . . von all diesen Tänzen zumindest die Grundschritte, und es bleibt ihm überlassen, ob er sich von dem forscheren Kommando eines Lehrers oder lieber unter sanfterer Führung einer Dame in den Tempel Terpsichores einweisen lassen will. Allerlei Unterhaltendes wird in den Tanzschulen zusätzlich geboten: Ausflüge mit Lampionpolonaisen, Studionachmittage mit Tanz am laufenden Band und sogenannte Gammelparties, zu denen man in Blue Jeans und Ringelpullovern, mit wirrem Haarschopf und weiß geschminkten Lippen erscheint und zur Twistband mit zwei Elektrogitarren, Elektrobaß und Schlagzeug solange bluest und twistet, bis man nur noch erschöpft zur Bar wanken und ‚Cola' lallen kann. Dieselben vergammelten Seebären kommen dann höchst manierlich am nächsten Abend zum Etiketteunterricht und üben Handkuß."*

Welttanzprogramm

## BEAT IN DER TANZSTUNDE

*Bild* meldet am 29. 9. 1966: *„Beat in der Tanzschule — Das Gehopse wird gesellschaftsfähig"* und schreibt im einzelnen:

*„Endlich! Der Beat wird gesellschaftsfähig! Selbst die Tanzschulen lehren ihn jetzt offiziell . . . Gerhard Hädrich, 1. Vorsitzender des Allgemeinen Deutschen Tanzlehrer-Verbandes (ADTV) wehrt sich gegen die Meinung, daß Deutschlands Tanzlehrer die Beattänze ablehnen würden. ‚Das ist Unsinn. Die Beat-Modetänze werden von uns auf Wunsch ebenso gelehrt wie Wiener Walzer und Blues.' Mittlerweile hat sich in Deutschlands Hochburgen des Benimm ein Beat-Standard-Tanz herauskristallisiert. Denn mit den neuesten Kreationen der verschiedensten Teenager-Lokale in allen Großstädten können die Tanzlehrer nicht Schritt halten. ‚Bevor wir von der letzten Modeschöpfung eines Beat-Kellers hören, ist diese Eigen-Choreographie wieder verschwunden.' Und so sieht der Beat auf dem Gesellschaftsparkett einer Tanzschule aus (schwarzer Anzug Pflicht): Grundschritt links/rechts. Dann darf laut Tanzlehrerverband die Phantasie eingesetzt werden: Steppschritt, Kickschritt, Schultern und Arme rhythmisch geschwungen. Tanzlehrer Hädrich: ‚Allerdings müssen wir viele Schüler warnen. Denn gerade beim Beat wird viel Gefühl für Rhythmus verlangt. Wer das nicht hat, wirkt auf der Tanzfläche sehr leicht komisch. Und dann kann ein Tanz entstehen, der über alle Grenzen des guten Geschmacks hinausgeht. Und das müssen wir ablehnen!' Der Tanzlehrerverband sieht auch der allgemeinen Einführung des Beat in den Tanzschulen gelassen entgegen: ‚Eigentlich ist Beat mit allen Abwandlungen wie Jerk, Mamphis, Jump Beat, Squick oder Blue-Beat kein neuer Tanz. All das gehört zur Gruppe der amerikanischen Swing-Tänze. Wie auch der Boogie.' "*

Hochburgen des Benimm

*„Die Tanzlehrer berichten von einem wahren Tanzboom, von einem Sturm auf ihre Schulen ... Die bundesdeutschen Jugendlichen (15 bis 21 Jahre) und Erwachsenen (über 24 Jahre alt) schwingen ihr Tanzbein am liebsten zu Cha-Cha-Cha, Jive- und Walzerrhythmen. Das ergab eine Umfrage des Allgemeinen Deutschen Tanzlehrerverbandes (ADTV) in 800 Tanzschulen der Bundesrepublik, Österreichs und der Schweiz ... Der Präsident des Tanzlehrerverbandes,* GERD HÄDRICH: *‚Unsere Teenager bewegen sich wieder auf Walzerkurs. Man faßt sich wieder an, man geht auf Tuchfühlung. Bei einer Demonstrationsfahrt durch die Vereinigten Staaten stellten wir auch dort diese Entwicklung fest.' So ist der seit zehn Jahren führende Beat allmählich passé. Bei der Jugend steht er auf Rang sieben, bei den Ehepaaren belegt er den elften Platz in der Beliebtheitsskala."* (Deutsche Zeitung, 9. 11. 1973)

Aufgabe:

Diese Zeitungsartikel sollten diskutiert werden. Was erfahren wir über die Tanzschulen? Was über den BEAT, den Jugendtanz?

Hinweis:

Von einer TANZPÄDAGOGIK hat man bisher kaum gesprochen, vielmehr vom Tanzunterricht in der Schule, von Tanzstunde, vom Tanzen in der Schule. Der Tanz gehörte auch eher in den Sport- als in den Musikunterricht.
Tanzen in der Schule war bislang gleichbedeutend mit deutschen, europäischen und zunehmend mehr außereuropäischen VOLKSTÄNZEN (FOLKLORE als internationaler Tanzkonsum). Im Grunde bildete Tanzen hier ein Reservat pflegerischen Tuns. Auch höfische Tänze mit ihren Reverenzen weisen eher auf die gesellschaftliche Machtstellung der Tanzmeister, die solche Tänze erfanden, als daß sie ein deklariertes Kunsterziehungsprinzip verwirklichten.
Naive Einübung von Verhaltensweisen mit Hilfe festgelegter Bewegungsformen sollte nicht mehr Aufgabe des Tanzunterrichts in Schulen sein, sondern vielmehr BEWEGUNGSIMPROVISATION. Diese ist *„als Entdecken, Artikulieren und Kombinieren von motorischen Prozessen zu definieren, deren optische und akustische Erscheinungsweisen durch ein spontanes Widerspiel von Phantasie und Ökonomie zustande kommen"*.
(GISELA GASCARD-REICH: *Tanzpädagogik, Bewegungsimprovisation und Szene,* in: WOLFGANG ROSCHER, *Ästhetische Erziehung — Improvisation — Musiktheater.* Hannover 1970, S. 131.)

Weitere Literatur:

C. SACHS, *Eine Weltgeschichte des Tanzes.* Berlin 1933.
K. H. TAUBERT, *Höfische Tänze — ihre Geschichte und Choreographie.* Mainz 1968.
H. GÜNTHER, *Grundphänomene und Grundbegriffe des afrikanischen und afroamerikanischen Tanzes.* Wien 1970.

Siehe auch PARTYS JUNGER LEUTE S. 52 und BEGEISTERUNG FÜR DIE BEATLES S. 68.

## VORSCHLÄGE FÜR LERNKONTROLLEN (3. Kapitel: In Schulen)

1. Warum haben wir Musikunterricht in der Schule?
2. Wozu dienen Musikschulen und Musikhochschulen?
3. Welche Funktion hat der Tanz in unserer Gesellschaft?

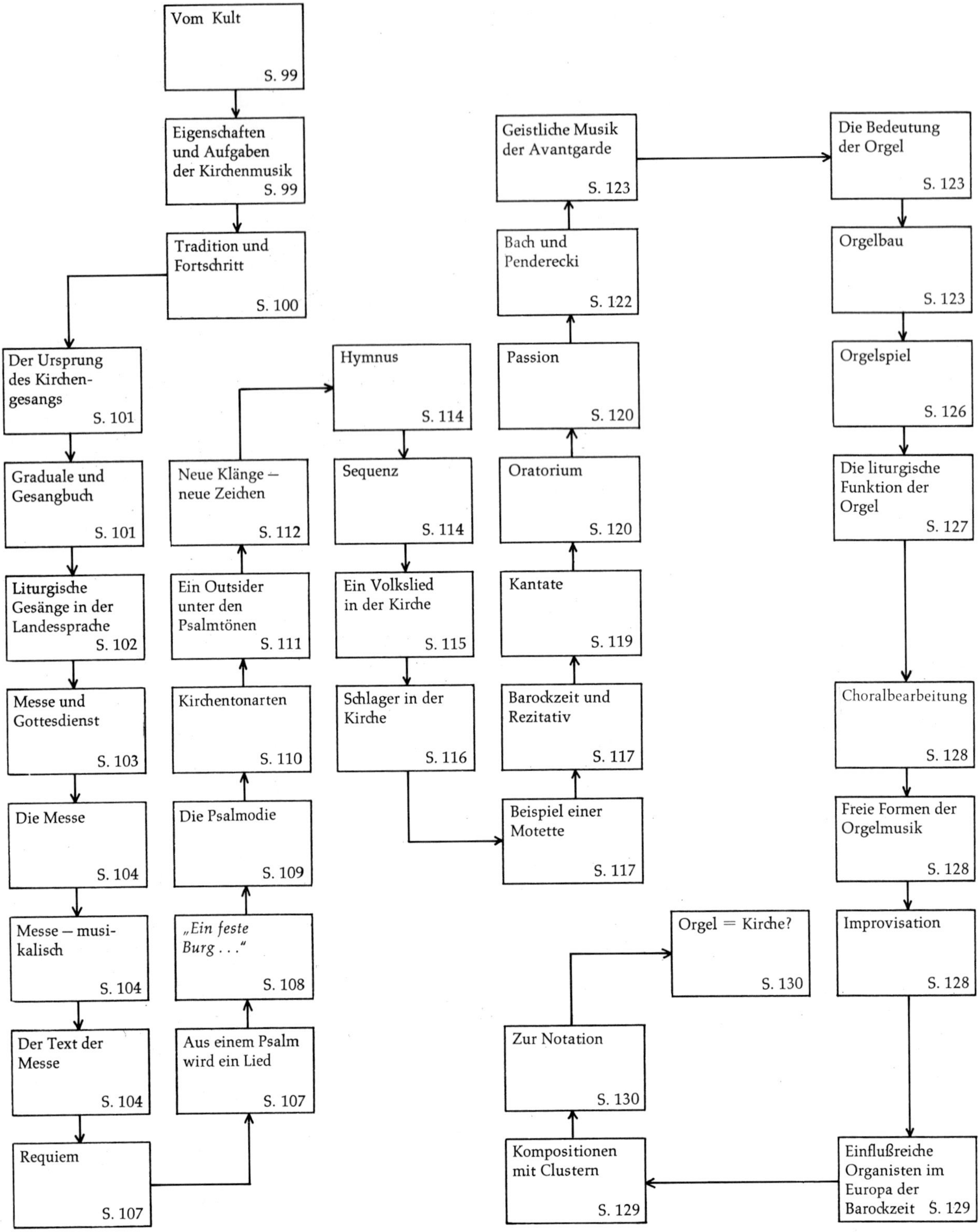
Vom Kult S. 99
Eigenschaften und Aufgaben der Kirchenmusik S. 99
Tradition und Fortschritt S. 100
Der Ursprung des Kirchengesangs S. 101
Graduale und Gesangbuch S. 101
Liturgische Gesänge in der Landessprache S. 102
Messe und Gottesdienst S. 103
Die Messe S. 104
Messe – musikalisch S. 104
Der Text der Messe S. 104
Requiem S. 107
Aus einem Psalm wird ein Lied S. 107
„Ein feste Burg . . .“ S. 108
Die Psalmodie S. 109
Kirchentonarten S. 110
Ein Outsider unter den Psalmtönen S. 111
Neue Klänge – neue Zeichen S. 112
Hymnus S. 114
Sequenz S. 114
Ein Volkslied in der Kirche S. 115
Schlager in der Kirche S. 116
Beispiel einer Motette S. 117
Barockzeit und Rezitativ S. 117
Kantate S. 119
Oratorium S. 120
Passion S. 120
Bach und Penderecki S. 122
Geistliche Musik der Avantgarde S. 123
Die Bedeutung der Orgel S. 123
Orgelbau S. 123
Orgelspiel S. 126
Die liturgische Funktion der Orgel S. 127
Choralbearbeitung S. 128
Freie Formen der Orgelmusik S. 128
Improvisation S. 128
Einflußreiche Organisten im Europa der Barockzeit S. 129
Kompositionen mit Clustern S. 129
Zur Notation S. 130
Orgel = Kirche? S. 130

# 4. Kapitel In der Kirche

## VOM KULT

Ordnung

*„Nach der altchinesischen Lehre haben Tanz und Musik den Zweck, die Welt im Gleise zu halten und die Natur den Menschen zuliebe zu bezwingen. Von den Wettkämpfen bei den Jahreszeiten hängt das glückliche Gedeihen des Jahres ab. Wenn die Zusammenkünfte nicht stattfänden, würde die Ernte nicht reifen. Die heilige Handlung ist ein ‚Dromenon', d. h. etwas, was getan wird. Was dargestellt wird ist ein ‚Drama', d. h. eine Handlung, gleichviel ob die Handlung in der Form einer Aufführung oder eines Wettkampfes vor sich geht. Sie stellt ein kosmisches Geschehen dar, aber nicht bloß als Repräsentation, sondern als Identifikation; sie wiederholt das Geschehene. Der Kult bringt die Wirkung zustande, die in der Handlung bildhaft vorgeführt wird. Seine Funktion ist nicht lediglich ein Nachahmen, sondern ein Anteilgeben oder Teilnehmen."*
(Aus: J. Huizinga, *Homo Ludens — Vom Ursprung der Kultur im Spiel.* Reinbek 1958 — rowohlts deutsche enzyklopädie Bd. 21 — hier: S. 21 f., Erstdruck 1938.)

## EIGENSCHAFTEN UND AUFGABEN DER KIRCHENMUSIK

Erbauung

Feier

Die Stellungnahme der katholischen Kirche geht aus folgenden Zitaten hervor: *„Die Kirchenmusik hat, da sie ein notwendiger Teil der feierlichen* Liturgie *ist, an deren allgemeinem Ziel teil, der da ist die Ehre Gottes, die Heiligung und Erbauung der Gläubigen. Sie dient dazu, Zierde und Glanz der heiligen Riten zu erhöhen. Ihre besondere Aufgabe besteht darin, mit geeigneten Melodien den liturgischen Text, der ans Ohr der Gläubigen dringt, auszuschmücken."* (Aus dem *„Motu proprio"* von 1903.)
*„Die überlieferte Musik der Gesamtkirche stellt einen Reichtum von unschätzbarem Wert dar, ausgezeichnet unter allen übrigen künstlerischen Ausdrucksformen vor allem deshalb, weil sie als der mit dem Wort verbundene gottesdienstliche Gesang einen notwendigen und integrierenden Bestandteil der feierlichen Liturgie ausmacht . . . so wird denn die Kirchenmusik um so heiliger sein, je enger sie mit der liturgischen Handlung verbunden ist, sei es, daß sie das Gebet inniger zum Ausdruck bringt oder die Einmütigkeit fördert, sei es, daß sie die heiligen Riten mit größerer Feierlichkeit umgibt. Dabei billigt die Kirche alle Formen wahrer Kunst, welche die erforderlichen Eigenschaften besitzen, und läßt sie zur Liturgie zu."* (Zweites Vatikanisches Konzil, Konstitution über die heilige Liturgie, Nr. 112. Aus: Rahner/Vorgrimler, *Kleines Konzilskompendium.* Freiburg 1966, Herder-Bücherei 270/73, S. 84.)
Zwei Aussprüche Martin Luthers kennzeichnen die Grundhaltung der evangelischen Kirche:

*„Denn die Musika ist eine Gabe und ein Geschenk Gottes nicht ein Menschgeschenk; so vertreibt sie auch den Teufel und machet die Leut fröhlich; man vergißet dabei alles Zorns, Unkeuschheit, Hoffart und ander Laster. Ich gebe nach der Theologia der Musika den nächsten Platz und höchste Ehre."* (Aus den Tischgesprächen.) Läuterung

*„Singet dem Herrn ein neues Lied! Singet dem Herrn, alle Welt! Denn Gott hat unser Herz und Mut fröhlich gemacht durch seinen lieben Sohn, welchen er für uns gegeben hat zur Erlösung von Sünden, Tod und Teufel. Wer solches mit Ernst gläubet, der kanns nicht lassen, er muß fröhlich und mit Lust davon singen und sagen, dass es andere auch hören und herzukommen."* (Aus der Vorrede zum *Babstschen Gesangbuch.)* Erlösung

Aufgaben:

1. Welche Unterschiede bestehen zwischen katholischer und evangelischer Auffassung von Kirchenmusik? (Ursprung, Aufgabe)
2. Welche Arten von Musik werden in der Kirche bevorzugt, welche sind ungebräuchlich?
   Wir versuchen zu begründen, warum.
3. In welchen Bereichen des öffentlichen Lebens hat Musik eine ähnliche Aufgabe wie in der Kirche?

Hinweis:

Liturgie bedeutet Gottesdienst. (Das Wort stammt aus dem Griechischen.) Zur Liturgie können Gebete, Psalmen, Schriftlesung, Predigt, Lieder, Choräle, Orgelmusik, sakramentale Handlungen gehören.

## TRADITION UND FORTSCHRITT

Zur Tradition in Liturgie und Kirchengesang gibt es verschiedene Einstellungen. Folgende seien gegenübergestellt:

1. *„Kirchenlieder oder andere Gesänge, die in der Funktion von Ordinariums- oder Propriumsgesängen gesungen werden, oder andere Texte, die in der gesprochenen Messe an deren Stelle gesprochen werden, können die approbierten liturgischen Texte der eigentlichen Ordinariumsgesänge und der jeweils anfallenden Propriumsgesänge nicht ersetzen. Diese bleiben verpflichtend und müssen gegebenenfalls zusätzlich gesprochen werden, laut von Gemeinde, Schola, oder Vorbeter oder wenigstens leise vom Zelebranten selbst." (Richtlinien der deutschen Bischöfe für die Feier der heiligen Messe in Gemeinschaft,* Artikel 15, in: *Dokumente des 2. Vatikanischen Konzils, Band III,* Trier 1965.)
2. *„Ordnung ist ein äußerliches Ding; sie sei wie gut sie will, so kann sie in Mißbrauch gerathen. Dann aber ist's nicht mehr eine Ordnung, sondern eine Unordnung. Darum steht und gilt keine Ordnung von ihr selbst etwas, wie bisher die päpstlichen Ordnungen geachtet gewesen sind; sondern aller Ordnung Leben, Würde, Kraft und Tugend ist der rechte Brauch; sonst gilt sie und taugt sie gar nichts."* (Martin Luther, *Deutsche Messe,* 1526, Schlußabschnitt.)

Aufgabe:

Gibt es in unserer Kirche oder Gemeinde Versuche, traditionelle Formen durch neue zu ersetzen?

Vorhaben:

Wir nehmen mit unserem Tonbandgerät Ausschnitte aus Gottesdienstübertragungen im Rundfunk auf. Wir vergleichen und achten auf Reformbestrebungen.

## DER URSPRUNG DES KIRCHENGESANGS

Nicht in Rom ist der Ursprung des europäischen Kirchengesanges zu suchen, sondern im Osten des römischen Weltreiches. Bis zum dritten Jahrhundert war die Sprache des neuen Glaubens das Griechische. Noch heute zeugt das KYRIE der Messe von dieser Herkunft.
In Jerusalem, in den syrischen und alexandrinischen Gemeinden, vor allem aber in den klösterlichen Gemeinschaften erhielt der Kirchengesang seine erste Ausgestaltung. Mit den jüdischen Einflüssen sind freilich von Anfang an griechische unlösbar vermischt.
Seit dem 3. Jahrhundert bildeten sich als besondere Gesangsformen der Kirche PSALMODIE und HYMNUS heraus. Die Psalmodie hängt eng mit dem jüdischen Tempelgesang zusammen, während der Hymnus seinen Ursprung in Syrien hat.

Aufgabe:

In eine Karte der Mittelmeerländer zeichnen wir die Gebiete ein, in denen der Gesang der katholischen Kirche beheimatet ist.

## GRADUALE UND GESANGBUCH

Gregor der Große

Das Buch, in dem sämtliche Meßgesänge der römischen Kirche — ausgenommen die Gesänge des Priesters — aufgezeichnet sind, heißt GRADUALE. Die Grundlage für eine einheitliche Liturgie hat der Reformpapst GREGOR DER GROSSE (†604) geschaffen. Daher wird der lateinische Gesang der katholischen Kirche auch GREGORIANISCHER CHORAL genannt.
Maßgebend für die einheitliche Verbreitung des Gesangs war die in Rom gegründete Sängerschule (Schola cantorum). Ihre Gesangstradition pflanzte sich in andern Schulen fort, wie in Metz, Rouen, Tours, Fulda, Eichstätt und Würzburg. Eine schriftliche Aufzeichnung der Melodien gab es damals noch nicht. Die ersten Notationszeichen (NEUMEN) finden sich in liturgischen Handschriften des 9. Jahrhunderts.
Sammlungen nationalsprachiger Gemeindelieder heißen GESANGBÜCHER. Das erste Gesangbuch wurde 1501 auf Tschechisch von den BÖHMISCHEN BRÜDERN herausgegeben. Die ersten Lieder LUTHERS und seiner Anhänger *(Es ist das Heil uns kommen her* und *Nun freut euch, liebe Christen gmein)* erschienen als Einzeldruck *(Fliegende Blätter)*. Das erste evangelische GESANGBUCH der protestantischen Kirche war das Achtliederbuch, Wittenberg 1523/24 (vielleicht eine Zusammenstellung von *Fliegenden Blättern*). Das BABSTSCHE GESANGBUCH, 1545

Luther

gedruckt bei VALENTIN BABST in Leipzig, wurde von LUTHER durch eine Vorrede

autorisiert und enthält in zwei Teilen 89 bzw. 40 Lieder. Aus dem Inhalt des 1. Teils: Kirchenjahr, Katechismus und Sakrament, Psalmlieder, freie Dichtungen, vorreformatorische Lieder, Cantica, lateinische Begräbnisgesänge.
Das heute gültige Gesangbuch der EVANGELISCHEN KIRCHE Deutschlands entstand 1950. Es enthält 394 STAMMLIEDER. In den Liedteilen der KATHOLISCHEN Gebetbücher sind 74 Einheitslieder aller deutschen Bistümer enthalten, die 1947 als verbindlich zusammengestellt wurden.
Die Gesangbücher der REFORMIERTEN KIRCHE gehen auf den GENFER PSALTER zurück. Er entstand 1538—1562 in mehreren erweiterten Auflagen. Von ihm ist auch der Kirchengesang in fast ganz Europa nachhaltig beeinflußt.

Aufgaben:

1. Wir beschreiben ein Graduale bzw. ein Gesangbuch: Welche Notationsformen finden wir vor?
   Nach welchen Gesichtspunkten sind die Gesänge angeordnet?
   Bestehen Zusammenhänge mit dem KIRCHENJAHR?
2. Aus welchen Zeiten stammen die einzelnen Gesänge? Wie unterscheiden sie sich voneinander (Text, Melodie, Rhythmus, Tongeschlecht, Kirchentonart)?

## LITURGISCHE GESÄNGE IN DER LANDESSPRACHE

*„Da bei der Messe, bei der Sakramentenspendung und in den anderen Bereichen der Liturgie nicht selten der Gebrauch der Muttersprache für das Volk sehr nützlich sein kann, soll es gestattet sein, ihr einen weiteren Raum zuzubilligen, vor allem in den Lesungen und Hinweisen und in einigen Orationen und Gesängen gemäß den Regeln . . ., in deren Rahmen die für die einzelnen Gebiete zuständigen kirchlichen Autoritäten bestimmen, ob und in welcher Weise die Muttersprache gebraucht werden darf. Die Beschlüsse bedürfen der Billigung, das heißt der Bestätigung durch den Apostolischen Stuhl."* (Zweites Vatikanisches Konzil, Konstitution über die heilige Liturgie Nr. 36; aus: RAHNER/VORGRIMLER, *Kleines Konzilskompendium.* Freiburg 1966 — Herder-Bücherei 270/73 — S. 64.)

**nicht mehr nur Latein**

Die Deutsche (Katholische) Bischofskonferenz verfaßte am 16. April 1968 folgende Erläuterungen:
*„. . . Für die Gesänge zum* INTROITUS, *zum* OFFERTORIUM *und zur* COMMUNIO *können anstelle der Texte des Meßbuches auch andere geeignete Gesangstexte verwendet werden. Geeignet sind solche Texte, die den Teilen der Messe oder dem Fest oder der liturgischen Zeit entsprechen; außerdem müssen sie den Diözesangesangbüchern oder anderen Publikationen mit kirchlichem Imprimatur oder wörtlich der Heiligen Schrift entnommen sein . . . Für die Gesänge des ‚Ordinariums' der Messe (Kyrie, Gloria, Symbolum, Sanctus und Agnus Dei) beachte man, daß die Einheitstexte der deutschen Bistümer als wörtliche Übertragungen ihren Vorrang bewahren. Das gebräuchliche Liedgut erfüllt weithin nicht die hohen Ansprüche, die an liturgische Texte und ihre musikalischen Formen zu stellen sind."*

Das gebräuchliche Kirchenliederbuch *Gotteslob* wird wie folgt kritisiert:
a) Die meisten Lieder im *Gotteslob* sind nicht für den Gebrauch bei der Feier der heiligen Messe entstanden;

b) nur wenige Lieder sind liturgienah (z. B. Übersetzungen lateinischer Hymnen und Sequenzen; nach diesen kommen die Psalmenlieder dem Geist der Liturgie noch ziemlich nahe);

c) viele Lieder sind Ausdruck subjektiver Frömmigkeit.

(Kirchliches Amtsblatt für die Diözese Osnabrück, 10. Mai 1968.)

Bis zur Einführung eines Einheitsgesangbuches ist als Übergangslösung eine Auswahl von Liedern aus dem Kirchenliederbuch *Gotteslob* empfohlen worden.

## MESSE UND GOTTESDIENST

| Katholische Kirche (MESSE): | Evangelische Kirche (SAKRAMENTSGOTTESDIENST): |
|---|---|
| Gesang zur Eröffnung (INTROITUS) | Eingangslied |
| Begrüßung, Einführung in die Meßfeier | |
| Schuldbekenntnis | |
| Bitte um Vergebung | Der Rüstteil |
| | INTROITUS (Chor oder Psalmlied, schließend „Ehre sei dem Vater . . .") |
| Herr, erbarme dich (KYRIE) | KYRIE eleison – Herr, erbarme dich |
| Ehre sei Gott in der Höhe (GLORIA) | Ehre sei Gott in der Höh . . . |
| | Lied: Allein Gott in der Höh sei Ehr |
| Tagesgebet | Begrüßung, Gebet |
| Lesung (Altes Testament oder Briefe des Neuen Testaments) – Epistel | Lesung (Epistel) |
| Zwischengesang (GRADUALE) | Halleluja |
| (Ostern u. Pfingsten: zusätzlich SEQUENZ) | |
| unter Umständen 2. Lesung (Nach der Neuordnung der Liturgie) | Hauptlied (Lied der Woche) |
| Alleluja | |
| Lesung des Evangeliums | Lesung des Evangeliums |
| | Glaubensbekenntnis (CREDO) |
| | Lied vor der Predigt |
| Predigt | Predigt |
| Glaubensbekenntnis (CREDO) | Predigtlied |
| | (Abkündigungen) |
| Fürbitten | Friedensgruß |
| *Eucharistiefeier (= Dankesfeier)* | Lied (währenddessen Einsammeln des Dankopfers) |
| Gesang während der Gabenbereitung | |
| (im klassischen Hochamt: Psalm als OFFERTORIUM) | Allgemeines Kirchengebet (Fürbittengebet) |
| Gabengebet | |
| | *Das Heilige Abendmahl* |
| Der Herr sei mit euch . . . | Der Herr seit mit euch . . . |
| Erhebet die Herzen | Die Herzen in die Höh |
| Danksagung (Präfation) | Großes Dankgebet |
| Heilig (SANCTUS-BENEDICTUS) | Heilig (SANCTUS-BENEDICTUS) |
| | Vater unser |
| Verkündigung der Worte Jesu im Abendmahlsaal über Brot und Wein (Wandlung) | Einsetzungsworte |
| | Austeilung |
| Festlicher Lobpreis (Doxologie) | zu Beginn: Christe, du Lamm Gottes (AGNUS DEI) |
| Vater unser, Friedensgruß | |
| Lamm Gottes (AGNUS DEI) | Weitere Abendmahlslieder |
| Kommuniongesang | zum Ende: Gott sei gelobet . . . |
| (im klassischen Hochamt: COMMUNIO) | |
| Danksagung | Dankgebet |
| Schlußgebet | Friedenswunsch |
| Segen und Entlassung | Segen |

## DIE MESSE

Der Abendmahlsfeier in der evangelischen Kirche entspricht die katholische Messe. Der Name entwickelte sich aus dem der römischen Amtssprache entnommenen Schlußsatz *„Ite missa est"* (Geht, die Versammlung ist entlassen). Die Ordnung der Messe (Liturgie) reicht in ihren Anfängen auf das frühe Christentum zurück. Sie ist neben der katholischen Kirche auch für die Gottesdienste anderer christlicher Bekenntnisse maßgebend geblieben.
Kyrie, Gloria, Credo, Sanctus, Benedictus und Agnus Dei sind die unveränderlichen Teile der Messe (Ordinarium Missae), während andere Teile den jeweiligen Sonn- und Festtagen des Kirchenjahres entsprechen (Proprium de tempore, Proprium de Sanctis). Ordinarium ist also das, was von Gottesdienst zu Gottesdienst gleich bleibt; Proprium ist das, was von Gottesdienst zu Gottesdienst wechselt und den Tag prägt.

## MESSE — MUSIKALISCH

Eine musikalische Messe enthält, von Ausnahmen abgesehen, die im Kirchenjahr gleichbleibenden Teile der Meßliturgie (Ordinarium Missae).
Die wechselnden Bibeltexte der jeweiligen Festtage (Psalmen, Epistel und Evangelien) wurden als Motetten bzw. im Zusammenwirken mit Instrumenten als Geistliche Konzerte und Kantatensätze vertont.

Aufgabe:

Wir unterscheiden Messe als liturgischen und musikalischen Begriff.

Vorhaben:

In Zusammenarbeit mit dem Religionslehrer versuchen wir zu klären, welche Funktion die musikalischen Teile der Messe im Ablauf der Liturgie haben.

## DER TEXT DER MESSE

Ordinarium

| | |
|---|---|
| Kyrie | |
| *Kyrie eleison. Christe eleison. Kyrie eleison.* | Herr, erbarme dich! Christe, erbarme dich! Herr, erbarme dich! |
| Gloria | |
| *Gloria in excelsis Deo, et in terra pax hominibus bonae voluntatis.* | Ehre sei Gott in der Höhe und auf Erden Fried, den Menschen ein Wohlgefallen. |
| *Laudamus te, benedicimus te, adoramus te, glorificamus te.* | Wir loben dich, wir beten dich an, wir preisen dich. |
| *Gratias agimus tibi propter magnam gloriam tuam, Domine Deus, Rex coelestis, Pater omnipotens, Domine Filii unigenite, Jesu Christe.* | Wir sagen dir Dank um deiner großen Ehre willen. Herr Gott, himmlischer König, Gott, allmächtiger Vater. Herr, eingeborener Sohn, Jesu Christe, du Allerhöchster. |
| *Domine Deus, Agnus Dei, Filius Patris, qui tollis peccata mundi, miserere nobis. Suscipe deprecationem nostram, qui sedes ad dexteram Patris, miserere nobis.* | Herr Gott, Lamm Gottes, ein Sohn des Vaters, der du hinnimmst die Sünd der Welt: erbarm dich unser. Nimm an unser Gebet, der du sitzest zu der Rechten des Vaters: erbarm dich unser. |

*Quoniam tu solus sanctus, tu solus Dominus, tu solus Altissimus, Jesu Christe, cum sancto Spiritu in gloria Dei Patris. Amen.*

Denn du bist allein heilig, du bist allein der Herr, du bist allein der Höchste, Jesu Christe, mit dem Heilgen Geist in der Herrlichkeit Gott des Vaters. Amen.

(Straßburg 1525, EKG 503.)

### Credo

*Credo in unum Deum, Patrem omnipotentem, factorem coeli et terrae, visibilium omnium et invisibilium.*

Ich glaube an den Einen Gott, den Vater, den Allmächtigen, Schöpfer Himmels und der Erden, all des, das sichtbar und unsichtbar ist.

*Et in unum Dominum, Jesum Christum, Filium Dei unigenitum, et ex Patre natum ante omnia saecula, Deum de Deo, lumen de lumine, Deum verum de Deo vero, genitum, non factum, consubstantialem Patri, per quem omnia facta sunt.*

Und an den Einen Herrn Jesum Christum, Gottes einigen Sohn, der vom Vater geboren ist vor der ganzen Welt, Gott von Gott, Licht vom Licht, wahrhaftigen Gott vom wahrhaftigen Gotte, geboren, nicht geschaffen, mit dem Vater in einerlei Wesen, durch welchen alles geschaffen ist.

*Qui propter nos homines et propter nostram salutem descendit de coelis. Et incarnatus est de Spiritu Sancto ex Maria Virgine, et homo factus est.*

Welcher um uns Menschen und um unser Seligkeit willen vom Himmel kommen ist, und leibhaftig worden durch den Heiligen Geist von der Jungfrau Maria, und Mensch worden.

*Crucifixus etiam pro nobis sub Pontio Pilato, passus et sepultus est. Et resurrexit tertia die secundum Scripturas.*

Auch für uns gekreuzigt unter Pontio Pilato, gelitten und begraben, und am dritten Tage auferstanden nach der Schrift.

*Et ascendit in coelum, sedet ad dexteram Patris, et iterum venturus est cum gloria judicare vivos et mortuos, cujus regni non erit finis.*

Und ist aufgefahren gen Himmel, und sitzet zur Rechten des Vaters, und wird wiederkommen mit Herrlichkeit, zu richten die Lebendigen und die Toten, des Reich kein Ende haben wird.

*Et in Spiritum Sanctum, Dominum et vivificantem, qui ex Patre Filioque procedit, qui cum Patre et Filio simul adoratur et conglorificatur, qui locutus est per Prophetas.*

Und an den Herrn, den Heiligen Geist, der da lebendig macht, der von dem Vater und dem Sohne ausgehet, der mit dem Vater und dem Sohne zugleich angebetet und zugleich geehrt wird, der durch die Propheten geredet hat.

*Et unam sanctam catholicam et apostolicam Ecclesiam.*

Und die Eine, heilige, christliche, apostolische Kirche.

*Confiteor unum baptisma in remissionem peccatorum, et expecto resurrectionem mortuorum et vitam venturi saeculi. Amen.*

Ich bekenne die Eine Taufe zur Vergebung der Sünden, und warte auf die Auferstehung der Toten, und das Leben der zukünftigen Welt. Amen.

(Das Nicäische Glaubensbekenntnis.)

### Sanctus

*Sanctus, sanctus, sanctus Dominus Deus Sabaoth.*
*Pleni sunt coeli et terra gloria tua.*
*Hosanna in excelsis.*

Heilig, heilig, heilig ist Gott, der Herr Zebaoth.
Alle Lande sind seiner Ehre voll.
Hosianna in der Höhe.

### Benedictus

*Benedictus qui venit in nomine Domini. Hosanna in excelsis.*

Gelobet sei, der da kommt im Namen des Herren. Hosianna in der Höhe.

(Evangelische Sanctus-Übersetzung, Neuenrade 1564.)

### Agnus Dei

*Agnus Dei, qui tollis peccata mundi: miserere nobis.*
*Agnus Dei, qui tollis peccata mundi: dona nobis pacem.*

Christe, du Lamm Gottes, der du trägst die Sünd' der Welt, erbarm dich unser.
Christe, du Lamm Gottes, der du trägst die Sünd' der Welt, gib uns deinen Frieden. Amen.

(Martin Luther 1528.)

Vorhaben:

Wir hören und vergleichen an ausgewählten Textstellen verschiedene Meßkompositionen. Durch welche musikalischen Mittel versucht der Komponist dem Text zu entsprechen (TONSYMBOLIK)?
Wie gleicht er die unterschiedlichen Textlängen der einzelnen Teile musikalisch aus? Was sagen in diesem Zusammenhang die Begriffe SYLLABISCH und MELISMATISCH? Wo treffen wir HOMOPHONE und POLYPHONE Stellen an?

Hinweis:

Die Vertonung einer MESSE stellt den Komponisten vor die Aufgabe, MUSIKALISCHE GROSSFORMEN zu entwickeln.

Bis etwa 1600:
a) Als bindendes und zusammenhangstiftendes Element bot sich ein CANTUS FIRMUS an. Er wurde den gregorianischen Meßgesängen, anderen liturgischen Chorälen, auch weltlichen Liedern entnommen und in langen Noten der Hauptstimme, dem Tenor, zugrundegelegt. Sein starrer Charakter konnte durch Angleichung an die übrigen Stimmen aufgelöst werden.
b) Ein gemeinsames KOPFMOTIV, das immer wieder neu durchgeführt wird, verbindet die einzelnen Sätze und Teile miteinander.
c) Eine mehrstimmige, bereits vorhandene geistliche oder weltliche Komposition wird verarbeitet (PARODIE-MESSE).
d) Freie Themen und Motive werden im imitierenden Satzstil durchgeführt, so daß die einzelnen Abschnitte in sich einheitlich sind.

Nach etwa 1600:

Der Orchesterklang wird zum wesentlichen Gestaltungsfaktor. Der SINFONISCHE STIL stiftet Zusammenhänge und ermöglicht Kontraste entsprechend der Aussage des Textes. Chor und Solisten werden als unterschiedliche Klangwerte eingesetzt.
Beispiele: BACH, MOZART, BEETHOVEN, BRUCKNER (einheitliches Kopfmotiv in der *f-moll-Messe*), STRAWINSKY; vgl. auch JANÁČEK, *Slawische (Glagolithische) Messe.*
PALESTRINA gilt als der Retter der Kirchenmusik. Legende und Wirklichkeit verbinden sich:
Der Jesuit CRESOLLIUS berichtet 1629 von einer mündlichen Überlieferung, derzufolge Papst PIUS IV *„beim* TRIDENTINER KONZIL *Antrag auf Beseitigung der mehrstimmigen* KIRCHENMUSIK *stellen wollte und schon mit einigen Kardinälen und anderen hohen geistlichen Würdenträgern darüber gesprochen hätte. Palestrina überzeugte jedoch durch die Komposition einiger Messen den Papst davon, daß es möglich sei, trotz kunstreicher Struktur so zu komponieren, daß der Text klar verständlich bliebe und die Musik dennoch würdig und andachtsvoll wirke."* Textverständlichkeit
Die *Missa Papae Marcelli* nimmt in diesem Zusammenhang eine legendäre Stellung ein. Man vermutet, daß das Werk 1562/63 tatsächlich in Verbindung mit dem Tridentiner Reformkonzil entstanden ist. Der Name verweist auf Papst MARCELLUS II., der 1555 mit großen Hoffnungen gewählt wurde, aber bereits nach 22 Tagen seines Pontifikats starb.
Die Messe ist 1567 im Zweiten Buch der Messen gedruckt worden. Dieser Sammelband ist König PHILIPP VON SPANIEN gewidmet gewesen, um dessen Gunst und Einfluß sich der Komponist bewarb. (Nach: KNUD JEPPESEN, *Palestrina. Die Musik in Geschichte und Gegenwart,* MGG X, Sp. 684.)

Tatsächlich wurde die *Missa Papae Marcelli* PALESTRINAS bekanntestes Werk. HANS PFITZNER schrieb 1917 die Oper *Palestrina*. Im 1. Akt wird der Komponist PALESTRINA durch Engelstimmen zu seiner Messe inspiriert. Sie singen Teile des Kyrie und des Gloria.
THOMAS MANN gibt in den *Betrachtungen eines Unpolitischen* (1918) eine Interpretation dieser Szene.

## REQUIEM

Das REQUIEM ist eine TOTENMESSE. Ihre Texte sind der Liturgie zum Tage Allerseelen (2. November) entnommen. Allgemein umfaßt ihre Vertonung folgende Teile: INTROITUS *Requiem aeternam dona eis Domine ...* (Ewige Ruhe gib ihnen, Herr) — KYRIE — SEQUENZ *Dies irae* (Tag des Zornes) — OFFERTORIUM *Domine Jesu Christe, Rex gloriae* (Herr Jesu Christ, König der Ehren) — SANCTUS — BENEDICTUS — AGNUS DEI — Communio *Lux aeterna luceat eis* (Das ewige Licht leuchte ihnen). MOZART, BERLIOZ, CHERUBINI, DVOŘÁK, VERDI und BRITTEN haben das *Dies irae* besonders dramatisch vertont. Die Schrecken des Jüngsten Gerichts werden musikalisch dargestellt.

Hinweis:

Freie, liturgisch nicht gebundene Kompositionen im Charakter eines REQUIEMS sind:
SCHÜTZ, *Musikalische Exequien* (Bibeltexte, Kirchenlied-Strophen, ein Predigttext)
BRAHMS, *Ein Deutsches Requiem* (Texte des Alten und Neuen Testaments)
RAVEL, *Le Tombeau de Couperin* (im Gedächtnis an Freunde, die im 1. Weltkrieg gefallen sind)
BERG, *Violinkonzert* (auf den Tod der MANON GROPIUS)
HONEGGER, *Symphonie Liturgique*, mit den Sätzen *Dies irae*, *De profundis* (Psalm 130) und *Dona nobis pacem* (Verleih uns Frieden)
BRITTEN, *Sinfonia da Requiem* (ein Orchesterwerk, das sich auf die Totenmesse bezieht)

## AUS EINEM PSALM WIRD EIN LIED

Der 45. (46.) Psalm heißt in Übersetzung:

*Gott ist unsre Zuversicht und Stärke*
*Eine Hilfe in den großen Nöten, die uns getroffen haben.*
*Darum fürchten wir uns nicht, wenngleich die Welt unterginge*
*und die Berge mitten ins Meer sänken ...*

Für den liturgischen Psalmgesang (PSALMODIE) gibt es insgesamt acht verschiedene PSALMTÖNE, den KIRCHENTONARTEN entsprechend, die jeweils nach einer festgefügten Ordnung ausgewählt werden. Der 8. Psalmton ist aus dem oberen Notenbeispiel auf S. 108 ersichtlich.

Luther hat aus dem Psalmtext das Lied *Ein feste Burg ist unser Gott* geschaffen. Der Anfang der Melodie verweist auf den 8. Psalmton. (Siehe das untere Notenbeispiel.)

Die bekanntesten Bearbeitungen dieses Liedes sind: Bach, Kantate *Ein feste Burg;* Reger, *100. Psalm.*

Aufgaben:

1. Wir vergleichen Luthers Liedtext mit dem Original, die Melodie mit dem 8. Psalmton.
2. Inwiefern konnte das Lied in der Reformationszeit als Kampflied dienen? (Engels hat das Lied als *„Marseillaise der Reformation"* bezeichnet.)
3. Wir analysieren die Luther-Melodie und vergleichen sie mit der heute üblichen zurechtgesungenen Fassung im Evangelischen Kirchengesangbuch.

Psalmodie im 8. Psalmton

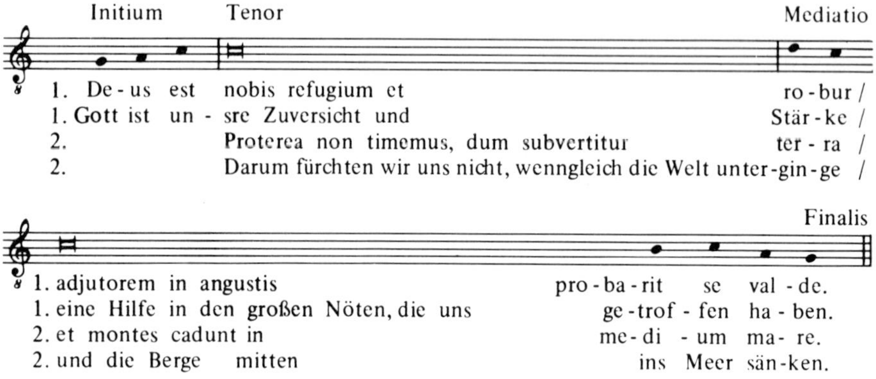


Luthers Choral

„EIN FESTE BURG . . ."

Der Silvestergottesdienst der Kaiser-Wilhelm-Gedächtnis-Kirche in Berlin wurde 1967 durch Demonstranten gestört. Es ging so turbulent zu, daß der Pfarrer die

Polizei holen ließ. *„Beim Erscheinen der Polizei brach die Gruppe um Teufel erneut in einen brüllenden Sprechchor aus: Bullen raus! Es detonierten drei Knallkörper in der Kirche, und einer aus der Gruppe entrollte, auf einem Kirchenstuhl stehend, eine rote Fahne und schwenkte sie.*

*Gleichfalls während dieser Zeit versuchten ständig junge Leute, sei es, auf die Kanzel vorzudringen, woran sie aber von einem Kirchendiener und von Gottesdienstbesuchern ohne Gewalt gehindert wurden, sei es von unten her eine Diskussion mit mir und meinen englischen Amtsbrüdern zu beginnen. Sie brüllten irgendwelche Fragen und forderten Antwort und hörten nicht auf, mich mit Vorwürfen übelster Art zu überschütten.*

Demonstration

*Mitten in den Lärm hinein stimmte dann der Organist mit mächtigen Registern den Choral an: Ein feste Burg ist unser Gott — in den die Gemeinde sofort stehend und auswendig singend einfiel. Inzwischen hatten die Polizeibeamten einige der auffallendsten Störenfriede ergriffen und einzeln aus der Kirche herausgeführt. Andere gingen von selbst oder wurden von Kirchenbesuchern herausgedrängt. Im ganzen wurde die Gruppe sofort ruhiger und begann sich aufzulösen, da sie erkennen mußte, daß sie akustisch gegen den Gemeindegesang und die Orgel nicht mehr ankam und auch keinerlei Sympathie bei der ihnen geschlossen gegenüberstehenden Gemeinde fand.*

*Nachdem alle Strophen des Chorals zu Ende gesungen waren, sagte ich der Gemeinde und dem Organisten ein zweites Lied an, den Choral: Lobt Gott getrost mit Singen — von dem wir wiederum alle Verse sangen. Gegen Schluß des Gemeindegesanges war die Ruhe einigermaßen wiederhergestellt, und der Gottesdienst konnte—es war gegen 23.45 Uhr—seinen Fortgang nehmen…"*

(Aus einem Bericht des amtierenden Pfarrers der Gemeinde.)

## DIE PSALMODIE

Die Psalmodie kennt grundsätzlich zwei Möglichkeiten, Psalmtexte musikalisch vorzutragen:

a) als Sologesang eines Kantors (mit und ohne Antwort der Gemeinde),

b) als Chor- oder Gemeindegesang im Wechsel zweier Gruppen.

Die erste Art heißt RESPONSORIAL, die zweite ANTIPHONAL.

Ein Solist (der Kantor) kann kunstvoller singen als ein Chor oder die Gemeinde. Die responsoriale Psalmodie weist daher in der Melodie sehr viele Auszierungen und Koloraturen (Melismen) auf; die antiphonale Psalmodie dagegen ist sehr viel einfacher und schlichter, und in der Regel erklingt auf einer Silbe nur ein Ton.

Die PARODIE eines Psalmgesanges findet sich im 2. Teil der *Carmina burana* von CARL ORFF.

Aufgaben:

1. Wir suchen nach heutigen Beispielen für RESPONSORIALE und ANTIPHONALE Singweise. Wo antwortet die Gemeinde einem Einzelsänger? Wo singen zwei Chöre gegeneinander? Gibt es ähnliche Erscheinungen auch außerhalb der Kirche?
2. Was bedeuten die oben angeführten Fachausdrücke ihrem Wortsinn nach? Aus welchen Sprachen stammen sie? Wir schlagen im Wörterbuch nach.
3. Welche Lieder in unserem GESANGBUCH haben Psalmtexte zum Vorbild?

Vorhaben:

1. Wir analysieren das Modell eines Psalmtons. Was bedeuten die Begriffe *Initio, Mediatio, Tenor, Conclusio?* (Vgl. Notenbeispiel S. 108.)
2. Anhand einer Schallplattenaufnahme und aus unserem Erfahrungsbereich beschreiben wir die besondere Tongebung und Singart der Psalmodie.
3. Wir versuchen, einen Psalmton mit dem GLORIAVERS zu unterlegen: *Gloria Patri et Filio et Spiritui Sancto / sicut erat in principio et nunc et semper per omnia saecula saeculorum. Amen.* (Ehre sei dem Vater und dem Sohne und dem Heiligen Geiste / wie es war im Anfang, jetzt und immerdar und von Ewigkeit zu Ewigkeit. Amen.)

## KIRCHENTONARTEN

Schon sehr früh hat man versucht, theoretische Systeme zu finden, die die zahlreichen Melodien der christlichen Kirche ordnen und deuten konnten. Die Musiktheoretiker des Mittelalters lehnten sich dabei an die Theorien der griechischen Musik an.

Im späteren Mittelalter bestand das vollständige System aus acht Tonleiteranordnungen, die mit den alten griechischen Namen bezeichnet wurden. Jeweils zwei sind durch den gleichen Zielton (die FINALIS) verwandt. Finalis ist der Ton, auf dem eine gregorianische Melodie endet. „hypo" (griechisch) bedeutet „unter".

| | | |
|---|---|---|
| 1. dorisch | d – e – f – g – a – h – c – d | Finalis *d* |
| 2. hypodorisch | a – h – c – d – e – f – g – a | |
| 3. phrygisch | e – f – g – a – h – c – d – e | Finalis *e* |
| 4. hypophrygisch | h – c – d – e – f – g – a – h | |
| 5. lydisch | f – g – a – h – c – d – e – f | Finalis *f* |
| 6. hypolydisch | c – d – e – f – g – a – h – c | |
| 7. mixolydisch | g – a – h – c – d – e – f – g | Finalis *g* |
| 8. hypomixolydisch | d – e – f – g – a – h – c – d | |

Keine dieser Kirchentonarten entspricht ganz unseren heutigen Dur- und Molltonleitern.

Erst 1547 fügte der Schweizer Musiktheoretiker HEINRICH GLAREAN dem System vier weitere Tonarten hinzu, von denen ionisch bzw. aeolisch ungefähr unserem DUR bzw. MOLL entspricht:

| | | |
|---|---|---|
| 9. aeolisch | a – h – c – d – e – f – g – a | Finalis *a* |
| 10. hypoaeolisch | e – f – g – a – h – c – d – e | |
| 11. ionisch | c – d – e – f – g – a – h – c | Finalis *c* |
| 12. hypoionisch | g – a – h – c – d – e – f – g | |

DUR und MOLL werden als TONGESCHLECHTER bezeichnet. Unter TONARTEN versteht man heute abweichend von der mittelalterlichen Musiktheorie die TRANSPOSITION (Versetzung) der beiden Tongeschlechter DUR und MOLL auf einen anderen Grundton als *c* bzw. *a*.

Aufgaben:

1. Wo liegen in den einzelnen Kirchentonarten die Ganz- und Halbtonschritte?
2. Wir untersuchen ein GRADUALE oder ein GESANGBUCH nach Kirchentonarten.
3. Gibt es auch im SCHULLIEDERBUCH Lieder in Kirchentonarten?

Hinweis:

Die Tonleitern mit den geraden Zahlen stehen zu den ungeradzahligen in einem gewissen Abhängigkeitsverhältnis. Die Musiktheoretiker bezeichneten daher die ungeradzahligen Tonarten als AUTHENTISCH, die geradzahligen als PLAGAL. Je eine authentische und eine plagale Tonart gehören zusammen, sie unterscheiden sich nach Ambitus und Repercussionston. Melodien, die in zusammengehörigen Tonarten stehen, haben die gleiche FINALIS, den gleichen Schlußton. So unterscheiden sich z. B. dorisch und hypomixolydisch zwar nicht in ihrem Umfang, wohl aber in ihrer Finalis: diese ist für dorisch *d* und für hypomixolydisch *g*.

Literatur:

L. U. ABRAHAM, *Einführung in die Notenschrift.* Köln 1969.
H. GRABNER, *Allgemeine Musiklehre.* Kassel $^{10}$/1970.

## EIN OUTSIDER UNTER DEN PSALMTÖNEN

Aus vermutlich sehr alter Zeit hat sich der sogenannte 9. Psalmton in der Liturgie gehalten. In der evangelischen Kirche wurde er gern für das MAGNIFICAT (Lobgesang der Maria, Lukas I, 46—55) verwendet.

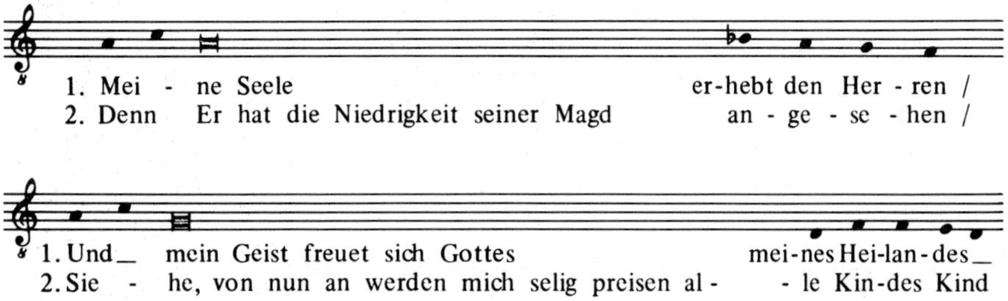


Aufgabe:

Inwiefern weicht dieses Modell von dem des 8. Psalmtons (s. S. 108) ab?

Vorhaben:

BACH hat den 9. Psalmton in seinem *Magnificat (Suscepit Israel)* als CANTUS FIRMUS zitiert, MOZART verwendet ihn thematisch im Einleitungschor seines *Requiems.*
Wir untersuchen mit Hilfe von Schallplatte und, soweit vorhanden, Notentext die Technik der musikalischen Bearbeitung.

Musik kann man aufschreiben, notieren. Die Art der NOTATION richtet sich jeweils nach den Eigenschaften der Musik. Die abendländische Musik hat sich in ihrer Entwicklung mehrfach gewandelt, und mit ihr auch die Notation.

Deutsche Neumen ohne Linien (12. Jahrhundert)

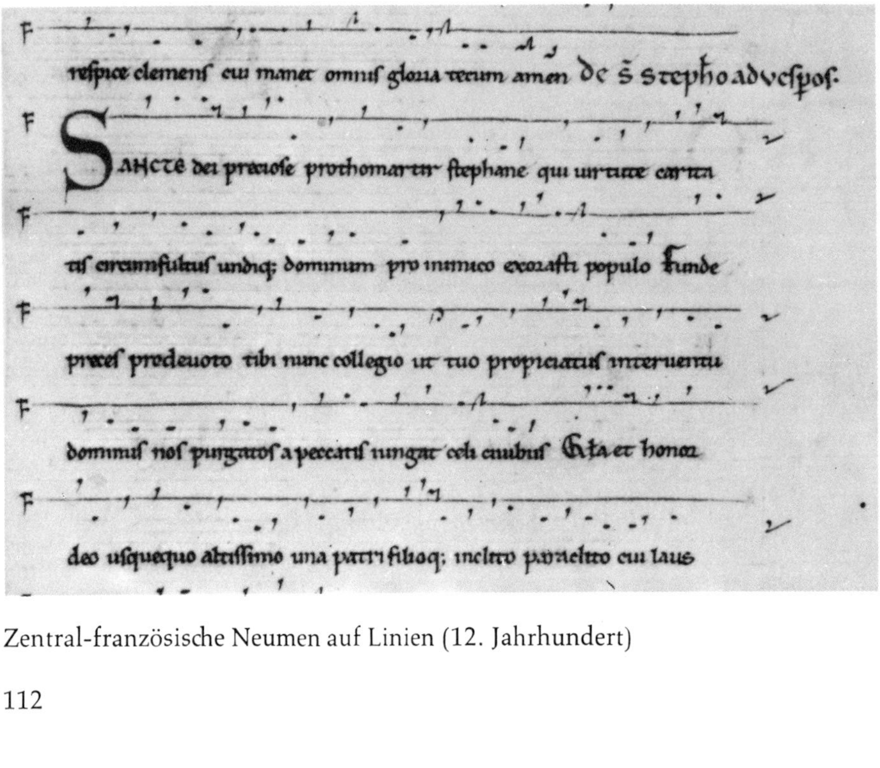

Zentral-französische Neumen auf Linien (12. Jahrhundert)

Aufgaben:

1. Vergleiche die Abbildungen.
2. Welche Elemente der dort aufgezeichneten Notationen finden sich in der herkömmlichen Notenschrift wieder?

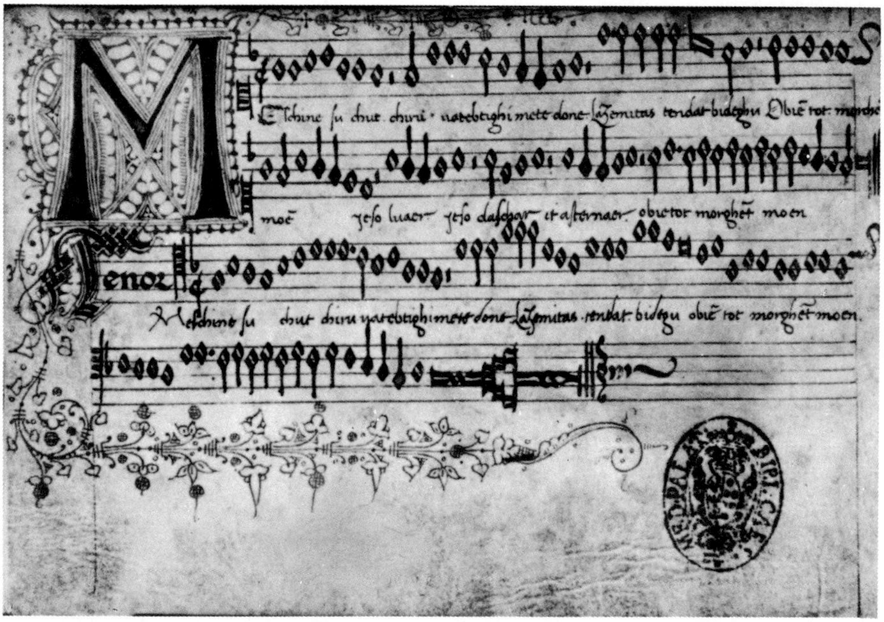

Mensuralnotation (um 1500)

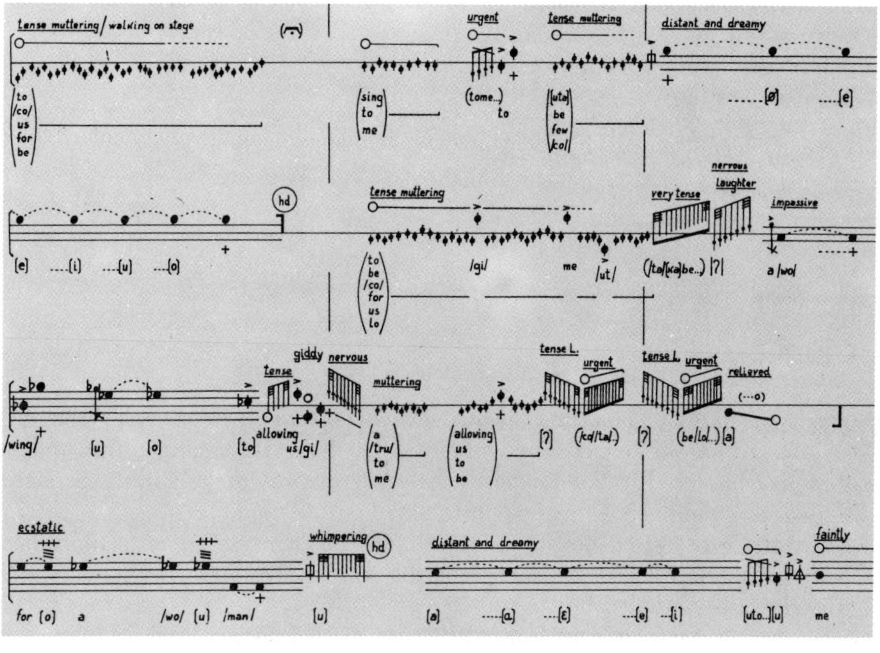


Gesangsnotation (Berio, 1966)

## HYMNUS

Der heilige AUGUSTINUS schildert in Buch 9, Kapitel 7 seiner *Bekenntnisse*, wie der HYMNUS in die abendländische Kirche eingeführt worden ist. *„Wie weint ich unter deinen* HYMNEN *und* GESÄNGEN, *gar tief bewegt vom süßen Klang der Stimmen deiner Kirche ... Vor nicht langer Zeit erst hatte die Kirche von Mailand begonnen, auf diese tröstende und erbauliche Weise den Gottesdienst zu feiern, daß im heiligen Eifer zusammenklingend Stimmen sich und Herzen aller Brüder einten ... Es war (zu der Zeit, als) Justina, die Mutter des jungen Kaisers Valentinian, der Ketzerei zuliebe, mit der die Arianer sie umstrickten, deinen heiligen Knecht* AMBROSIUS *verfolgte. Damals wachte das fromme Volk die Nacht hindurch in deiner Kirche, bereit, mit seinem Bischof, deinem Knecht, zu sterben. Und in Angst und Wachen war damals meine Mutter, deine Magd, der ersten eine, und sie lebte im Gebet. Und wir auch, die wir damals kalt noch nicht von deines Geistes Hitze glühten, wir waren doch ergriffen mit der ganzen Stadt vor Schreck und von Verwirrung. Damals ward angeordnet, daß die* HYMNEN *und die* PSALMEN *nach der Weise des Orients gesungen werden sollten, damit das Volk vor Überdruß der Trauer nicht ermatte. Und dieser Brauch hat sich bis auf den heutigen Tag erhalten ...“* (Aus der Übersetzung von HERMANN HEFELE, Stuttgart und Hamburg o. J., S. 208 f.)

Notzeiten

Der Hymnus ist in Syrien beheimatet. Im 4. Jahrhundert von AMBROSIUS in die abendländische Kirche übernommen, galt er bald als besonders volkstümlich. Das ist zurückzuführen auf den durch Vers und Strophe gegliederten Text und eine verhältnismäßig einfache, eingängliche Melodik. Die Texte sind nicht der Schrift oder den Meßtexten entnommen (wie z. B. bei der Psalmodie oder den Gradualgesängen), vielmehr handelt es sich um freie geistliche Lyrik.

Aus dem Gesang der römischen Kirche sind zur Zeit LUTHERS sieben Hymnen als STAMMLIEDER in das Liedgut der EVANGELISCHEN KIRCHE eingegangen:

*Nun komm, der Heiden Heiland ...*
*Christum wir sollen loben schon ...*
*Komm Gott Schöpfer, heiliger Geist ...*
*Mein Zung erkling ...*
*Herr Gott, dich loben wir ...*
*Christe, der du bist Tag und Licht ...*
*Der du bist drei in Einigkeit ...*

## SEQUENZ

Liturgische Alleluja-Gesänge zeichnen sich durch lange MELISMEN (Verzierungen) aus. In karolingischer Zeit wurden sie zu SEQUENZEN umgeformt, indem die Melismen Note für Note textiert wurden. Bald entwickelte sich die Sequenz zu einer selbständigen Form und löste sich vom Alleluja.

Das TRIDENTINER REFORMKONZIL (1545—63) hat aus der reichen mittelalterlichen Überlieferung nur fünf Sequenzen für die großen Festtage im KIRCHENJAHR bestehen lassen.

Karfreitag: *Stabat mater dolorosa* (Es stand die Schmerzensreiche Mutter am Kreuz)

Ostern: *Victimae paschali laudes* (Christ lag in Todesbanden)
Pfingsten: *Veni sancte spiritus* (Komm, heiliger Geist)
Fronleichnam: *Lauda Sion salvatorem* (Zion, lob den Heiland)
Allerseelen: *Dies irae* (Tag des Zornes; Sequenz des REQUIEM)
Die Sequenz *Dies irae* ist von BERLIOZ in der *Symphonie phantastique* und von LISZT im *Totentanz (Danse macabre)* verarbeitet worden. HINDEMITH hat die Sequenz *Lauda Sion* in der Oper *Mathis der Maler* aufgegriffen. Das *Stabat mater* wurde u. a. von PERGOLESI, ROSSINI und PENDERECKI vertont.
(Als musikalischer Terminus bezeichnet Sequenz eine Tonfolge, die auf verschiedenen Stufen wiederholt wird.)

## EIN VOLKSLIED IN DER KIRCHE

LUTHERS Kirchenlied *Vom Himmel hoch, da komm ich her* ist die Umdichtung (KONTRAFAKTUR) eines weltlichen Liedes:

2. *Die fremden Land die sind so weit,*
   *darin wächst uns gut Sommerzeit,*
   *darin da wachsen Blümlein rot und weiß.*
   *Die brechen die Jungfrauen mit ganzem Fleiß.*
3. *Und machen daraus einen Kranz*
   *und tragen ihn an den Abendtanz,*
   *und lond (= lassen) die Gesellen darum singen,*
   *bis einer das Kränzlein tut gewinnen.*

(Aus: ERK-BÖHME, *Deutscher Liederhort.* Leipzig 1925, Bd. 3, S. 2.)

(MARTIN LUTHER 1539, aus: EKG Nr. 16.)

KONTRAFAKTUR bedeutet die Umwandlung eines geistlichen in einen weltlichen Text und umgekehrt.
LUTHER hatte für seinen neuen Text die weltliche Melodie zunächst beibehalten, bis er einige Jahre später (1539) seine eigene, heute allgemein bekannte Melodie veröffentlichte.

Aufgaben:

1. Wir vergleichen Text und Melodie der beiden Lieder.
2. Wir versuchen zu begründen, warum LUTHER nachträglich eine neue Melodie geschaffen hat (Melodieumfang, Häufigkeit des Grundtons, Tonsymbolik).
3. Welche Vorzüge kann eine Kontrafaktur haben?

Hinweis:

Eine andere Kontrafaktur: Zu der Melodie des seinerzeit sehr bekannten Liebesliedes *Mein G'müt ist mir verwirret* (H. L. HASSLER, Nürnberg 1601) entstanden mehrere geistliche Umdichtungen:

*Herzlich tut mich verlangen nach einem sel'gen End*
(Görlitzer Schulgesangbuch 1613, 3. Auflage)
*O Haupt voll Blut und Wunden*
(PAUL GERHARDT, 1656)
*Ich bin ein Gast auf Erden*
(PAUL GERHARDT, 1666)
Die norddeutsche Ausgabe des Evangelischen Kirchengesangbuches weist der Melodie als weiteren Text zu: *Ich hab mich Gott ergeben.*

Das Wort CHORAL begegnet uns in verschiedenen Bedeutungen:

Choral

1. Gregorianischer Choral (lateinischer Text)
2. Evangelisches Kirchenlied
3. Mehrstimmiger Satz eines Chorals (vokal oder auf Instrumenten)

Die EVANGELISCHEN KIRCHENLIEDER sind zum Teil Neuschöpfungen, zum Teil gehen sie auf geistliche Gesänge aus der Zeit vor der Reformation, manchmal auch auf weltliche Lieder zurück (siehe KONTRAFAKTUR). Sie bilden einen Teil der Liturgie, ähnlich wie der GREGORIANISCHE CHORAL in der katholischen Kirche. Das Kirchenlied kann außerdem Melodie eines schlichten vier- oder fünfstimmigen Satzes sein (CANTIONALSATZ). Choralmelodien dienen darüber hinaus als CANTUS FIRMUS für kontrapunktische Bearbeitungen (vokal: Choralmotetten; instrumental: Orgelchoräle, Choralvorspiele, Choralpartiten u. ä.).

Vgl. LIEDERMAGAZIN. Siehe auch VOLKSLIEDER S. 49 und CHORALBEARBEITUNG S. 128.

## SCHLAGER IN DER KIRCHE

Zur Diskussion: *„Die Kirchenmusik ist isoliert? — Wer gegen die Isolation angehen will, fragt, welche Musik denn heute noch gehört wird. Dabei kommt man notwendigerweise auf den Schlager. Soll man also Kirchenmusik im Stil des Schlagers machen, sozusagen den Schlager taufen und ihn als eine Form der geistlichen Musik einführen? Es gibt Menschen, die auf diese Frage ein eindeutiges Ja antworten."*
(Aus: R. HAGEN, *Jazz in der Kirche?* Stuttgart 1967, S. 12.)

Vgl. LIEDERMAGAZIN.

## BEISPIEL EINER MOTETTE

J. S. BACHS Motette *Jesu, meine Freude* ist zyklisch aufgebaut: Einzelne Verse des bekannten Kirchenlieds wechseln ab mit Textstellen aus dem Römerbrief, und die Mittel der musikalischen Gestaltung entsprechen sich bogenförmig:

Formablauf

1. *Jesu, meine Freude* (1. Vers, schlichter Choral)
2. *Es ist nun nichts Verdammliches* (freie Form; Tonsymbolik für die Wörter ‚nichts' und ‚wandeln')
3. *Unter deinen Schirmen* (2. Vers, ruhige Achtel-Begleitung)
4. *Denn das Gesetz des Geistes* (Terzett, Frauenstimmen)
5. *Trotz dem alten Drachen* (3. Vers, dramatische Variation)
6. *Ihr aber seid nicht fleischlich* (Doppelfuge mit Coda)
7. *Weg mit allen Schätzen* (4. Vers, dramatische Variation)
8. *So aber Christus in euch ist* (Terzett, Männerstimmen und Alt)
9. *Gute Nacht, o Wesen* (5. Vers, Cantus firmus im Alt)
10. *So nun der Geist* (freie Form, Variante zu Nr. 2)
11. *Weicht, ihr Trauergeister* (6. Vers, schlichter Choral)

Vorhaben:

Wir untersuchen diese oder eine andere Motette (Entsprechung von Text und Musik, Cantus-firmus-Technik, Tonsymbolik, formaler Aufbau, polyphone und homophone Satzweise).

Hinweis:

Der Name Motette wird auf das französische „le mot" (= Wort) zurückgeführt. Diese mehrstimmige Gattung der Vokalmusik ist sehr vielseitig. Sie besteht seit dem 13. Jahrhundert und hat verschiedene Stilwandlungen durchgemacht. Der Motette können Bibeltexte, freie geistliche Dichtungen und Lieder zugrunde liegen.

## BAROCKZEIT UND REZITATIV

In der BAROCKMUSIK dient das Rezitativ u. a. dazu, größere Zusammenhänge zu schaffen. Es enthält den erzählenden Text, der die Handlung weitertreibt, vorgetragen von einer Gesangsstimme mit GENERALBASSbegleitung. Die Mittel weltlicher und geistlicher Musik unterscheiden sich grundsätzlich nicht.

Rezitativ + Arie (+ Chor)
- Oper
- Geistliches Konzert
- Kantate
- Passion
- Oratorium

**Ottobeuren,**
Basilika

Aufgaben:

1. Wir hören Beispiele zu den oben angeführten Gattungen.
2. Welche Bedeutung haben Rezitativ, Arie und Chor (Text, Aussage, formale Stellung, Wirkung)?
3. Warum gibt es in einer Messe kein Rezitativ?
4. Wie stehen wir zu der Frage, ob Musik in der Kirche sich von weltlicher Musik unterscheiden sollte?

KANTATE

JOHANN SEBASTIAN BACH hatte als Thomaskantor zu Leipzig jeden Sonntag eine KANTATE neu aufzuführen. Insgesamt sind uns von ihm über 200 Kantaten erhalten. Kantaten waren in der Barockzeit nicht nur für kirchliche, sondern auch für weltliche Anlässe geschrieben worden. Seine WELTLICHEN KANTATEN nannte BACH gelegentlich DRAMMA PER MUSICA. Sie entstanden aus Anlässen wie zur Ratswahl, zum Geburtstag des Fürsten oder einer ähnlichen Gelegenheit.
Mitunter finden wir aus diesen weltlichen Kantaten einzelne Sätze in KIRCHENKANTATEN wieder, und zwar mit einem neu unterlegten religiösen Text. — Diese Art der Bearbeitung nennt man PARODIE.
Parodiert wurde in der Barockzeit immer nur in Richtung weltlich-geistlich, niemals umgekehrt.
Beispielsweise gehörte der Einleitungschor zu BACHS *Weihnachtsoratorium* ursprünglich an den Anfang einer Glückwunschkantate zum Geburtstag der Königin und Kurfürstin Maria Josepha von Polen und Sachsen. Der Text lautete:

Pauken und Trompeten

*Tönet ihr Pauken! Erschallet Trompeten!*
*Klingende Saiten erfüllet die Luft!*
*Singet itzt Lieder ihr muntren Poeten!*
*Königin lebe! wird fröhlich geruft.*
*Königin lebe! dies wünschet der Sachse.*
*Königin lebe und blühe und wachse.*

Ottobeuren, Kaisersaal

Aufgaben:

1. Aus welchen Gründen hat BACH weltliche Kantaten zu Kirchenkantaten umgearbeitet (parodiert)?
2. Warum waren im Barock Parodien nur in Richtung weltlich-geistlich üblich, nicht aber umgekehrt?
3. Wir hören den Einleitungschor zum *Weihnachtsoratorium* und vergleichen Text und Musik.

## ORATORIUM

In größeren Städten weisen Litfaß-Säulen häufig auf Oratorienaufführungen hin. Es erscheinen Titel wie:
GEORG FRIEDRICH HÄNDEL, *Messias*
FELIX MENDELSSOHN-BARTHOLDY, *Paulus*
ARTHUR HONEGGER, *König David*
JOHANN SEBASTIAN BACH, *Weihnachtsoratorium* (BACHS *Weihnachtsoratorium* besteht eigentlich aus sechs einzelnen Kantaten.)
Weltliche Oratorien: HAYDN, *Die Jahreszeiten*; HÄNDEL, *Alexander-Fest* u. a.
Szenische Oratorien: HONEGGER, *Johanna auf dem Scheiterhaufen*; STRAWINSKY, *Die Sintflut*; SCHÖNBERG, *Moses und Aron*.

Aufgaben:

1. Welche Angaben finden sich außerdem auf derartigen Plakaten?
2. Wir entnehmen den Titeln, welche Themen für ein Oratorium typisch sind. Welche Merkmale haben alle Oratorien gemeinsam? Was unterscheidet das Oratorium von einer Kantate?
3. Wir hören ein Oratorium und achten auf die angewandten musikalischen Mittel.

## PASSION

Direkt und unmittelbar ist die Sprache, mit der die vier Evangelisten Matthäus, Markus, Lukas und Johannes in der Bibel von der Kreuzigung Jesu berichten. Die handelnden Personen sprechen in direkter Rede. Im Mittelalter war es daher üblich, den Text dramatisch von drei verschiedenen Darstellern lesen oder rezitieren zu lassen. Damit sich die Stimmen deutlich voneinander abheben, waren den drei Rollen unterschiedliche Rezitationstöne zugeteilt: *f* Christus, *c'* Evangelist, *f'* die übrigen Personen. Der liturgische Rezitationston (siehe Notenbeispiel) wurde alsbald melodisch erweitert, und die Stimmen des Volkes wurden von Chören übernommen. In dieser Tradition stehen die Passionen von HEINRICH SCHÜTZ. In der Barockzeit wurden dem biblischen Passionstext zusätzlich ARIEN und KIRCHENLIEDER (CHORÄLE) betrachtenden Inhalts eingefügt. Dieses Prinzip liegt den Passionen BACHS zugrunde.

Aus: Schütz, *Matthäus-Passion*

Aus: Bach, *Matthäus-Passion*

Aus: Penderecki, *Lukas-Passion*

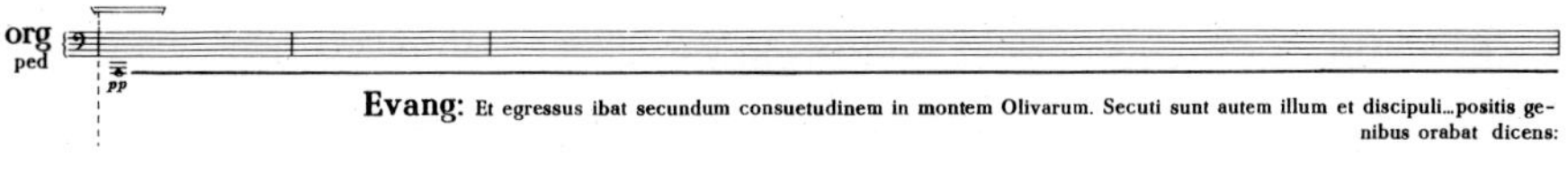

## BACH UND PENDERECKI

Die Aufführung der *Matthäus-Passion* von Bach erfordert zwei Orchester (Streicher, Flöten, Oboen, Continuo und Fagott), zwei Chöre zu je vier Stimmen und einen Knabenchor. Außerdem hat Bach sieben Gesangssolisten eingesetzt, deren Partien heute allerdings meist von fünf Solisten ausgeführt werden. Das war für die Barockzeit eine gewaltige Besetzung.

Nicht weniger aufwendig verfügt Penderecki über die Klangmittel seiner Zeit. Die Streichergruppe des Orchesters besteht aus 24 Violinen, 10 Bratschen, 10 Celli und 8 Kontrabässen. Zu den Bläsern zählen 4 Flöten, 2 Altsaxophone, 3 Fagotte, Kontrafagott, 6 Hörner, 4 Trompeten, 4 Posaunen und Tuba. Hinzu kommt ein umfangreiches Schlagwerk, für das mehrere Spieler notwendig sind. Weiter sind Harfe, Klavier, Harmonium und Orgel zu besetzen. Ein Knabenchor (zweistimmig) und drei gemischte Chöre (jeweils vierstimmig) sind nach Pendereckis Anweisung räumlich getrennt aufzustellen. Für die Solopartien sind ein Sopran, ein Alt, ein Bariton und ein Sprecher vorgesehen.

Bach setzte in seiner *Matthäus-Passion* kühne harmonische Mittel ein. Der zeitgenössische Komponist Penderecki schafft neue Klangfarben durch Erweiterung der Sprache, der Singstimme und des Instrumentalklangs. Seine Partitur kennt Cluster, Glissandi, Zeichen für höchstmögliche und tiefstmögliche Töne, ferner Verschiebungen um Viertel- und Dreivierteltöne.

Penderecki weiß um seinen großen Vorgänger. Bereits im Eingangschor verarbeitet er, deutlich hörbar, die Noten B-A-C-H. Wie ein Leitklang ist diese Tonfolge in allen denkbaren Abwandlungen durch die gesamte Partitur hindurch wirksam.

B-A-C-H

Hinweis:

Das Thema der Passion weist weit über den Rahmen der Kirchenmusik hinaus. Bedeutende Werke des 20. Jahrhunderts widmen sich dem leidenden Menschen:

Alban Berg: *Wozzeck*
Arnold Schönberg: *Ein Überlebender aus Warschau*
Krzysztof Penderecki: *Die Teufel von Loudon; Für die Opfer von Hiroschima*
Luigi Nono: *Il Canto Sospeso; Intolleranza*
Michael Tippett: *Ein Kind unserer Zeit (A Child of our time)*

## GEISTLICHE MUSIK DER AVANTGARDE

Als ein avantgardistischer Versuch neuer kirchlicher Musik kann DIETER SCHNEBELS *Glossolalie* (1959—60) gelten. Glossolalie bedeutet Zungenreden, wie es im biblischen Bericht über das Pfingstwunder beschrieben ist.

Das Zungenreden bei SCHNEBEL umfaßt vielfältigste Äußerungen von vollständigen Sätzen, Wörtern und Wortfetzen bis zu sprachlichen Elementen, durchsetzt mit instrumentalen Klangfetzen. Durch dieses Aufbrechen jeglichen Zusammenhanges stellen sich für den Hörer neue, übergeordnete Sinnzusammenhänge ein. Seine Phantasie wird durch Assoziationen gelenkt. Das Durcheinanderreden der Zungen stellt Erscheinungen der Umwelt in ein neues Licht. *„Die Konzeption der Schnebelschen Glossolalie beruht auf dem Kunstgriff, Sprechen als Musik und Musik als Sprache zu nehmen: das Dilemma aller geistlichen — und ebenso jeder politisch engagierten — Musik, nämlich den vermeinten Inhalt durch die Wahl eines Titels oder eines vertonten Texts, nicht aber eigentlich musikalisch ausdrücken zu können, weil halt Noten weder katholisch noch kommunistisch sind, ist im Spezialfall der Schnebelschen Glossolalie gültig gelöst, und zwar buchstäblich durch Glossolalie als kompositorisches, also selber musikalisches Prinzip."* (Aus: HEINZ-KLAUS METZGER, Plattentext zu DG Stereo Nr. 137009.)

Zungenreden

## DIE BEDEUTUNG DER ORGEL

*„Die Pfeifenorgel soll in der lateinischen Kirche als traditionelles Musikinstrument in hohen Ehren gehalten werden; denn ihr Klang vermag den Glanz der kirchlichen Zeremonien wunderbar zu steigern und die Herzen mächtig zu Gott und zum Himmel emporzuheben."* (Zweites Vatikanisches Konzil, Konstitution über die heilige Liturgie, Nr. 120; aus: RAHNER/VORGRIMLER, *Kleines Konzilskompendium.* Freiburg 1966 — Herder-Bücherei 270/73 — S. 86.)

Aufgabe:

Welche Gründe führten zur Sonderstellung der Orgel in der Kirchenmusik?

## ORGELBAU

DIE ORGEL, gern *„Königin der Musikinstrumente"* genannt, ist sehr kompliziert gebaut. Klangerzeuger sind PFEIFEN der verschiedensten Art. Dabei sind zwei Hauptgruppen zu unterscheiden: LIPPENPFEIFEN (auch LABIALPFEIFEN genannt) und ZUNGENPFEIFEN (ROHRWERK). Die erste Art kennen wir von der Blockflöte, die zweite von der Mundharmonika. Lange Pfeifen geben tiefe Töne; je kleiner die Pfeifen sind, desto höher klingen sie.

Pfeifen derselben Art sind zu REGISTERN (STIMMEN) angeordnet. Jedes Register ist durch eine typische Klangfarbe gekennzeichnet. Die Anzahl der Register gibt die Größe einer Orgel an. Eine mittlere Kirchenorgel hat bis zu 30 klingende Stimmen. Da eine Registerstimme im Durchschnitt etwa 56 Pfeifen hat (C—$g^3$), ergibt sich eine Gesamtzahl von rund 1700 Pfeifen. Die große Orgel in der Kathedrale zu Liverpool hat 145 klingende Register.

Die Anordnung der Pfeifen und ihrer Register geschieht bei großen Orgeln in mehreren WERKEN: Hauptwerk, Oberwerk, Seitenwerk, Brustwerk, Echowerk, Rückpositiv usw. Die sichtbaren Pfeifen bilden den PROSPEKT der Orgel.

Borgentreich
(um 1733)

Aufgaben:

1. Aus welcher Zeit stammt die Orgel unserer Pfarrkirche?
2. Gibt es in der näheren Umgebung historisch wertvolle Orgeln?
3. Kennen wir Kirchen, in denen es ELEKTRONISCHE ORGELN gibt?

Hinweis:

Man nimmt an, daß die ORGEL im 3. vorchristlichen Jahrhundert erfunden worden ist. Ihre älteste bekannte Form ist die WASSERORGEL. (Hydraulis, bei der durch Wasserdruck die Luftzuführung zur Windlade reguliert wird.)
Im Altertum (Byzanz, Rom) wurde die Orgel zur Musik am Kaiserhof und im Zirkus verwendet.
Im 8. Jahrhundert erhielten König PIPPIN und KARL DER GROSSE byzantinische Orgeln zum Geschenk. Seit dem 9. Jahrhundert hielt die Orgel ihren Einzug in die Kirche. Außerdem diente sie in der Form des PORTATIVS als Hausinstrument des Mittelalters.

Berkeley (1957)

Eine weitere wichtige Neuerung stellt um 1300 die Einführung des PEDALS dar. Seit dem 15. Jahrhundert waren Orgeln mit mehreren MANUALEN und PEDAL über ganz Europa verbreitet: in Spanien, Italien, Frankreich, England, Rußland und Deutschland.

## ORGELSPIEL

Der Organist bringt die Pfeifen vom SPIELTISCH aus zum Erklingen. Der Spieltisch besteht aus mehreren MANUALEN und einem PEDAL. Nur kleine Orgeln haben ein einziges Manual; sie heißen POSITIV. Vom Spieltisch aus kann man mit Hilfe von Zügen oder Hebeln die gewünschten REGISTER einstellen. Jede Taste ist über eine komplizierte Mechanik oder über elektronisch gesteuerte Relais mit einer ganzen Reihe von Pfeifen verbunden; je nachdem, welche und wieviele Register eingeschaltet sind. Die Verbindung von Spieltisch und Pfeifenwerk nennt man TRAKTUR.

Spieltisch

Wichtig für das Funktionieren der Orgel ist der WINDMOTOR (früher standen an seiner Stelle mehrere BLASEBÄLGE). Er sorgt für den nötigen „Wind" in den Pfeifen. Wenn in früherer Zeit die Bälgetreter den Organisten ärgern wollten, ließen sie den Winddruck so weit sinken, daß die Pfeifen anfingen zu heulen. In der heutigen Zeit setzen Komponisten die Veränderung des Winddrucks als Möglichkeit ein, den Klang der Orgel zu verändern.

Blick in das Innere einer Orgel

Vorhaben:

Wir besichtigen eine Kirchenorgel und bitten den Organisten, ihren Aufbau zu erklären und die Register vorzuführen.

1. Wie registriert der Organist?
2. Kann man einzelne Registrierungen vom Kirchenraum aus unterscheiden?
3. Wie wird die Orgel gestimmt?
4. Wie sind die Register bezeichnet?
5. Was ist eine Mixtur?
6. Was bedeutet 32 Fuß, 16 Fuß, 8 Fuß, 4 Fuß bei den Registerbezeichnungen?
7. Hat die Orgel Koppeln, freie Kombinationen? Was bedeuten sie?

Literatur:

H. Klotz, *Das Buch von der Orgel.* Kassel 1965.
F. Jakob, *Die Orgel.* Bern — Stuttgart 1969.

## DIE LITURGISCHE FUNKTION DER ORGEL

Die Orgel war häufig ein Chor ohne Worte (Orgelchoral). Heute hat sie im Ablauf der kirchlichen Liturgie mehrere Aufgaben: Sie dient der Vorbereitung und Begleitung des Gemeindegesangs; durch Überleitungen und Zwischenspiele gliedert sie den liturgischen Ablauf, Einleitung und Ausklang sind musikalisch auf Bedeutung und Aussage der Liturgie im Kirchenjahr abgestimmt.

## CHORALBEARBEITUNG

In der evangelischen Orgelmusik nimmt die Choralbearbeitung entsprechend der liturgischen Bedeutung des Kirchenliedes eine bevorzugte Stellung ein. Das Problem, einen Orgelchoral oder ein Vorspiel zu komponieren, kann auf verschiedene Weise gelöst werden:

Die Melodietöne werden in langen Noten beibehalten und von anderen Stimmen umspielt (Cantus firmus)
Die Töne der Melodie werden umspielt und verziert (Figuration)
Die Melodie wird umspielt und kunstvoll verändert (Variation)
Die Melodiezeilen werden in Art einer Fuge bearbeitet (Choralfuge)
Markante Wendungen der Melodie werden frei ausgestaltet (Choral-Fantasie)

Aufgabe:

Wir hören Choralbearbeitungen und bestimmen, nach welcher Art die Melodien bearbeitet sind.

Hinweis:

Für die Betrachtung verschiedener Choralbearbeitungen kann z. B. LUTHERS Lied *Vom Himmel hoch* als Ausgang dienen. Von BACH gibt es hierzu mehrere Choralvorspiele. Außerdem schrieb er als Spätwerk fünf Variationen über dieses Lied, die sogenannten *Canonischen Veränderungen.* Zum Vergleich kann die Toccata über dasselbe Lied von dem zeitgenössischen Komponisten JOHANN NEPOMUK DAVID herangezogen werden. Auch REGER hat dieses Lied bearbeitet. STRAWINSKY hat BACHS *Canonische Veränderungen* zu einem Orchesterwerk umgeformt.

„Vom Himmel hoch"

Siehe auch EIN VOLKSLIED IN DER KIRCHE S. 115.

## FREIE FORMEN DER ORGELMUSIK

Toccata, Canzone, Präludium, Sonate, Fuge, Ricercar, Invention, Passacaglia, Chaconne, Fantasie, Variation, Partita . . .

Aufgaben:

1. Wir versuchen die Begriffe zu klären und hören Beispiele. Bei welcher Gelegenheit erklingen sie in der Kirche?
2. Warum sind SUITEN, OUVERTÜREN und SINFONIEN in der Orgelmusik ungebräuchlich?
3. Nach welchen Gesichtspunkten sind Programme von Orgelkonzerten aufgebaut?
4. Wie nennen zeitgenössische Komponisten ihre Werke für Orgel?

## IMPROVISATION

Ein guter Organist muß improvisieren können. Er wird beim Gemeindegesang nicht eine Strophe wie die andere begleiten; vielmehr ist er bemüht, in der Registerwahl, in der Harmonisierung und der musikalischen Darstellung abzuwechseln und sich dem Text anzupassen. Auch muß er Choralvorspiele und freie Formen aus dem Stegreif erfinden können.

## EINFLUSSREICHE ORGANISTEN IM EUROPA DER BAROCKZEIT

musikalische Geographie

Amsterdam — SWEELINCK
Arnstadt/Leipzig — BACH
Augsburg — HASSLER
Erfurt/Nürnberg — PACHELBEL
Halle — SCHEIDT, ZACHOW
Hamburg — SCHEIDEMANN, WECKMANN, REINKEN, TELEMANN
London — HÄNDEL
Lübeck — BUXTEHUDE, TUNDER
Lüneburg — BÖHM
Madrid — CABEZÓN
Paris — COUPERIN
Rom — FRESCOBALDI
Rouen — TITELOUZE
Weimar — WALTHER
Wien — FROBERGER

Aufgaben:

1. In einen Grundriß Europas zeichnen wir die Städte und Komponistennamen ein. Wir vergleichen hiermit die Karte über die Ausbreitung der Oper.
2. Gibt es in unserer Stadt oder in einer größeren Nachbarstadt Kirchen mit einer alten musikalischen Tradition?
3. Haben Komponisten der WIENER KLASSIK (HAYDN, MOZART, BEETHOVEN) auch Werke für Orgel geschrieben?

## KOMPOSITIONEN MIT CLUSTERN

Tontrauben

In der avantgardistischen Musik begegnen als neue Klangelemente häufig CLUSTER. Cluster sind Anhäufungen von mehreren eng aneinanderliegenden Tönen (TONTRAUBEN). Auf der Orgel lassen sich Cluster sehr unterschiedlich darstellen.
Neue Klangwirkungen werden auch erzeugt, indem bei Orgeln mit mechanischer TRAKTUR das Klappern des Hebelwerks durch stummes Spiel auf den Tasten hörbar gemacht wird. Auch kann der ORGELMOTOR während des Spiels an- und ausgeschaltet werden. Dadurch verändern sich die Klänge kontinuierlich in ihrer Höhe und Stärke. Ebenso wie auf den Tasten kann man auch auf den Registerknöpfen spielen. Zieht man die REGISTER nur halb heraus, so werden die Pfeifen nicht mit genügend Wind versorgt. Sie verändern ihren Klang.
*„Die Verwendung der verschiedenen Typen von* CLUSTERS *führt zu einer weitgehenden Erweiterung der dynamischen Möglichkeiten der Orgel, vor allem zur Ausführbarkeit kontinuierlicher crescendi und diminuendi, wie sie bisher — abgesehen von den sehr beschränkten und in ihrer Wirkung unbefriedigenden Jalousie-Schwellern — nicht bekannt waren. Da nämlich auf der Orgel — anders als beim Klavier — die Anzahl der niedergedrückten Tasten zugleich die Intensität des Klanges mitbestimmt, ist es möglich, durch geeignete Veränderung der Breite von Clusters die Intensität kontinuierlich zu beeinflussen."* (LIGETI)
(LIGETI verwendet den Begriff CLUSTER noch nach Maßgabe der englischen Grammatik.)

Aufgabe:

In welchen Instrumental- und Chorwerken finden sich Cluster?

Vorhaben:

1. Wir besichtigen eine Orgel und lassen uns die Klangmöglichkeiten (auch neue Spieltechniken) vorführen.
2. Welche Töne, Geräusche oder Klänge können auf dem Klavier erzeugt werden, ohne daß die Tasten angeschlagen werden? Tonbandaufnahmen anfertigen. Gleichzeitig mit dem Mikrophon plötzlich dicht drangehen, dann wieder weiter weggehen.
3. Eine Arbeitsgruppe kann auf verschiedensten Klangerzeugern (von Flaschenblasen bis Trillerpfeife, von Geige bis Blockflötenkopf) eigene Cluster bauen.
   a) Wir legen Ein- und Aussetzen der einzelnen Instrumente vorher fest;
   b) jeder atmet, wo er will;
   c) es geschieht reihum nach augenblicklicher Eingebung.
   Wir vergleichen durch Tonbandaufnahmen.
4. Wie eng können Töne eines Clusters aneinanderliegen?

Siehe auch Instrumententechnik S. 202.

## ZUR NOTATION

neue Spieltechnik

Neue Klang- und Geräuscherfindungen verlangen eine neue Notation:
*„Die neue Spieltechnik verlangte die Ausarbeitung einer neuen, dieser Technik adäquaten Notation. Diese Notation besteht — nebst Spielanweisungen — aus grafischen Zeichen, die nichts mit der herkömmlichen Notation zu tun haben und ein präziseres Informationsmittel für die neue Orgeltechnik ist als das herkömmliche Notensystem. Dabei handelt es sich nicht um ‚musikalische Grafik'. Die Notation hat keinen Eigenwert und ist nicht mehrdeutig; sie besteht aus eindeutigen Befehls-Symbolen. Dem Ausführenden sind weitgehende Freiheiten eingeräumt, jedoch rein interpretative Freiheiten und nicht die des Mitkomponierens am Werk, wie das bei den ‚grafischen', variablen Kompositionen üblich ist. Die Musiksprache meines Orgelwerkes ist untraditionell."* (Ligeti)
(Vergleiche den Ausschnitt aus der Partitur zu *Volumina* auf Seite 131.)

Aufgaben:

1. Wir vergleichen diese Notation mit traditioneller Notenschrift.
2. Wir erfinden für die Improvisation mit Clustern eigene Notationen. Weshalb ist die gebräuchliche Notenschrift ungeeignet?

## ORGEL = KIRCHE?

Der Klang der Orgel erweckt beim Hörer automatisch die Vorstellung kirchlicher Feierlichkeit. Zeitgenössische Komponisten sehen hierin eine traditionsgebundene Vorbelastung der Orgel. Sie versuchen, diesen durch Gewöhnung und Erlebnis bedingten Zusammenhang (Assoziation) mit Hilfe neuer Techniken zu durchbrechen. Auch wird im progressiven Beat die Orgel gelegentlich umfunktioniert. Demgegenüber setzt die Pop- und U-Musik den Orgelklang bewußt dazu ein, den Hörer in seinen Assoziationen einzufangen. Ganz speziell spielt die WERBEMUSIK auf der Klaviatur dieser Assoziationen.

Aufgaben:

1. Wie kommt es zu der Assoziation Orgel = Kirche?
2. Bei welchen Situationen und bei welchen Texten werden in Schlager und Film Orgelklänge eingesetzt?
3. Welche Wirkungen hat die elektronische Orgel im Beat?

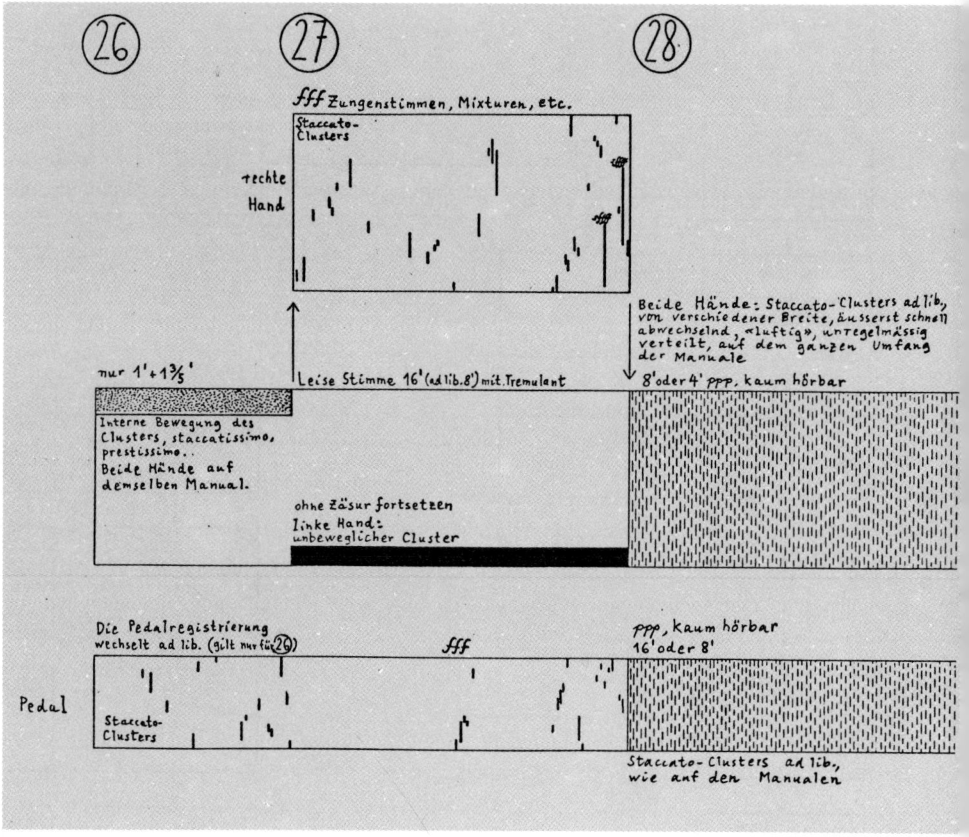


Aus: Ligeti, *Volumina*

VORSCHLÄGE FÜR LERNKONTROLLEN (4. Kapitel: In der Kirche)

1. Worin liegen die Unterschiede zwischen katholischer und evangelischer Kirchenmusik?
2. Welche Aufgabe erfüllt das gemeinsame Singen von Kirchenliedern und Chorälen?
3. Beschreibe, in welcher Weise DUR und MOLL mit den Kirchentonarten zusammenhängen.
4. Zähle die musikalischen Gattungen der Kirchenmusik auf (mit kurzen Erläuterungen).
5. Wie funktioniert eine Orgel?
6. Wie steht es mit der zeitgenössischen Musik in der Kirche?

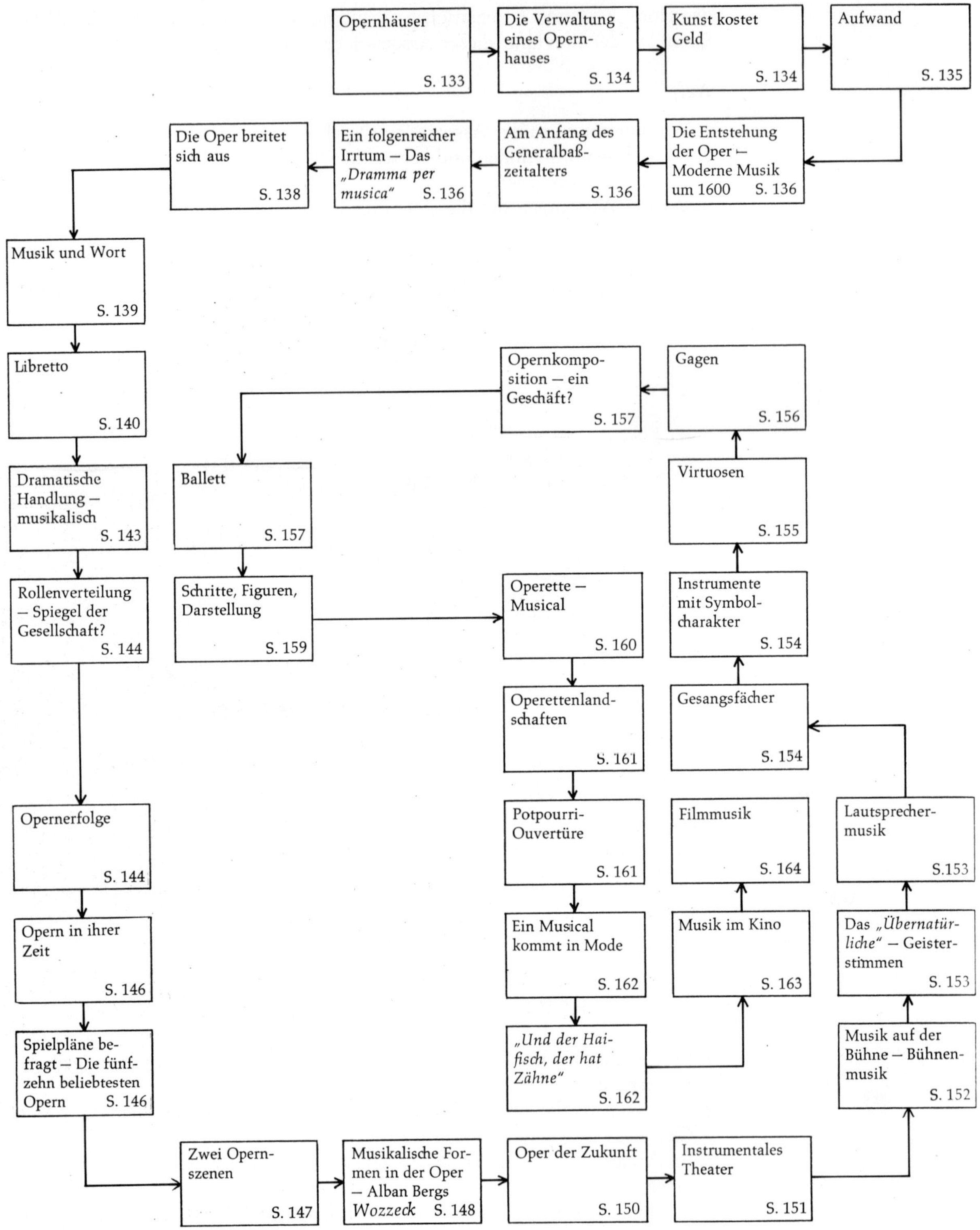
Opernhäuser S. 133
Die Verwaltung eines Opernhauses S. 134
Kunst kostet Geld S. 134
Aufwand S. 135
Die Entstehung der Oper – Moderne Musik um 1600 S. 136
Am Anfang des Generalbaßzeitalters S. 136
Ein folgenreicher Irrtum – Das „Dramma per musica" S. 136
Die Oper breitet sich aus S. 138
Musik und Wort S. 139
Libretto S. 140
Dramatische Handlung – musikalisch S. 143
Rollenverteilung – Spiegel der Gesellschaft? S. 144
Opernerfolge S. 144
Opern in ihrer Zeit S. 146
Spielpläne befragt – Die fünfzehn beliebtesten Opern S. 146
Zwei Opernszenen S. 147
Musikalische Formen in der Oper – Alban Bergs Wozzeck S. 148
Oper der Zukunft S. 150
Instrumentales Theater S. 151
Musik auf der Bühne – Bühnenmusik S. 152
Das „Übernatürliche" – Geisterstimmen S. 153
Lautsprechermusik S.153
Gesangsfächer S. 154
Instrumente mit Symbolcharakter S. 154
Virtuosen S. 155
Gagen S. 156
Opernkomposition – ein Geschäft? S. 157
Ballett S. 157
Schritte, Figuren, Darstellung S. 159
Operette – Musical S. 160
Operettenlandschaften S. 161
Potpourri-Ouvertüre S. 161
Ein Musical kommt in Mode S. 162
„Und der Haifisch, der hat Zähne" S. 162
Musik im Kino S. 163
Filmmusik S. 164

# 5. Kapitel Im Theater

## OPERNHÄUSER

Die OPER verdankt ihre Entstehung um 1600 dem Versuch, die griechische Tragödie zu neuem Leben zu erwecken. Die Verbindung zum griechisch-römischen Theater zeichnet sich nicht nur in der Themenwahl ab, sondern auch in den Theaterbauten der beginnenden Barockzeit. Sehr bald aber verzichtet man auf die halbrunde Form zugunsten der Logen. Eine Ausnahme in neuerer Zeit bildet u. a. das BAYREUTHER FESTSPIELHAUS, das nach den Plänen RICHARD WAGNERS gebaut und 1876 eröffnet wurde. (Vergleiche Abbildung S. 256.)

New York, Metropolitan Opera

Aufgaben:

1. Wir vergleichen die in *Musik aktuell* abgebildeten Opernhäuser und erarbeiten ihre Stilmerkmale (Seite 40, 133, 135, 141, 145, 158, 256).
2. Welche Opernhäuser kennen wir? Aus welcher Zeit stammen sie? Sind sie einem der abgebildeten Opernhäuser ähnlich?

## DIE VERWALTUNG EINES OPERNHAUSES

Ein Opernhaus wird geleitet vom Intendanten. Ihm zur Seite stehen der Generalmusikdirektor und der Verwaltungsdirektor. Für die Vorbereitung einer Aufführung und ihre Durchführung sind verantwortlich: Dirigent, Spielleiter, Bühnenbildner, Kostümbildner, Choreograph, technischer Leiter, Studienleiter, Inspizient, Souffleuse und die Leiter der einzelnen Theaterwerkstätten wie Malersaal, Maskenbildnerei, Dekorateur, Requisiteur, Kostümabteilung. Auf der Bühne wirken mit: Solisten, Chöre, Ballett, Statisten. Vor der Bühne, verdeckt im Orchestergraben, spielt das Orchester. Gelegentlich sind auch Bühnenmusiken sichtbar auf der Bühne oder unsichtbar auf der Nebenbühne eingesetzt. Sie werden heute vielfach über Lautsprecher eingespielt.
Die VERWALTUNG ist wie folgt gegliedert: Orchester-, Chor- und Ballettdirektion, Dramaturgie, Künstlerisches Betriebsbüro, Technische Leitung, Kostümwesen und Maskenbildnerei, Organisation und Werbung, Pressestelle.
In vielen Städten sind Sprechtheater und Musiktheater in einem Haus untergebracht (sogenannte „gemischte Betriebe“).
An der HAMBURGISCHEN STAATSOPER gab es 1968 134 Orchestermitglieder. Der Chor umfaßte 80, der Sonderchor 50 Sänger. Für die Herstellung der Bühnenbilder sind den Opernhäusern eigene Werkstätten angeschlossen. Personal

Literatur:

Ausführliche Angaben über die Theater aller Städte in der Bundesrepublik, über Organisation der Opernhäuser, personelle Besetzung (Intendanten, Dirigenten, Sänger usw.) und bauliche Gegebenheiten sind zu finden in dem jährlich erscheinenden *Deutschen Bühnenjahrbuch,* hrsg. von der Genossenschaft Deutscher Bühnen-Angehöriger, Hamburg.

## KUNST KOSTET GELD

In der Bundesrepublik gibt es zur Zeit 194 vorwiegend aus öffentlichen Mitteln finanzierte Bühnen mit rund 24 000 Beschäftigten und etwa 130 000 Plätzen. Die Theater verteilen sich auf 77 Gemeinden. Etwas mehr als die Hälfte, nämlich genau 100 Bühnen, befinden sich in Städten mit 100 000 bis 500 000 Einwohnern. Aber auch in kleineren Gemeinden mit 20 000 bis 100 000 Einwohnern gibt es noch 48 Theater. Defizite
In Hamburg schießt der Senat jährlich rund 25 Millionen Mark zum Etat der HAMBURGISCHEN STAATSOPER zu. Im Schnitt bekommt heute jede Theaterkarte einen Zuschuß von 27,41 Mark. (Angaben in der *Zeit* vom 26. 5. 1972)

Aufgabe:

Weshalb halten viele Städte es für wichtig, ein eigenes Theater zu unterhalten, obgleich nur ein verschwindend kleiner Teil ihrer Einwohner dieses kulturelle Angebot nutzt?

Siehe auch Ein Beispiel für Musikmarkt S. 168, Fernseh-Show S. 22.

## AUFWAND

Die aufwendigste Oper, die je aufgeführt wurde, war *Il Pomo d'Oro* (Der goldene Apfel — das Paris-Urteil) von Marc-Antonio Cesti. Er komponierte dieses Werk 1666 aus Anlaß der Hochzeit Leopolds I. von Österreich und führte es in Wien auf. (Siehe die zeitgenössische Darstellung auf dieser Seite.)

Oper als Repräsentation

Die Oper hatte 67 Szenen, benötigte 24 verschiedene Dekorationen, und 47 handelnde Personen traten auf. Die in der Aufführungsdauer ähnlich umfangreiche Oper *Tristan und Isolde* von Richard Wagner hat elf Szenen, drei Dekorationen und acht Solisten.

## DIE ENTSTEHUNG DER OPER — MODERNE MUSIK UM 1600

An der Fassade des Palazzo BARDI in Florenz ist folgende Inschrift zu lesen: *„In diesem Haus der Bardi lebte Giovanni Graf von Vernio, der sich militärische Verdienste bei der Belagerung von Siena und Malta erwarb . . . Er war die Seele der berühmten* CAMERATA, *die den in flämischer Manier entarteten Musikstil wieder zur Erhabenheit der Griechischen Melopoie . . . zurückführen wollte. Sie erweckte den Rezitativgesang und die Melodie zu neuem Leben und wurde durch die Reform des Melodrams die Wiege der modernen Kunst."*

Mit dem Beginn der Florentiner Camerata, einem Kreis von Adligen und Gelehrten, stehen sich zwei Musikstile unversöhnlich gegenüber: die POLYPHONIE DER NIEDERLÄNDER und der MONODISCHE STIL (Rezitativgesang), wie er für die frühe Oper typisch werden sollte.

Aufgaben:

1. Wie werden die beiden Stilarten im Text der Inschrift charakterisiert?
2. Worin liegt die Polemik der Inschrift begründet?
3. Kennen wir noch weitere polemische Auseinandersetzungen im Laufe der Operngeschichte?

## AM ANFANG DES GENERALBASSZEITALTERS

Stilwende um 1600

Im ausgehenden 16. Jahrhundert, endgültig aber mit der Entstehung der Oper um die Jahrhundertwende, wurde die Vorherrschaft der Niederländer gebrochen. Der Musikstil der Niederländer (OBRECHT, JOSQUIN, ISAAC), bis hin zu ORLANDO DI LASSO und PALESTRINA, zeichnet sich durch eine sehr kunstvolle Polyphonie aus. Demgegenüber verfocht die Camerata das Prinzip der MONODIE: Die einstimmige, wortgezeugte Melodie, vom Generalbaß bzw. von verschiedenen Instrumenten begleitet, tritt in den Vordergrund.

Aufgaben:

1. Wie unterscheiden sich monodischer und polyphoner Stil?
2. Wir hören Beispiele von Schallplatten.

## EIN FOLGENREICHER IRRTUM — DAS „DRAMMA PER MUSICA"

Die ersten Opern hießen bezeichnenderweise „Dramma per musica", Bühnenwerk mit Musik. Ein Bühnenwerk wurde also nicht, wie üblich, gesprochen, sondern gesungen. Das war eine ebenso seltsame wie revolutionierende Idee.
Als man um 1600 die Möglichkeiten des gesungenen Dramas in Florenz ausprobierte, waren folgende Voraussetzungen gegeben:

a) Die Fürstenhöfe hatten einen wachsenden Bedarf an festlichen, reich ausgestatteten Bühnenstücken für Repräsentationszwecke.
b) Die Komponisten entdeckten während des 16. Jahrhunderts in zunehmendem Maße, daß Musik die Eigenschaften einer Sprache hat. Gefühle, Affektsituationen und Handlungen lassen sich in Musik umsetzen, durch die Sprache der Musik ausdrücken. (Das Mittelalter dagegen hob die Verbindung der Musik zur Mathematik hervor.)

Polyphonie: aus einer Motette von Orlando di Lasso

Monodie: aus einer Arie von Caccini

Antike

c) In (adligen) Gelehrtenkreisen hegte man ein starkes Interesse an den Dramen, den Komödien und Tragödien der griechischen und römischen Antike. Man glaubte, daß damals auf der Bühne ausschließlich gesungen wurde, und wollte diese Aufführungspraxis zu neuem Leben erwecken. — Auch war anfangs die Musik völlig vom Text abhängig, wie es PLATON vom Drama verlangte: *„. . . Harmonie und Rhythmus müssen sich dem Wort unterordnen."*

Die Meinung, der Text der antiken Dramen sei von Anfang bis Ende gesungen worden, war ein folgenreicher Irrtum. In der Antike wurden nämlich nur die Chorlieder und die Solovorträge (Monodien, den Arien vergleichbar) gesungen, nicht die Dialoge. Die Erfindung des REZITATIVS beruht demnach auf einer falschen Annahme. Insgesamt gesehen glaubte man das antike Drama wieder zu entdecken — und erfand die Oper.

## DIE OPER BREITET SICH AUS

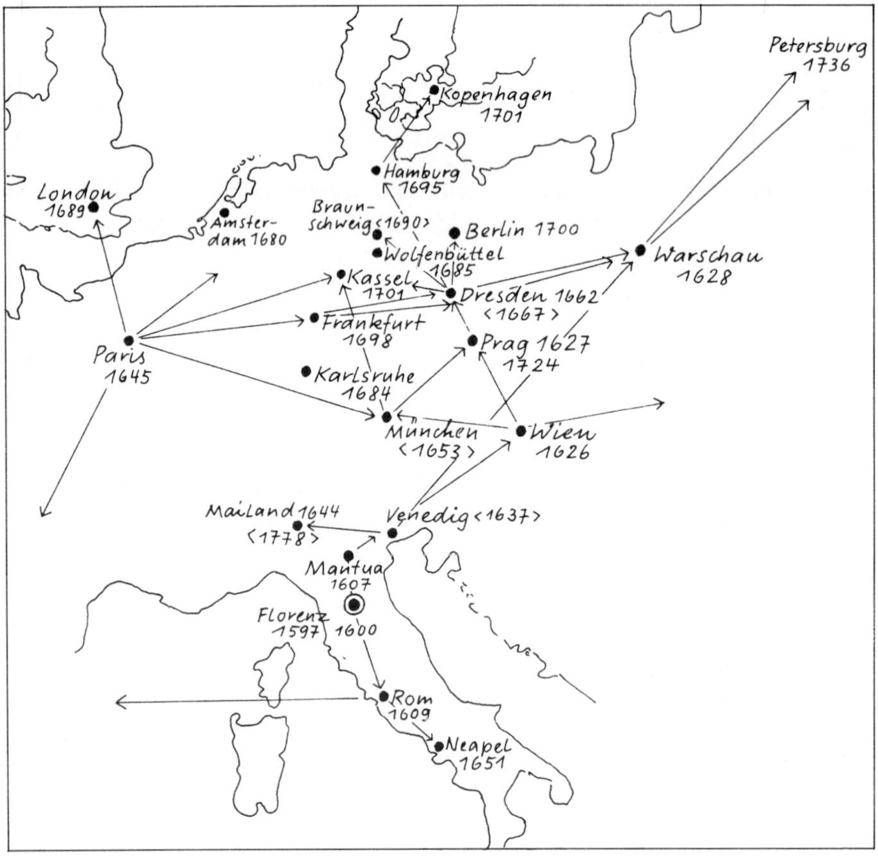


An dieser Karte kann man verfolgen, wie sich die Oper, 1597 von Florenz ausgehend, in Italien und Europa ausgebreitet hat: 1607 Mantua, 1609 Rom, 1637 erstes öffentliches Opernhaus in Venedig usw.

Aufgaben:

1. Wir lesen und interpretieren die Karte. Welche geschichtlichen Ereignisse und Entwicklungen sind abzulesen?
2. Wir besuchen an unserem Schulort oder in der Nähe ein Opernhaus bzw. ein Theater mit musikalischem Teil. Wir erkundigen uns nach Entstehung, Geschichte, Repertoire, Organisation, Rentabilität und anderem mehr.

Vorhaben:

Wir legen ähnliche Karten an (Europa) und tragen die Daten von musikalischen Ereignissen ein, die uns interessieren. Zum Beispiel von der Tournee eines berühmten Dirigenten und Orchesters, eines bekannten Plattenstars; die Reisen MOZARTS oder WAGNERS usw. Warum und in welchen zeitlichen Abständen werden bestimmte Orte besucht? Werden bestimmte Gegenden nicht aufgesucht? Warum nicht? Ist es Zufall, oder sind Gründe erkennbar? Viele Fragen und Vermutungen lassen sich aufstellen, denen nachzugehen sich lohnt.

## MUSIK UND WORT

Was ist in der OPER wichtiger: das Wort oder die Musik? Die Meinungen in der Geschichte der Oper waren sehr unterschiedlich. Zumeist verband sich mit der Besinnung auf das Wort sogar eine Kritik an Mißständen, die es abzubauen galt.
Frühbarocke MONODIE: Kritik an der textlich schwer verständlichen POLYPHONIE.
GLUCKS Reformoper: Kritik an den BRAVOURARIEN der Barockoper.
WAGNERS Sprechgesang: Kritik an den NUMMERNOPERN mit ihren KOLORATUR-ARIEN.
ORFFS vom Wortrhythmus gezeugte Melodien: Kritik am italienischen BELCANTO.

Aufgaben:

1. Was bedeutet KRENEKS Ausspruch, die Oper sei keine Sinfonie mit kostümierten Sängern?
2. Wir erklären die Begriffe: MONODIE, POLYPHONIE, BRAVOURARIE, KOLORATURARIE, NUMMERNOPER, SPRECHGESANG, WORTRHYTHMUS, BELCANTO, GESAMTKUNSTWERK.
3. Wann lebten die Komponisten MONTEVERDI, GLUCK, WAGNER, ORFF, KRENEK?
4. Welche anderen Opernkomponisten kennen wir? Wann lebten sie, welche Opern haben sie geschaffen?

Vorhaben:

Wir hören charakteristische Ausschnitte aus Opern der oben angeführten Komponisten und beschreiben das WORTTONVERHÄLTNIS.

Hinweis:

Musik und SPRACHE berühren sich am intensivsten in der Oper, und hier kam es immer wieder zu Diskussionen um die Vorrangstellung.
MONTEVERDI (1567—1643): *„Die Sprache sei Herrin der Harmonie, nicht Dienerin."* MONTEVERDIS Zeitgenosse DONI (1594—1647) ergänzt: *„Man wurde vor allem darüber einig, daß man, da die heutige Musik im Ausdruck der Worte ganz unzureichend war, Mittel finden müsse, die Hauptmelodie so hervorzuheben, daß die Dichtung klar vernehmlich sei."*
Der Dichter GOTTSCHED bemerkt in seiner *Deutschen Sprachkunst* von 1748: *„Die Musik eines verständigen Komponisten könnte allen Versen das rechte Leben geben, wenn er einer jeden kurzen Silbe eine kurze, jeder langen eine lange Note geben möchte."*

GLUCK (1714—1787) äußert in der Vorrede zu seiner Oper *Alceste* (1767): *„Ich habe mich bemüht, die Musik auf ihre eigentliche Aufgabe zu beschränken, nämlich der Dichtung durch die Mittel des Ausdrucks zu dienen."*

Herrin oder gehorsame Tochter?

MOZART (1756—1791) dagegen ist anderer Ansicht: *„Bei einer Opera muß schlechterdings die Poesie der Musik gehorsame Tochter sein."* (Brief an seinen Vater, 1781.)

WAGNER (1813—1883): *„Das höchste gemeinsame Kunstwerk ist das Drama: nach seiner möglichen Fülle kann es nur vorhanden sein, wenn in ihm jede Kunstart in ihrer höchsten Fülle vorhanden ist."* Musik, Sprache, Handlung und Szene schließen sich zum Gesamtkunstwerk zusammen.

STRAWINSKY (1882—1971) bemerkt zu seiner in lateinischer Sprache geschriebenen Oper *Oedipus Rex*: *„Die strenge Form dieser Sprache hat an sich schon so viel Ausdruckswert, daß es nicht nötig ist, ihn durch die Musik noch zu verstärken. So wird der Text für den Komponisten zu einem rein phonetischen Material. Er kann ihn nach Belieben zerstückeln und sich nur mit den einfachsten Elementen beschäftigen, aus denen er besteht: den Silben."*

## LIBRETTO

Der Name entstand im opernfreudigen Venedig des 17. Jahrhunderts. Die OpernTEXTE wurden in kleinen handlichen Büchern (libretti) gedruckt, damit die Opernbesucher während der Vorstellung die Texte mitlesen konnten.

OPERNDICHTER lebten damals vom Verkauf der TEXTBÜCHER, nicht wie heute von TANTIEMEN (GEMA). Auf dem Buch stand nur der Name des Dichters, da die Texte zumeist mehrfach verwendet wurden.

Einer der begehrtesten Librettisten war PIETRO METASTASIO. Sein *Artaserse* wurde seit 1730 von über 100 Komponisten vertont.

*„An die hundert Büchel"* hat MOZART, wie er selbst schreibt, gelesen, bevor er den geeigneten Stoff zu *Figaros Hochzeit* fand (Textdichter: LORENZO DA PONTE, nach BEAUMARCHAIS). Auf dem Theaterzettel zur Uraufführung der *Zauberflöte* ist noch der Verfasser des Textbuches an erster Stelle genannt: *„Eine große Oper in 2 Aufzügen von Emmanuel Schikaneder."*

Die Zusammenarbeit zwischen Textdichter und Komponist warf zwar häufig Probleme auf, war aber allgemein üblich. FRIEDRICH KIND schrieb das Libretto zu WEBERS *Freischütz*, BERT BRECHT den Text zur *Dreigroschenoper* (Musik von KURT WEILL), HUGO VON HOFMANNSTHAL die Textbücher zu RICHARD STRAUSS' *Rosenkavalier, Elektra, Ariadne, Arabella* und *Frau ohne Schatten*, COCTEAU den Text zu STRAWINSKYS *Oedipus Rex*.

Einige Komponisten jedoch übernahmen Stoffe aus der Literatur oder aus Dramen und bearbeiteten sie nach ihren musikalisch-dramatischen Vorstellungen. Beispiele dafür sind: RICHARD STRAUSS/OSCAR WILDE — *Salome*; ALBAN BERG/GEORG BÜCHNER — *Wozzeck*; HANS WERNER HENZE/HEINRICH VON KLEIST — Der *Prinz von Homburg* (bearbeitet von INGEBORG BACHMANN); GISELHER KLEBE — *Das Märchen von der schönen Lilie* (nach dem Märchen von GOETHE) und *Die Räuber* (nach SCHILLER) usw.

Wieder andere Komponisten schrieben ihre Libretti selbst wie beispielsweise RICHARD WAGNER (sämtliche Bühnenwerke) und CARL ORFF *(Der Mond, Die Kluge, Die Bernauerin)*.

Neapel, Teatro di Corte
München, Cuvilliés-Theater

Aufgaben:

1. Worin liegen die Probleme einer Zusammenarbeit zwischen Textdichter und Komponist?
2. Warum sind die Textdichter heute meist unbekannt?
3. Welche Personen werden heute auf Opernankündigungen (Plakaten) angeführt und welche werden besonders hervorgehoben?
4. Begegnen uns bekannte Dichter im Opernführer?

Einige Quellen zur Zusammenarbeit zwischen TEXTDICHTER und KOMPONIST:

HERDER an GLUCK (1774): *„Der große Zwist zwischen Poesie und Musik ist die Frage: Welche von beiden soll dienen? Welche herrschen? Der Musiker will, daß seine herrschen soll, der Dichter auch; und daher stehen sie sich oft im Wege."*
WEBER über den *„charakteristischen Hauptton"* im *Freischütz*: *„Die wichtigste Stelle für mich waren die Worte des Max: ‚Doch mich umgarnen finstre Mächte', denn sie deuteten mir an, welcher Hauptcharakter der Oper zu geben sei. An diese ‚finstren Mächte' mußte ich den Hörer so oft als möglich durch Klang und*

*Melodie erinnern. Sehr oft bot mir der Text Gelegenheit dazu, sehr oft aber deutete ich da, wo der Dichter es nicht unmittelbar vorgezeichnet hatte, durch Klänge und Figuren an, daß dämonische Mächte ihr Spiel treiben."*

Lortzing erwartet von einem Textbuch, daß es vor allem *„musikalische Situationen"* enthalte: *„Hier Gelegenheit zu einem Liede, dort zu einer Arie, da zu einem Duett, Ensemble, Chor usw. . . . Muß doch alles, was die Poesie ausmacht, tiefe große Gedanken, blühende Bilder, Reinheit des Reims, Glätte und Fluß der Sprache usw. durch den Komponisten zu Asche verbrannt werden, damit der Phönix Musik daraus erstehen könne."*

Hofmannsthal im Briefwechsel mit Richard Strauss (1911): *„Ich danke sehr für Ihre beiden Briefe. Solche Andeutungen, was jeder sich unter der gemeinsamen Arbeit vorstellt, sind unerläßlich und werden noch mehrfach nötig sein . . . Nur so ist Zusammenarbeit möglich. Ich werde gelegentlich Ihr Entgegenkommen fordern, wo eine Dichtung ein mehr dienendes Verhältnis der Musik in gewissen Szenen erheischt — so war es — schon in der Szene der Marschallin (‚Der Rosenkavalier') — umgekehrt hier* (gemeint ist *‚Ariadne')* *soll alles nur wie ein Drahtgestell sein, um Musik gut und hübsch daran aufzuhängen. Man muß nicht nur miteinander, sondern geradezu ineinander arbeiten."*

Wagner über seine Art der Textdichtung (1844): *„Die Art meiner Produktion ist aber anders: Zunächst kann mich kein Stoff anziehen, als nur ein solcher, der sich mir nicht nur in seiner dichterischen, sondern auch in seiner musikalischen Bedeutung zugleich darstellt. Ehe ich dann daran gehe einen Vers zu machen, bin ich bereits in dem musikalischen Dufte meiner Schöpfung berauscht, ich habe alle Töne, alle charakteristischen Motive im Kopfe, so daß, wenn dann die Verse fertig und die Szenen geordnet sind, die eigentliche Oper ebenfalls schon fertig ist, und die detaillierte musikalische Bearbeitung mehr eine ruhige und besonnene Nacharbeit ist, der das Moment des eigentlichen Produzierens bereits vorausgegangen ist."*

Literatur:

Die Texte von Herder, Weber und Lortzing sind entnommen: E. Rabsch-Burkhardt, *Musik*, Teil III, Frankfurt 1929, S. 215 und 218; sehr instruktiv zum gesamten Problem ist der *Briefwechsel* zwischen Richard Strauss und Hugo von Hofmannsthal, Zürich 1952, Zitat S. 116 f., erweiterte Neuauflage ³/1964; Wagners Äußerung ist in einem Brief an den Berliner Kritiker Carl Gaillard enthalten, zitiert nach Hans Gal, *Richard Wagner*. Frankfurt—Hamburg 1963 — Fischer-Bücherei 506 — S. 111.

## DRAMATISCHE HANDLUNG — MUSIKALISCH

Musik und dramatische Handlung ergänzen sich. Als Beispiel: Mozart, *Die Hochzeit des Figaro*, Finale des 2. Aktes.

Duett, Allegro (Es-dur): Der Graf ist in das Zimmer der Gräfin eingedrungen, wo er den Pagen Cherubino vermutet. Gewaltsam öffnet er die Tür zum Kabinett.

Terzett, Molto Andante (B-dur): Zur allgemeinen Verwunderung tritt Susanna aus dem Kabinett hervor.

Terzett, Allegro (B-dur): Der Graf sucht weiter nach dem Pagen. Susanna verrät der erregten Gräfin, daß der Page aus dem Fenster gesprungen ist. Der Graf findet das Kabinett tatsächlich leer und bereut seinen Argwohn.

Quartett, Allegro $^3/_8$-Takt (G-dur): Figaro kommt hinzu und dringt auf die Hochzeit mit Susanna. Der Graf gebietet Aufschub.
Quartett, Andante $^2/_4$-Takt (C-dur): Der Graf will Auskunft über einen geheimnisvollen Brief, den ihm Figaro zugespielt hat. Figaro überspielt die Situation und bittet erneut um die Erlaubnis zur Hochzeit.
Quintett, Allegro molto (F-dur): Der Gärtner Antonio berichtet aufgeregt, daß jemand bei der Gräfin aus dem Fenster gesprungen sei. Figaro gibt vor, es selber gewesen zu sein.
Quintett, Andante $^6/_8$-Takt (B-dur): Als Beweis gegen Figaro spricht, daß der Gärtner unter dem Fenster das Offizierspatent des Pagen gefunden hat. Figaro redet sich heraus, das Patent vom Pagen erhalten zu haben, weil noch das Siegel fehlte. Gärtner ab.
Septett, Allegro assai (Es-dur): Marcellina tritt mit ihren Rechtsbeiständen Basilio und Bartolo auf. Sie besteht auf dem Eheversprechen, das Figaro ihr geben mußte, als er in Geldnot war. Der Graf schiebt die Angelegenheit bis zur richterlichen Entscheidung auf.
Septett, Più Allegro (Es-dur): Ein tumultartiger Streit der Parteien beendet den Akt.

Aufgaben:

1. Welche Mittel tragen zur Steigerung bei?
2. Warum geht die Temposteigerung nicht stetig von Stück zu Stück weiter?
3. Wir hören den betreffenden Ausschnitt der Oper von der Schallplatte.

## ROLLENVERTEILUNG — SPIEGEL DER GESELLSCHAFT?

Soziologie der Oper

Die Personen in MOZARTS komischer Oper *Figaros Hochzeit* gehören verschiedenen sozialen Ständen an: Graf und Gräfin dem Adel, *Susanna, Cherubino* und *Figaro* dem Stand der Bediensteten, Bauern und Bäuerinnen des Chors dem Stand der Landarbeiter.
Gleichzeitig nennt man die Rolle des Grafen eine Charakter-Rolle, *Figaro* spielt eine Buffo-Rolle, der Musikmeister *Basilio* eine Intrigen-Rolle.

Aufgaben:

1. Welchen Ständen gehören die anderen Personen der Oper an?
2. Wir untersuchen weitere Opern MOZARTS nach Rollen und Ständen.
3. Welche Stände sind in WEBERS *Freischütz,* in BERGS *Wozzeck* und in ZIMMERMANNS *Die Soldaten* repräsentiert?

## OPERNERFOLGE

BALDASSARE GALUPPIS Oper *Il filosofo di campagna* (1754, Text von GOLDONI) wurde innerhalb weniger Jahre in folgenden Städten aufgeführt:
Venedig, Mailand, Florenz, Dresden, Bologna, Siena, Civitavecchia, Genua, Mannheim, Bergamo, Novara, Rom, Berlin, Pistoia, Modena, Parma, St. Petersburg, Turin, Brüssel, Reggio, Madrid, London, Prag, Dublin, Frankfurt, Wien, Schwetzingen, Reval, Riga, Stockholm.

Mailand, Scala
Köln, Städtisches Opernhaus

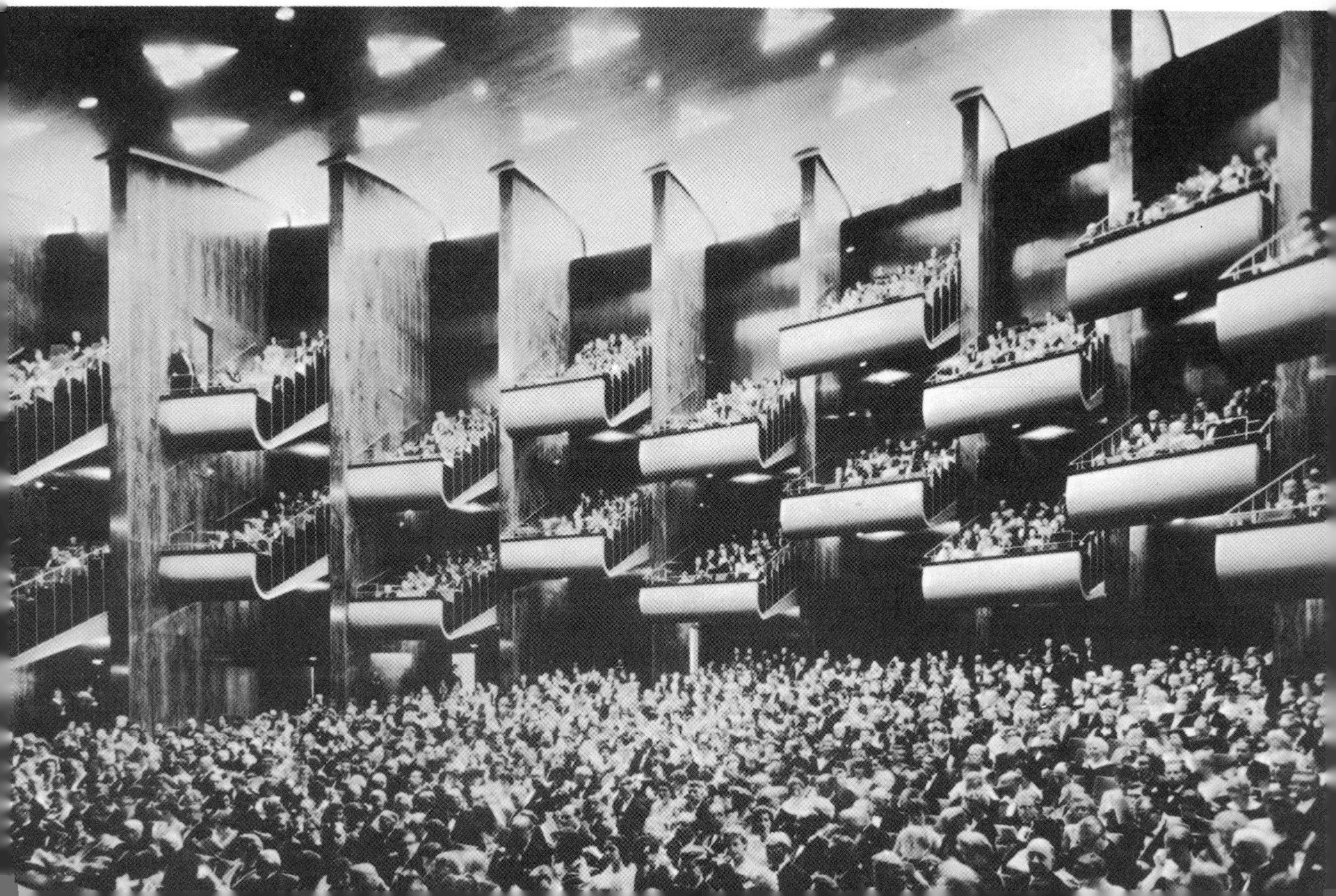

Aufgaben:

1. Wir zeichnen die erwähnten Städte in einen Grundriß Europas ein. Was kann man folgern?
2. Gibt es heute bei bestimmten musikalischen Gattungen entsprechende nationale Vorherrschaften wie die der Italiener in der Barockzeit?

## OPERN IN IHRER ZEIT

Opern können gegenwartsbezogen und aktuell sein. Das zeigt die folgende Aufstellung:

| | |
|---|---|
| MOZART, *Die Hochzeit des Figaro:* | Auflehnung gegen überkommene Vorrechte des Adels |
| BEETHOVEN, *Fidelio:* | Protest gegen Tyrannei, Bekenntnis zur Freiheit |
| WAGNER, *Rienzi:* | Freiheitskampf eines Volkstribunen |
| BERG, *Wozzeck:* | Tragödie der geschundenen Kreatur; Sozialkritik |
| KRENEK, *Jonny spielt auf:* | Provokation durch Jazzmusik, verkörpert in dem Neger Jonny |
| BRECHT/WEILL, *Dreigroschenoper:* | Gesellschaftskritik |
| HINDEMITH, *Mathis der Maler:* | Der Künstler — ein Diener der Kunst oder des Volkes? U. a. Szene einer Bücherverbrennung |
| BLACHER, *Zwischenfälle bei einer Notlandung:* | Der Mensch in der Welt der Automaten |
| SCHULLER, *Visitation: (Heimsuchung)* | Auflehnung gegen Rassen-Diskriminierung |

Zeitgeschichte

Aufgabe:

Welches Zeitbild steht im Hintergrund der einzelnen Opern (vgl. Opernführer)?

Literatur:

R. KLOIBER, *Handbuch der Oper.* Band 1 und 2. München 1973 (dtv und BV)
G. RENNERT, *Opernarbeit. Inszenierungen 1963—1973.* München 1974 (dtv und BV)

## SPIELPLÄNE BEFRAGT — DIE FÜNFZEHN BELIEBTESTEN OPERN

Die Beliebtheit von Opern kann man ablesen an der Zahl ihrer Aufführungen während einer Spielzeit. Nebenstehend ein Auszug aus der Werkstatistik 1968/1969 (nach: *Die Deutsche Bühne* vom 1. 2. 1970).

Aufgaben:

1. Woraus erklären wir die große BELIEBTHEIT der angeführten Werke? (Vermutungen)

2. Entspricht die Spielplangestaltung in unserer eigenen Stadt (oder der nächst erreichbaren Stadt) der Beliebtheitsskala?
3. Aus welcher Zeit stammen die beliebtesten Opern, von welchen Komponisten? Welche Opernkompositionen fehlen in der Aufstellung und warum?

Vorhaben:

1. Wir fragen uns, nach welchen Gesichtspunkten der Spielplan gestaltet wird.
2. Wir erarbeiten eine der beliebten Opern nach Text und Musik. (Hilfsmittel: Opernführer, Textbuch, Schallplatte, Klavierauszug, Partitur.)

ein Opernbesuch

3. Wir verabreden einen Opernbesuch und stellen unsere Beobachtungen an: Was geschieht im Foyer, im Zuschauerraum, auf der Bühne, im Orchestergraben? Wie kleiden sich die Sänger, die Musiker, die Besucher? Verhalten sich die Besucher bei einer zeitgenössischen Oper anders als bei einem populären Werk?
4. Wir besorgen uns einen alten Opernführer und untersuchen, welche der um die Jahrhundertwende populären Opern heute noch gespielt werden.
5. Wir informieren uns über SCHULOPERN. Können wir uns dazu entscheiden, eine solche mit eigenen Kräften aufzuführen?

Siehe auch OPER IM FERNSEHEN S. 21.

| Komponist | Titel der Oper | Datum der Erstaufführung | Zahl der Aufführungen 1968/69 |
|---|---|---|---|
| VERDI | *La Traviata* | 1853 | 297 |
| MOZART | *Die Zauberflöte* | 1791 | 271 |
| MOZART | *Die Entführung aus dem Serail* | 1782 | 268 |
| PUCCINI | *Madame Butterfly* | 1904 | 243 |
| MOZART | *Die Hochzeit des Figaro* | 1786 | 231 |
| PUCCINI | *La Bohème* | 1896 | 208 |
| OFFENBACH | *Hoffmanns Erzählungen* | 1881 | 192 |
| WEBER | *Der Freischütz* | 1821 | 189 |
| BEETHOVEN | *Fidelio* | 1814 | 177 |
| SMETANA | *Die verkaufte Braut* | 1866 | 176 |
| WAGNER | *Der fliegende Holländer* | 1843 | 168 |
| VERDI | *Troubadour* | 1853 | 166 |
| STRAUSS | *Der Rosenkavalier* | 1911 | 162 |
| MOZART | *Don Giovanni* | 1787 | 158 |
| VERDI | *Die Macht des Schicksals* | 1861 | 145 |

## ZWEI OPERNSZENEN

Die folgenden zwei Beispiele von WAGNER und VERDI sind auf Schallplatten mehrfach greifbar:

WAGNER, Auftrittsszene des *Fliegenden Holländers: Die Frist ist um ...*
VERDI, Szene und Arie aus *Rigoletto* (Beginn 3. Akt): *Sie wurde mir entrissen ...*

Situationen:

a) Der Fliegende Holländer darf alle sieben Jahre das Festland betreten. Er verflucht sein Schicksal, das ihn rastlos über die Meere treibt. An eine Erlösung glaubt er nicht mehr *(Um ew'ge Treu auf Erden ist's getan)*. Er hofft nur noch auf den Weltuntergang, der sein Leiden beenden wird.

b) Die Höflinge des Herzogs von Mantua haben Rigolettos Tochter Gilda entführt. Der Hofnarr bittet um Erbarmen.

Aufgaben:

1. Wir vergleichen den Gesang und die Musik dieser beiden Szenen. Wo sind die Höhepunkte?
2. Wann erklingen Koloraturen?
3. Kann man zwischen Rezitativ und Arie unterscheiden?
4. Welche Aufgabe hat das Orchester?
5. Wagner hat zur Charakterisierung des *Fliegenden Holländers* das folgende LEITMOTIV geschaffen:

An welchen Stellen erklingt es in der Auftrittsszene des *Holländers*? Verwendet auch VERDI in der *Rigoletto*-Szene ein Leitmotiv?

6. Gibt es grundsätzliche Unterschiede zwischen der Musik VERDIS und WAGNERS?
7. Warum sind gerade diese Szenen mehrfach auf SCHALLPLATTEN eingespielt?

Siehe auch DER BIELEFELDER KATALOG S. 39.

## MUSIKALISCHE FORMEN IN DER OPER — ALBAN BERGS „WOZZECK"

| HANDLUNG: (Nach GEORG BÜCHNERS *Woyzek*) | MUSIK: |
| --- | --- |
| I. Akt: Wozzeck und die Umwelt (Exposition) | Fünf Charakterstücke |
| 1 Zimmer des Hauptmanns. — Wozzeck rasiert den Hauptmann. Gespräch über die Moral. — *„Es muß was Schönes sein um die Tugend, Herr Hauptmann. Aber ich bin ein armer Kerl!"* | *„Der Hauptmann"* — Suite: Präludium, Sarabande, Kadenz, Gigue, Kadenz, Gavotte, Double I, Double II, Air, Reprise, Präludium im Krebsgang (Verwandlungsmusik: Finale der Suite). |
| 2 Freies Feld. — Wozzeck und Andres schneiden Weiden. Wozzeck hat apokalyptische Gesichte und ist voller Angst. — *„Der Platz ist verflucht!"* | *„Andres"* — Rhapsodie über die Folge von drei Akkorden, dazu das dreistrophige Jägerlied des Andres. (Verwandlungsmusik: Nachspiel und Überleitung). |
| 3 Mariens Stube. — Marie winkt dem Tambourmajor. Streit mit Margret. Wozzeck erzählt von seinen Gesichten. Marie: *„Der Mann! So vergeistert: Er hat sein Kind nicht angesehn!"* | *„Marie"* — Militärmusik hinter der Szene, Militärmarsch, Wiegenlied. (Verwandlungsmusik: Überleitung). |
| 4 Studierstube des Doktors. — Der Doktor experimentiert mit Wozzeck. — *„Er ist ein int'ressanter Fall — Er hat eine schöne fixe Idee!"* | *„Der Doktor"* — Passacaglia (bzw. Chaconne): zwölftöniges Thema mit 21 Variationen (Verwandlungsmusik). |

| | |
|---|---|
| 5 Straße. – Begegnung Marie und Tambourmajor. – *„Sieht dir der Teufel aus den Augen?"* | *„Der Tambourmajor"* – Andante affettuoso (Rondo). |
| II. Akt: Dramatische Entwicklung (Peripetie) | Symphonie in fünf Sätzen |
| 1 Mariens Stube. – Marie bewundert die Ohrringe, die ihr der Tambourmajor geschenkt hat. Wozzeck bemerkt die Ohrringe und verläßt das Haus. – *„Wir arme Leut!"* | Sonatensatz – Kurze Einleitung, Exposition (Hauptsatz, Seitensatz, Schlußsatz), 1. Reprise, Durchführung, 2. Reprise, Coda (Verwandlungsmusik). |
| 2 Straße in der Stadt. – Doktor und Hauptmann, später Wozzeck. Anspielungen auf den Tambourmajor. – *„Man könnte Lust bekommen, sich aufzuhängen! Dann wüßte man, woran man ist!"* | Fantasie und Fuge über drei Themen – Thema 1 (Hauptmann), Thema 2 (Doktor), Thema 3 (Wozzeck), Fuge, Nachspiel der Fuge (Überleitung). |
| 3 Straße vor Mariens Wohnung. – Auseinandersetzung zwischen Wozzeck und Marie. – *„Der Mensch ist ein Abgrund, es schwindelt einem, wenn man hineinschaut . . ."* | Largo für Kammerorchester – (Kammerorchester in der Besetzung von Schönbergs Kammersymphonie: dazu zeitweise das ganz große Orchester). |
| 4 Wirtshausgarten. – Marie und der Tambourmajor beim Tanz, von Wozzeck beobachtet. – *„Alles wälzt sich in Unzucht übereinander."* – Predigt des 2. Handwerksburschen. | Scherzo für das große Orchester. Wirtshausmusik auf der Bühne. – Scherzo; Trio I; Scherzo II; Trio II; Scherzo I; Trio III; Scherzo II. |
| 5 Wachstube in der Kaserne. – Der betrunkene Tambourmajor streitet mit Wozzeck. – *„Mein Gott und Herr, führe uns nicht in Versuchung."* | Rondo marziale con Introduzione. |
| III. Akt: Der Ablauf des Unheils (Katastrophe) | Fünf Inventionen |
| 1 Mariens Stube. – Marie liest in der Bibel. – *„Heiland, Du hast Dich ihrer erbarmet, erbarme Dich auch meiner."* | Inventionen über ein Thema – Thema, sieben Variationen und Fuge (Verwandlungsmusik: Schluß der Fuge). |
| 2 Waldweg am Teich. – Wozzeck ersticht Marie. – *„Wie der Mond rot aufgeht!"* – *„Wie ein blutig Eisen!"* | Inventionen über einen Ton (H) – Orgelpunkt bzw. liegende Stimme auf H. |
| 3 Schenke. – Margret entdeckt Blut an Wozzecks Hand. Er stürzt davon, um das Messer zu suchen. – *„Was wollt Ihr? Was gehts Euch an? Bin ich ein Mörder?"* | Invention über einen Rhythmus – Polka schnell für Piano auf der Bühne; Trinklied Wozzecks; Lied Margrets; Ensemble: Durchführung. |
| 4 Waldweg am Teich. – Wozzeck ertrinkt. Hauptmann und Doktor kommen vorbei. – *„Das stöhnt – als stürbe ein Mensch."* | Invention über einen Sechsklang – 1. als Akkord; 2. auf anderen Stufen; 3. Coda; Orchesterzwischenspiel: Invention über eine Tonart (d-moll). |
| 5 Freier Platz. – Spielende Kinder, unter ihnen der Junge von Marie. – *„Hopp hopp! Hopp hopp!"* | Invention über eine gleichmäßige Achtelbewegung – Quasi Toccata: Das Lied der Kinder, Ensemble. |

(Aus: Programmheft der Hamburgischen Staatsoper, Beilage September 1970.)

Zur Diskussion:

Ende der Oper

Der Musiksoziologe ADORNO behauptet: *„Was die Oper anlangt, so glaube ich, daß sie vielleicht noch dieses Jahrhundert überleben wird, das nächste kaum mehr. Ich kann mir eine Kultur vorstellen, in der die Oper in einer ähnlichen Weise verschwindet wie eine ganze Reihe anderer Formen, zum Beispiel die des repräsentativen Portraits in der Malerei. Menschen, die spezifisch interessiert* *sind, hören sich dann eben Platten von Opern an. Ich muß ganz ehrlich sagen, lieber gar keine Oper als die Verwandlung aller überhaupt nur erdenklichen Opern in lauter Rosenkavaliere.* PIERRE BOULEZ *hat neulich mit Recht die Krise der Oper hervorgehoben ... Die Form der Oper selbst befindet sich in einem akuten Krisenzustand, nicht in bezug auf die Teilnahme des Publikums daran, denn das rennt unverändert in die ‚Aida' und in die ‚Meistersinger'. Aber es ist mit der Produktion von Opern im traditionellen Sinn vorbei — selbst im Sinn von ‚Wozzeck' oder ‚Lulu' oder ‚Moses und Aron'."* (TH. W. ADORNO im Spiegel-Gespräch: *Musik im Fernsehen ist Brimborium,* in: Der Spiegel 22, 1968, Heft 9, S. 124.)

Oper in der Krise

## OPER DER ZUKUNFT

*„Es ist an eine Oper zu denken, besser noch: an ein Theater, unter dem ich die Konzentration aller theatralischen* MEDIEN *zum Zwecke der* KOMMUNIKATION *an einer eigens dafür geschaffenen Stätte verstehe. Mit anderen Worten: Architektur, Skulptur, Malerei, Musiktheater, Sprechtheater, Ballett, Film, Mikrophon, Fernsehen, Band- und Tontechnik, Elektronische Musik, Konkrete Musik, Zirkus, Musical und alle Formen des Bewegungstheaters treten zum Phänomen der pluralistischen Oper zusammen."* (BERND ALOIS ZIMMERMANN im Programmheft zur Uraufführung der Oper *Die Soldaten,* Köln 1965.)

Verschiedenste Vorgänge ereignen sich in dieser Oper (Text: REINHOLD LENZ, 1751—1792) gleichzeitig und lassen eine übergeordnete Einheitlichkeit entstehen. Die Uraufführung in Köln 1965 war ein Kompromiß zwischen den Möglichkeiten keiten eines Opernhauses und den ursprünglich noch weiterreichenden Vorstellungen des Komponisten. In dem Text zur Schallplattenaufnahme lesen wir:

*„Die Hauptbühne wurde in drei Teilbühnen aufgegliedert. So konnte wenigstens eine Reihe von Simultan-Szenen tatsächlich gleichzeitig laufen; den Rest hat* ZIMMERMANN *auf Filmeinblendungen reduziert. So ist für die ... Szene IV, 1 in der jetzt maßgeblichen Fassung des Klavierauszuges u. a. vorgesehen: Desportes, einen Brief schreibend — Film I, rechts oben: ‚Marie, von der Gräfin wegeilend', — Film II, links unten: ‚Desportes Jäger, einen Brief lesend' — Film III, Mitte hinten halb hoch: ‚Pirzel und Eisenhardt im Gespräch' — Bühne I: ‚Drei tanzende Fähnriche' — Bühne II: ‚Vater Wesener' — Film II: ‚Das Kaffeehaus' — verschiedene Lautsprecher; Stolzius vor der ‚Apotheke' — Film III: ‚Vergewaltigung der Marie durch den Jäger' — Film I: ‚Tanzgesellschaft im Hause der Madame Bischof' — Film I: ‚Tribunal' — alle drei Bühnen: ‚Mutter Wesener' — unsichtbar, Stimme.*
*Die verschiedenen Themen der Filmeinblendungen folgen unmittelbar aufeinander, die Folge entspricht nicht dem zeitlichen Ablauf der dramatischen Vorgänge, sondern vertauscht wieder Vergangenheit, Gegenwart und Zukunft, verschiedene Szenen werden in anderer Einstellung wiederholt."*
Entsprechend vielschichtig wie die Szenerie ist auch die Musik angelegt:
*„So erscheint in der zweiten Szene des zweiten Aktes während der Unterredung zwischen Stolzius und seiner Mutter, die synchron zur Verführung der Marie durch Desportes verläuft, ein Choral, ‚Ich bin's, ich sollte büßen' im Satz von* J. S. BACH. *In der Schlußszene wird zu den verschiedensten anderen Strukturen vom Feldprediger auf einen Lektionston das ‚Pater noster — Vater unser' gesun-*

*gen, und in der vierten Szene des dritten Aktes wird für das Duett zwischen der Gräfin de la Roche und ihrem Sohn eine rhythmische Struktur aus dem 2. Agnus Dei aus* Josquins *Messe ‚L'homme armé', im isorhythmischen Prinzip übertragen, verwendet."* (H. J. Herbort im Begleittext zur Wergo-Schallplattenaufnahme dieser Oper.)

Aufgaben:

1. Wir erklären die Elemente, aus denen sich Zimmermanns *„Oper der Zukunft"* — er selbst nennt sie *„Omni-mobil"* — zusammensetzen soll.
2. Kennen wir Multi-media Kunst?

## INSTRUMENTALES THEATER

ein neuer Weg?

*„Es tritt heute ein merkwürdiges Wechselspiel zwischen Gesetzmäßigkeiten des* Theaters *und der Musik zutage ... Es ist keine Seltenheit mehr, daß Musiker auf dem Podium kleine Schaustellungen bieten, ja sogar reguläre Musiktheaterstücke schreiben, die mit der traditionellen* Oper *nicht mehr das geringste zu tun haben."* (M. Kesting, *Musikalisierung des Theaters — Theatralisierung der Musik,* in: Melos 36, 1969, S. 101.)

Erstes Beispiel ist Stockhausens *Originale (1961) — musikalisches Theater.* Zur Musik *Kontakte* agieren Originale wie Pianist, Tontechniker, Beleuchter, Regisseur, Modedame, Straßensänger, Garderobenfrau, Dirigent, Maler und andere „Typen" des Theaters in szenischen Aktionen.

Ligetis *Aventures* von 1962 wurde für drei Sänger und sieben Instrumentalisten komponiert. Obgleich das Stück durchaus im Konzert aufgeführt werden kann, hat Ligeti selbst die *Aventures* auf die Bühne gebracht. Begründung: Das Stück ist zwar für Sänger vorgesehen, es enthält aber keinen Text. Die Sänger tragen ein Gemisch aus Klängen, Geräuschen und Sprachlauten vor.

In Kagels *Match für drei Spieler* (1964 nach einem Traum komponiert) wird die Bedeutung des Wortes concertare = miteinander kämpfen und wetteifern wörtlich genommen. Auf dem Podium führen zwei Cellisten eine Art sportlich-musikalischen Wettkampf durch, ein Schlagzeuger fungiert als Schiedsrichter.

Kagels *Phonophonie* 1963 verbindet das Thema des Musikmachens und Musikhörens mit Interesse am Übergang von Klang, Laut und Geräusch. Thema ist ein Sänger, der seine Stimme verloren hat und versucht, sich zu artikulieren, sich auszudrücken, zu singen, aber nur verzerrte Laute und ab und zu einen Ton hervorbringt. In das Geschehen ist eine Zuhörerin einbezogen, die auf der Bühne plaziert ist und die Versuche des Sängers kommentiert.

In Kagels *Tremens* von 1964 liegt ein Patient auf der Couch beim Psychiater, der selbst aber nicht in Erscheinung tritt, sondern nur Anweisungen und Befehle durch den Lautsprecher gibt. Der Patient hat musikalische und klangliche Halluzinationen, die durch Radio und Grammophon in Bewegung gesetzt werden. Nicht etwa Arzt oder Patient sind die Hauptdarsteller, sondern das Akustische, also Musik, Laut, Geräusch.

In *Pas-de-cinq* (auch *Wandelszene* genannt) aus dem Jahr 1965 läßt KAGEL fünf Darsteller ein Fünfeck abschreiten. Das Geräusch der Schritte, das Aufschlagen der Stöcke, die Tempi des Gehens und Stockaufschlagens, die verschiedenen Oberflächen der Bühne, durch die die Geräusche moduliert werden, sind die Komponenten des abstrakten, handlungslosen Stücks.

*Camera oscura* (KAGEL) schließlich, ebenfalls 1965 entstanden, heißt im Untertitel *chromatisches Spiel für Lichtquellen mit Darstellern*. Um Bühne und Publikum sind Lautsprechergruppen, Scheinwerfer und Bildprojektoren plaziert. Die Darsteller dienen vor allem als bewegliche Träger von Projektionsflächen, die wiederum von beweglichen Projektoren mit Filmen und Bildern bespielt werden.

Für KAGEL ist schon die Produktion von Geräuschen, Klängen und Musik Theater. Seine diesbezüglichen Bemühungen erscheinen zusammengefaßt in dem 100 Minuten-Stück *Staatstheater* (1971 in Hamburg uraufgeführt). Der *szenischen Komposition* liegt keine Handlung im üblichen Sinne zugrunde. Vielmehr werden gängige Opernbegriffe, wie Repertoire, Einspielung, Ensemble, Debut, Saison, Spielplan, Parkett usw. auf eine Art musikalisiert, die deutlich macht, wie stark diese Begriffe historisch geformt sind, und wieviel Bemühungen es erfordert, ihr geschichtlich gewachsenes Klischee zu durchbrechen.

Literatur:

K. STOCKHAUSEN, *Texte*, Band 2. Köln 1964, S. 107—129.
D. SCHNEBEL, *Mauricio Kagel — Musik, Theater, Film*. Köln 1970.
Siehe auch HAPPENING S. 227.

## MUSIK AUF DER BÜHNE — BÜHNENMUSIK

Hintergrundmusik

In Theaterstücken sind häufig Lieder und Hintergrundmusiken vorgeschrieben. Es gibt berühmte BÜHNEN-MUSIKEN, die heutzutage im allgemeinen nur noch im Konzertsaal erklingen; oft hat sich sogar nur die OUVERTÜRE behaupten können.

| | |
|---|---|
| GOETHE: *Egmont* | BEETHOVEN |
| SHAKESPEARE: *Ein Sommernachtstraum* | MENDELSSOHN |
| IBSEN: *Peer Gynt* | GRIEG |
| DAUDET: *L'Arlésienne* | BIZET |

Im gewissen Sinne ist auch STRAWINSKYS *Geschichte vom Soldaten* eine Bühnenmusik, die sich aber auf dem THEATER gehalten hat, da Handlung und Musik eng miteinander verbunden sind.

Auf die Frage: *„Wann ist die Musik in einem Drama unerläßlich?"* antwortete BUSONI: *„Bei Tänzen, bei Märschen, bei Liedern und — beim Eintritt des Übernatürlichen in die Handlung."* (Aus: Artikel *Bühnenmusik*, MGG II, Sp. 435.)

In modernen Theaterstücken können HINTERGRUNDGERÄUSCHE eine starke dramaturgische Funktion erhalten. Häufig wird ELEKTRONISCHE MUSIK verwendet.

Aufgaben:

1. Für ein SCHULSPIEL stellen wir geeignete Hintergrundmusik zusammen.
2. Wir achten bei einer Theateraufführung (auch im Fernsehen) auf Hintergrundgeräusche und Bühnenmusik.

## DAS „ÜBERNATÜRLICHE" — GEISTERSTIMMEN

In der Sagen- und Märchenwelt gibt es böse Geister, gegen die sich der Mensch wehren muß. Ihre musikalische Darstellung kann sehr unterschiedlich sein; sie bedient sich aber immer besonders sinnfälliger Mittel.

Aufgaben:

1. Was hat es zu bedeuten, wenn REICHARDT den *Erlkönig* auf einen einzigen Ton, SCHUBERT ihn auf einer gesanglichen Liedmelodie und LOEWE auf den Tönen des Dreiklangs singen läßt?
2. In WEBERS Oper *Der Freischütz* singt der Geisterchor einen verminderten Vierklang (übermäßiger Quintsextakkord), ein Akkord, der auch die Auftritte Samiels charakterisiert. Welche Wirkung geht von diesem Akkord aus?
3. Das Leitmotiv des *Fliegenden Holländers* (WAGNER) ist eine leere Quinte, vom vollen Orchester (Streicher-Tremolo) gespielt. (Siehe Notenbeispiel S. 148.) Wie wirkt dieser Klang? Kennen wir andere Leitmotive?
4. In MENOTTIS Oper *Hilfe, Hilfe, die Globolinks* treten Wesen von einem anderen Stern auf. Musikalisch werden sie durch ELEKTRONISCHE MUSIK dargestellt. Die Eindringlinge werden durch Gesang und Instrumentalmusik wieder vertrieben. Welche Vorstellung steht hinter dieser Symbolik?
5. Welcher Mittel bedienen sich heute RUNDFUNK, FILM und FERNSEHEN, um unheimliche Situationen musikalisch zu untermalen?

## LAUTSPRECHERMUSIK

Elektro-Akustik

Bei Theater- und Opernaufführungen können sehr vielseitig elektro-akustische Mittel eingesetzt werden.

a) Lautsprecher-Einspielung von BÜHNENMUSIKEN oder Chören und Stimmen aus dem Hintergrund
b) GERÄUSCHUNTERMALUNG, z. B. Fallen des Ankers in *Der fliegende Holländer* (WAGNER), Kanonendonner in *Die Macht des Schicksals* (VERDI), Absturz eines Flugzeugs in *Zwischenfälle bei einer Notlandung* (BLACHER)
c) Überwirkliche Atmosphäre für die Untermalung der Wolfsschluchtszene in *Der Freischütz* (WEBER), Geisterszenen in *Die Frau ohne Schatten* (STRAUSS)
d) Elektronische Musik als tragendes Fundament der Handlung, entweder im Dialog mit dem Orchester oder als selbständige Teile.
   Beispiel: *Hilfe, Hilfe, die Globolinks* (MENOTTI)
e) Bei BALLETTvorführungen wird die Musik häufig über TONBAND und LAUTSPRECHER eingespielt.

## GESANGSFÄCHER

Bei der Oper unterscheidet man eine ganze Reihe von GESANGSFÄCHERN. Sie sind nicht nur durch den STIMMUMFANG, sondern auch durch den STIMMCHARAKTER festgelegt. In einem Opernführer sind die Opernrollen nach folgenden Fächern aufgeschlüsselt: *Soubrette, Lyrischer Koloratursopran (Koloratursoubrette), Lyrischer Sopran, Jugendlich-dramatischer Sopran, Dramatischer Koloratursopran, Dramatischer Sopran, Charaktersopran, Hochdramatischer Sopran; Dramatischer Mezzosopran; Spielalt, Dramatischer Alt, Tiefer Alt; Spieltenor (Tenorbuffo), Lyrischer Tenor, Jugendlicher Heldentenor, Charaktertenor, Heldentenor; Lyrischer Bariton (Spielbariton), Kavalierbariton, Charakterbariton, Heldenbariton (Hoher Baß); Spielbaß (Baßbuffo), Schwerer Spielbaß (Schwerer Baßbuffo), Charakterbaß (Baßbariton), Seriöser Baß.*

Aufgaben:

1. Welche Bezeichnungen sind vom STIMMUMFANG, welche vom STIMMCHARAKTER abgeleitet?
2. Wir hören OPERNARIEN und bestimmen, zu welchem Gesangsfach der Sänger gehört. Anschließend vergewissern wir uns in einem OPERNFÜHRER, ob die Zuordnung richtig ist.

Literatur:

R. KLOIBER, *Handbuch der Oper*. Band 1 und 2. München 1973 (dtv und BV).

## INSTRUMENTE MIT SYMBOLCHARAKTER

Gefühlslenkung

Nicht nur der Klang, sondern auch Tradition und soziale Bindungen sind für den charakterisierenden Einsatz der Instrumente maßgebend. Demnach ertönten in Schauspielen *„Fanfaren zu Beginn des Prologs und am Ende des Epilogs. Sie begleiteten den Einzug des Fürsten und die Herrscherwahl; zur Schlacht, bei der Erscheinung überirdischer Wesen und zur Darstellung von Angst und Schrecken bliesen die Trompeten; die Trommel illustrierte eine Schlacht und wirkte gedämpft bei militärischer Trauermusik mit; in Wirtshausszenen verwendete man die Oboe; Liebes- und Hochzeitsszenen wurden von Flöten begleitet, Jagdszenen von Hörnern, Toten-Märsche von Posaunen; eingelegte lyrische Gesänge bedienten sich der Laute und Geige; die Zwischenaktmusiken wurden von Streichern ausgeführt."* (Nach einer Ästhetik von BEAUMONT und FLETCHER aus dem Ende des 16. Jahrhunderts, in: Artikel *Bühnenmusik*, MGG II, Sp. 435.)

Aufgabe:

Können wir ähnliche Zuordnungen in unserer Umwelt feststellen (Jahrmarkt, Zirkus, Werbemusik)? Welche ASSOZIATIONEN stellen sich bei bestimmten Instrumentenklängen ein?

Hinweis:

In den Weihnachtsoratorien von SCHÜTZ und von BACH werden Instrumente symbolhaft verwendet. MONTEVERDI charakterisiert in seinem *Orfeo* die Ober-

Der Tonmeister des Bayrischen Staatstheaters, München, bei der Probenarbeit

welt durch Viola da Braccio, Orgel, Clavicembalo, Kontrabaß, Harfe und Chitarrone. Cornett, Trombone und Regal sind die Instrumente der Unterwelt. W. A. MOZART verwendet Posaunen in der *Zauberflöte* für die weihevollen Klänge des Priesterreiches, im *Don Giovanni* für die jenseitigen Klänge des steinernen Gastes.
Instrumente der Hirten sind Oboen (BACH: *Weihnachtsoratorium)* bzw, Englisch-Horn (WAGNER: *Tannhäuser, Tristan*). Trompeten als Fanfaren begegnen in WAGNERS *Tannhäuser* (Einzug der Gäste auf der Wartburg) und *Lohengrin* (Brautzug).
VERDI setzt im Triumphmarsch der Oper *Aida* engmensurierte Trompeten (Aida-Trompeten) ein. In WAGNERS *Ring des Nibelungen* ist das Siegfried-Motiv ein Horn-Signal.
Türkisches Kolorit (Janitscharen-Musik) bewirken Triangel, Becken, große und kleine Trommel. So z. B. bei MOZARTS *Die Entführung aus dem Serail*, Ouvertüre.

## VIRTUOSEN

*„Die Aria von der Konstanze habe ich ein wenig der geläufigen Gurgel der Mademoiselle Cavalieri aufgeopfert. ‚Trennung war mein banges Los, und nun schwimmt mein Aug in Tränen‘ habe ich, soviel es eine welsche Bravouraria zuläßt, auszudrücken gesucht."* (MOZART am 26. September 1781 an seinen Vater.)
Die BRAVOURARIE der Konstanze *„Ach ich liebte, war so glücklich"* steht im 1. Akt des Singspiels *Die Entführung aus dem Serail.*

Vorhaben:

1. Wir besorgen uns die Arie in einer Schallplattenaufnahme und im Klavierauszug. Folgende Fragen:
   a) Was ist bravourös an dieser ARIE?
   b) Wieso sieht MOZART hier einen Widerspruch zwischen dem Textausdruck und dem Typ einer italienischen (welschen) Bravourarie?
   c) Welches FORMSCHEMA liegt der Arie zugrunde?
2. Wir tragen Beispiele für ARIEN aus verschiedenen Zeiten zusammen und vergleichen ihren formalen Ablauf.

Hinweis:

Das VIRTUOSENTUM entwickelte sich in der italienischen Oper des 18. Jahrhunderts in enger Beziehung zur musikalischen Gestaltung der ARIEN, die an die Höhepunkte des dramatischen Ablaufs gestellt wurden. *„Ihre Hauptaufgabe war es, AFFEKTE darzustellen und . . . die dramatischen Ruhepunkte in lyrisch-musikalischer Breite auszumalen, während die Schilderung der Handlungsverläufe, das dramatische Geschehen im eigentlichen Sinne, dem musikarmen Rezitativ überlassen bleibt."* (Aus: Artikel *Arie*, MGG I, Sp. 620.)
Es bilden sich sehr bald bestimmte Arientypen heraus. Die virtuose BRAVOURARIE ist durch ausgedehnte KOLORATUREN, die nur die besten Sänger bewältigen konnten, gekennzeichnet. Sie steht meist in schnellem Zeitmaß und dient der Verkörperung jubelnder Freude, des Heroischen, starker Leidenschaften (Wut, Rache, Triumph). Ein anderer Arientypus bringt das Weiche, Anmutige, Zierliche, Galante zum Ausdruck (Andante-Tempo). Ein dritter Typ stellt die Affekte der Trauer, Wehmut, Sehnsucht, des Schmerzes, ernster Beschaulichkeit dar.

Affekte

GAGEN

*„Eine der ersten Ursachen der Höhe, worauf sich der italienische Gesang schwang, ist . . . das außerordentliche Ansehen, worin die Sänger stehen; hinzukommt die verschwenderische Besoldung, die man ihnen gibt. Ein Sänger vom ersten Range in Neapel und Rom kann es jährlich auf 10 bis 15 000 Taler unseres Geldes bringen; ja erst kürzlich hat sich der berühmte Kastrat* FARINELLI *ein Herzogtum erkauft."* (Aus: CHR. FR. D. SCHUBART, *Ideen zu einer Ästhetik der Tonkunst*, 1806.)
Im Jahre 1717 erhielten ANTONIO LOTTI und seine Frau, die Sängerin SANTA STELLA in Dresden 10 500 Taler. Demgegenüber betrug das Jahreseinkommen JOHANN SEBASTIAN BACHS 700 Taler. (Nach: K. V. BURIAN, *Die Oper*. Prag 1961, S. 56.)

Aufgaben:

Welches HONORAR erhält heute ein Sänger
a) für einen Liederabend
b) für einen Auftritt im Fernsehen
c) für ein Halbjahresengagement an der Oper?

Siehe auch EIN BEISPIEL FÜR MUSIKMARKT S. 168.

## OPERNKOMPOSITION — EIN GESCHÄFT?

MOZART, der rund 26 Opern hinterlassen hat, starb als armer Mann.
LORTZING verdiente mit seinen recht beliebten Spielopern kaum soviel, daß er sich und seine Familie erhalten konnte. In Zeiten besonderer Not trat er daher als Sänger auf.
Als Großverdiener kann dagegen ROSSINI gelten, der mit seinen Werken die Opernbühnen der Welt beherrschte und bei seinem Tod ein beträchtliches Vermögen hinterließ. VERDI wurde ebenfalls ein steinreicher Mann. An seinem Lebensende hatte er großen Gutsbesitz und ein Vermögen von 16 Millionen Lire.
Unter den Operettenkomponisten erzielte JOHANN STRAUSS hohe Einnahmen, die aber gegenüber den Einkünften von LEHÁR noch gering erscheinen: STRAUSS' *Fledermaus* spielte zu Lebzeiten des Komponisten 320 000,– Mark ein; *Die Lustige Witwe* von LEHÁR erbrachte in den ersten fünf Aufführungsjahren bereits über fünf Millionen Mark.

Aufgaben:

1. Welche Opern bzw. Operetten der erwähnten Komponisten kennen wir? (Wir informieren uns anhand eines Opernführers.)
2. Worauf ist zurückzuführen, daß die Komponisten seit dem Ende des 19. Jahrhunderts an ihren Opern oder Operetten reich werden können? (URHEBERRECHT, GEMA.)

Hinweis:

Die URHEBERRECHTE wurden in Deutschland durch Beschlüsse des Deutschen Bundes von 1832, 1835, 1837 und 1845 sowie durch ein deutsches Reichsgesetz von 1901 festgelegt. Für die Bundesrepublik gilt gegenwärtig das Urheberrechtsgesetz von 1966 mit der Novellierung von 1973.

Literatur:

Artikel *Urheberrecht*, in: MGG XIII, Sp. 1162.

## BALLETT

Politik

Das Ballett entstand in Frankreich als engagiertes politisches Kunstwerk. Am Hofe LUDWIGS XIV. galt der Tanz als irdisches Abbild der göttlichen Sternenharmonie. Darum mußten Könige und Adlige tanzen. Ihr Tanz stiftete moralische und politische Ordnung.
Anfangs wurde das französische Ballett mit den Schritten des damaligen Gesellschaftstanzes ausgeführt. 1662 bestätigte LUDWIG XIV. die Königliche Akademie des Tanzes (Académie Royal de Danse). Hier wurde von BEAUCHAMPS jene Technik geschaffen, die heute als KLASSISCHES BALLETT bekannt ist.
Der Ausgangspunkt der französischen OPER (LULLY) liegt beim Ballett. Auch in der weiteren Entwicklung blieb das Ballett kennzeichnend für die französische Oper. Außerhalb Frankreichs nahm sich vor allem das zaristische Rußland der Pflege der französischen Ballettkunst an. Hier löste sich das Ballett auch mehr und mehr von der Oper. Eigenständige Bedeutung erhielt es schließlich in

Paris nach der Jahrhundertwende, als hier STRAWINSKY in Zusammenarbeit mit einer russischen Ballett-Truppe unter DIAGHILEW seine berühmten Ballette komponierte.
Heutzutage gibt es nur wenige Ballettzentren auf der Welt: u. a. New York, London, Paris, Moskau, Brüssel, München, Stuttgart.

Aufgaben:

1. Kennen wir verschiedene Stilrichtungen des Balletts?
2. Wir zählen bekannte BALLETTKOMPOSITIONEN auf. Durch welche Mittel wird der Handlungsablauf dargestellt?
3. Gibt es Ballette ohne Handlung?

Literatur:

G. ZACHARIAS, *Ballett — Gestalt und Wesen.* Köln 1962.
H. SCHMIDT-GARRE, *Ballett — Vom Sonnenkönig bis Balanchine.* Hannover 1966.

Intermedienspiele als Vorläufer des Balletts

*„Um gut zu tanzen, mein Herr, ist nichts so notwendig wie die Drehung des Schenkels nach auswärts, und nichts ist den Menschen so natürlich wie die entgegengesetzte Stellung . . . Sie sehen also, daß man, um mit Eleganz zu tanzen, mit Anmut zu gehen und mit Adel aufzutreten, die Regel der Dinge absolut umkehren muß und die Körperteile durch ein ebenso langes wie mühsames Üben zwingen muß, eine ganz andere Lage einzunehmen als die, welche sie ursprünglich empfangen haben."* (Aus: J. G. NOVERRE, *Lettres sur la Danse.* Paris 1807/I, Brief Nr. 29.)

Aufgaben:

1. Wir überprüfen den Brief. Dazu beobachten wir bei einer Ballett-Aufführung in Oper oder Fernsehen Grundstellung und typische Schrittfolgen (Figuren) der Tänzer. Wir versuchen, sie nachzumachen.
2. Was ist eine CHOREOGRAPHIE?

Vorhaben:

1. Anhand eines BALLETTFÜHRERS erarbeiten wir den Handlungsablauf einer Ballett-Komposition. Daraufhin hören wir uns die entsprechende Musik an. Beispiele: TSCHAIKOWSKY, *Nußknacker-Suite,* HINDEMITH, *Nobilissima Visione,* STRAWINSKY, *Feuervogel, Sacre du Printemps* oder *Petruschka.* Was sind die typischen Ausdrucksmittel?

   Literatur:

   H. ETTL, *Petruschka — ein Modell zur Werkbetrachtung im Musikunterricht.* Stuttgart 1968.

2. Der Schlußsatz in STRAWINSKYS *Sacre du Printemps* (Frühlingsopfer — Bilder aus dem heidnischen Rußland) hat die Überschrift *Danse sacrale* (Heiliger Tanz). Wir untersuchen, ob die Musik dem Titel entspricht (Stichworte: heidnisch, barbarisch, Opfer). Die Form ist die eines Rondos. Welche Folgen hat das für die CHOREOGRAPHIE?
   Die Musik ist nicht tänzerisch im herkömmlichen Sinne. Welche Rhythmen entnehmen wir dem Notenbeispiel? Es ist schwierig für die Tänzer, entsprechende Bewegungen zur Musik zu erfinden. Wir machen selbst einen Versuch.

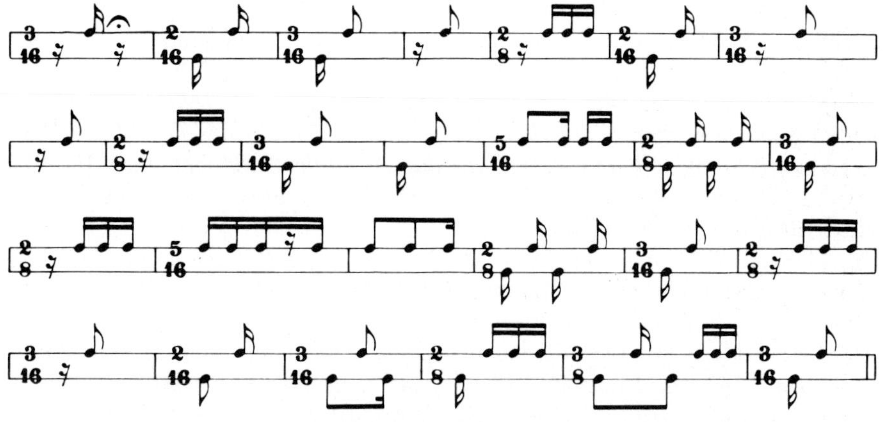

Pas de deux

## OPERETTE — MUSICAL

Paris, Wien und Berlin waren die Zentren der klassischen Operette — und heute? *„Bis zur Spielzeit 1966/67 noch ermittelte die Werkstatistik des Deutschen Bühnenvereins die* Operetten*könige* Lehár, Johann Strauss *und* Kálmán *als die Favoriten im deutschsprachigen Unterhaltungstheater mit den höchsten Aufführungsziffern. In der Bilanz von 1967/68 überflügelte erstmals der heute 69jährige* Frederick Loewe *mit seinem* Musical*-Welterfolg ‚My fair Lady' die Schöpfer der ‚Lustigen Witwe', der ‚Fledermaus' und ‚Gräfin Mariza' . . . In den vergangenen drei Spielzeiten (bis 1969) brachten 51 Theater das Musical mit 1418 Aufführungen heraus. Der Run auf ‚My fair Lady' hat auch 1969/70 gleich stark angehalten, und es gibt Bühnen, die ihre Einstudierungen schon in die dritte Spielzeit übernehmen . . .*
*Das* Musical *hat es natürlich an den deutschsprachigen Bühnen leicht, die Spielpläne zu erobern, denn neue* Operetten*werke fehlen fast ganz . . .*
*Musicals machen in den siebziger Jahren Theatergeschichte. Auch an den deutschsprachigen Bühnen, die mehr Geld in ihre Produktionen investieren als je für ein begehrtes ‚Land des Lächelns' oder eine feurige ‚Zirkusprinzessin'."*
(Aus der Braunschweiger Zeitung vom 19. August 1970.)

Aufgaben:

1. Was unterscheidet die Operette von der Oper?
2. Welche Operetten erwähnt der Zeitungsbericht? Wir informieren uns in einem Operettenführer über Komponisten und Inhalt.
3. Welche Musicals kennen wir?

Vorhaben:

1. Wir vergleichen ein Musical mit den Hits der Pop-Musik. Gibt es Unterschiede in Stil und Sound?
2. Wir vergleichen ein Musical mit einer Operette (Text und Musik). Was haben sie gemeinsam? Was unterscheidet sie?

## OPERETTENLANDSCHAFTEN

Idyllen

Es gibt typische Städte und Landschaften, in denen Operetten spielen, z. B.: Wien, Schwarzwald, Venedig, Wolfgangsee, Salzburg, San Remo (*Maske in Blau*), Hawaii, China (. . . weil man dort dem keep smiling der Operette zufolge ewig lächelt), Ungarn . . .
Auch die Auswahl der Berufe ist typisch: Husar, Bettelstudent, Vogelhändler, Graf, Millionärs-Witwe (lustig), Bauer (fidel), Fürstin, Baron, Landstreicher . . .

Aufgaben:

1. Wie heißen die zugehörigen Operetten?
2. Warum werden gerade die genannten Kulissen bevorzugt?
3. Welche weiteren Beispiele lassen sich hier einordnen?
4. Welche Stoffe bevorzugt die Operette überhaupt? Gibt es einen Zusammenhang mit Entstehungsart und Entstehungszeit?
5. Wie werden Operetten im Fernsehen dargeboten?

## POTPOURRI-OUVERTÜRE

Mischgericht

Die Ouvertüre zur Operette *Die Fledermaus* von Johann Strauss ist eine Potpourri-Ouvertüre: In ihr sind die wichtigsten musikalischen Gedanken in bunter Folge aneinandergereiht. Das geht aus der folgenden Übersicht hervor:

1. Zur Einleitungsmelodie singt Eisenstein im letzten Akt: *„Ja, ich bin's, den ihr betrogen . . .“*
2. Sechs Glockenschläge; auf dem Ball beim Fürsten Orlofsky wird Eisenstein durch die Uhr daran erinnert, daß er sich im Gefängnis melden muß, um eine Strafe abzusitzen.
3. Alfred ist bereits infolge einer peinlichen Verwechslung statt Eisenstein ins Gefängnis gegangen; diese Melodie erklingt, wenn Eisenstein sich Klarheit verschaffen will.
4. Die Flötenmelodie begleitet im Finale das Geständnis des Intriganten Falke: *„Alles, was Sorgen macht, war ein Scherz, von mir erdacht . . .“*

5. Dieser Walzer erklingt auf dem Ball bei Orlofskys. 2. Teil: *„Ha, welch ein Fest, welche Nacht voll Freud."*
6. Überleitung.
7. Ein nicht ernst gemeintes Abschiedslied Rosalindes an ihren Ehemann Eisenstein: *„So muß allein ich bleiben, acht Tage ohne dich . . ."*
8. Refrain von Nr. 7: *„O je, o je, wie rührt mich das . . ."*
9. = 4./10. = 5./11. = STRETTA (Schlußsteigerung).

Aufgaben:

1. In einem Opern- (Operetten-)führer informieren wir uns über den Handlungsablauf, die wichtigsten Personen, den Ort der Handlung.
2. Entspricht die Anordnung der musikalischen Gedanken in der Ouvertüre dem tatsächlichen Handlungsablauf oder sind die Melodien nach einem anderen Gesichtspunkt angeordnet?
3. Welche anderen Arten von OUVERTÜREN neben der Potpourri-Ouvertüre sind denkbar, kennen wir?
4. Woher sonst sind uns POTPOURRIS bekannt? Was bedeutet Potpourri im wörtlichen Sinn?

## EIN MUSICAL KOMMT IN MODE

Das MUSICAL *Hair*, dessen Siegeszug durch Deutschland 1968 in München zunächst nur zögernd begann, unterschied sich von den Vorgängern insofern, als es zum ersten Mal Elemente von ROCK'N' ROLL, BEAT und SOUL einbezog.

Bedarfswechsel

Eine Schulklasse, die den Titelsong *Hair* unmittelbar nach der ersten Platteneinspielung im Musikunterricht zu hören bekam, war enttäuscht über die Musik und zeigte sich gelangweilt. Ein halbes Jahr später, als das Musical weitläufig bekannt geworden war, äußerte dieselbe Klasse von sich aus den Wunsch, *Hair* zu hören. Die erste Plattenvorführung war in Vergessenheit geraten.

Aufgaben:

1. Von welchen Einflüssen kann MUSIKINTERESSE abhängig sein?
2. Woher kennen wir Musicals?
3. Kennen wir die Textdichter der uns geläufigen Musicals, wer schrieb die Musik dazu, wer gehört zu den bekanntesten Interpreten?

## „UND DER HAIFISCH, DER HAT ZÄHNE"

Wir vergleichen die folgenden Kritiken zur *Dreigroschenoper* (BRECHT/WEILL):

1. *„Der in irgendeinem Winkel jeder Großstadt besonders konzentrierte Drecksumpf kann für* KINO*romantik der Klettermaxekultur gerade noch gut genug sein und ist im übrigen aber wirklich nur eine Angelegenheit des polizeilichen Straßenreinigungsverfahrens."* (Völkischer Beobachter)

2. *„Diejenigen, die früh mit dem Haifischsong aufwachten und abends mit der Ballade vom angenehmen Leben einschliefen, gehörten in weitaus überwiegender Zahl einer intellektuellen oder halbintellektuellen Schicht von meist kleinbürgerlicher Prägung an, die seit dem Ersten Weltkrieg ihre Wurzeln verlor . . . Die ‚Dreigroschenoper' ist das Werk eines Moralisten, daher eines Hassers der Bourgeoisie. Sie ist noch nicht das Werk eines Klassenkämpfers."* (Neues Deutschland, 1960)
3. *„Und alles zusammen,* BRECHT, JAZZ, *Volkstexte von* WEILL *durchtrieben gesetzt, Inhalte von 1728, Kleidung von vielleicht 1880 — das alles ist kein verschollenes Chinesentum. Sondern heutige Mandschurei."* (ALFRED KERR)
4. *„Keine Gemeinschaftsideologie kommt da vor, stofflich nicht und auch musikalisch nicht, da nichts Edles und Verklärendes als Kollektivkunst gesetzt, sondern der Abhub von Kunst aufgehoben wird, dem Abhub der Gesellschaft den Laut zu finden . . . Mit keiner Melodie der Dreigroschenoper kann man Wiederaufbau spielen; ihre ausgehöhlte Einfachheit ist nichts weniger als klassisch."* (THEODOR W. ADORNO)
5. *„. . . So findet die aus kraftvollem Luther-Deutsch, aus verschlissenen Klischees der bürgerlichen Umgangssprache und aus den drastischen Wendungen des Verbrecherjargons geschaffene Kunstsprache Brechts ihre genaueste Entsprechung in der Musik-Sprache Weills, in die Elemente der barocken Musik, abgenutzte Formeln der bürgerlichen Unterhaltungsmusik und Wendungen aus Moritaten und Küchenliedern eingeschmolzen sind."* (HELMUT KOTSCHENREUTHER)

Vorhaben:

Wir besorgen uns eine Aufnahme der Dreigroschenoper und analysieren das Lied des Mackie Messer nach Aufbau, rhythmischem Schema, Wiederholungen, Instrumenten, Begleitung, typischen Akkorden (Sixte Ajouté), Synkopen, Verwandtschaft zu SCHLAGER und KÜCHENLIED usw. Wir vergleichen die Originalfassung mit Bearbeitungen aus der Unterhaltungsmusik.

Literatur:

Sämtliche Zitate sind entnommen: H. KOTSCHENREUTHER, *Kurt Weill.* Berlin 1962. Vgl. LIEDERMAGAZIN.

## MUSIK IM KINO

Die Musik ist ein wichtiges filmisches Mittel (FILMMUSIK), aber nicht nur als solches spielt sie eine Rolle im KINO. Der Kinobesucher wird vom Betreten des Filmvorführungssaales bis zum Verlassen musikalisch begleitet.
Im Kino der Gegenwart empfängt ihn von vornherein eine mehr oder minder aktuelle Schlagerauslese, mit Hilfe derer sein Warten auf das Geschehen auf der Filmleinwand untermalt und verkürzt wird. Die in der Regel heute allen Filmvorführungen vorangestellten Werbedias und Werbefilme werden musikalisch eingebettet.
Sodann trifft den Besucher die Kennmelodie der Wochenschau, und diese selbst

Einbettung

ist musikalisch unterlegt; dies gilt für Kriegsberichterstattungen, Berichte über

große Tote oder Fürstenhochzeiten, über Sportveranstaltungen oder andere kulturelle Ereignisse. Musik ist immer dabei, dient der Aufmerksamkeitsregelung und Affektsteuerung: Spannung bei Sportreportagen, Trauer bei Toten und Freude bei Fürstenhochzeiten werden musikalisch geregelt.
Sodann trifft den Zuschauer die FILMMUSIK selbst. Viele Filme haben KENNMELODIEN, die zu HITS oder gar EVERGREENS werden. (Man denke zum Beispiel an die Filmmusik zu den Filmen *Der dritte Mann, Doktor Schiwago* oder an den zum Evergreen gewordenen, von MARLENE DIETRICH gesungenen Schlager *Ich bin von Kopf bis Fuß auf Liebe eingestellt* aus dem Film *Der blaue Engel*, 1930.)

Aufgaben:

1. Wir stellen das Musikprogramm von Kino-Vorstellungen zusammen.
2. Welche Funktionen haben die Musikangebote in den einzelnen Teilen der Veranstaltungen?
3. Welche Wirkung geht von der Musik aus?

## FILMMUSIK

mörderische Musik

Über die Funktion der Musik sagt SIEGFRIED KRACAUER u. a. folgendes: „*Wann immer in dem Film ‚M' von* FRITZ LANG *den Mörder sein Mordgelüst überkam, pfiff er ein paar Takte aus einer* GRIEG*schen Melodie vor sich hin. Sein Pfeifen zog sich — wie eine warnende Vorankündigung seines Erscheinens — durch den ganzen Film. Man sah ein kleines Mädchen die Straße entlanggehen; während es vor einem Schaufenster stehenblieb, hörte man die unheimlichen Töne der* GRIEG*schen Melodie immer näherkommen, und die im hellen Nachmittagslicht liegende Straße schien plötzlich wie von drohenden Schatten verdunkelt. Später drang das Pfeifen ein zweitesmal ans Ohr des blinden Bettlers und führte damit auf die Spur des Mörders.*" (Aus: S. KRACAUER, *Von* CALIGARI *bis* HITLER. Hamburg 1958 — rowohlts deutsche enzyklopädie, Band 63 — S. 143.)

Aufgaben:

1. Wir sehen uns im KINO oder FERNSEHEN einen Film vor allem im Hinblick auf seine Musik an. Welche Aufgabe hat die Musik, gibt es eine LEITMELODIE, sind SCHLAGER eingearbeitet, kommt ELEKTRONISCHE MUSIK vor usw.?
2. Gibt es für bestimmte Filmgattungen typische Musiken (Heimatfilm, Krimi, Komödie, Wochenschau usw.)?

Hinweis:

Wie wichtig das musikalische Gerüst eines Films sein kann, geht aus folgendem Bericht hervor:
*„Ich arbeitete gerade an der Musik zu dem Ufa-Film ‚Der Kongreß tanzt'. Eines Tages stand ich morgens auf, setzte mich an das Klavier und improvisierte die Melodie ‚Das gibt's nur einmal, das kommt nicht wieder . . .' Ich sagte mir: ‚Diese großartige Sache kann Dir doch nicht eben erst eingefallen sein. Das ist unmöglich. Die mußt Du irgendwo gehört haben.' Ich kleidete mich also an, setzte mich in meinen Wagen und fuhr von einem Berliner Musikverleger zum anderen und spielte sie ihnen vor. — Keiner kannte sie, und alle*

*fanden sie großartig. Schließlich fuhr ich in die Ufa. Auf der Treppe traf ich den Generaldirektor Erich Pommer, und ich pfiff ihm die Melodie vor. Er hielt sich am Geländer fest und rief: ‚Jetzt steht der ganze Film auf festen Füßen!' Und so war es, wie Du weißt."*

(R. Heymann zu W. Haas, in: H. Ch. Worbs, *Der Schlager*. Bremen 1963, S. 118.)

Orgel-Glück

DZ: *Und Sie haben eine ganz außerordentliche Liebesszene?*
Erdmute: *Die schönste im ganzen Film!!! Und gleichzeitig mein Vater und Mutti im Nebenzimmer, die Kamera blendet immer hin und her . . .*
DZ: *Und eine ganz phantastische Musik!*
Erdmute: *Orgelmusik, ja, und dann ist Ende, weil ja jetzt wieder alles ins rechte Lot gekommen und wir wieder eine glückliche Familie geworden sind . . .*
Aus: *Das (satirische) Interview der Woche. Deutsche Zeitung,* 48/1973.

Zur Erörterung und Untersuchung der Funktion von Geräuschen, Tönen, Klängen in Filmen können spezielle filmkundliche Filme des Instituts für Film und Bild in Wissenschaft und Unterricht, München, dienlich sein. Vgl. dazu das jährlich erscheinende Gesamtverzeichnis des Institutes: *Filme, Bildreihen, Tonträger für Schulen, für die Lehrerbildung, für die Jugendbildungsarbeit, für die Erwachsenenbildung* (Abschnitt Medienkunde). Das Verzeichnis und der größte Teil des Angebots dürfte in jeder Stadtbildstelle vorhanden sein und kann dort vom Lehrer entliehen werden.

Siehe auch Fernsehspiel S. 21, vgl. auch S. 130 f.

## VORSCHLÄGE FÜR LERNKONTROLLEN (5. Kapitel: Im Theater)

1. Nenne gesellschaftliche, geschichtliche, musikalische und kulturelle Gründe für Entstehung und Verbreitung der Oper.
2. Welche Opern sind uns bekannt? Mache von einer Oper freier Wahl folgende Angaben: Textdichter, Komponist, Personen (Rollen), Handlung. Beschreibe Beispiele für das Wort-Tonverhältnis.
3. Worin liegen die Unterschiede von Oper, Operette und Musical?
4. Welche Funktion hat die Musik beim Film?
5. Welche Einstellungen kann man zu
   A) Oper
   B) Operette
   C) Musical
   D) Ballett
   beziehen? Begründung anhand von Beispielen.

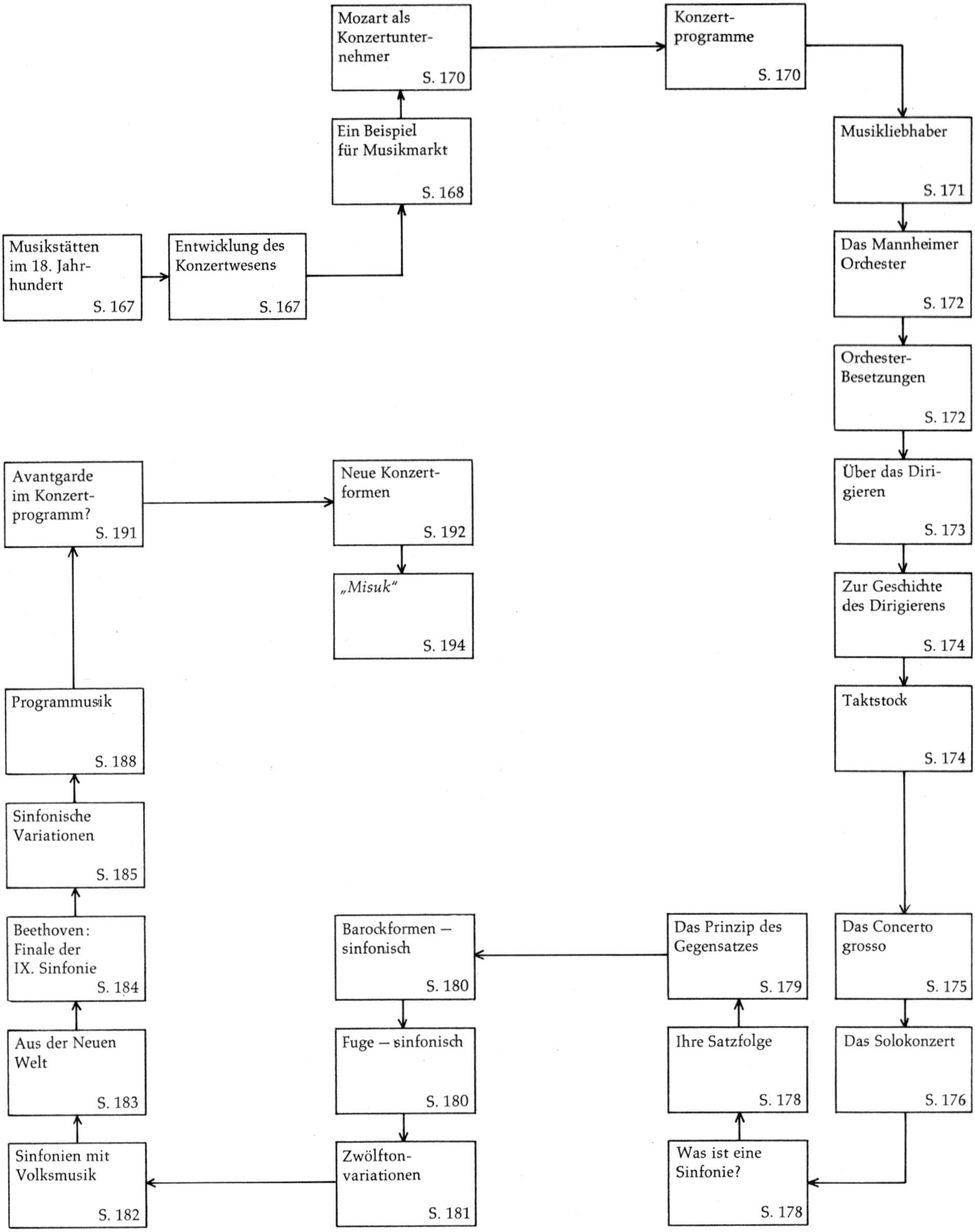
Musikstätten im 18. Jahrhundert S. 167
Entwicklung des Konzertwesens S. 167
Ein Beispiel für Musikmarkt S. 168
Mozart als Konzertunternehmer S. 170
Konzertprogramme S. 170
Musikliebhaber S. 171
Das Mannheimer Orchester S. 172
Orchester-Besetzungen S. 172
Über das Dirigieren S. 173
Zur Geschichte des Dirigierens S. 174
Taktstock S. 174
Das Concerto grosso S. 175
Das Solokonzert S. 176
Was ist eine Sinfonie? S. 178
Ihre Satzfolge S. 178
Das Prinzip des Gegensatzes S. 179
Barockformen – sinfonisch S. 180
Fuge – sinfonisch S. 180
Zwölftonvariationen S. 181
Sinfonien mit Volksmusik S. 182
Aus der Neuen Welt S. 183
Beethoven: Finale der IX. Sinfonie S. 184
Sinfonische Variationen S. 185
Programmusik S. 188
Avantgarde im Konzertprogramm? S. 191
Neue Konzertformen S. 192
„Misuk“ S. 194

# 6. Kapitel Im Konzert

## MUSIKSTÄTTEN IM 18. JAHRHUNDERT

Der englische Musikhistoriograph CHARLES BURNEY schrieb anläßlich eines Besuchs in Augsburg in sein *Tagebuch einer musikalischen Reise* (1772): *„Denn, die Wahrheit zu sagen, mir war die Lust so ziemlich vergangen, der Musik wegen nach* REICHSSTÄDTEN *zu gehen, weil ich selten etwas fand, das der Mühe wert gewesen zu hören, als die* ORGEL *und den* ORGANISTEN, *und auch das nicht immer. Denn diese sind, eben wie in unsern engländischen Städten, zuweilen gut und zuweilen schlecht. Diese Städte sind nicht reich, und besitzen also nicht die Torheit, mit grossen Kosten ein* THEATER *zu unterhalten. Die* SCHÖNEN KÜNSTE *sind Kinder des Überflusses und des Wohllebens: in despotischen Reichen machen solche die Gewalt weniger unerträglich, und Erholung vom Denken ist vielleicht ebenso notwendig, als Erholung vom Arbeiten . . .*

Kinder des Überflusses

*Die* RESIDENZ *eines souveränen Prinzen hingegen wimmelt, außer den bestallten Musikern bei* HOFE, *an den* KIRCHEN *und in den* THEATERN, *von Expectanten, welche bei alledem oft Mühe haben, zum Gehör zu kommen."* (Aus: CHARLES BURNEY, *Tagebuch einer musikalischen Reise.* Hamburg 1772, Faksimile-Neudruck Kassel 1959, Band II, S. 86 f.)

Aufgaben:

1. Welche Aufgabe hatte nach Meinung BURNEYS die Musik?
2. Trifft diese Darstellung des MUSIKLEBENS in Deutschland auch heute noch zu? Wir untersuchen die Frage in unserer Heimatstadt.

Vorhaben:

Wir vergleichen mit dieser Darstellung den Lebenslauf von BACH, HÄNDEL, HAYDN, MOZART und anderen Komponisten des 18. Jahrhunderts.

Literatur:

H. W. SCHWAB, *Konzert — Öffentliche Musikdarbietung vom 17. bis 19. Jahrhundert.* Leipzig o. J. (1973)

## ENTWICKLUNG DES KONZERTWESENS

EINTRITTSGELDER für KONZERTE bürgerten sich namentlich in England während der Barockzeit ein.

Pracht und Zweck

Gründe dafür waren: steigendes Wertbewußtsein der Virtuosen, kommerzielles Denken der Berufsmusiker und gesellschaftliche Umschichtungen.
Im 19. Jahrhundert entstanden in den Großstädten prächtige KONZERTSÄLE. Mit ihren Logen und Rängen entsprachen sie den Ansprüchen gesellschaftlicher REPRÄSENTATION. Modern gebaute Konzertsäle der neueren Zeit sind in erster Linie nach den Erfordernissen der AKUSTIK ausgerichtet.

Aufgaben:

1. Beschreibe einen dir bekannten Konzertsaal.
2. Wie muß ein moderner Konzertsaal eingerichtet sein? (Hierzu die beiden Abbildungen.)

## EIN BEISPIEL FÜR MUSIKMARKT

Eine Konzertdirektion gehört zum Kreis der Konzertveranstalter einer Stadt. Hier das Beispiel einer mittleren Großstadt der Bundesrepublik.
Veranstaltungsort: Stadthalle mit großem Saal (2166 Plätze) und kleinem Saal (496 Plätze).

Berlin,
Alte Philharmonie

Berlin, Neue Philharmonie

Die Kosten (Stand 1970) sind aus der folgenden Tabelle ersichtlich.
Saalmiete für eine zweistündige Veranstaltung:

| | | | |
|---|---|---|---|
| | Großer Saal | 1 000,– | |
| | Kleiner Saal | 250,– | |
| Werbung: | Anzeigen | 600,– | |
| | Plakate | 600,– | |
| | Prospekte, Kartendruck, Sonstiges | 350,– | |
| Honorare: | Solist | 2 000,– | bis 3 000,– |
| | Gastdirigent | 3 000,– | |
| | Streichquartett | 3 000,– | |
| | Kammerorchester | 4 000,– | |
| | Sinfonieorchester | 15 000,– | bis 20 000,– |

Hinzu kommen noch Kosten für Gema, Steuer und Notenleihgebühr (vor allem bei modernen Stücken).
In einer Konzertsaison (Oktober bis Juni) werden veranstaltet: Neun Meisterabende, vier Philharmonische Konzerte, bis zu vier Sonderkonzerte. Die Vorbereitung einer solchen Saison kostet zwischen 6000,– und 10 000,– DM.
Bei Sonderkonzerten werden erhöhte Honorare bezahlt. Zum Beispiel kann ein Sänger bis zu 8000,– DM erhalten; hinzu kommen noch die Kosten für den begleitenden Pianisten (2000,– DM).

Aufgaben:

1. Wir berechnen die Kosten für einen Meisterabend. Wieviel müßte demnach (bei ausverkauftem Saal) eine EINTRITTSKARTE kosten?
2. Wie hoch sind die Eintrittspreise in Wirklichkeit?
3. Nach welchen Gesichtspunkten sind die Eintrittspreise gestaffelt?

Vorhaben:

Wir befragen eine Konzertdirektion nach Programmauswahl und Besucherstamm.

Hinweis:

Es ist zu unterscheiden zwischen KONZERTDIREKTIONEN und KONZERTAGENTUREN. AGENTUREN vermitteln Künstler, Ensembles und Orchester an Konzertveranstalter. Die DIREKTIONEN treten normalerweise nur als Veranstalter auf, einige haben außerdem eine Lizenz, Künstler zu vermitteln.

Siehe auch DIE GEMA BITTET ZUR KASSE S. 56 und KUNST KOSTET GELD S. 134.

## MOZART ALS KONZERTUNTERNEHMER

MOZART veranstaltete als freischaffender Künstler AKADEMIEN auf eigenes Risiko. Hierüber berichtet der Vater LEOPOLD:
*„. . . abends fuhren wir um 6 Uhr in sein erstes Subscriptions Concert, wo eine große Versammlung von Menschen von Rang war. Jede Person zahlt für diese Fastenconcerte einen Souverain d'or oder 3 Dukaten . . . er zahlt für den Saal jedesmal nur ein halb Souverain d'or. Das Concert war unvergleichlich, das Orchester vortrefflich; außer den Synfonien sang eine Sängerin vom welschen Theater 2 Arien. Dann war ein neues vortreffliches Clavierconcert vom Wolfgang, wo der Copist, da wir ankamen, noch daran abschrieb und dein Bruder das Rondeau noch nicht einmal durchzuspielen Zeit hatte, weil er die Copiatur übersehen mußte."*
(LEOPOLD MOZART, Wien 14. Februar 1785, an seine Tochter NANNERL in Salzburg. Aus: *Mozarts Briefe,* hrsg. von W. A. BAUER und O. E. DEUTSCH. Frankfurt—Hamburg 1960 — Fischer Bücherei Nr. 318 — S. 145.)
In den folgenden Jahren ging die Gunst des Publikums erschreckend zurück:
*„. . . mein Schicksal ist leider, aber nur in Wien, mir so widrig, daß ich auch nichts verdienen kann, wenn ich auch will; ich habe 14 Tage eine Liste herumgeschickt, und da steht der einzige Name* SWIETEN*!"*
(MOZART an PUCHBERG, Wien, 12. Juli 1789. Aus: *Mozarts Briefe,* ebd., S. 165.)

## KONZERTPROGRAMME

In KASSEL wurden 1968/69 u. a. die folgenden Konzerte vom Orchester des Staatstheaters durchgeführt:
30. 9.: BEETHOVEN, *Ouvertüre „Die Geschöpfe des Prometheus"* / BEETHOVEN, *Konzert für Klavier und Orchester Nr. 5 Es-dur* / SIBELIUS, *Sinfonie Nr. 5 Es-dur*

13. 1.: Bartók, *Tanzsuite* / Brahms, *Konzert für Violine und Orchester D-dur* / Dvořák, *Sinfonie Nr. 7 d-moll*
24. 2.: R. Strauss, *Vier letzte Lieder für Sopran und Orchester* / Bruckner, *Sinfonie Nr. 7 E-dur*
17. 3.: Henze, *Sonata per archi* / Chopin, *Konzert für Klavier und Orchester Nr. 1 e-moll* / Schumann, *Sinfonie Nr. 4 d-moll*

Für die Zusammenstellung eines Programms sind zu berücksichtigen: Besetzung, Stil, technische Ansprüche (Mitwirkende), musikalische Ansprüche (Hörer), Wünsche der Hörer (Abonnenten!) und ihre Beeinflussung.

Aufgabe:

Unter diesen Gesichtspunkten vergleichen wir die oben abgedruckten Programme; auch Programme von Konzerten in Funk und Fernsehen sind hinzuzuziehen.

Vorhaben:

Vergleich der vorliegenden Zusammenstellungen mit neuestem Material sowie Konzertprogrammen aus weiter zurückliegenden Jahren (Tendenzen? Trends?).

Hinweis:

Der Begriff Konzert kann in vielerlei Erscheinungsformen begegnen. Das zeigt sich an Zusammensetzungen wie: Hauskonzert, Konzertmeister, Solokonzert, Klavierkonzert u. a.
Das italienische Wort Concerto wurde ursprünglich von dem lateinischen conserere (zusammenreihen) abgeleitet und meinte das, was heute als Ensemble bezeichnet wird: eine Vereinigung zum Musizieren.
Als man in der Barockzeit zunehmend von der Möglichkeit Gebrauch machte, ein Ensemble in Gruppen aufzugliedern, wurde Concerto auch mit dem lateinischen Wort concertare (= streiten) in Zusammenhang gebracht: Konzert bedeutet seither so etwas wie einen Wettstreit zwischen verschiedenen Klangkörpern.

Wettstreit

## MUSIKLIEBHABER

Die Konzerte an den Höfen dienten der Repräsentation und der privaten Erbauung. Gelegentlich spielten die regierenden Fürsten selber ein Instrument. Das Lieblingsinstrument Friedrichs des Grossen war die Flöte, Fürst Nikolaus Esterházy, „Der Prachtliebende", an dessen Hof Joseph Haydn als Kapellmeister wirkte, spielte ein Baryton (ein damals beliebtes Streichinstrument). Recht launenhaft gab sich der Graf von Walsegg. Er hatte bei Mozart durch einen geheimen Boten das *Requiem* in Auftrag gegeben und ließ sich auch von anderen Komponisten Werke anfertigen, um sie als seine eigenen auszugeben. Da er selber Flöte spielte, durfte sein Part in Quartetten nie zu schwer ausfallen, während sich die anderen drei Spieler *„recht abarbeiten mußten, wozu Herr Graf lachte . . . Und nun mußten wir den Autor erraten. Gewöhnlich rieten wir auf den Herrn Grafen selbst, weil er wirklich zuweilen einige Kleinigkeiten komponierte; er lächelte dazu und freute sich, daß er uns, nach seiner Meinung, mystifizierte; wir aber lachten, daß er uns für so leichtgläubig hielt."* (Aus dem

Bericht von ANTON HERZOG, Wien 1839, in: O. E. DEUTSCH, *Zur Geschichte von Mozarts Requiem*, Österr. Musikzeitung 19, 1964, S. 50ff.)

Aufgaben:

1. Wer sind heute AUFTRAGGEBER (MÄZENE) in der Musik?
2. Gibt es noch Liebhaber, die sich zum Musizieren zusammenfinden? Wir befragen Mitglieder eines Schulorchesters, einer Beatband . . .
3. CHARLES BURNEY berichtet von Musikliebhabern, die Sinfonien von CARL PHILIPP EMANUEL BACH spielten, also damals ZEITGENÖSSISCHE MUSIK. Wie ist das heute?

## DAS MANNHEIMER ORCHESTER

Die BESETZUNG des klassischen Sinfonieorchesters und der klassische sinfonische Stil waren um 1770 beispielhaft in der Mannheimer kurfürstlichen Hofkapelle unter der Leitung von CARL STAMITZ entwickelt worden. Über Qualität und Stil dieses Orchesters wird berichtet:
*„Es sind wirklich mehr Solospieler und gute Komponisten in diesem als vielleicht in irgendeinem Orchester in Europa. Es ist eine Armee von Generälen, gleich geschickt, einen Plan zu einer Schlacht zu entwerfen und darin zu fechten . . . Hier ist der Geburtsort des Crescendo und Diminuendo, und hier war es, wo man bemerkte, daß das Piano (welches vorher hauptsächlich als ein Echo gebraucht wurde und gemeiniglich gleich bedeutend genommen wurde) sowohl als das Forte musikalische Farben sind, die so gut ihre Schattierungen haben als Rot und Blau in der Malerei."* (Aus: CHARLES BURNEY, *Tagebuch einer musikalischen Reise.* Hamburg 1772, Faksimile-Neudruck Kassel 1959, Band II, S. 73 f.)

Dynamik

Aufgabe:

Wir hören Ausschnitte aus einem Orchesterstück der Barockzeit und einer klassischen Sinfonie. Wir skizzieren den dynamischen Verlauf in einer Hilfspartitur. Gibt es typische Unterschiede?

## ORCHESTER-BESETZUNGEN

Mit der Vergrößerung der KONZERTSÄLE und OPERNHÄUSER haben sich auch die Orchester vergrößert.

BEETHOVENS Sinfonien wurden 1813 in Wien mit folgender Besetzung aufgeführt: Streicher: 4, 4, 2, 2, 2; Holzbläser: 2, 2, 2, 2; 2 Hörner, 2 Trompeten, 2 Posaunen, Pauke.
Als das BAYREUTHER FESTSPIELHAUS 1876 mit der Aufführung von WAGNERS *Ring des Nibelungen* eröffnet wurde, spielte das Orchester in folgender Stärke: Streicher: 16, 16, 12, 12, 8; Holzbläser: 4 Flöten, 3 Oboen, 1 Englisch-Horn, 3 Klarinetten, 1 Baßklarinette, 3 Fagotte, 3 Trompeten, 1 Baßtrompete, 3 Posaunen, 1 Kontrabaß-Posaune, 2 Tenortuben, 2 Baßtuben, 1 Kontrabaß-Tuba, 8 Hörner, 6 Harfen.

Die BERLINER PHILHARMONIKER hatten 1970 insgesamt 118 Mitglieder. Streicher: 21, 17, 14, 12, 10; Holzbläser: 5, 5, 5, 5; 8 Hörner, 4 Trompeten, 5 Posaunen, 1 Tuba, 5 Schlagzeuger, Harfe.
Die Vergrößerung des Klangkörpers im 19. Jahrhundert zeigte sich in einer zunehmenden Differenzierung der Blasinstrumente. Das zweifache Holz der klassischen Musik wurde von WAGNER um je ein Instrument erweitert (dreifaches Holz). In der Spätromantik wurde die Quartett-Besetzung jedes einzelnen Instruments angestrebt. Beispiel: RICHARD STRAUSS, *Till Eulenspiegels Lustige Streiche.* Holzbläser: 3 Flöten, 1 Piccolo-Flöte, 3 Oboen, 1 Englisch-Horn, 1 Klarinette in D, 2 Klarinetten in B, 1 Baß-Klarinette, 3 Fagotte, 1 Kontrafagott. Blechbläser: 4 Hörner (4 Hörner ad libitum), 3 Trompeten (3 Trompeten ad libitum), 3 Posaunen, 1 Tuba. Entsprechend stark sind die Streicher zu besetzen: 16, 16, 12, 12, 8.
In der NEUEN MUSIK sind die vom Komponisten geforderten Besetzungen unterschiedlich.
An die Stelle von Standard-Besetzungen treten teilweise sehr eigenwillige Instrumentierungen:
SCHÖNBERG, *Kammersymphonie für 15 Soloinstrumente op. 9* (1906): 8 Holzbläser, 2 Hörner, Streichquintett.
STRAWINSKY, *Geschichte vom Soldaten* (1918): Klarinette, Fagott, Kornett, Posaune, Schlagzeug, Violine, Kontrabaß (nur noch die extremen Instrumente eines Orchesters, solistisch besetzt).
WEBERN, *Symphonie op. 21* (1929): Klarinette, Baß-Klarinette, 2 Hörner, Harfe, Violinen I und II, Viola, Violoncello.
BARTÓK: *Musik für Saiteninstrumente, Schlagzeug und Celesta* (1937): 2 Streichergruppen, Harfe, Klavier, 2 kleine Trommeln, 4 Piatti, Becken (Tamtam), Große Trommel, Maschinenpauken.

Aufgaben:

1. Wir achten bei einem Konzertbesuch oder einer Konzertübertragung im Fernsehen darauf, wie groß die Orchesterbesetzung ist. Werden MOZARTS Sinfonien mit derselben Besetzung aufgeführt wie Werke von RICHARD STRAUSS?
2. Wie ist die Sitzordnung der Spieler, und warum ist gerade diese Sitzordnung gewählt worden?

Siehe auch BESETZUNGEN S. 201.

## ÜBER DAS DIRIGIEREN

Der englische Dirigent SIR JOHN BARBIROLLI äußerte einmal:
*„Nehmen Sie ein erstklassiges Orchester und lassen Sie es von zwei hervorragenden* DIRIGENTEN *leiten: bei jedem wird es völlig anders klingen, und doch spielen dieselben Menschen auf denselben Instrumenten. Wenn man die Kraft erklären könnte, die diese verschiedenen Klangbilder erzeugt, könnte man die Kunst des Dirigierens erklären."*

Interpretation

Aufgaben:

1. Wir nennen bekannte DIRIGENTEN. Welche Orchester leiten sie? Welches sind ihre bevorzugten Werke?

2. Wir vergleichen Plattenaufnahmen desselben Werkes. Sind die Tempi gleich? Die Akzente, die Verzögerungen?
3. Bei Fernsehübertragungen oder im Konzert beobachten wir, wie sich der Dirigent verhält. Welche Bewegungen führt er vor den Musikern aus (mit welchem Ziel)? Tut er mit beiden Händen das gleiche? Was macht er mit dem Kopf, mit den Augen?

Siehe auch Dirigent (Ausbildung) S. 92.

## ZUR GESCHICHTE DES DIRIGIERENS

In der Barockzeit (ca. 1600—1750) wurden Aufführungen vom Cembalo bzw. von einem anderen Tasteninstrument aus geleitet. Dieses Instrument hatte eine wichtige Funktion: Es begleitete die Baßstimme improvisatorisch mit Akkorden (Generalbass) und bildete so den rhythmischen und harmonischen Zusammenhalt (daher: Continuo).
Haydn und Mozart wirkten bei den Aufführungen ihrer Sinfonien als Geiger mit und leiteten von der Violine her das Zusammenspiel. Beethoven stand als Dirigent vor dem Orchester. Der Taktstock wurde von Carl Maria von Weber eingeführt.

Hinweis:

Die in Mannheim neuentdeckte Dynamik ließ den Dirigenten mehr und mehr an Bedeutung gewinnen. Andere musikalische Wandlungen zwischen Barock und Klassik sind: Hervorhebung rhythmischer Akzente, brillante Tempi, Vergrößerung des Orchesters, Verzicht auf den Generalbass u. a.

## TAKTSTOCK

Die Einführung des Taktstockes wurde häufig mit Bedenken aufgenommen. *„Mir hat von jeher der verfluchte weißbuchene kleine Taktstock Ärgernis gegeben, und wenn ich das Ding dominiren sehen muß, vergeht mir nun einmal alle Musik, es ist, als wenn die ganze Oper nur da wäre, damit Takt dazu geschlagen werden könne . . .".* (Moritz Hauptmann, Brief an seinen Freund Hauser, 1836, nach Artikel *Dirigenten,* in: MGG III, Sp. 510.)
Der Kritiker übersah, daß der Dirigent durch seine Bewegungen die Interpretation auch für den Hörer verdeutlicht (Charakterisierung der Teile, Gestaltung der Haupt- und Nebenstimmen, Einsätze, Akzente, Dynamik, Tempoverschiebungen u. a.).

Beethoven, IX. Sinfonie, Trio des Scherzos

Schumann, Klavierkonzert a-moll, Seitenthema

Brahms, Haydn-Variationen op. 56, Variation Nr. 5

Tschaikowsky, VI. Sinfonie, 2. Satz

Strawinsky, Die Geschichte vom Soldaten, Marsch

Siehe auch DIRIGENT S. 92.

## DAS CONCERTO GROSSO

Das Concerto grosso ist im Prinzip ein Dialog zwischen dem ganzen Orchester (Tutti) und einer Gruppe von Soloinstrumenten (Soli). Beide Gruppen werden vom CONTINUO begleitet. Blockartig wechseln TUTTI und SOLI miteinander ab: Tutti — erstes Solo — Tutti — zweites Solo usw.

Dialog

Da das TUTTI sich bei jeder Wiederholung eng an das Anfangsthema hält, wirkt es wie ein REFRAIN. Man könnte auch an die Form eines RONDOS denken.
Auch BACHS *Brandenburgische Konzerte* sind CONCERTI GROSSI: Allerdings ist hier eine Durchdringung der verschiedenen Gruppen angestrebt. Die Besetzung der Sologruppen ist sehr unterschiedlich. Sie zeigt die Leistungsfähigkeit damaliger HOFKAPELLEN.

Aufgaben:

1. Das Prinzip der Rondo-Form ist mit Hilfe von LIEDERN darstellbar: Ein Lied wird von allen mehrmals als Tutti vorgetragen, dazwischen werden solistisch andere, ergänzende Lieder gesungen.
2. Wir hören ein Concerto grosso von HÄNDEL oder CORELLI und halten in einer Graphik fest, wie sich Tutti und Soli abwechseln.
   Gibt es auch Abschnitte, in denen beide Gruppen gleichzeitig spielen?
3. Welche Besetzungen haben BACHS *Brandenburgische Konzerte*?

## DAS SOLOKONZERT

Das SOLOKONZERT ist eine musikalische Gattung, in der es sich um einen Wettstreit (Zusammenspiel) zwischen Solo und Orchester handelt. Bei zwei Solisten nennt man das Werk ein DOPPELKONZERT (z. B. BRAHMS, op. 102), bei dreien TRIPELKONZERT (z. B. BEETHOVEN, op. 56).
In der BAROCKZEIT war es üblich, daß der Solist, der oft auch der Komponist war, gleichzeitig die Rolle des Dirigenten übernahm. Erst mit den steigenden Ansprüchen an die instrumentale Spieltechnik zur Zeit der KLASSIK und der raschen Entwicklung des Virtuosentums in der musikalischen ROMANTIK wurde eine Trennung der Funktionen unumgänglich. Wenn heutzutage die FERNSEHKAMERA dem Solisten auf die Finger sieht, wird das Artistische der Ausführung besonders hervorgehoben.

Artistik

Das Solokonzert bedient sich, wie auch die Sinfonie, der SONATENFORM. Von der Sinfonie unterscheidet es sich vor allem durch die solistische KONZERTKADENZ. Diese Kadenz steht zumeist kurz vor dem Ende eines Satzes. Sie hat sich aus der verzierten Schlußkadenz I—IV—V—I entwickelt, und zwar endet das Orchester in einer Steigerung auf einem zwischen IV und V eingeschobenen Quartsextakkord der Tonika, das Soloinstrument leitet harmonisch gesehen über die Dominante endgültig zur Tonika weiter.
Die Konzertkadenz gibt dem Solisten noch einmal Gelegenheit, alle seine Fähigkeiten vorzuführen. Von der Barockzeit bis hin zu MOZART und BEETHOVEN wurde sie improvisiert.

Improvisation

Seit BEETHOVENS *5. Klavierkonzert* ist die vom Komponisten angefertigte Kadenz fester Bestandteil des Konzerts. (Als Solist hat BEETHOVEN auch für andere Klavierkonzerte improvisiert und komponiert.) Später schrieben auch komponierende Virtuosen zu bekannten und beliebten Konzerten besonders schwierige, aber auch musikalisch anspruchsvolle Kadenzen, z. B. *Violinkonzert* von L. VAN BEETHOVEN, op. 61, mit Kadenz von JOSEPH JOACHIM.

Takt 10

aus dem Orchestervorspiel

Takt 28

Takt 43

aus der Kadenz

Takt 1

Takt 9

Takt 41

con delicatezza

2 letzten Takte:

Aufgaben:

1. Was ist den Notenbeispielen zu entnehmen, wenn wir uns den vollständigen 1. Satz des Violinkonzerts anhören?
2. Welche Kombinationsmöglichkeiten hat ein Komponist, Solo-Instrument und Orchester zusammen spielen zu lassen? (Graphische Darstellungen)

Vorhaben:

Wir entwerfen erst einen groben, dann immer feiner werdenden Bauplan der Kombinationsmöglichkeiten und vergleichen unsere Entwürfe mit bekannten Solokonzerten, indem wir den jeweiligen Plan durch mehrmaliges Hören und Partiturlesen zu entdecken suchen (Graphische Darstellungen). Können wir Gesetzmäßigkeiten der Formung feststellen? Vergleich mit den Aufgaben zu Concerto grosso.

Hinweis:

Der Solist ist der Einzelspieler, der früher gleichzeitig dirigierte und meist auch das Concerto komponierte. Heute noch besteht der Konzertmeister eines Orchesters auf Soloverpflichtungen. Als Virtuose gilt etwa seit dem 17. Jahrhundert derjenige, der „mutig, tugendhaft" (italienisch) besondere technische Schwierigkeiten auf seinem Instrument überwindet. Als besonders qualifizierte Solisten und Virtuosen galten in der ersten Hälfte des 19. Jahrhunderts Paganini und Liszt. Der Begriff Virtuose bezieht sich gleichermaßen auf vokales und instrumentales Können. Im vorigen Jahrhundert gewannen vor allem Violin-, Klavier- und Cellovirtuosen großes gesellschaftliches Ansehen. Als gefeierte Künstler spielten sie in Verhalten, Kleidung oder Haartracht gern eine auffällige Rolle (Salonlöwe, Klavierlöwe).

Der Begriff Star („Stern") wird auf Sängerinnen, Sänger und Dirigenten angewandt und ist als Bezeichnung für den über allen schwebenden Künstler aus der Filmbranche und dem Showgeschäft — früher Revue — übernommen worden. Die aufgeführten Begriffe geben den Blickwinkel an, unter dem das Publikum — als Hörergemeinde — den jeweiligen Solisten sieht: neutral in seiner musikalischen Funktion (Solist, Konzertmeister), pathetisch (Virtuose), verehrend (Künstler), spöttisch (Klavierlöwe), anhimmelnd (Star).

musikalische Artisten

Von Ausbildung und Fähigkeiten her könnten sich viele Orchestermusiker als Solisten oder Virtuosen bezeichnen (siehe Hindemiths Sonaten für die einzelnen Instrumente des Orchesters). Innerhalb eines Orchesters gibt es eine ausgeprägte Rangordnung vom Konzertmeister bis zum letzten Pult. Eine besondere Ehrung bedeutet es für einen Orchestermusiker, wenn er den Titel Kammermusiker verliehen bekommt. Dieser Titel, der übrigens auch Sängern zugesprochen wird (Kammersänger), stammt aus einer Zeit, in der die Schönen Künste, darunter Musik, von Adligen und Fürsten besonders gefördert wurden.

Siehe auch Hörertypen S. 27.

## WAS IST EINE SINFONIE?

Im Barock bezeichnet Sinfonie allgemein ein mehrstimmiges Instrumentalstück, *„Allein auf Instrumenten, ohne einige Vokalstimmen"* (Praetorius, *Syntagma Musicum*, 1619), entsprechend dem griechischen Wort συμφωνεῖν (= zusammenklingen). So konnten Einleitungssätze für Suiten, Vor- und Zwischenspiele in geistlichen Konzerten, in Oratorien, Opern und Kantaten als Sinfonien bezeichnet werden. Ihre Form war zumeist einsätzig.

Größere Ausmaße erlangte die Sinfonie seit der Klassik aufgrund der Sonatenform. Mehr und mehr wurde die Form erweitert. Dafür ist die Vergrößerung der Coda kennzeichnend. Ursprünglich nur als Anhang am Schluß der Reprise, nahm sie alsbald das Ausmaß einer eigenen Durchführung an: So bei Beethoven (3. und 9. Sinfonie, jeweils 1. Satz), Brahms, Bruckner und Mahler.

## IHRE SATZFOLGE

Eine Sinfonie besteht im allgemeinen aus vier Sätzen (Sonate). Die Themen des ersten Satzes sind normalerweise besonders markant und einprägsam. Der zweite Satz ist mit seinem langsamen Tempo (Adagio) zumeist als Kontrast

Kontraste

zum Allegro des ersten Satzes angelegt. Das Menuett (3. Satz) wurde bei Beethoven in das schnelle Tempo eines Scherzos gesteigert, und auch hier wurde der wirkungsvolle Kontrast zwischen Vordersatz und Trio im Charakter der Themen und in der Instrumentation beibehalten. In den Scherzi der Sinfonien Bruckners finden sich Anklänge an den Ländler (österreichischer Volkstanz). Eine besondere Bedeutung kam mehr und mehr dem Schlußsatz (Finale) als abschließendem Höhepunkt zu.

## DAS PRINZIP DES GEGENSATZES

In der Musik treffen wir häufig auf das Prinzip des Gegensatzes als Mittel musikalischer Formung. Das gilt auch und besonders für die Sinfonie.
Hier einige Beispiele (jeweils 1. und 2. Thema):

Mozart, Kleine Nachtmusik

Beethoven, 5. Sinfonie

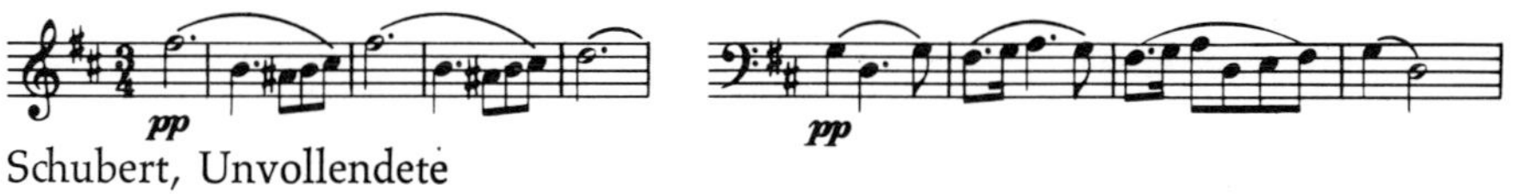
Schubert, Unvollendete

Tschaikowsky, 4. Sinfonie

Strawinsky, Sinfonie in 3 Sätzen

Aufgaben:

1. An den Beispielen erarbeiten wir, mit welchen Mitteln musikalische Kontraste erzeugt werden können.
2. An den uns zugänglichen Instrumenten erproben wir Möglichkeiten klanglicher Gegensätze. Anschließend versuchen wir Improvisationen, die auf dem Prinzip des Gegensatzes beruhen.

Siehe auch Die Sonatenform S. 207.

Die 4. Sinfonie von BRAHMS schließt mit einer CHACONNE. Ein Thema aus acht Akkorden gibt das harmonische Gerüst und wird fortwährend wiederholt und variiert:

HINDEMITH krönt seine Ballett-Suite *Nobilissima Visione* (Bilder aus dem Leben des FRANZISKUS VON ASSISI) mit einer PASSACAGLIA, der folgendes Thema zugrunde liegt:

Aufgaben:

1. Wir untersuchen die Themenbeispiele auf ihren Aufbau.
2. Welche Instrumente werden bei den einzelnen Variationen der CHACONNE bzw. PASSACAGLIA eingesetzt?
3. Durch welche Mittel wird eine wirkungsvolle Schlußsteigerung erreicht?

## FUGE — SINFONISCH

Die barocke Form der FUGE ist in KLASSIK, ROMANTIK und NEUERER MUSIK mehrfach sinfonisch verarbeitet worden. Da die Fuge als Form nicht mehr selbstverständlich war, trägt sie den Charakter des Besonderen.

Beispiele:

MOZART: Ouvertüre zur Oper *Die Zauberflöte*
BEETHOVEN: *Große Fuge* B-dur für Streichorchester (ursprünglich für Streichquartett)
BRUCKNER: Finale der 5. Sinfonie
WAGNER: *Die Meistersinger von Nürnberg*, Prügelszene (2. Akt, Finale)
REGER: *Mozart-Variationen*, Finale
BARTÓK: *Musik für Saiteninstrumente, Schlagzeug und Celesta* (1. Satz: FÄCHERFUGE, das heißt, jeder neue Themeneinsatz entfernt sich um eine weitere Quint vom Grundton *a*.)

Vorhaben:

Wir vergleichen eine dieser Fugen mit einer FUGE aus der BAROCKZEIT. Was sind die grundlegenden Unterschiede?

## ZWÖLFTONVARIATIONEN

Thema der Variationen aus ANTON WEBERNS Sinfonie op. 21 (Universal Edition UE 12198) ist eine ZWÖLFTONREIHE, gespielt von der Klarinette. Desgleichen wird die Reihe im Thema auch von anderen Instrumenten als Gegenstimme gespielt. In den sieben Variationen (mit Coda) ist diese Reihe nach strengen Gesetzen verarbeitet.

Aufgaben:

1. Wir untersuchen die Intervallfolge der Reihe vor- und rückwärts. Nach welchem Gesetz ist die Reihe angelegt? Inwiefern weicht die Klarinettenstimme von der Reihe ab?

2. In der I. Variation, Violinstimme, beginnt die Reihe mit dem Ton *c*. Man sagt, sie ist um eine Quinte abwärts transponiert. Erscheint die Reihe auch in anderen Stimmen?

## SINFONIEN MIT VOLKSMUSIK

Der ungarische Komponist Béla Bartók schrieb 1921:
„*Volkslieder zu verwenden ist eine der schwierigsten Aufgaben, ebenso schwierig, wenn nicht noch schwieriger als ein größeres Werk zu schreiben . . . Manche meinen, um Nationalmusik aufblühen zu lassen, brauche man sich nur in die Volksmusik zu versenken und ihr Motivmaterial in bestimmte Formen zu gießen. Auch diese Meinung ist in einer mißverstandenen Anschauung begründet; sie überbetont die Bedeutung der Themen an sich und vergißt darüber, daß allein die Kunst der Formgebung aus dem Themen-Rohstoff etwas machen kann. In solcher Verquickung erst zeigt sich das eigentlich Schöpferische eines Komponisten.*" (Aus B. Bartók, *Vom Einfluß der Bauernmusik auf die Musik unserer Zeit*, 1921.)
1967 äußerte der französische Komponist und Dirigent Pierre Boulez: „*Heute ist nicht dieselbe Situation wie zu Bartóks Zeiten, und überhaupt ist der Bartók, der an die Folklore anknüpft, nicht gerade der beste Bartók. Am besten ist er immer dort gewesen, wo er eine eigene Konzeption hatte wie im ersten und zweiten Klavierkonzert. Seine Tanzsuite und ähnliche Werke sind nicht so interessant. Solche Kompositionsmethoden entsprechen dem Geist des Nationalismus als dem typischen Phänomen des 19. Jahrhunderts, als die Tschechische und die Russische Schule entstanden, deren Vertreter eine Patriotische Musik haben wollten. Bis ins 18. Jahrhundert hatte die Musik einen internationalen Standard, was ich interessanter finde. Natürlich interessiert mich die volkstümliche Musik auch, aber patriotische Manipulationen mit der nationalen Musik halte ich für*

Nationalismus
Patriotismus

*sehr künstlich.“* (Aus: JAROSLAV BUŽGA, *Interview mit Pierre Boulez in Prag;* in: Melos 34, 1967, S. 162 ff.)

Aufgaben:

1. Was verstehen wir unter Volkslied, Nationalismus, Manipulation, Folklore, Russische Schule, Thema, Motiv, Formgebung?
2. Wir hören Musik von BARTÓK und achten auf Einflüsse aus der VOLKSMUSIK (Melodien, Tanzrhythmen).

In den folgenden Beispielen sind Volkslieder sinfonisch bearbeitet worden:
BIZET: *L'Arlesienne-Suite,* 1. Satz (provenzalischer Marsch zum Fest der Heiligen Drei Könige); auch die Farandole im Finale der 2. *L'Arlésienne-Suite* ist ein provenzialischer Volkstanz.
LISZT: *Ungarische Rhapsodie Nr. 14* (Hoch fliegt der Kranich)
STRAWINSKY: *Petruschka* (mehrere russische Lieder; siehe Literatur)
KODÁLY: *Háry-János-Suite,* 3. Satz (Diesseits der Theiß, jenseits der Donau)
HINDEMITH: *Sinfonie „Mathis der Maler“* (Es sungen drei Engel)

Literatur:

HELGA ETTL, *Petruschka — ein Modell zur Werkbetrachtung.* Stuttgart 1968.

Vgl. LIEDERMAGAZIN.

## AUS DER NEUEN WELT

*Aus der Neuen Welt* nannte der tschechische Komponist ANTONIN DVOŘÁK seine IX. Sinfonie, die er 1893 während eines Amerika-Aufenthaltes schrieb. Das Thema des ersten Satzes ähnelt dem NEGRO-SPIRITUAL *Swing low, sweet chariot:*

Dvořák

Spiritual

Anläßlich der Berliner Erstaufführung äußerte sich DVOŘÁK in einem Gespräch hierzu: *„Aber lassen Sie den Unsinn, daß ich Originalmelodien gebraucht haben soll, aus. Ich habe nur im Geist dieser Nationalmelodien komponiert.“*

Aufgaben:

1. Wir vergleichen DVOŘÁKS Melodie mit dem Spiritual.
2. Wir hören den ersten Satz der Sinfonie und versuchen zu überprüfen, ob DVOŘÁK tatsächlich *„im Geist dieser Nationalmelodien“* komponiert hat.

Vgl. LIEDERMAGAZIN.

## BEETHOVEN: FINALE DER IX. SINFONIE

BEETHOVENS *IX. Sinfonie* bezieht in das FINALE als Neuerung Chor und Solisten ein. Damit ist eine in ihrer Monumentalität bis dahin unerreichte Steigerung vollzogen.
In der Einleitung des Finales erklingen die Themen der vorangegangenen Sätze als Zitat, jeweils durch ein Orchester-Rezitativ abgebrochen, indem instrumental die Worte des Sängers vorausgenommen werden: *„O Freunde nicht diese Töne! Sondern laßt uns angenehmere anstimmen und freudenvollere."* — Dann erklingt SCHILLERS *Ode an die Freude.*

Aufgaben:

1. Welche kompositorischen Mittel dienen in diesem Finale der Steigerung?
2. Zu welchen Anlässen wird die 9. Sinfonie aufgeführt und aus welchen Gründen?
3. Warum konnte bei internationalen Sportwettkämpfen das Finalthema der 9. Sinfonie gelegentlich als gemeinsame HYMNE der BRD- und DDR-Mannschaften verwendet werden?
4. Was halten wir davon, daß BEETHOVENS Finale als SCHLAGER bearbeitet worden ist? — A song of Joy

*Freude, schöner Götterfunken,*
*Tochter aus Elysium,*
*wir betreten feuertrunken,*
*Himmlische, dein Heiligtum!*
*Deine Zauber binden wieder,* — Thema
*was die Mode streng geteilt;*
*alle Menschen werden Brüder,*
*wo dein sanfter Flügel weilt.*

*Wem der große Wurf gelungen,*
*eines Freundes Freund zu sein,*
*wer ein holdes Weib errungen,*
*mische seinen Jubel ein!*
*Ja, wer auch nur eine Seele*
*sein nennt auf dem Erdenrund!* — Variationen
*Und wer's nie gekonnt, der stehle*
*weinend sich aus diesem Bund.*

*Freude trinken alle Wesen*
*an den Brüsten der Natur;*
*alle Guten, alle Bösen*
*folgen ihrer Rosenspur.* — Variationen
*Küsse gab sie uns und Reben,*
*einen Freund, geprüft im Tod;*
*Wollust ward dem Wurm gegeben,*
*und der Cherub steht vor Gott!*

Orchester: Zwischenstrophe, in Art eines bacchantischen Marsches.
(Große Trommel, Becken, Triangel)

*Froh, wie seine Sonnen fliegen*
*durch des Himmels prächt'gen Plan,*
*laufet, Brüder, eure Bahn,* — Variationen
*freudig, wie ein Held zum Siegen,*
*laufet, Brüder, eure Bahn.*

Orchester: Durchführungsartige Fortsetzung und Steigerung
*Freude, schöner Götterfunken . . .* — Thema I
(Chor, Bestätigung der 1. Strophe)

*Seid umschlungen Millionen,*
*diesen Kuß der ganzen Welt!*
*Brüder! über'm Sternenzelt* — Aufstellung des Gegenthemas
*muß ein lieber Vater wohnen.* — Thema II
*Ihr stürzt nieder, Millionen?* — (Höhepunkt ist die Vereinigung der beiden
*Ahnest du den Schöpfer, Welt?* — Themen im Schlußteil.)
*Such ihn über'm Sternenzelt!*
*Über Sternen muß er wohnen.*

Hinweis:

In dem Roman *Doktor Faustus* läßt THOMAS MANN den Komponisten ADRIAN LEVERKÜHN sagen:
*„Ich habe gefunden", sagte er, „es soll nicht sein."*
*„Was, Adrian, soll nicht sein?"*
*„Das Gute und Edle", antwortete er mir, „was man das Menschliche nennt, obwohl es gut ist und edel. Um was die Menschen gekämpft, wofür sie Zwingburgen gestürmt, und was die Erfüllten jubelnd verkündet haben, das soll nicht sein. Es wird zurückgenommen. Ich will es zurücknehmen."*
*„Ich verstehe dich, Lieber, nicht ganz. Was willst du zurücknehmen?"*
*„Die* NEUNTE SYMPHONIE*", erwiderte er. Und dann kam nichts mehr, wie ich auch wartete."* (Kap. XLV)
Das Werk, das die 9. Sinfonie BEETHOVENS zurücknehmen soll, trägt den Namen *„Dr. Fausti Wehklag"*. Darüber heißt es an anderer Stelle:
*„Dies riesenhafte ‚Lamento' . . . ist recht eigentlich-undynamisch, entwicklungslos ohne Drama, so wie konzentrische Kreise, die sich vermöge eines ins Wasser geworfenen Steins, einer um den anderen, ins Weite bilden, ohne Drama und immer das Gleiche sind. Ein ungeheures Variationenwerk der Klage — negativ verwandt als solches dem Finale der ‚Neunten Symphonie' mit seinen Variationen des Jubels — breitet es sich in Ringen aus, von denen jeder den anderen unaufhaltsam nach sich zieht: Sätzen, Groß-Variationen, die den Texteinheiten oder Kapiteln des Buches entsprechen und in sich selbst wieder nichts anderes als Variationsfolgen sind . . ."* (Kap. XLVI)

Literatur:

TH. MANN, *Doktor Faustus.* Frankfurt a. M. [1947] 1960.

Vgl. LIEDERMAGAZIN.

## SINFONISCHE VARIATIONEN

Das Thema von REGERS *Mozart-Variationen* stammt aus der Klaviersonate A-dur, KV 331. Es unterliegt vielfachen Umwandlungen in Form von Charaktervariationen.

I

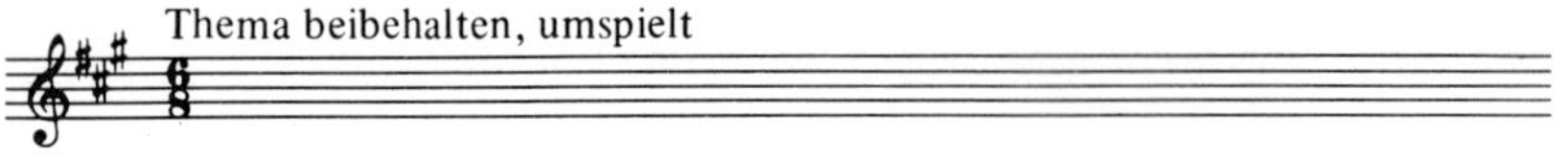


II

III

IV

V

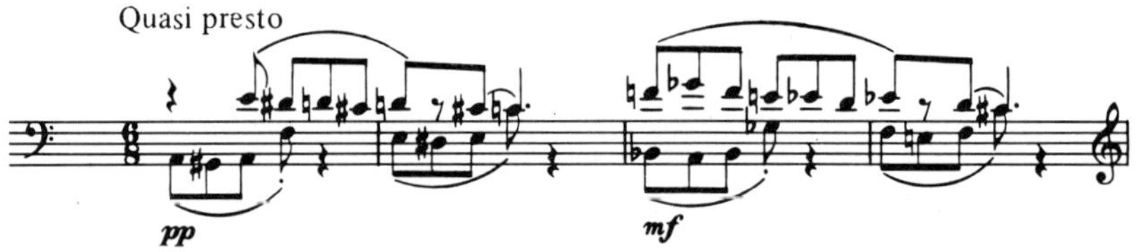


VI

VII

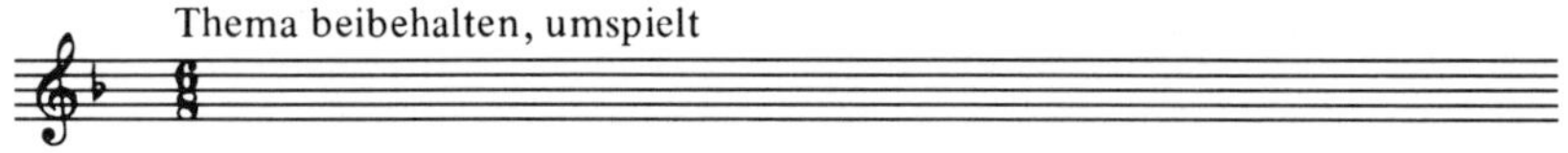


VIII

Fuge

I
II
ff
III
IV
f
p
V
p
f
ffs
VI
VII
VIII
Fuge

Aufgaben:

1. Wir hören die Variationen und versuchen, REGERS Klangbild zu beschreiben.
2. Anhand der Notenbeispiele vergleichen wir die ersten Takte von Thema und Variationen. Ist die Reihenfolge der Variationen beliebig? Wie ist die Verwendung der CHROMATIK zu beurteilen? Welcher Zusammenhang besteht zwischen dem Thema der Schlußfuge und dem Thema MOZARTS?

CLARA SCHUMANN schreibt 1874 an den Dirigenten HERMANN LEVI über die Haydn-Variationen op. 56 von JOHANNES BRAHMS:
*„Die Variationen sind zu herrlich! Man weiß nicht, was man mehr bewundern soll, die Charakteristik einer jeden Variation, die prachtvolle Abwechslung von Anmut, Kraft und Tiefe oder die wirkungsvolle Instrumentation — wie baut sich das auf, mit welcher Steigerung bis zum Schluß hin! Das ist* BEETHOVENscher *Geist von Anfang bis zu Ende."*

Weitere Beispiele für SINFONISCHE VARIATIONEN
HAYDN: *Sinfonie G-dur* (mit dem Paukenschlag), zweiter Satz, Andante
BEETHOVEN: *III. Sinfonie Es-dur,* Finale; *V. Sinfonie c-moll,* zweiter Satz; *VII. Sinfonie A-dur,* zweiter Satz
STRAUSS: *Don Quichotte* (Sinfonische Dichtung)
SCHÖNBERG: *Variationen für Orchester op. 31* (Zwölfton, B-A-C-H)
WEBERN: *Sinfonie op. 21,* zweiter Satz (Zwölfton, im Klang antisinfonisch)
HINDEMITH: *Die vier Temperamente* (Streichorchester und Klavier); *Symphonische Metamorphosen über Themen von* CARL MARIA VON WEBER

Siehe auch VARIATION S. 207.

## PROGRAMMUSIK

Zahlreiche Musikstücke tragen Titel, die nicht dem Bereich der Musik entstammen. Vielmehr bezeichnen sie etwas Außermusikalisches: ein Ereignis oder eine Geschichte. Die Musik besitzt Eigenschaften der Sprache: sie ist in der Lage, ein solches außermusikalisches Thema mehr oder weniger deutlich zum Ausdruck zu bringen. Ihr wichtigstes Mittel ist hierbei die LAUTMALEREI. Durch sie können nicht nur akustische Ereignisse der Umwelt gemalt werden, sondern auch solche, die wir nur sehen, fühlen, an die wir denken.

Aufgaben:

1. Welche musikalischen Mittel stehen den Komponisten zur Darstellung außermusikalischer Vorgänge zur Verfügung?
2. Wir hören Beispiele und versuchen, einen passenden Titel zu finden.
3. Wir versuchen die folgenden Beispiele zur Programmusik zu ordnen: Bei welchen handelt es sich nur um einen losen Zusammenhang, bei welchen ist der gesamte Ablauf durch das Programm festgelegt?

Beispiele:

In der französischen Cembalomusik (COUPERIN, RAMEAU u. a.) begegnen Stücke mit den Überschriften: *Trauer, Habgier, Übermut, Furchtsamkeit, Glockenspiel, Das Huhn, Die verliebte Nachtigall, Der Kuckuck, Bienen, Der Ruf der Vögel...*

Bach, Capriccio über die Abreise seines geliebten Bruders (BWV 992, nach einer praktischen Ausgabe)

Ist eine Schmeichelung der Freunde, um denselben von seiner Reise abzuhalten.

Ist eine Vorstellung unterschiedlicher Casuum, die ihm in der Fremde könnten vorfallen.

Ist ein allgemeines Lamento der Freunde.

Allhier kommen die Freunde, weil sie doch sehen, daß es anders nicht sein kann, und nehmen Abschied.

Aria di Postiglione

Fuga all'imitazione della cornetta di Postiglione.

KUHNAU veröffentlichte 1700 die *Musicalische Vorstellung einiger biblischer Historien in sechs Sonaten auf dem Clavier zu spielen* (darunter: David und Goliath).
VIVALDI überschrieb eine Sammlung von Concerti grossi: *Die vier Jahreszeiten.*
BACH komponierte ein *Capriccio über die Abreise des geliebten Bruders.*
Die Sätze in BEETHOVENS 6. Sinfonie *(Pastorale)* tragen die Bezeichnungen: *Erwachen heiterer Empfindungen bei der Ankunft auf dem Lande, Szene am Bach, Lustiges Zusammensein der Landleute (durch ein Gewitter gestört), Hirtengesang (frohe und dankbare Gefühle nach dem Sturm).* Zu BEETHOVENS Lebzeiten war außerdem sein Orchesterwerk *Wellingtons Sieg oder die Schlacht bei Vittoria* sehr beliebt.
BERLIOZ schrieb 1829 die *Fantastische Sinfonie — Episode aus dem Leben eines Künstlers (Träume, Leidenschaften, Ein Ball, Szene auf dem Lande, Der Gang zum Hochgericht, Hexensabbat).*
SMETANA komponierte einen Zyklus *Mein Vaterland,* von dem *Die Moldau* am bekanntesten geworden ist.
MUSSORGSKY schildert in den *Bildern einer Ausstellung* seinen Besuch einer Galerie, in der Bilder des Malers HARTMANN gezeigt wurden. Die dargestellten Bilder, die jeweils durch eine *Promenade* verknüpft sind, lauten: *Gnom, Das alte Schloß, In den Tuilerien, Spielende Kinder im Streit, Bydlo* (Ochsenkarren), *Ballett der Küchlein in ihren Eierschalen, Samuel Goldenberg und Schmuyle* (Dialog zwischen einem reichen und einem armen Juden), *Der Marktplatz von Limoges, Katakomben, Die Hütte der Baba Jaga* (Hexe), *Das große Tor von Kiew.*
Nach dem bekannten Gedicht von GOETHE komponierte DUKAS seinen *Zauberlehrling.* SCHÖNBERGS *Verklärte Nacht* bezieht sich auf ein Gedicht von RICHARD DEHMEL. Von RICHARD STRAUSS stammen zahlreiche Tondichtungen: *Don Juan, Tod und Verklärung, Till Eulenspiegels lustige Streiche, Also sprach Zarathustra* (frei nach NIETZSCHE), *Don Quichote, Ein Heldenleben, Sinfonia domestica, Eine Alpensinfonie.* HONEGGER schildert in *Pacific 231* die Fahrt einer D-Zug-Lokomotive. DEBUSSY setzt, um die Phantasie des Hörers nicht von vornherein einzuschränken, die Titel seiner *Préludes* an den Schluß der Stücke. Einige davon lauten: *Schritte im Schnee, Versunkene Kathedrale, Westwind, Die Tänzerinnen von Anacapri, Spiel der Wellen* usw.
Schließlich seien hier noch einige Beispiele aus BARTÓKS Klavierwerk *Mikrokosmos* angeführt: *Kahnfahrt, Hanswurst, Tagebuch einer Fliege.*
In SINFONISCHEN DICHTUNGEN (TONDICHTUNGEN) erhalten die Gestalten LEITMOTIVE, die im Verlauf der Handlung verändert werden können.

Hinweis:

Bei SINFONISCHEN DICHTUNGEN (TONDICHTUNGEN) ist in der Regel der Formablauf durch ein literarisches Programm festgelegt. Biographien, Konzertführer, Programmzettel bei Konzerten teilen dieses Programm mit. Durch Gewöhnung und gelernte ASSOZIATIONEN wird der Handlungsablauf für den Hörer unmittelbar anschaulich. Bei der Erarbeitung eines Beispiels bietet sich folgendes Vorgehen an:

1. Aus der Programmvorlage werden die (nach Meinung der Schüler) wichtigsten Stationen ausgewählt.

2. Aus diesen Stationen (Stichworte!) wird ein musikalisches Drehbuch (Kurzprogramm) entwickelt. Es werden Vorschläge gesammelt, wie das Programm in Musik umzusetzen ist. (Je nach Beispiel: eigener Gestaltungsversuch.)
3. Das Beispiel wird abschnittsweise gehört. Dazu werden Arbeitsgruppen mit verschiedenen Höraufgaben gebildet:
   a) Instrumente, b) Dynamik, c) Motive.
   Vergleich mit dem eigenen Entwurf.
   Die Ergebnisse werden in schriftlichen Protokollen festgehalten.
4. Gesamtdarbietung des Werkes, gleichzeitig Überprüfung der Protokolle.
5. Kritische Betrachtung zur Komposition der Programmvorlage durch den Komponisten.
6. Formulierung von Einsichten: Was sagt der Begriff Programmusik? Warum ist Programmusik leicht hörbar? Kann man sie auch ohne Programm verstehen? Warum bedient sich WERBEMUSIK derselben Kopplungsvorgänge (Assoziationen) zwischen Musik, Text, Bild, Handlung?

## AVANTGARDE IM KONZERTPROGRAMM?

Betrachtet man Konzertprogramme unter dem Gesichtspunkt, welche Komponisten am häufigsten aufgeführt werden, so ergibt sich ungefähr folgendes Bild:

klassische „Hit-Parade"

| | ORCHESTERMUSIK | KAMMERMUSIK |
|---|---|---|
| | 1. MOZART | 1. BEETHOVEN |
| | 2. BACH, BEETHOVEN | 2. CHOPIN |
| | 3. TSCHAIKOWSKY | 3. MOZART |
| | 4. HAYDN, BRAHMS | 4. BACH, SCHUBERT |
| | 5. DVOŘÁK, HÄNDEL | 5. BRAHMS |
| | 6. PROKOFIEFF, TELEMANN | 6. SCHUMANN |
| | | 7. HAYDN |
| | | 8. LISZT |
| | | 9. DEBUSSY |

Diese Rangfolge wurde aus Programmen Deutscher Konzertdirektionen der Saison 1967/68 ermittelt.
In der Konzertsaison 1968/69 veranstaltete das Kulturamt der Stadt Stuttgart zusammen mit dem Deutschen Gewerkschaftsbund (DGB) und einer Konzertdirektion insgesamt 18 Konzerte unter dem Gesamttitel *Stuttgarter Jugendkonzerte.* Im Programm standen Orchesterkonzerte, Kammermusikabende und Orgelkonzerte. Berühmte Solisten wurden ebenso verpflichtet wie junge Künstler, die erst am Beginn ihrer Karriere standen. Zwei typische Programme:
7. 11. 1968 (5. Konzert): RICHARD STRAUSS, *Don Juan;* HANS PFITZNER, *Violinkonzert h-moll;* ANTONIN DVOŘÁK, *Sinfonie Nr. 9, e-moll, Aus der Neuen Welt.*
10. 6. 1969 (16. Konzert): LUDWIG VAN BEETHOVEN, *Streichquartette F-dur, op. 18, 1; Es-dur, op. 74; F-dur, op. 59, 1.*
Leider vermißt man in den Programmen die neuere Musik.

Aufgaben:

1. Wir diskutieren die Frage, ob JUGENDKONZERTE mit solchen oder ähnlichen Programmen sinnvoll sind.
2. Wodurch erklären wir uns die oben mitgeteilte Beliebtheitsfolge der Komponisten?

NEUE KONZERTFORMEN

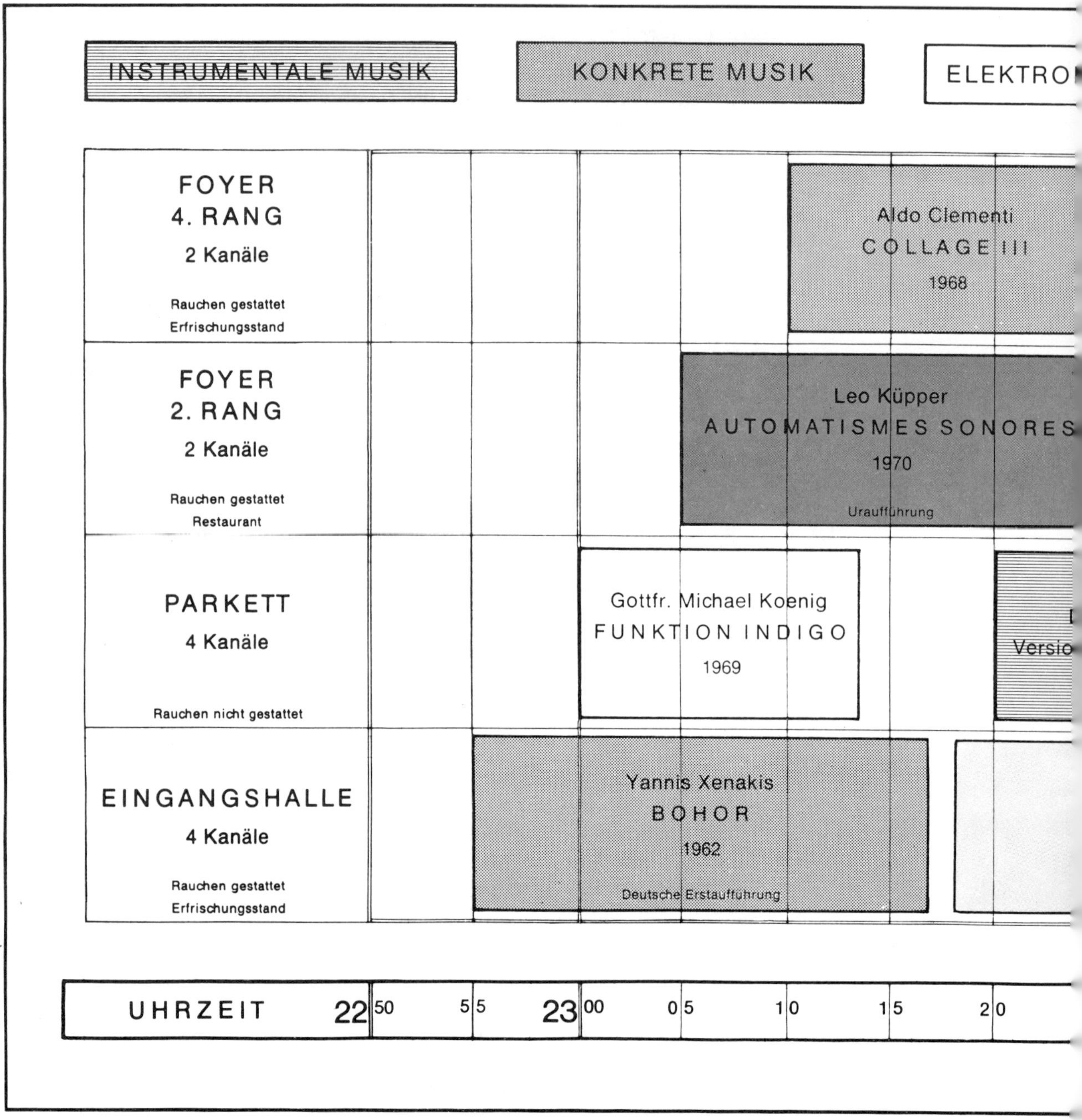

3. Wie könnten wir unsere Wünsche bezüglich der Durchführung eines Jugendkonzertes verwirklichen? (Wunschkatalog: Programm, Einführung, Einblick in die Probenarbeit, Interview mit Veranstaltern, Künstlern, dem Dirigenten usw.)
4. Wir untersuchen die musikalischen Programme von SCHULFEIERN.

Simultan-Konzert in allen Räumen der Hamburgischen Staatsoper am Montag, dem 7. September 1970, 23.00 Uhr.

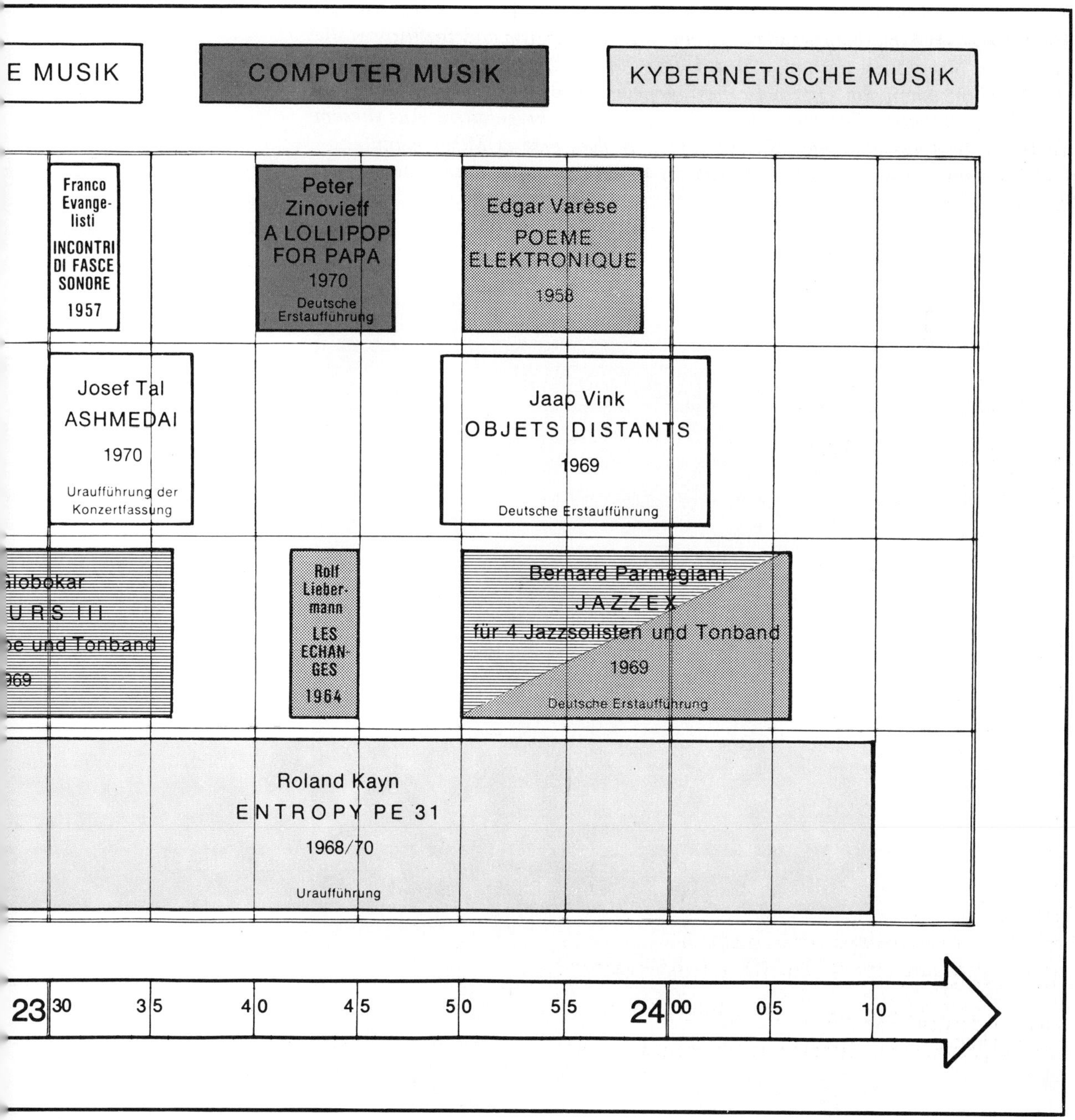

*„Brechts Abneigung gegen gewisse Arten von Musik ging so weit, daß er eine andere Art des Musizierens erfand, die er Misuk nannte. Unter Misuk verstand er eine Art zu musizieren, die sich von der Musik grundsätzlich unterscheidet, eben weil sie Misuk ist und nicht Musik.*
*Diese Bemühungen Brechts gingen eigentlich auf seine Abneigung gegen die Sinfonien Beethovens zurück. (Er liebte aber die Musik Bachs und Mozarts.) Dreißig Jahre lang habe ich versucht, ihm zu beweisen, daß Beethoven ein großer Meister war. Das hat er mir öfter zugegeben, aber dies zugebend, war er mißgelaunt und blickte mich mißtrauisch an. ‚Seine Musik', sagte er, ‚erinnert mich immer an Schlachtengemälde'. Damit meinte Brecht, daß Beethoven die Schlachten Napoleons noch einmal auf dem Notenpapier nachgekämpft habe. Und da ihm schon die Originale nicht gefielen — Brecht war nie sehr für Schlachten, so haben ihm auch die Nachahmungen nicht gefallen. Aus diesem und auch noch aus anderen Gründen erfand er das, was er Misuk nannte.*
*Es ist für einen Musiker schwer, Misuk zu beschreiben. Sie ist vor allem nicht dekadent und formalistisch, sondern im höchsten Grade volkstümlich. Sie erin-*

Honoré Daumier, *Ansteckender Beifall*

*nert am ehesten an den Gesang arbeitender Frauen in Hinterhöfen an den Sonntagnachmittagen. Seine Abneigung dagegen, daß Musik in großen Sälen von bemühten Herren, die einen Frack tragen, zeremoniert wird, ist auch in Misuk enthalten. Da darf niemand einen Frack tragen, und da wird nichts zeremoniert. Ich hoffe,* BRECHT *richtig zu interpretieren, wenn ich ferner feststelle, daß Misuk eine Kunstart sein will, die das vermeidet, was zum Beispiel bei Sinfoniekonzerten und Opern oft eintritt: Gefühlsverwirrung. Denn* BRECHT *war nie bereit, sein Gehirn an der Garderobe abzugeben. Er hielt für eine der besten Unterhaltungen die Anwendung der Vernunft.*

*Dieses Streben* BRECHTS *nach Vernunft auch in der Musik ist für uns Musiker ein schwerer Schlag. Denn wenn es sich um Musik handelt — wo ist da die Vernunft? Es gibt Freunde von mir, die für die Vernunft in der Musik ihre Hand nicht ins Feuer stecken würden.*

*Dies niederschreibend, erinnere ich mich, daß* BRECHT *mir vorgeworfen hat, ich hätte gegenüber seiner Erfindung, der Misuk, eine skeptische, herablassende Haltung. Er hatte leider recht."* (Aus: H. EISLER, *Bertolt Brecht und die Musik*, in: Sinn und Form. 2. Sonderheft BRECHT, 9, 1957, 1—3.)

## VORSCHLÄGE FÜR LERNKONTROLLEN (6. Kapitel: Im Konzert)

1. Was bedeutet der Begriff Konzert?
2. Welche Instrumente spielen in einem Orchester und wie sind sie aufgestellt?
3. Erkläre:
   a) Sinfonie
   b) Solokonzert
   c) Programmusik.
4. Gehört Avantgarde ins Konzertprogramm? Wir begründen die Stellungnahme.

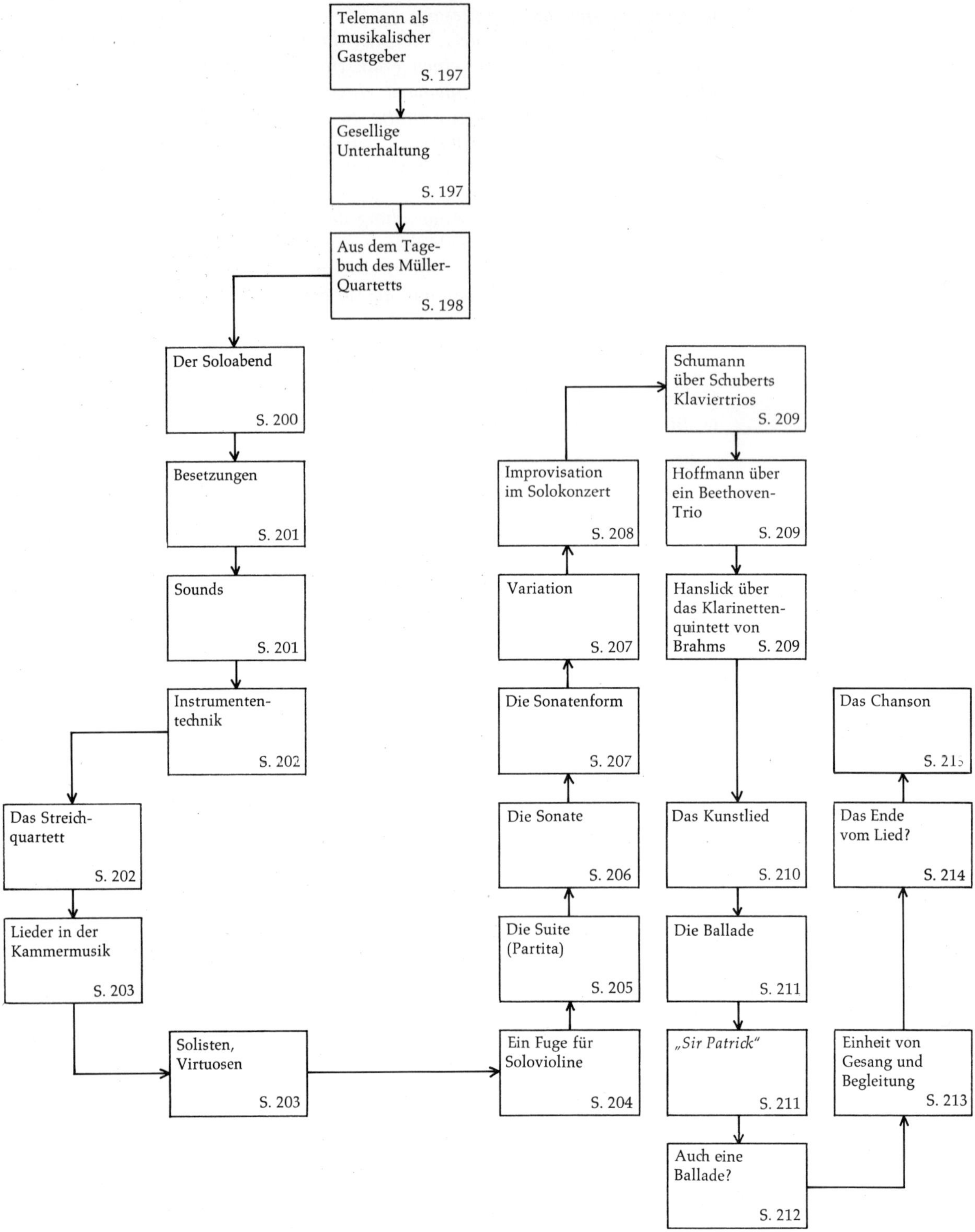
Telemann als musikalischer Gastgeber S. 197
Gesellige Unterhaltung S. 197
Aus dem Tagebuch des Müller-Quartetts S. 198
Der Soloabend S. 200
Besetzungen S. 201
Sounds S. 201
Instrumententechnik S. 202
Das Streichquartett S. 202
Lieder in der Kammermusik S. 203
Solisten, Virtuosen S. 203
Ein Fuge für Solovioline S. 204
Die Suite (Partita) S. 205
Die Sonate S. 206
Die Sonatenform S. 207
Variation S. 207
Improvisation im Solokonzert S. 208
Schumann über Schuberts Klaviertrios S. 209
Hoffmann über ein Beethoven-Trio S. 209
Hanslick über das Klarinettenquintett von Brahms S. 209
Das Kunstlied S. 210
Die Ballade S. 211
*„Sir Patrick"* S. 211
Auch eine Ballade? S. 212
Einheit von Gesang und Begleitung S. 213
Das Ende vom Lied? S. 214
Das Chanson S. 21

# 7. Kapitel Kammermusik

Wer das Wort KAMMERMUSIK hört, denkt wohl zumeist an Streichquartette, an häusliches Musizieren, an Sonaten, Trios und sonstige Werke in kleinerer Besetzung. Kammermusik ist vor allem durch die Art der BESETZUNG abgegrenzt von Begriffen wie Bühnenmusik, Theater- oder Orchestermusik.
Kammermusik war zunächst eine Musizierform, die von höfischen und adligen Kreisen „in camera" gepflegt wurde. Erst im Verlauf des 19. Jahrhunderts erhielten auch Angehörige des Bürgertums Zugang, Kammermusik wurde in der bürgerlichen Stube und im Konzertsaal heimisch.

Stubenmusik

Im heutigen MUSIKLEBEN nimmt die Kammermusik einen breiten Raum ein. Zwar ist das häusliche Musizieren offenbar zurückgegangen. Aber allein durch Rundfunk und Fernsehen können heute mehr Menschen mit ihr in Berührung kommen als je zuvor. Im Konzertleben hat sie ihren festen Platz.

Aufgabe:

Wir analysieren eine Seite einer RUNDFUNKZEITSCHRIFT.
Wieviele Werke entfallen prozentual auf die Kammermusik?
Wie ist das Verhältnis an Feiertagen? Weiterhin: Welche Sender bringen viel, welche wenig Kammermusik?

## TELEMANN ALS MUSIKALISCHER GASTGEBER

*„Kavaliere und Hohe Standes-Personen ist es in ihrer Generosität frey gestellt, was sie dazu contribuieren."* Mit diesen Worten kündigte GEORG PHILIPP TELEMANN um 1723 sein wöchentliches *„großes musikalisches Konzert"* in Frankfurt a. M. an. Für den Adel waren ihm offenbar die 15 Kreuzer Eintrittsgeld zu wenig, die von jedermann erhoben wurden.

Aufgaben:

1. Was besagt das Erheben von EINTRITTSGELD für den Stand des Musikers?
2. Seit jener Zeit durften sowohl Adlige als auch Angehörige des Bürgertums Konzerte besuchen. Wo fanden zuvor die Konzerte statt, und wer finanzierte sie?

## GESELLIGE UNTERHALTUNG

Zu Zeiten TELEMANNS und BACHS versammelten sich Musikliebhaber, Kantoren und Hofmusiker und gründeten ein COLLEGIUM MUSICUM. Neben dem Genuß musikalischer Erlebnisse verschafften sie sich gesellige Unterhaltung. Während solcher Konzerte wurde „Toback genossen", getafelt, getanzt und geplaudert.
Seit 1809 entstanden in zahlreichen Städten LIEDERTAFELN. Man saß beisammen,

tafelte, trank und erfreute sich am gemeinsamen Gesang. Für solche Gelegenheiten schufen Komponisten wie ZELTER, MENDELSSOHN, SILCHER, SPOHR, KREUTZER, LOEWE und SCHUMANN mehrstimmige Lieder.
SPOHR beklagt sich in seiner Selbstbiographie aus dem Jahr 1860/61 darüber, daß bei Konzerten an den Höfen von Braunschweig, Gotha, Dresden, Stuttgart usw. Karten gespielt und laute Unterhaltung geführt worden sei.

Aufgaben:

1. Welche geselligen Vereinigungen sind heute den Liedertafeln vergleichbar?
2. Wir diskutieren Für und Wider der Musik zur Unterhaltung und der Unterhaltung zur Musik.

Hinweis:

In der Satzung der ZELTERschen Liedertafel von 1809 heißt es: *„Die Gegenstände des Vaterlandes und allgemeinen Wohles sind in ihrem ganzen Umfang Dichtern und Komponisten empfohlen. Die Liedertafel sieht sich als eine Stiftung an, die die ersehnte Zurückkunft des königlichen Hauses* (aus der Königsberger Verbannung) *feiert, wie überhaupt das Lob ihres Königs zu den ersten Geschäften der Tafel gehört."* (Aus: H. J. MOSER, *Musiklexikon*, Band I. Hamburg 4/1955, S. 696.)
Es wäre lohnend einmal zu untersuchen, welche Ziele in den Satzungen gegenwärtiger VEREINE festgelegt sind.

Vereinsleben

Crispyn de Passe d. Ä. (1564—1637): Studentisches Collegium-Musicum

## AUS DEM TAGEBUCH DES MÜLLER-QUARTETTS

Der Übergang von Hausmusik und Kammermusik zum öffentlichen Kammermusik-Konzert mit reisenden Virtuosen wird deutlich in den Tagebuchaufzeichnungen von GEORG MÜLLER, Mitglied der ersten reisenden Streichquartettvereinigung (Gebrüder MÜLLER, Braunschweig), geschrieben auf Tourneen in der Zeit von 1833—1842. Dort heißt es:

„*Den 9ten Oktober* (1833). *Abends 10 Uhr fuhren wir von Braunschweig ab und langten d. 10ten morgens wohlbehalten in Hannover an, abgestiegen in Britisch Hotel, besuchten die Waterloosäule, sahen den Marstall, die Reitbahn u. Herrenhausen, u. brachten den Tag von Mittag an bei Herrn Hausmann zu. Dort wurde gespielt: Quartett von* SPOHR *No. 1 aus der neuesten Lieferung a vista, Quartett von* FESCA *D dur No. 15, Quartett von* BEETHOVEN *G dur No. 2, Quartett von* MOZART *No. 4 Es dur, Quartett von* SPOHR *D moll, Quartett von* BEETHOVEN *No. 8 E moll.*

*d. 11 ten von Hannover nach Bremen. Abgestiegen in Stadt Frankfurt*
*d. 12 ten Erstes Quartett-Concert. Quartett von* MOZART
*d. 13 ten Austernfrühstück bei Herrn Otto. Mittags bei Herrn Eggers. Vorher Musik gemacht:* BEETHOVEN *No. 14 . . .*
*abends bei Herrn . . . Quartett von* ONSLOW *No. 12 . . .*
*d. 14 ten Von Bremen nach Oldenburg, abgestiegen im Hotel de Russie, Concert daselbst . . .*
*d. 15 ten Zurück nach Bremen. Mittag bei Herrn . . ., Abends bei Herrn . . . (gespielt): Quartett von . . .*
*d. 16 ten . . . Zweites Quartett-Concert . . .*
*d. 17 ten Von Bremen nach Hannover. Bei Herrn Hausmann abgestiegen. Erstes Quartett-Concert. . . .*
*d. 18 ten bei Herrn Hausmann gespielt: . . .*
*d. 19 ten Zweites Quartett-Concert. . . .*
*d. 20 ten Von Hannover nach Halberstadt . . .*
*d. 21 ten Morgens bei Herrn Assessor Augustin: Quartett . . . .*
*Concert: . . .*
*d. 22 ten Von Halberstadt nach Magdeburg . . . . Abends bei Herrn* FESCA: *Quartett . . .*
*d. 23 ten Von Magdeburg nach Berlin . . . .*
*d. 24 ten Abends bei Herrn* FESCA, *Quartett . . . .*
*d. 31 ten Erste Quartett-Unterhaltung im Saale des Hotels . . .*"

Die Gebrüder MÜLLER hielten sich bis zum 15. November in Berlin auf, gaben vier Quartett-Unterhaltungen, waren abends zu Gast und musizierten; am 14. 11. gaben sie ein „Großes Concert im Saale des Königl. Schauspielhauses". Die Reise führte sie über Potsdam, Dessau, Halle, Leipzig, Dresden, Prag — überall Quartett-Unterhaltungen — bis Wien (9. 12.). Fast vier Tage dauerte die Reise von Prag nach Wien. In Wien blieben sie bis zum 21. 1. 1834, gaben neun Quartett-Unterhaltungen und ein Abschiedskonzert. Weitere Stationen waren München und Augsburg. 6. bis 15. 2. Reise bis Paris, ab Straßburg mit der Diligence (Eilpost). Am 29. 3. Abreise aus Paris, wo sechs Quartett-Unterhaltungen gegeben wurden. Am 15. 4. Ankunft in Heidelberg über Karlsruhe, Mannheim.

In den Quartett-Konzerten wie in den Quartett-Unterhaltungen wurden jeweils drei Streichquartette gespielt. Bis zum Aufenthalt in Wien dienten nur Hotelsäle als Aufführungsorte, danach kleinere öffentliche Säle. Aufführungszeiten für Quartett-Unterhaltungen waren mittags, nachmittags oder abends. Auf dem Programm der Quartett-Unterhaltungen standen Werke der folgenden Komponisten (nach ihrer Häufigkeit geordnet): BEETHOVEN (36mal), ONSLOW (19mal), FESCA (17mal), HAYDN (14mal), MOZART (11mal), SPOHR (7mal), MENDELSSOHN (1mal).

Aufgaben:

1. In eine Karte Europas tragen wir Reiseroute und -daten ein. Was können wir daraus ablesen?
2. Welche Unterschiede könnten zwischen Quartett-Concert und Quartett-Unterhaltung bestehen?
3. Welche von den aufgeführten Komponisten sind Zeitgenossen der Gebrüder MÜLLER?

Literatur:

G. MÜLLER, *Tagebücher*. Niedersächsisches Staatsarchiv Wolfenbüttel. (In einer Examensarbeit an der Pädagogischen Hochschule Braunschweig von HELMUT KERTZSCHER bearbeitet.)
E. PREUSSNER, *Die bürgerliche Musikkultur*. Kassel und Basel ²/1954.
H. ENGEL, *Musik und Gesellschaft*. Berlin 1960.
G. BÖHMER, *Die Welt des Biedermeier*. München 1968.

## DER SOLOABEND

Reisende Virtuosen und Künstler (Geiger, Sänger, Pianisten) traten um die Mitte des 19. Jahrhunderts in SOLOABENDEN auf, einer bis dahin unbekannten Konzertform. Diese wurde begünstigt durch die sich wandelnden wirtschaftlichen und verkehrstechnischen Bedingungen (Eisenbahn!). Besonders nach der gescheiterten Revolution von 1848 benutzte das deutsche Bürgertum Einrichtungen wie die TANZSTUNDE oder das KONZERTWESEN u. a. zur gesellschaftlichen Anpassung und zur eigenen repräsentativen Bestätigung.

Repräsentation

Feierlichkeit war das auffällige Kennzeichen eines Soloabends. Die erhöht auf dem Podium auftretenden Solisten schufen sich als Künstler ihre Hörergemeinde, denn Musik war *„höhere Offenbarung als alle Philosophie"* (ein gern zitierter Ausspruch BEETHOVENS).

Der Soloabend als Konzertform drang bis in die kleinsten Städte vor. Es bildeten sich MUSIKVEREINE und -GESELLSCHAFTEN, die mit den Künstlern damals noch direkt verhandelten. Sodann entwickelten sich KONZERTDIREKTIONEN, deren Aufgabe es seither ist, das Veranstaltungsprogramm für eine Stadt zu planen. Heutzutage verhandeln die Konzertdirektionen mit Konzertagenturen, die nach Art des Großhandels Künstler an die Konzertveranstalter vermitteln. Der Künstler nennt sein Repertoire, die Konzertagentur liefert Ort und Termine.

Kunstverteiler

Durch eine solche Verteilerstelle wird die Kunst zwangsläufig zur Ware, die konsumiert werden will. Nur noch Marken — Solisten, Programme, Dirigenten —

werden gehandelt. Schallplattenproduktion, Rundfunk, Fernsehen und Konzertwesen bestätigen sich oft gegenseitig und bestimmen durch ihre Auswahl weitgehend den Markt.

Aufgaben:

1. Mit welchen Werbemethoden arbeiten z. B. SCHALLPLATTENFIRMEN, um ihre Produktion von Solowerken abzusetzen?
2. Wir beobachten während einer Saison das MUSIKLEBEN unseres Schulortes oder der nächstgelegenen Stadt und besuchen einige Veranstaltungen. Wer besucht welche Soloabende? Warum? Was wird gespielt? Wer ist der Veranstalter? Wir überlegen weitere Fragen.

## BESETZUNGEN

Kammermusikwerke werden zumeist solistisch vorgetragen. Je nach der Zahl der Instrumente unterscheidet man:

| | |
|---|---|
| *Duo* (zwei) | *Sextett* |
| *Trio* (drei) | *Septett* |
| *Quartett* (usw.) | *Oktett* |
| *Quintett* | *Nonett* |

Zumeist fügt man hinzu, von welcher Art die Besetzung ist: Streichtrio, -quartett, Bläserquintett, Klavierduo. Manchmal wird im Namen auch das Besondere an einer Besetzung hervorgehoben: Klavierquintett bedeutet, daß eines der sonst üblichen Streichinstrumente durch Klavier ersetzt wird.

Aufgabe:

Wir hören Kammermusikwerke unterschiedlicher Besetzung und versuchen nach Gehör zu bestimmen, wieviele und welche Instrumente beteiligt sind.

Siehe auch ORCHESTER-BESETZUNGEN S. 172.

## SOUNDS

Individualisierung

Es scheint, als habe seit einiger Zeit eine neue Art gemeinsamen Musizierens sich an die Stelle der überlieferten Kammermusik gestellt: viele BANDS, COMBOS, BEATGRUPPEN lassen sich durch neue Instrumente und deren Kombinationen anregen, einen neuen, eigenen SOUND zu schaffen.
Neue Instrumentation ist für Musiker immer eine Herausforderung gewesen, und der Begriff SOUND ist eng mit INSTRUMENTATION verknüpft. Alle Möglichkeiten der Zusammenstellung von Instrumenten (Kombinationen, siehe COMBO) ergeben einen SOUND.

Aufgabe:

Wir stellen Tonbandbeispiele für charakteristische SOUNDS zusammen. Welche Instrumente, welche technischen Raffinessen sind typisch?

## INSTRUMENTENTECHNIK

Mit dem Bau neuartiger INSTRUMENTE werden auch neue Ausdrucksmöglichkeiten erschlossen. So etwa kann eine PAUKE erst ein Glissando spielen, seit die Pedalpauke erfunden worden ist. BEETHOVENS Klaviersonaten wären undenkbar, wäre nicht zuvor das PIANOFORTE entwickelt worden. Die hochvirtuosen Klavierstücke der letzten hundertfünfzig Jahre wären anders komponiert worden, wenn nicht der französische Klavierbauer SEBASTIAN ERARD einen Mechanismus ersonnen hätte, der es dem Pianisten erlaubt, rasche Tonwiederholungen zu spielen (Repetitionsmechanik). Neuzeitliche elektronische Instrumente fordern zu neuartigen Klangexperimenten heraus. Gleichzeitig werden an traditionellen Instrumenten immer wieder neue Spielmöglichkeiten entdeckt.

technische Voraussetzungen

Aufgaben:

1. Wer könnte ein Stück von CHOPIN auf dem Cembalo oder einer Philicorda vorspielen? Was stört?
2. Wir vergleichen Klaviermusik von BACH, einmal auf dem Cembalo, dann auf einem Konzertflügel gespielt.

Vorhaben:

1. Aus Instrumentenkunden und Lexika sammeln wir Informationen über technische Neuerungen an Instrumenten: bei Querflöte (BÖHMflöte), Klarinette, Ventilhorn, Pedalharfe, Saxophon, Hammondorgel, Elektrogitarre, Vibraphon.
2. Wir suchen Beispiele für einen Zusammenhang von instrumententechnischen Neuerungen und Kompositionsweise der zugehörigen Musik.

Literatur:

W. BRANDL, *Instrumentenkunde.* Heidelberg 1950.
J. UHDE, *Bach auf dem modernen Klavier,* in: Musica 24, 1970, S. 248 ff.

Siehe auch KOMPOSITIONEN MIT CLUSTERN S. 129.

## DAS STREICHQUARTETT

*„Man hört vier vernünftige Leute sich miteinander unterhalten"* — so äußerte sich GOETHE über das Streichquartett. Seit HAYDN galt diese musikalische Gattung als ein Prüfstein des kompositorischen Könnens. MOZART hat an HAYDNS *Russischen Quartetten* op. 30 sehr genau das PRINZIP DER THEMATISCHEN ARBEIT und des formalen Gleichgewichts studiert. Er betrachtete sich als Schüler HAYDNS, wie er in der Widmung seiner sechs *Haydn-Quartette* (1782—85) bekannte: *„Hier, grosser Mann und mein teuerster Freund, sind meine Kinder! — Sie sind wahrlich die Frucht einer langen, mühsamen Arbeit . . . Du selbst, teuerster Freund, hast mir bei Deinem letzten Aufenthalt in dieser Stadt Deine Zufriedenheit mit ihnen ausgedrückt — Diese Deine Unterstützung beflügelt mich vor allem; daher empfehle ich sie Deiner Huld und hoffe nur, dass sie sich Deiner Gunst nicht unwürdig erweisen werden."* (Im Original italienisch.)
Das Autograph bestätigt die lange, mühsame Arbeit: Keine Handschrift MOZARTS enthält so zahlreiche Korrekturen wie diese.

Meister und Schüler

In der Besetzung von zwei Geigen, einer Bratsche und einem Cello sind alle Stimmlagen vertreten. Jedes Instrument hat einen sehr großen Tonumfang und kann äußerst virtuos geführt werden, muß sich zugleich aber dem Gesamtklang jederzeit einfügen und unterordnen.
Arnold Schönberg hat sein zweites Streichquartett fis-moll op. 10 um eine Singstimme erweitert (Text: Stefan George).

Aufgaben:

1. Welche Streichquartett-Vereinigungen sind uns bekannt?
2. Welche anderen Komponisten haben Streichquartette komponiert? Wir hören Beispiele.

## LIEDER IN DER KAMMERMUSIK

Es ist reizvoll, Lieder zu vergleichen mit Instrumentalwerken, in denen sie verarbeitet sind. Hier eine Auswahl:

Schubert: *Der Tod und das Mädchen (Streichquartett d-moll,* Variationensatz), *Die Forelle* (eingeschobener Variationensatz im *Forellenquintett), Der Wanderer* (zweiter Satz der *Wanderer-Fantasie* op. 15), *O du Entrissene mir (Fantasie für Violine und Klavier),* Brahms: *Verstohlen geht der Mond auf (Klavier-Sonate op. 1), Immer leiser wird mein Schlummer* (Andante des *B-dur-Klavierkonzerts*), *Wie Melodien zieht es* (erster Satz der *Violin-Sonate G-dur*), *Joseph, lieber Joseph mein* (Vorspiel im *Bratschenlied für Alt und Klavier op.* $96^2$).

## SOLISTEN, VIRTUOSEN

Ein anerkannter Violinvirtuose des 19. Jahrhunderts war Joseph Joachim (1831 bis 1907). Bernard Shaw allerdings schrieb über Joachims Aufführung der dritten Solosonate von J. S. Bach am 28. Februar 1890 in London: „. . . *Er spielte* Bachs *Sonate in C-dur im St.-James-Saal. Der zweite Satz dieses Werkes ist eine drei- oder vierhundert Takte lange Fuge. Man kann natürlich eine durchlaufend dreistimmige* Fuge *nicht auf der Geige spielen; nimmt man aber Doppelgriffe zu Hilfe und springt man von einer Stimme zur anderen, dann kann man das häßliche Gespenst einer Fuge heraufbeschwören, die man für echt nimmt, wenn* Bach *und* Joachim *dafür garantieren . . . Doch wir waren alle interessiert und begeistert — ich nicht weniger als die anderen. Wir klatschten, und er verneigte sich in unbeirrbarer Feierlichkeit. Die würdige künstlerische Laufbahn von* Joachim *und das gewaltige Ansehen* Bachs *hatten uns so hypnotisiert . . .*" (Aus: Hartnack, *Große Geiger unserer Zeit.* München 1967, S. 56 f.)

Gespenst einer Fuge

Aufgaben:

1. Wir interpretieren die Kritik von Shaw.
2. Welche Solisten für verschiedene Instrumente sind uns heute bekannt? Woher kennen wir sie?

3. Nach einem Konzertabend machen wir ein Interview mit dem Solisten auf Tonband und fragen nach Ausbildung, Programm, Übezeit, Reisen, Schüler u. a. m.

Literatur:

In der Musikbuch-Reihe *Wie Meister üben* geben weltbekannte Musik-Interpreten einen Einblick in ihre Werkstatt, dazu Notenbeispiele und Langspielplatten (Panton-Verlag AG, Zürich).

## EINE FUGE FÜR SOLOVIOLINE

J. S. Bach hat sechs Sonaten für Violine solo komponiert, von denen drei als Partiten angelegt sind. Er war von Haus aus Geiger und schon mit 18 Jahren an der Kapelle Johann Ernsts, des Bruders des regierenden Herzogs von Weimar, angestellt. *Die 3. Sonate in C-dur* ist berühmt durch ihre große Fuge (355 Takte! siehe Shaw). Das Thema entspricht der Anfangsmelodie des Chorals *Veni Sancte Spiritus.*

Das Thema:

Der Kontrapunkt (Takt 5 ff.):

Zwischenspiel:

Aufgaben:

1. Wir analysieren dieses *„häßliche Gespenst einer Fuge"*. Welche Hilfsmittel zur anschaulichen Analyse könnten wir entwickeln und selber anfertigen?
2. Wir hören verschiedene Schallplattenaufnahmen der 3. Sonate und vergleichen die Interpretationen. Wieviel Aufnahmen gibt es zur Zeit? (Bielefelder Katalog.)
3. Wir hören andere Fugen für Violine solo (z. B. Reger, Bartók) und vergleichen etwa Schriftbild, Spieltechnik u. a.

Hinweis:

Forkel 1802: *„Die Violinsolos* (von Bach) *wurden lange Jahre hindurch von den größten Violinisten allgemein für das beste Mittel gehalten, einen Lernbegierigen seines Instruments völlig mächtig zu machen."*
Notiz auf einer handschriftlichen Abschrift: *„Dieses von Joh. Seb. Bach eigenhändig geschriebene treffliche Werk fand ich unter altem, für den Butterladen bestimmtem Papier, in dem Nachlasse des Clavierspielers Palschau zu St. Peters-*

Bach-Manuskript als Butterbrotpapier

*burg 1814.*" (Aus: A. Schweitzer, *Johann Sebastian Bach.* Leipzig 1908/1936, Neuauflage Wiesbaden 1960, S. 338. Dort auch Angaben zur Spieltechnik.)
Die erste praktische Neuausgabe wurde 1843 (Kistner) von dem Geiger Ferdinand David herausgegeben, bei dem Joachim mit ausgebildet wurde. Bis heute liegen nahezu 40 Neudrucke, zwei Faksimile-Ausgaben des Bachschen Autographes und ein Neudruck in der Neuen Bach-Gesamtausgabe vor.

Literatur:

J. Müller-Blattau, *Geschichte der Fuge.* Kassel 1963.

## DIE SUITE (PARTITA)

Partita heißt dem Wortsinn entsprechend ein Stück aus einzelnen Teilen, Suite eine Folge von Stücken. Partita und Suite werden oft in derselben Bedeutung verwendet. Bezeichnend ist, daß die Teile nach einem bestimmten Zusammenhang geordnet sind.
Als musikalischer Fachausdruck kann vor allem die Suite sehr vielseitig gedeutet werden. Auch historisch ist der Begriff sehr weit zu fassen, zumal jeweilig musikalisch begleitete gesellschaftliche Zeremonien mitzudenken sind, wie besonders Tanzfolgen in der Abwechslung von Tempo (langsam/schnell) und Bewegungsform (geschritten/gesprungen).
Suite ist auch Gefolge, also gesellschaftliche Rangordnung. Tanz- und Musikmeister spielten in früheren Gesellschaftsordnungen — z. B. im Absolutismus — eine Macht- und Repräsentationsrolle, indem sie weltliche Rangordnung oder gar zyklische Weltordnung darzustellen oder in Aktion zu setzen hatten (Ballett). Die Suite ist also ein ursprünglich tanzgebundener musikalischer Zyklus. Der Musiker löst sich aber alsbald von der tänzerischen Ausführung, er will selbständig und ebenfalls gesellschaftlich so anerkannt sein wie der Tanzmeister. Er stilisiert die Tänze, indem er musikalisch von den Grundformen abweicht, so daß auf diese Musik nicht mehr getanzt werden kann. Eine ähnliche Verhaltensweise ist z. B. bei Jazzmusikern zu beobachten, die oft nicht wünschen, daß nach ihrer Musik getanzt wird (ausgenommen im Jazz Dance).

Rangordnung

Auch Sonata, Sinfonia, Ouvertüre sind ursprünglich Reihungsformen. Im wechselnden Tempo und in bestimmten charakteristischen Rhythmen sind vielfach Anklänge an Tanzsätze erkennbar.

Aufgaben:

1. Welche Anordnung von Tänzen und musikalischen Tanzsätzen ist bei Tanzmeistern und Komponisten der Barockzeit und auch schon früher festzustellen? Wir sammeln einige Beispiele. Welche Begründung gibt es für die jeweilige Anordnung?
2. Wir überspielen die Satzanfänge z. B. einer Klavier- oder Cellosuite von J. S. Bach von Schallplatte auf Tonband und hören vergleichend auf Tempo, Taktart, Rhythmus, melodischen Beginn und Tonart. Stimmen die Rhythmen der originalen Tänze mit denen der musikalischen Sätze überein?
3. Welche jetzigen Gesellschaftstänze oder auch bekannten Folkloretänze lassen sich nach historischem Muster zu einer Suite zusammenstellen? Gibt es Beispiele? Von welchen Komponisten und zu welcher Zeit?

Hinweis:

Im Hinblick auf gesellschaftliche Bezüge schreibt GEORG MUFFAT 1701, daß seine Konzerte *„zur absonderlichen Erquickung des Gehörs componirt"* seien, *„vornehmlich zur Belustigung großer Fürsten-Herren, zur Unterhaltung vornehmer Gäste, bei herrlichen Mahlzeiten, Serenaden und Zusammenkünfften der Musikliebhaber und Virtuosen . . ."* (Nach Artikel *Konzert*, in: MGG VII, Sp. 1570.)

Literatur:

DIETHER DE LA MOTTE, *Musikalische Analyse.* Kassel 1968. Hier Textteil S. 73ff.: Courante aus der Suite I G-dur für Violoncello solo von J. S. Bach.
*rhythmen-lexikon* (fred therhoff). Wien 1964.

Siehe auch TANZ S. 94.

## DIE SONATE

Die SONATE ist ein Klingstück für eines oder mehrere Instrumente, hat mehrere Sätze wie eine SUITE, aber der Wechsel zwischen schnellen und langsamen Sätzen ist nicht eindeutig auf TÄNZE bezogen. Nur das später (an dritter Stelle) eingefügte MENUETT oder das RONDO (letzter Satz) weisen auf den Tanz.
Eine SONATINE ist eine kleine Sonate. Sie ist technisch und kompositorisch einfacher gehalten.
Es gibt Sonaten für Instrumente solo (Klavier, Violine, Violoncello) oder für Melodieinstrument mit Klavier. Im Zusammenhang mit der allgemeinen Verbesserung der Instrumententechnik wuchsen die Möglichkeiten virtuosen Spiels, so daß schließlich HINDEMITH Sonaten für fast jedes Orchesterinstrument geschrieben hat, auch z. B. für Kontrabaß oder Tuba.
Sonate ist häufig das Etikett für schwere, ernste, gediegene, gute Musik, die angeblich nur von Fachleuten oder gebildeten Musikliebhabern verstanden werden kann. Oft ist Sonate trotz oder wegen (?) höherer Schulbildung die Aufforderung zum Abschalten oder Leiserstellen des Radios.
Über die Geschichte des Begriffs Sonate kann man sich in jedem Musiklexikon informieren. Was da alles geschrieben steht! Sonata da Chiesa, Sonata da Camera, Suite, Sinfonia, Sonate als einzelner Satz, als zyklische Form, als Satzform. Bei alledem waren sich die Komponisten der BAROCKZEIT darin einig, daß Sonaten pathetisch und würdevoll zu klingen hätten. Sie wurden an Fürstenhöfen und in Kirchen auf Instrumenten vorgetragen und sollten die Zuhörer ergötzen, erfreuen, unterhalten und erbauen.
Seit der musikalischen KLASSIK numerieren die Komponisten ihre Werke nach OPUS-ZAHLEN. Kenner und Liebhaber sind mit Bezeichnungen wie BEETHOVEN op. 10, op. 27, op. 110, op. 111 oder BRAHMS Violinsonate op. 108 u. a. vertraut.
Für das breite PUBLIKUM haben sich hingegen außermusikalische Namensgebungen durchgesetzt, z. B. *Frühlingssonate, Mondscheinsonate, Pathétique, Appassionata* von BEETHOVEN. Der SOLOABEND wird ähnlich wie das von Konzertdirektionen arrangierte KONZERT dann am meisten besucht, wenn solche berühmten Stücke von berühmten Solisten gespielt werden — oder? Opus-Musik

Vorhaben:

Wir bilden Arbeitsgruppen, um an geschichtlichen Beispielen zu klären, wie, warum und für wen Sonaten komponiert worden sind.

## DIE SONATENFORM

Im ersten Satz der klassischen SONATE und der SINFONIE ist folgendes Prinzip wirksam:

Sonatensatzschema

| | |
|---|---|
| INTRODUKTION | Einleitung (kann fehlen) |
| EXPOSITION | 1. Thema<br>Überleitung<br>2. Thema<br>Schlußgruppe |
| DURCHFÜHRUNG | Verarbeitung der Themen |
| REPRISE | Wiederholung der Exposition (mit geringen Veränderungen) |
| CODA | Wirkungsvoller Abschluß |

Aufgaben:

1. Wir hören eine SONATE (oder SINFONIE) und beschreiben den Unterschied zwischen 1. und 2. Thema.
2. Welcher Mittel bedient sich der Komponist in der Durchführung?
3. Was an der Reprise ist gegenüber der Exposition verändert? Was folgt daraus für die Funktion der Reprise im Gesamtverlauf des Satzes?

Vorhaben:

In Arbeitsgruppen untersuchen wir, bei welchen Komponisten, in welchen Werken das SONATENSATZSCHEMA in reiner Form vorkommt und wo Abweichungen festzustellen sind.

Hinweis:

Das Sonatenschema ist von der MUSIKTHEORIE um die Mitte des 19. Jahrhunderts aufgestellt worden. Es ist nachträglich aus den Werken abgeleitet und bleibt daher ein theoretisches Schema.

Siehe auch DAS PRINZIP DES GEGENSATZES S. 179.

## VARIATION

Variieren heißt verändern. In der Musik versteht man unter VARIATION die Veränderung eines vorgegebenen THEMAS. Dieses ist in den Variationen unterschiedlich deutlich erkennbar, je nach der Art der Veränderung. Man kann in der Variationstechnik vier Typen unterscheiden:

1. FIGURALVARIATION, auch Ornamentalvariation genannt. Bei ihr wird die Melodie des Themas ausfiguriert bzw. ornamentiert: die Melodielinie wird umspielt und von Variation zu Variation gewöhnlich in immer kleinere Notenwerte aufgelöst.
2. CHARAKTERVARIATION. Hier wird das Thema tiefgreifend verändert. Jede Variation hat einen eigenen Charakter. Es ist möglich, daß die Variationen nach Tonart, Tongeschlecht, Harmonik, Taktart, Tempo und Rhythmus wechseln und sich zyklisch zusammenschließen.
3. CANTUS-FIRMUS-VARIATION. Die Melodie des Themas bleibt als Cantus firmus unverändert. Die Begleitstimmen erhalten mit jeder Variation einen anderen Verlauf.
4. PASSACAGLIA und CHACONNE. Beides waren ursprünglich Tanzsätze mit Variationsfolgen. Passacaglia und Chaconne sind nicht immer scharf voneinander zu unterscheiden. Im allgemeinen liegt der Passacaglia ein gleichbleibendes Baßthema zugrunde (BASSO OSTINATO); die Chaconne ist in der Behandlung des Themas freier und baut sich bevorzugt auf einer gleichbleibenden Harmoniefolge auf.

Variationstypen

Beispiele:

zu 1: W. A. MOZART, *Ah, vous dirai-je, Maman,* KV 265
zu 2: L. v. BEETHOVEN, *Diabelli-Variationen*
zu 3: J. HAYDN, *Kaiserquartett,* 2. Satz; S. SCHEIDT, *Ei, du feiner Reiter*
zu 4: J. S. BACH, *Passacaglia c-moll für Orgel;* G. F. HÄNDEL, *Chaconne G-dur* für Klavier

In vielen Variationssätzen sind die Typen miteinander vermischt.

Aufgabe:

Wir hören Variationswerke und ordnen sie den einzelnen Variationstypen zu. Kann man erkennen, nach welchem Prinzip die einzelnen Variationen aufeinander folgen? Wechselt das Tongeschlecht oder die Tonart?

Siehe auch SINFONISCHE VARIATIONEN S. 185.

## IMPROVISATION IM SOLOKONZERT

Improvisieren heißt, aus dem Stegreif heraus zu erfinden und zu spielen. Im 18. und 19. Jahrhundert war es üblich, daß bei Konzertveranstaltungen improvisiert wurde. Als der 14jährige MOZART in Mantua auftrat, kündigte der Programmzettel eine *„von* MOZART *zu improvisierende Cembalosonate an, zu der er das Thema von dem ersten Geiger erhalten werde"*.
In den Programmen der Leipziger Gewandhauskonzerte stand 1836: *„Klavierkonzert Es-dur von* BEETHOVEN, *gespielt von* MENDELSSOHN, *und Finale aus ‚Leonore', worauf* MENDELSSOHN *über die Melodien desselben frei am Klavier phantasiert."* (Aus: R. ENGLÄNDER, *Zur Geschichte des Konzertprogramms,* in: Österr. Musikzeitschrift 10, 1961, S. 467.)
Auch BEETHOVEN und LISZT waren für ihre Kunst der Improvisation bekannt. Eine beliebte Form der Improvisation war die VARIATION.

Siehe auch KOLLEKTIV-IMPROVISATION S. 246.

## SCHUMANN ÜBER SCHUBERTS KLAVIERTRIOS

FRANZ SCHUBERT schrieb zwei KLAVIERTRIOS (op. 99 in B-dur und op. 100 in Es-dur). ROBERT SCHUMANN vergleicht die beiden Werke, indem er über das *B-dur-Trio* schreibt:

*„Innerlich unterscheiden sie sich aber wesentlich voneinander. Der erste Satz, der dort tiefer Zorn und wiederum überschwengliche Sehnsucht, ist in unserem anmutig, vertrauend, jungfräulich; das Adagio, das dort ein Seufzer, der sich bis zur Herzensangst steigern möchte, ist hier ein seliges Träumen, ein Auf- und Niederwallen schön menschlicher Empfindung. Die Scherzos ähneln sich ... Mit einem Wort, das Trio in Es-dur ist mehr handelnd, männlich, dramatisch, unseres dagegen leidend, weiblich, lyrisch ...*

*Die Zeit, so zahllos und so Schönes sie gebiert, einen* SCHUBERT *bringt sie sobald nicht wieder."*

Aufgaben:

1. Wie ist SCHUMANNS Wortwahl zu erklären (kulturgeschichtlicher Hintergrund)?
2. Wir vergleichen die Hauptthemen beider Klaviertrios und hören die Werke auf Schallplatten.
3. Stimmen wir SCHUMANNS Ansicht über ihren Unterschied zu?

## HOFFMANN ÜBER EIN BEETHOVEN-TRIO

Musikbeschreibung

ERNST THEODOR AMADEUS HOFFMANN über BEETHOVENS Trio 70, Nr. 1 in D-dur:

*„Die ersten vier Takte enthalten das Hauptthema, der siebente und achte Takt im Violoncello aber enthält das Nebenthema, aus welchen beiden Sätzen, wenige Nebenfiguren ausgenommen, die zwischen die Ausführung jener Hauptideen geworfen sind, das ganze Allegro gewebt ist. Um so zweckmäßiger war es, den im ganzen Stück vorherrschenden Gedanken in vier Oktaven unisono vortragen zu lassen; er prägt sich dem Zuhörer fest und bestimmt ein, und dieser verliert ihn in den wunderlichsten Krümmungen und Wendungen, wie einen silberhellen Strom, nicht mehr aus dem Auge."*

HOFFMANN findet hier Worte, die einer musikalischen Fachsprache entbehren können und trifft doch das Entscheidende.

Aufgabe:

Wir versuchen, dasselbe Stück mit eigenen Worten und mit Begriffen der musikalischen Fachsprache zu beschreiben.

## HANSLICK ÜBER DAS KLARINETTENQUINTETT VON BRAHMS

EDUARD HANSLICK schreibt in *Fünf Jahre Musik (1891—1895)* Berlin 1896, über das h-moll-Quintett für Klarinette und Streichquartett von BRAHMS:

*„Lange hat kein Werk ernster Kammermusik im Publikum so unmittelbar gezündet, so tief und lebhaft gewirkt. Das Quintett ist ein breiter ausgeführtes,*

*bedeutenderes Seitenstück zu dem Klarinett-Trio in A-moll. Noch stärker und geheimnisvoller als in letzterem waltet hier der eigenartige Zauber des Klarinettenklanges. Wie dem bildenden Künstler ein gegebenes äußerliches Mittel, ein bestimmtes Material, Maß oder Lokal zum künstlerischen ‚Motiv' wird, ihm neue Ideen zuführt, so hat* Brahms' *jüngstes dankbares Adoptivkind, die Klarinette, ihn zu reizenden neuen Erfindungen und Kombinationen angeregt."*

Hinweis:

Kritiken zu Sonaten- und Kammermusikabenden können gesammelt, aufgeschlüsselt und auch sprachlich analysiert werden.

Im Zusammenhang mit dem Thema Sonate bietet sich eine Diskussion über musikalische Wertfragen an. Bewertungen

Siehe auch Musikkritik — über Geschmack muss man streiten S. 28.

## DAS KUNSTLIED

Im 19. Jahrhundert versteht man unter Lied das klavierbegleitete Sololied. Dieser Typus wird so eng mit der deutschen Musik verbunden, daß man seit 1868 im Französischen den Ausdruck „le lied" findet.

Durch Franz Schubert wird das Lied auf einen ersten Höhepunkt geführt. Singstimme und Klavierpart stehen sich gleichwertig gegenüber. Das Klavier begleitet nicht nur, sondern ist wesentlich an der lyrischen, balladenhaften oder dramatischen Ausgestaltung beteiligt. Dabei können Tonmalerei oder Tonsymbolik vorkommen.

Aufgabe:

Wir untersuchen Schuberts Liederzyklus *Die schöne Müllerin* auf Text und Musik. Welchen Anteil hat der Klavierpart an der musikalischen Ausdeutung des Textes? (Wir stellen eine Tabelle aller Klaviermotive auf, die zu dem Textwort *Bächlein* gespielt werden.)

Hinweis:

Vielfach haben Komponisten thematisch zusammengehörige Lieder zu einem Zyklus zusammengestellt. Beispiele:

Liederzyklen

| | |
|---|---|
| Schubert: | *Die schöne Müllerin* (1823, Wilhelm Müller) |
| | *Die Winterreise* (1826/27, Wilhelm Müller) |
| Schumann: | *Dichterliebe* (1840, Heinrich Heine) |
| | *Frauenliebe und -leben* (1840, Adalbert von Chamisso) |
| | *Eichendorff-Liederkreis* (1840) |
| Brahms: | *Die schöne Magellone* (1862, 15 Romanzen aus der gleichnamigen Erzählung von Ludwig Tieck) |
| Wolf: | *Spanisches Liederbuch* (1891, nach Paul Heyse und Emanuel Geibel) |
| | *Italienisches Liederbuch* (1892/96, Paul Heyse) |
| Mussorgsky: | *Kinderstube* (1868—72, eigene Texte) |
| Mahler: | *Kindertotenlieder* (1902, Friedrich Rückert) |
| | *Lieder eines fahrenden Gesellen* (1883/85, eigene Texte) |
| Janáček: | *Tagebuch eines Verschollenen* (1916/19, anonyme Texte) |
| Schönberg: | *Das Buch der hängenden Gärten* (1908/09, Stefan George) |

| | |
|---|---|
| RAVEL: | *Don Quichotte à Dulcinée* (1932, nach CERVANTES) |
| HINDEMITH: | *Das Marienleben* (1924, Neufassung 1948, RAINER MARIA RILKE) |
| KRENEK: | *Reisebuch aus den Österreichischen Alpen* (1929, eigene Texte) |
| DISTLER: | *Mörike-Chorliederbuch* (1939) |
| BRITTEN: | *Michelangelo-Sonette* (1940) |
| FORTNER: | *Shakespeare-Songs* (1946) |
| PEPPING: | *Paul Gerhardt-Liederbuch* (1947) |

## DIE BALLADE

Hier sind einige Begriffe zum Thema Ballade durcheinander geraten:
Klavier, GOETHE, ZELTER, Bariton, Tonmalerei, *Die beiden Grenadiere*, Baß, WOLF, Merkmale, *Zauberlehrling*, Form, LOEWE, Singstimme, MÖRIKE, Alt, *Feuerreiter*, SCHUBERT, Textdichter, Tenor, Komponist, Sopran, Chanson, HEINE, Lied, Titel, *Der Erlkönig*, Handlung, FONTANE.

Aufgaben:

1. Wir versuchen zu ordnen und prüfen an Beispielen, ob unsere Zuordnung stimmt.
2. Sind Balladen durchkomponierte Lieder oder wiederholen sich Melodie und Begleitung von Strophe zu Strophe?
3. Werden heute noch Balladen komponiert? Was unterscheidet moderne Balladen von den alten?

Vgl. LIEDERMAGAZIN.

## „SIR PATRICK"

THEODOR FONTANE schrieb über seine Reise nach England und Schottland einen ausführlichen Bericht. Die Landschaft rief ihm alte BALLADEN in Erinnerung: *„Im Hinüberfahren gewahrt man rechtshin das Dorf Aberdour. An den Namen desselben knüpft sich eine der schönsten und ältesten schottischen Balladen, die Ballade von ‚Sir Patrick Spens':*

*Der König sitzt in Dunfermlin-Schloß;*
*Er trinkt blutroten Wein:*
*Wer ist mein bester Segler,*
*Er muß in See hinein!*

*Höflinge, falsche Freunde des Sir Patrick, antworten dem Könige: Wer anders könnt' es sein als Sir Patrick. Nun wird eine Fahrt beschlossen, ein Winter-Seezug (um die Sturmzeit) gegen die Dänen. Die Ehre verbietet dem Sir Patrick, das Kommando abzulehnen, und die ganze Flotte, wie erwartet, scheitert in der Nähe von Aberdour. Niemand wird gerettet.*

*Nun sitzen viele schöne Frauen*
*Bei Aberdour am Strand*
*Und stützen die weiße Stirne*
*Auf ihre weiße Hand.*
*Sie tragen goldene Kämme*
*Und starren hinaus aufs Meer,*
*Doch sie erharren keinen*
*Und sehen keinen mehr.*

*Wir sind glücklicher in unserer Fahrt als der arme Sir Patrick, und erreichen wohlbehalten North-Queens-Ferry, von wo uns die Eisenbahn zunächst nach dem alten Dunfermlin führt. Dies ist dasselbe Dunfermlin, wo der eben zitierte alte Balladenkönig den ‚blutroten Wein' trank. Es ist eine der ältesten Städte Schottlands und war lange Zeit vor Edinburgh und selbst vor Perth eine königliche Residenz. Malcolm Canmore, der Besieger und Nachfolger Macbeths, hatte hier ein Schloß, dessen Ruinen noch sichtbar sind."*
(Aus: TH. FONTANE, *Aus England und Schottland.* Neudruck München 1963, S. 420 f.)

Aufgabe:

Wir äußern uns zu Zeit und Gegend, in der die Ballade spielt, zu den Personen, die erwähnt sind, zu der Form, in der die Ballade erzählt wird, und zu den allgemeinen Merkmalen einer Ballade.

## AUCH EINE BALLADE?

Von den BEATLES stammt der SONG *She's leaving home.*

1. *Wednesday morning at five o'clock as the day begins / Silently closing her bedroom door / Leaving the note that she hoped would say more / She goes downstairs to the kitchen / clutching her handkerchief / Quietly turning the backdoor key / Stepping outside she is free.*
   *She (We gave her most of our lives)*
   *is leaving (Sacrificed most of our lives)*
   *home (We gave her everything money could buy)*
   *She's leaving home after living alone / For so many years. Bye, bye.*

2. *Father snores as his wife gets into her dressing gown / Picks up the letter that's lying there / Standing alone at the top of the stairs / She breaks down and cries to her husband / Daddy our baby's gone. / Why would she treat us so thoughtlessly / How could she do this to me.*
   *She (We never thought of ourselves)*
   *is leaving (Never a thought of ourselves)*
   *home (We struggled hard all our lives to get by)*
   *She's leaving home after living alone / For so many years. Bye, bye.*

3. *Friday morning at nine o'clock she is far away / Waiting to keep the appointment she made / Meeting a man from the motor trade.*
   *She (What did we do that was wrong)*
   *is having (We didn't know it was wrong)*
   *fun (Fun is the one thing that money can't buy)*
   *Something inside that was always denied / For so many years. She is leaving home. Bye, bye.*

Hier der Versuch einer Übersetzung:

1. Mittwochmorgen um fünf Uhr zu Tagesbeginn schließt sie leise ihre Schlafzimmertür. Sie hinterläßt eine Nachricht in der Hoffnung, daß diese mehr sagen würde. Sie steigt die Treppe hinunter zur Küche. Ihr Taschentuch ist

zusammengeknüllt. Ruhig dreht sie den Schlüssel der Hintertür herum. Sie tritt heraus. Sie ist frei.
Sie (Wir gaben unser Bestes)
verläßt ihr (Wir weihten ihr unser Leben)
Haus (Wir gaben ihr alles, was man für Geld kaufen kann)
Sie verläßt ihr Haus, in dem sie so viele Jahre einsam war. Auf Wiedersehen.

2. Während Vater noch schnarcht, zieht seine Frau sich den Morgenrock an. Sie findet den Brief, der dort liegt. Sie steht allein oben an der Treppe. Sie bricht zusammen und ruft nach ihrem Mann. „Vater, unser Kind ist gegangen. Warum denn behandelt sie uns so gedankenlos? Wie konnte sie mir dies antun?"
Sie (Wir haben niemals an uns gedacht)
verläßt ihr (Wir hatten nie einen Gedanken für uns selbst)
Haus (Wir haben uns unser Leben lang Mühe gegeben)
Sie verläßt ihr Haus, in dem sie so viele Jahre einsam war. Auf Wiedersehen.

3. Freitagmorgen um neun ist sie weit weg und wartet, um rechtzeitig zur Verabredung da zu sein. Sie trifft den Mann von einer Autofirma.
Sie (Was haben wir denn verkehrt gemacht)
hat (Wir wußten nicht, daß es falsch war)
Freude (Nur Freude kann man nicht mit Geld kaufen)
Etwas in ihr wurde so viele Jahre vernachlässigt. Sie verläßt ihr Haus. Auf Wiedersehen.

Aufgaben:

1. Handelt es sich bei diesem Song um KUNSTLIED, SCHLAGER, BALLADE, PROTESTSONG oder VOLKSLIED? Wir begründen unsere Annahme.
2. In unserer Plattensammlung suchen wir nach ähnlichen SONGS.

## EINHEIT VON GESANG UND BEGLEITUNG

*„Das Klavier bringt das* SCHUMANNSCHE *‚Ich' so eindeutig zum Ausdruck, daß es sich im Dialog mit der menschlichen Stimme als eine zweite, ebenbürtige ‚Persönlichkeit' zu behaupten versucht — auch auf die Gefahr hin, sie gelegentlich zu unterjochen und zu übertönen. Gerade diese Einheit von Gesang und Klavierspiel, die beide im Dialog wie im dramatischen Konflikt ebenso unabhängig wie aufeinander angewiesen bleiben, ist typisch für* SCHUMANN. *Das lange Vorspiel, aus dem die Stimme sich erhebt, sowie das lange Nachspiel, in welchem sie untergeht, sind etwas Neues auf dem Gebiet des Liedes, dessen in sich ruhende, romantische Welt sie umreißen."* (Aus: *Robert Schumann in Selbstzeugnissen und Bilddokumenten.* Reinbek 1958 — rowohlt-Monographie Nr. 6 — S. 84.)

Aufgaben:

Wir analysieren dieses Zitat nach folgenden Gesichtspunkten:
1. Möglichkeiten der Musik, ein *„Ich"* auszudrücken;
2. *„Einheit von Gesang und Begleitung"* — was kann damit gemeint sein?
3. Wir überprüfen die Aussage des Zitats über Vor- und Nachspiel im *Liederkreis* op. 39 von SCHUMANN an Klangbeispielen.

(Der Notentext wurde 1960 im Inselverlag neu veröffentlicht.)

## DAS ENDE VOM LIED?

Aus einem Interview mit DIETRICH FISCHER-DIESKAU (entnommen der *Welt* vom 24. Juli 1971):

Frage: *Glauben Sie, daß die Wirkung der großen Liedmeister —* SCHUBERT, SCHUMANN, BRAHMS, WOLF *— heute noch dieselbe ist wie beispielsweise kurz nach 1945?*

FISCHER-DIESKAU: *Das glaube ich nicht. Damals handelte es sich um ein Wiederfinden von Entbehrtem, das fern der terroristischen Bedrohung im Bewußtsein gelebt hatte. Heute stehen wir vor der veränderten Situation, daß man beginnt, über die Beziehung zur Musik, zur Kunst im allgemeinen zu reflektieren. Die Frage wird laut: Ist es überhaupt noch sinnvoll, solche Musik wiederzugeben, sie anzuhören?*

Frage: *Hat sich das Interesse des Publikums inzwischen auf andere Komponisten verlagert? Etwa auf spätromantische oder expressionistische Musik?*

FISCHER-DIESKAU: *Ich glaube nicht, daß es sich verlagert hat. Vielleicht ist die Streuung des Interesses inzwischen etwas großzügiger von der kleinen Zahl bisher im Liederabend geduldeter Meister und Epochen zur Überschau fortgeschritten. Bei vielen Hörern beobachte ich auch, wie sie über das Lied zu anderen Werken der jeweiligen Komponisten finden. In Briefen, die mir zukommen, steht zu lesen, daß durch Anhören meiner* SCHUBERT-, SCHUMANN- *oder* MAHLER-*Interpretationen man erst auf Klavier- und symphonische Musik dieser Meister gestoßen sei. Natürlich sind die zum Mitgehen bereiten Hörer auch an Werken neuerer Epochen interessiert; sagen wir solchen der letzten 70 Jahre.*

Frage: *Also auch Lieder der* WIENER SCHULE?

FISCHER-DIESKAU: *Gerade die* WIENER SCHULE *hat sich ja mit dem Liedgesang befaßt, sowohl* SCHÖNBERG *als auch* BERG *und* WEBERN *... Daneben finde ich* BARTÓK *wichtig, nicht nur seine Volksliedbearbeitungen, auch seine Kunstlieder ...* STRAUSS *ist in der Beliebtheit als Liederkomponist etwas zurückgefallen, hauptsächlich wohl deshalb, weil man seine Lieder zu wenig kennt ... Auch* BUSONI *mit seinen wenigen Liedern ist mir wichtig, seine späten Goethe-Gesänge ragen heraus. Natürlich gehört* MAHLER *dazu — auch* DEBUSSY *und* RAVEL, *die letzteren als genaueste Vorbereiter dessen, was sich heute tut ... Gerade habe ich von einem* FORTNER-*Schüler,* FRIEDHELM DÖHL, *im SFB eine halbstündige* HÖLDERLIN-*Folge „Wenn aber ..." aufgenommen. Die Texte stellen Wortnotizen, teils auch nur Silbenfetzen dar ... Die Musik ist fast so selbständig wie die Worte. Durch die „Verfremdung", durch die es kaum noch ein Pendeln zwischen Sprache und Musik geben darf, bekommen die Worte einen eigenmusikalischen Charakter, der zuweilen dem konträr gegenübergestellt ist, was sie eigentlich aussagen.*

Aufgabe:

An Klangbeispielen vergegenwärtigen wir uns die einzelnen historischen Stationen. Insbesondere achten wir auf das Verhältnis von Gesang und Begleitung. Siehe auch GEISTLICHE MUSIK DER AVANTGARDE S. 123.

## DAS CHANSON

Heiterkeit, Ernst und Parodie mischen sich beim Vortrag eines CHANSONS. Typisch ist, daß die Darstellungsmittel aus der Situation heraus frei (improvisatorisch) gewählt werden. Im überraschenden Wechsel zwischen Gesang, Sprechgesang und Sprache soll die Aufmerksamkeit des Hörers gelenkt und die Aussage intensiviert werden.

politische Ziele

Das Chanson entstand in Frankreich. Seine Aggressivität war zunächst gesellschaftskritisch ausgerichtet und wandelte sich mehr und mehr zum politischen Protest (POLITISCHES CHANSON).

ästhetische Aggression

Im KONZERTSAAL verliert es an Spontaneität und Improvisation. Der aggressive Impuls wird ästhetisierend überdeckt. Das Chanson wirkt gefälliger und für den Angegriffenen erträglicher.

FRANZ-JOSEF DEGENHARDT: *„. . . Wir singen nicht für euch, ihr vollgestopften Allesfresser mit Tischfeuerzeugkultur . . .“*

*„Das Chanson weist sich gegenüber dem Lied als leichter, eben mehr als Liedchen aus. Das Lied wird als schwerer empfunden, sein Entstehungsort ist der Brustkorb. Ein rechtes Lied hat denn auch Gemüt und Seele. Diese Eigenschaften fehlen dem Chanson. Es gilt als leichtfertiger, behender, witziger, gehört zum Kopf und hat sich immer schon viele Feinde gemacht. Nämlich die, gegen die es angesungen hat . . .“* (F.-J. DEGENHARDT, *Das Herz im Hals;* FELIX SCHMIDTS *Kulturgeschichte des Chanson,* in: Die Zeit 22, 1968, S. 25.)

Aufgaben:

1. Wir versuchen an Beispielen unterscheidende Merkmale und Begriffsbestimmungen zu finden, etwa für Chanson gegenüber Bänkelgesang, Bänkelsong, politischem Lied, Song, Gesängen, Carmina, Parodien, Kontrafakturen, Couplet, Ballade, Moritat.
2. Das Chanson im Sprachunterricht (Französisch, Englisch, Deutsch: Wir bilden Arbeitsgruppen und untersuchen sprachliche Besonderheiten) und im Geschichtsunterricht (Zusammenstellung und Interpretation zeitgeschichtlicher Beispiele).
3. Zu welchen aktuellen Anlässen in der Schule könnten Chansons vorgetragen werden? Wer versucht einmal selber ein Chanson zu machen?

Literatur:

FELIX SCHMIDT, *Das Chanson; Herkunft, Entwicklung, Interpretation.* Ahrensburg—Paris 1968.

DEGENHARDT, NEUSS, HÜSCH, SÜVERKRÜP : *Da habt ihr es!* Reinbek 1970.

WILHELM NEEF, *Das Chanson,* Leipzig 1972.

Siehe auch PROTESTSONG S. 79.

## VORSCHLÄGE FÜR LERNKONTROLLEN (7. Kapitel: Kammermusik)

1. Erkläre den Formaufbau von Sonate, Fuge, Suite und Variation.
2. Was sind die besonderen Merkmale von Kunstlied, Ballade und Chanson?
3. Sind Kammermusik, Streichquartett, Sonate und Kunstlied bessere Musik als reine Unterhaltungsmusik wie Schlager, Caféhausmusik und Operette?

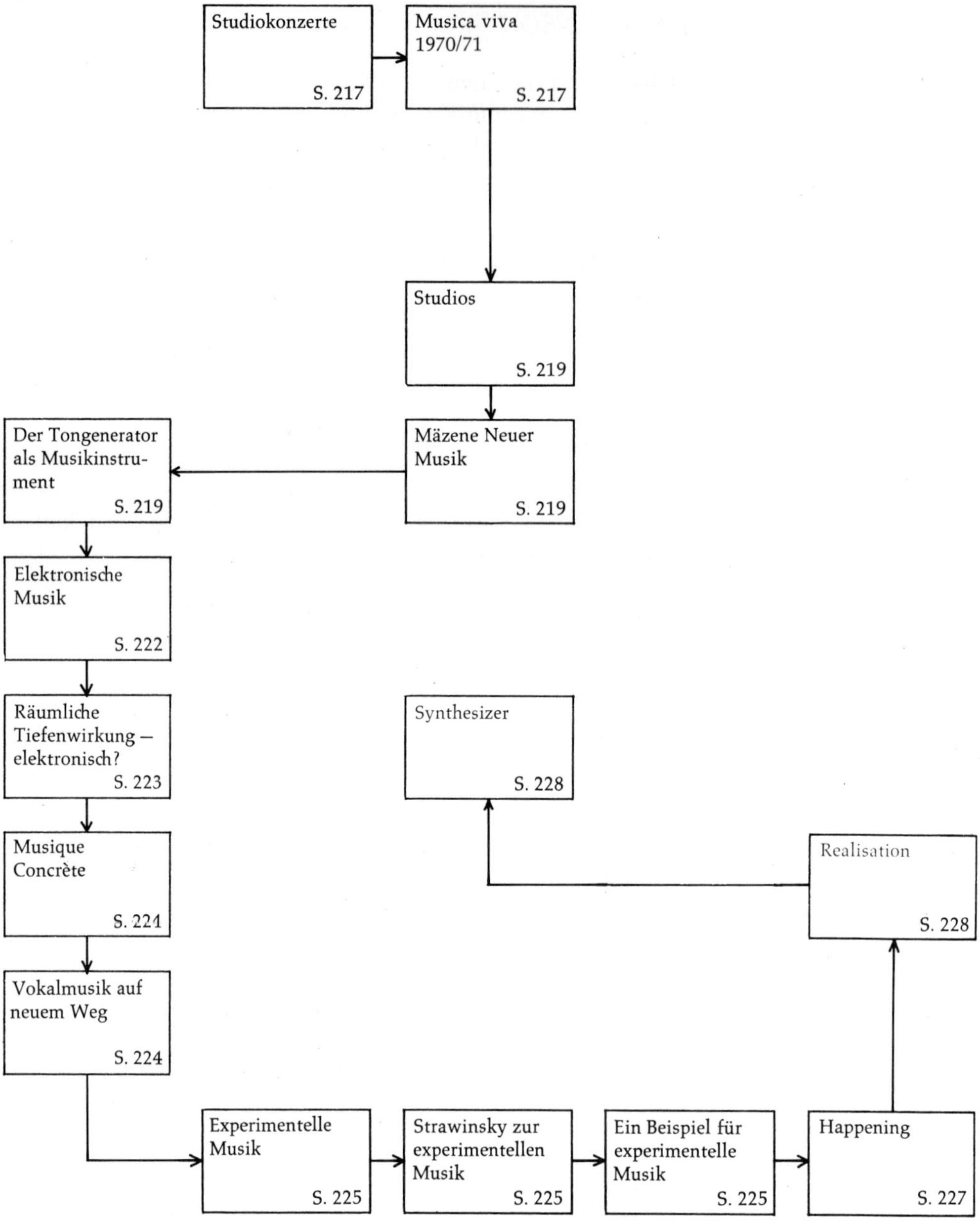
Studiokonzerte S. 217
Musica viva 1970/71 S. 217
Studios S. 219
Mäzene Neuer Musik S. 219
Der Tongenerator als Musikinstrument S. 219
Elektronische Musik S. 222
Räumliche Tiefenwirkung – elektronisch? S. 223
Musique Concrète S. 224
Vokalmusik auf neuem Weg S. 224
Experimentelle Musik S. 225
Strawinsky zur experimentellen Musik S. 225
Ein Beispiel für experimentelle Musik S. 225
Happening S. 227
Realisation S. 228
Synthesizer S. 228

# 8. Kapitel Im Studio

## STUDIOKONZERTE

Im Herbst 1918 gründete der Wiener Komponist ARNOLD SCHÖNBERG (1874 bis 1951) einen Verein für musikalische Privataufführungen. In jeder Woche fand eine Aufführung ausschließlich moderner Werke statt. SCHÖNBERG verfolgte die Absicht, mit solchen Konzerten die Hörer an neue Klänge zu gewöhnen.
Diese Vereinskonzerte — wie sie bald allgemein hießen — können als Vorläufer heutiger STUDIOKONZERTE gelten.
Wegen der Geldentwertung mußte der Verein für musikalische Privataufführungen 1921 seine Tätigkeit einstellen.
Bis dahin hatten in 112 Konzerten 360 Werke auf dem Programm gestanden, darunter 151 Erstaufführungen.
Die RUNDFUNKANSTALTEN entwickelten sich in starkem Maße zu Veranstaltern öffentlicher Konzerte. Sie schufen meist hervorragende Orchester (z. B. NDR-Sinfonieorchester, Symphonieorchester des Bayerischen Rundfunks usw.)
Gleichzeitig bürgerten sich Veranstaltungen ein, in denen einem ausgewählten Publikum ganz neue Musik oder auch ganz alte Musik vorgeführt wird. Solche Konzerte heißen meist Studiokonzerte.

Neue Musik — elitäre Musik?

Als Studiokonzerte werden auch solche ganz- oder halböffentlichen Veranstaltungen bezeichnet, in denen etwa junge Künstler innerhalb einer MUSIKHOCHSCHULE zum erstenmal auftreten oder in denen Ausschnitte aus der Probenarbeit vorgeführt werden.
In vielen größeren Städten Deutschlands gibt es Studiokonzerte als ständige Einrichtungen.
Meist weisen sie schon mit ihrem Namen auf die NEUE MUSIK hin.
In München: *Musica viva* und *Studio für Neue Musik.*
In Köln: *Musik der Zeit.*
In Hamburg: *das neue werk* (1973 — im 23. Jahr — das 145. Konzert) und *Studio für Neue Musik* der MUSIKHOCHSCHULE (1973 — im 13. Jahr — das 55. Konzert).

## MUSICA VIVA 1970/71

Lebendige Musik?

Fünf Konzerte finden im Rahmen der Musica-viva-Reihe 1970/71 im Münchner Herkulessaal statt. Am 20. November dirigiert BRUNO MADERNA das Symphonieorchester des Bayerischen Rundfunks. Auf dem Programm stehen LUIGI NONOS *Per Bastiana Tai-Yang Cheng für Tonband und Instrumente,* PAOLO RENOSTOS *Scops, Strutture ed Improvisazioni für Viola und Orchester* (Solist: ALDO BENNICI, Viola), *Statics für Orchester* von GOTTFRIED SCHNABEL und eine Suite aus der Oper *Hyperion* von BRUNO MADERNA. LUKAS FOSS hat die musikalische Leitung beim zweiten Konzert, bei der neben seiner *Geod — Non Improvisation II für Chor und Orchester* ERNST KRENEKS *Horizont umkreist* und GYÖRGY

Ligetis *Lontano für großes Orchester* gespielt werden. Am 4. März 1971 gastiert das BBC Symphony Orchestra aus London unter Pierre Boulez mit *Jeux* von Claude Debussy, *Eclat* von Boulez und Béla Bartóks *Der wunderbare Mandarin.* Siegfried Palm, Violoncello, und die Swingle Singers sind die Solisten des 4. Konzerts am 26. März 1971, bei dem die 2. Symphonie von Ton de Kruyf, *Changeant* für Violoncello und Orchester von Milko Kelemen und Luciano Berios *Sinfonia* gespielt werden. Die musikalische Leitung hat Francis Travis. Im letzten Konzert, am 12. Juni 1971, steht unter der Leitung von Rafael Kubelik mit Yvonne Loriod, Klavier, und Walter Nothas, Violoncello, als Solisten Olivier Messiaens *Transfiguration de Christ* für Chor und Orchester auf dem Programm. (Aus einem Pressehinweis.)

Aufgaben:

1. Nach welchen Grundsätzen sind die einzelnen Programme zusammengestellt?
2. Besitzt die Schule eines der Werke auf Schallplatte?

Studio für Elektronische Musik, Utrecht

## STUDIOS

Als Studio bezeichnet man heute entweder den Raum, in dem Musikaufnahmen gemacht werden, oder eine Einrichtung, die dem Spezialstudium besonderer musikalischer Stilrichtungen dient. So gibt es Studios für Neue Musik, Studios für Alte Musik, Opernstudios usw.
Auf dem Gebiet der NEUEN MUSIK haben sich einige STUDIOS einen besonderen Namen gemacht.
Am Westdeutschen Rundfunk in Köln gibt es ein Studio für Elektronische Musik, in Warschau das Studio Eksperymentalne von Polskie Radio, in New York The Electronic Music Center of Columbia and Princeton Universities (CPEMC), in Mailand das Studio di Fonologia di Milano della RAI, in München (bis 1966) das Studio für Elektronische Musik der Geschwister Scholl-Stiftung, in Paris die Groupes de Recherches musicales du Service de la Recherche de l'O.R.T.F., in Utrecht ein Studio für elektronische Musik.

Geheimwerkstätten

Einige Musikhochschulen in Deutschland haben ähnliche Einrichtungen: in Köln gibt es ein Studio für elektronische Musik, in Hamburg ein Studio für Neue Musik, an der Technischen Universität Berlin einen Arbeitskreis für Elektronische Musik, in Hannover ein Studio für Elektronische Musik.

Siehe auch TONSTUDIO S. 31, SYNTHESIZER S. 229.

## MÄZENE NEUER MUSIK

In früheren Zeiten standen die Komponisten in festen Diensten (Fürsten, Adel, Kirche, Magistrat). Seit MOZART und BEETHOVEN traten viele Komponisten im Bereich der weltlichen Musik als freischaffende Künstler auf. Das führte in vielen Fällen zu finanzieller Bedrängnis (WEBER, der junge WAGNER, LORTZING u. a.). Heute treten sehr oft Rundfunkanstalten durch Vergabe von KOMPOSITIONSAUFTRÄGEN hervor. Ebenso rücken Städte (Kompositionspreis der Stadt Stuttgart, Bachpreis der Hansestadt Hamburg) oder Vereinigungen (Kulturkreis im Bundesverband der Deutschen Industrie) an die Stelle der MÄZENE.

Finanzen

Unter einem MÄZEN versteht man einen Förderer der Kunst. Das Urbild ist der Römer GAJUS MAECENAS (* 8 v. Chr.), der als Förderer der lateinischen Dichter VERGIL, PROPERZ und HORAZ berühmt geworden ist.

Aufgabe:

Wir versuchen die Gründe herauszufinden, die früher ebenso wie heute Einzelpersonen und Institutionen veranlassen, Künstler finanziell zu fördern.

## DER TONGENERATOR ALS MUSIKINSTRUMENT

Die Komponisten elektronischer Musik stellen einen Teil ihres Klangmaterials mit TONGENERATOREN her. Mit ihnen kann jede beliebige Schwingungsform in

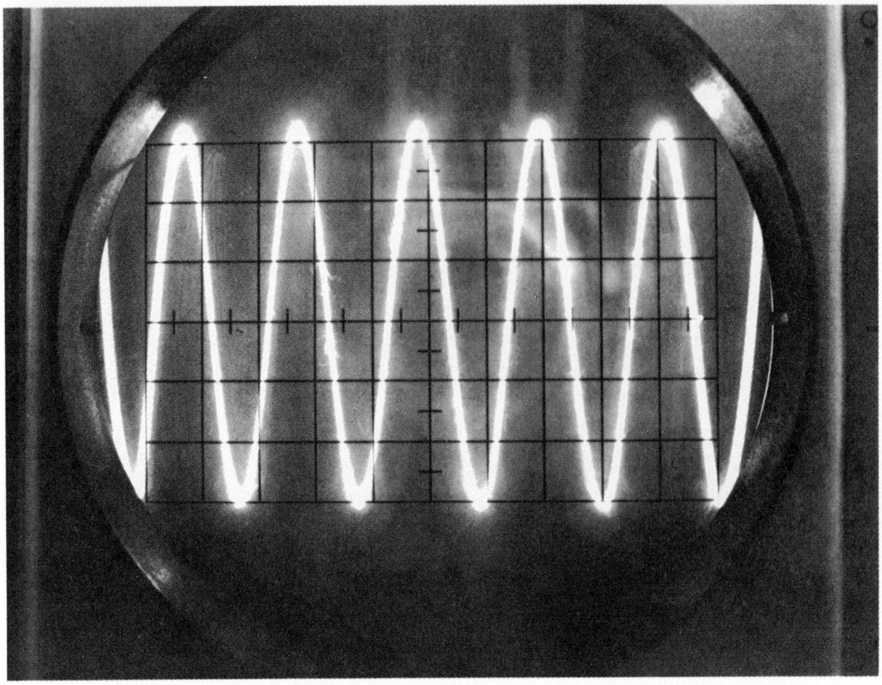

Sinus

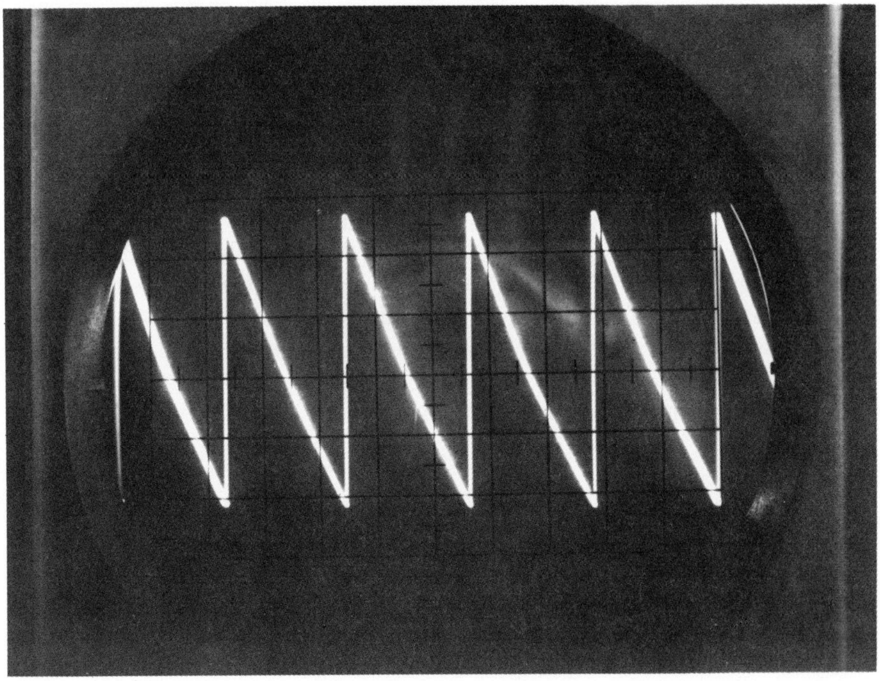

Sägezahn

jeder Tonhöhe und jeder gewünschten Lautstärke erzeugt werden. Da die Schwingungsform auch weitgehend die Klangfarbe bestimmt, kann man bei Tongeneratoren sämtliche PARAMETER eines Klangereignisses frei gestalten: Tonhöhe, Tondauer, Lautstärke und Klangfarbe.

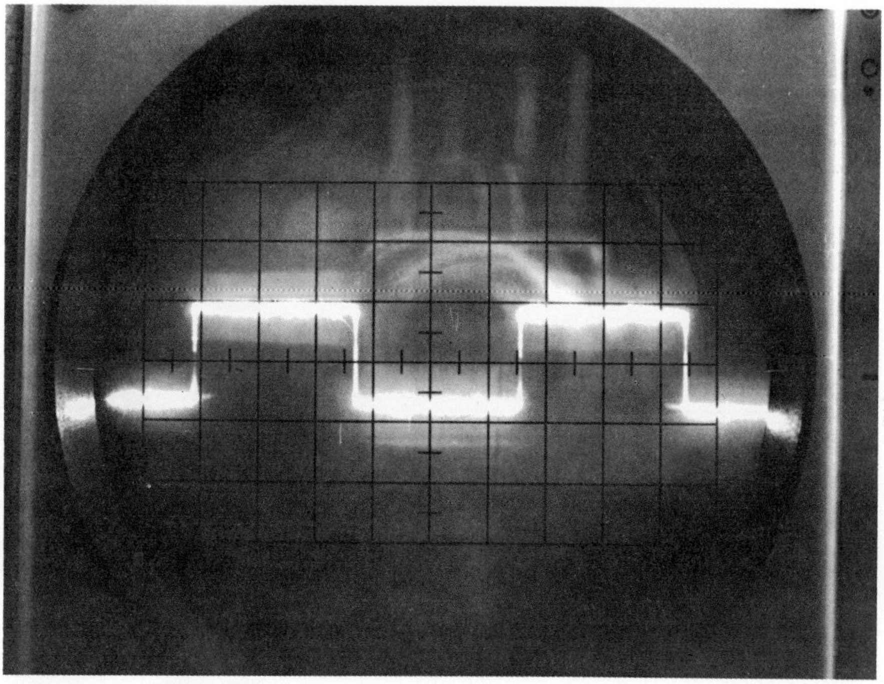

Rechteck

Natürlich könnte man den Klang herkömmlicher Musikinstrumente imitieren. Doch eigentlich interessant sind erst die neuartigen Klänge, die den Klangbereich und die Ausdrucksmöglichkeiten für den Komponisten erweitern. Außerdem sind sie nicht in solch starkem Maße mit Traditionen und Assoziationen vorbelastet, wie zum Beispiel der Klang eines Horns oder der ORGEL.
Die mathematisch-physikalisch einfachste Schwingungsform ist die SINUS-SCHWINGUNG. Ein Sinuston enthält keine Obertöne. Man erzeugt ihn mit einem Schwebungssummer oder einem RC-Generator (R von resistor = Widerstand, C von capacity = Kondensator).
Auch RECHTECK- und SÄGEZAHNSCHWINGUNGEN sowie IMPULSFOLGEN gehören zum Tonmaterial des Komponisten elektronischer Musik. Für diese gibt es spezielle Generatoren.
Alle diese Schwingungsformen sind PERIODISCH, d. h. in jeweils gleichen Zeitabständen treten gleiche Zustände ein (vgl. die Abbildungen). Je mehr ein Schallereignis einem GERÄUSCH ähnelt, um so höher ist der Anteil an APERIODISCHEN Schwingungen. Ein Gemisch aus allen denkbaren Schwingungsarten und -formen heißt WEISSES RAUSCHEN. Dieser Name ist analog zum Begriff des weißen Lichtes zu verstehen, das aus allen Spektralfarben zusammengesetzt ist. Rauschen ist in Natur und Technik häufig (Wasser, Wind, Dampflokomotive, UKW-Rauschen), es gibt aber auch spezielle Rauschgeneratoren. Aus weißem Rauschen lassen sich "farbige" Rauschbänder im elektronischen Filtern heraussieben.

Vorhaben:

In Zusammenarbeit mit dem Physiklehrer werden verschiedenartige Schwingungsformen erzeugt, auf dem OSZILLOGRAPHEN sichtbar und mit Verstärker und Lautsprecher hörbar gemacht.

Aufgabe:

Wir hören Beispiele elektronischer Musik und versuchen herauszufinden, aus welchem Klangmaterial sie komponiert sind.

ELEKTRONISCHE MUSIK

*„Elektronische Musik ist mit dem traditionellen Vokabular nicht zu beschreiben und bietet daher dem unvoreingenommenen Hörer ein reiches Entdeckungsfeld.* KOENIGS *‚Funktion Grün' . . . überzeugt durch eine klare, zwingende Struktur, die den gesamten Produktionsvorgang bestimmt. Die Programmiertechnik des Komponisten, der in seinem Kommentar angibt, daß die Folge der Einzelklänge, ihre Zusammensetzung und Verteilung auf vier Lautsprecher von einem Computer ausgearbeitet wurde, bleibt für den Hörer natürlich ein Buch mit sieben Siegeln."* (Aus einer Kritik des Hamburger Abendblattes vom 10. Januar 1969 über die Uraufführung von GOTTFRIED MICHAEL KOENIGS *Funktion Grün.*)

Computer

Aufgaben:

1. Welches Vokabular wird in der Zeitungskritik zur Beschreibung elektronischer Musik verwendet?
2. Wir hören ein Beispiel elektronischer Musik und versuchen mit eigenen Worten zu beschreiben.
3. Wir diskutieren die Begriffe Struktur, Programmierung, Produktion.

Programmierung

*„Mit einer Programmiertechnik steuern die Tonbandsignale die Entstehung von Klängen und Klangstrukturen, die als Klang hörbar werden, aber auch Klangfarbenveränderungen bewirken und weiterhin die Lautstärke oder den* HALL*anteil regeln. Eine andere Gruppe von Spannungskurven besteht aus* ALEATORISCHEN *Signalen, die vom* RAUSCHGENERATOR *kommen. Die Folge der Einzelklänge, ihre Zusammensetzung und Verteilung auf vier Lautsprecher wurden von einem* COMPUTER *ausgearbeitet. Form des Werkes: Anfang und Ende sind ebenso zufällig wie die Momente im Innern. Nicht zufällig hingegen ist die geplante Ableitung aller klingenden Ereignisse von Modellkurven, die das ganze Stück aus einer gemeinsamen Wurzel wachsen lassen."* (G. M. KOENIG im Programmheft zum 110. Konzert des Neuen Werks, NDR Hamburg, über sein Stück *Funktion Grün.*)

*„Tatsächlich hat solche Musik (elektronische Musik) kosmischen Charakter. Sie ist sternenweit dem subjektiven Gefühlsbereich entrückt, in ihrem fremden, neuen, vielfach erschreckenden Formenwesen werden Kräfte lebendig, die nicht nur übermenschlich, sondern auch überirdisch erscheinen."* (H. STUCKENSCHMIDT, in: *„die reihe"*, Heft 1, Wien 1955.)

Aufgabe:

Wir setzen den Begriff AVANTGARDE (Vorhut) — der immer für progressive Künstler benutzt wird — in Beziehung zu dem Zitat. Gibt es Beziehungen zu Technik und Wissenschaft unserer Zeit?

## RÄUMLICHE TIEFENWIRKUNG — ELEKTRONISCH?

Häufig macht man den Komponisten elektronischer Musik den Vorwurf, ihre Musik klinge zu mechanisch, sie sei klanglich tot, weil ihr — im Gegensatz zu herkömmlicher Konzertmusik — oft die räumliche Tiefenwirkung fehle.

Aufgabe:

Wir versuchen herauszufinden, wodurch räumliche Tiefenwirkung entsteht.

Hinweis:

Musik und Raum

Die Wirkung eines extremen HALLS kann man in großen Räumen experimentell nachweisen. Mit einer Stoppuhr kann die NACHHALLZEIT sehr einfach gemessen werden. Das absolute Gegenstück dazu ist der SCHALLTOTE RAUM. In Städten, in denen es Rundfunk- oder Schallplattenaufnahmestudios gibt, wird sich der Besuch eines solchen schalltoten Raums ermöglichen lassen.
Bei der Komposition elektronischer Musik bedient man sich allerdings nicht des natürlichen Halls, sondern elektronischer Mittel, wie HALLPLATTEN oder HALL-

SPIRALEN. Hierbei werden große dünne Metallplatten durch Körperschallsender in Schwingung versetzt. Der sich durch die Metallplatte fortpflanzende Schall wird an den Rändern reflektiert. Dadurch entsteht eine große Anzahl von Echos, die zusammen den Eindruck von Raumhall erwecken. Sie werden am anderen Ende der Platte durch piezoelektrische oder elektromagnetische Tonabnehmersysteme aufgenommen. Eine in veränderbarem Abstand befindliche DÄMPFUNGSPLATTE gestattet die Variation der Nachhallzeit. Der verhallte Klang wird über ein Mischpult dem Originalton hinzugefügt. Das Ergebnis ist räumliche Tiefe des Schalls.
Hallspiralen funktionieren ähnlich. Sie sind nur viel kleiner, und es läßt sich mit ihnen keine sehr lange Nachhallzeit erreichen.
Elektronische Musik bezieht oft die Dimension des Raumes in die Komposition ein. Eine angemessene Wiedergabe ist dann nur über vier Lautsprechergruppen, die in einem Raum verteilt sind, möglich.

## MUSIQUE CONCRÈTE

1948 führte der französische Komponist PIERRE SCHAEFFER erstmals Musik vor, deren Klänge weder von Musikinstrumenten noch von Tongeneratoren stammten. Er verwendete auf Tonband aufgezeichnete Eisenbahngeräusche, Topfklappern oder Straßenlärm.
Wegen der Herkunft dieser Klänge aus der Wirklichkeit — aus dem Konkreten — bezeichnet man diese Art von Musik als MUSIQUE CONCRÈTE.

Töpfeklappern und Straßenlärm

Vorhaben:

Wir versuchen, mit den Gegenständen unserer Umwelt einen musikalischen Ablauf zu gestalten. Dazu notieren wir jedes Schallereignis in einer Geräuschpartitur. Wenn uns ein TONBANDGERÄT mit MIKROPHON zur Verfügung steht, zeichnen wir diese Klänge auf Tonband auf.
Wir benutzen PLAY-BACK und verändern die Klänge durch Verdoppelung oder Halbierung der Bandgeschwindigkeiten.

## VOKALMUSIK AUF NEUEM WEG

Der ungarische Komponist GYÖRGY LIGETI (* 1923) komponierte 1962 *Aventures* für drei Sänger und sieben Instrumentalisten. In diesem Stück haben die drei Vokalisten keinen Text zu singen. Sie bringen nur einzelne Silben, Laute und Geräusche hervor. Dabei ist aber deutlich angegeben, wie diese Laute zu singen sind, z. B. *„sehr intensiv, aufgeregt, keuchend atmen — mit offenem Mund und mit soviel Luft wie möglich"*, *„vor sich hin, kontaktlos"*, *„mit versteinertem Gesichtsausdruck, uhrwerkartig-steif, teilnahmslos"* usw.

Aufgabe:

Zu welcher anderen Kunstform schaffen Ausdrücke wie *„vor sich hin"*, *„kontaktlos"*, *„wichtigtuerisch"*, *„mit versteinertem Gesichtsausdruck"*, *„katzenhaft"* eine Beziehung?

## EXPERIMENTELLE MUSIK

Seit etwa 1964 bezeichnet man als EXPERIMENTELLE MUSIK alle Arten der Neuen Musik, die entweder in der Komposition oder in der Aufführungsart vom Herkömmlichen abweichen. Seit dieser Zeit wird auch ALEATORISCHE MUSIK (vom lateinischen alea = Würfel, Zufallsmusik) und die Musik, die mit variablen Formen arbeitet, zur experimentellen Musik.

Wirklich Ernst mit dem Prinzip des Aleatorischen machte zuerst JOHN CAGE. Im 3. Heft der *„reihe"* findet sich eine *Beschreibung der in Music for piano 21—52 angewandten Kompositionsmethode.* Dabei geht es kurz um folgendes:

Aleatorik-Würfelmusik

Über ein mit Notenlinien versehenes Blatt wird ein Stück Transparentpapier gelegt, auf dem eine Anzahl von Unregelmäßigkeiten des Papiers mit Bleistift als Punkte markiert wurden. Die Anzahl der markierten Punkte wurde durch eine aus dem I-Ging — einem alten chinesischen Orakelbuch — abgeleitete Zufallsmanipulation bestimmt. Aus dem Zusammentreffen von durchscheinenden Notenlinien und markierten Punkten entsteht der eigentliche Notentext. Münzenwürfe bestimmen die Schlüsselkombinationen und für den Parameter der Anschlagsarten wurde wieder das Buch zu Rate gezogen.

Hinweis:

Zu den bekanntesten Komponisten experimenteller Musik gehören die Deutschen KARLHEINZ STOCKHAUSEN (* 1928), GOTTFRIED MICHAEL KOENIG (* 1926), HANS OTTE (* 1926), DIETER SCHNEBEL (* 1930), der Ungar GYÖRGY LIGETI (* 1923), der Pole KRZYSZTOF PENDERECKI (* 1933), die Amerikaner JOHN CAGE (* 1912), MILTON BABBITT (* 1916) und als Vorläufer CHARLES IVES (1874—1954) und EDGAR VARÈSE (1885—1965), die Franzosen PIERRE SCHAEFFER (* 1910), PIERRE BOULEZ (*1925), LUC FERRARI (*1929), als Vorläufer OLIVIER MESSIAEN (*1908).

Siehe auch „MODERNE MUSIK" S. 234.

## STRAWINSKY ZUR EXPERIMENTELLEN MUSIK

*„Herr* STRAWINSKY, *glauben Sie, daß einige der neuen ‚experimentellen Komponisten' ‚zuweit' gehen?"*

*„Bei den Wissenschaften hat das Wort ‚Experiment' eine Bedeutung. In der musikalischen Komposition bedeutet es überhaupt nichts. Keine gute Komposition könnte nur ‚experimentell' sein. Sie ist entweder Musik oder keine. Sie muß gehört und beurteilt werden wie jede andere Musik. Ein erfolgreiches ‚Experiment' bei einer musikalischen Komposition würde ein ebenso großer Fehlschlag sein wie ein erfolgloses, wenn es nicht mehr als Experiment wäre."* (Aus: I. STRAWINSKY, *Gespräche mit* ROBERT CRAFT. Zürich 1961, S. 237 ff.)

## EIN BEISPIEL FÜR EXPERIMENTELLE MUSIK

1965 veröffentlichte der Komponist KARLHEINZ STOCKHAUSEN als Nr. 14 seiner Kompositionen das Stück *Plus Minus — 2 x 7 Seiten für Ausarbeitungen.*

Sieben Seiten enthalten Notengruppen, sieben andere Symbolseiten enthalten Quadrate, in denen sich durch Symbole dargestellte Anweisungen befinden. Ein solches Quadrat sieht z. B. so aus:

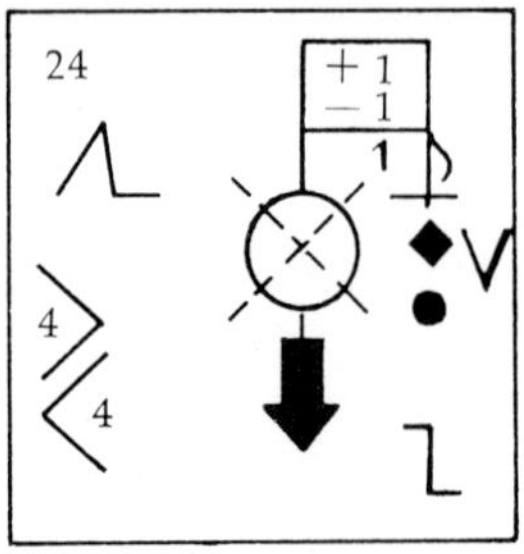


In den Anweisungen zu *Plus Minus* steht u. a.:

*„2. Mit diesen 14 Seiten können von einem oder mehreren Interpreten eine oder mehrere Schichten ausgearbeitet werden. Man kann bis zu 7 Schichten kombinieren.*
*3. Jeder Notenseite wird eine Symbolseite zugeordnet.*
*4. Symbole in einem Quadrat bezeichnen ein musikalisches Ereignis."*

Es gibt 7 Typen von Ereignissen. Jedes Ereignis besteht aus Teilen, dem Kern (Zentralklang) und in der Tonhöhe unbestimmten klanglichen Hinzufügungen (den Akzidentien) sowie Nebennoten (Gruppen von Noten, die ebenso wie der Zentralklang einer Notenseite zu entnehmen und jeweils so schnell wie möglich zu spielen sind).

In unserem Beispiel-Quadrat handelt es sich also um ein Ereignis mit Zentralklang und nachfolgenden Akzidentien und Nebennoten.

Dabei bedeutet der mit einem gestrichelten Kreuz durchstrichene Kreis, daß der (von einer Notenseite zu entnehmende) Zentralklang mit approximativen (= angenäherten) Tonhöhen zu spielen ist und wie ein weiches Geräusch klingen soll.

Im Verlauf einer Ausarbeitung wächst oder verringert sich die Zahl der Teile jedes der 7 Ereignistypen gemäß den Angaben eines Fähnchens, das für einen dieser Typen jeweils gilt.

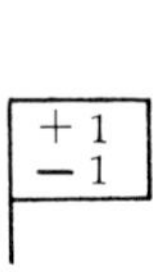


Das Fähnchen in unserem Beispiel mit + 1 und —1 bedeutet, daß zu dem Ereignis einmal das ganze Ereignis mit der Zahl der Teile, wie es beim vorigen Male auftrat, hinzugefügt wird oder nur ein Teil. Danach subtrahiert man einmal das ganze Ereignis oder ein Teil. Dabei ist es ohne weiteres möglich, einen Teil zu addieren und einen anderen Teil zu subtrahieren. Möglich wäre z. B. auch, einmal den ganzen Typ zu sich selbst hinzuzufügen (mit allen Teilen) und danach nur eines dieser Teile (auch z. B. einen „Zentralklang") abzuziehen.

*„26. Akzidentien und Nebennoten sind als Ein-, Mit- und Ausschwingvorgänge der Zentralklänge zu komponieren."*

In unserem Beispiel sollen mittelange (◆) und lange (●) Akzidentien sowie Nebennoten am Schluß des Zentralklanges auftreten.

Das durchstrichene Fähnchen am Notenhals mit der Ziffer 1 bedeutet, daß die Nebennotengruppe Nr. 1 einer Notenseite (das kann ein Einzelton, ein Einzelton mit Vorschlag, ein einzelnes Intervall, ein einzelner Cluster, ein kurzes Tremolo oder eine Gruppe von drei schnell hintereinander gespielten Tönen sein) so schnell wie möglich gespielt werden muß.

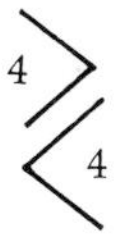


Diese Zeichen bedeuten Veränderungsgrade. Sie bestimmen Veränderung der Lage (durch Transposition) oder der Intensität oder der Dauer des Ereignisses im Verhältnis zum Vorausgegangenen.

heißt: Das musikalische Ereignis soll Akzente enthalten.

Der Haken am Ende bezieht sich auf eine gleichzeitig erklingende andere Schicht. Eine Tonhöhe soll ausgetauscht werden.

Der (kurze) dicke Pfeil endlich besagt, daß dieses musikalische Ereignis gleichzeitig mit einem anderen Ereignis in einer anderen Schicht beginnen soll.

Jeder Spieler soll — den Möglichkeiten seines Instruments entsprechend — eine Schicht (oder auch mehrere) selbst ausarbeiten und sich dabei nur nach diesen Anweisungen richten.

## HAPPENING

Musik mit Spraydose?

In einem Stück eines jungen Komponisten spielt ein Schlagzeuger einen Wirbel auf der Kleinen Trommel. Dieser Wirbel wird immer leiser, schließlich trommelt der Spieler nur noch auf dem Rand der Trommel, dann mit den Trommelstöcken in der Luft. Plötzlich geht das sehr leise Geräusch in ein Zischen über, weil der Pianist eine Spraydose hervorgeholt hat und ein Parfüm in den Raum versprüht. Hier wird aus dem musikalischen Vorgang der Klangfarbenveränderung (aus dem Trommeln wird langsam ein Zischen) eine action. Es ereignet sich etwas (sich ereignen = to happen).

Vorhaben:

Wir versuchen, ähnliche, zunächst rein musikalische Vorgänge umzufunktionieren!

Siehe auch Instrumentales Theater S. 151.

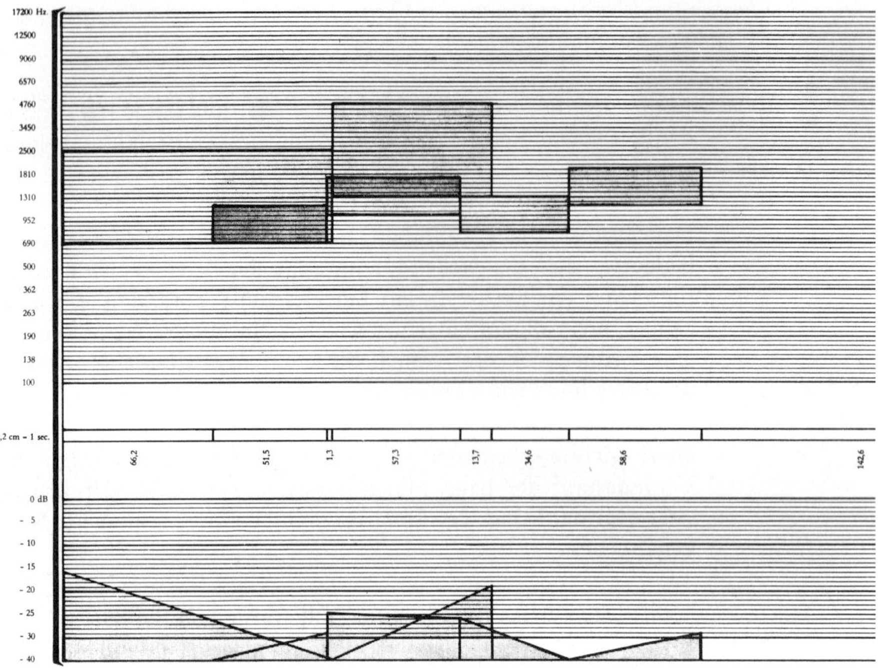


aus: Stockhausen, *Studie II*

## REALISATION

Vor der Aufführung eines Stückes elektronischer Musik steht der Vorgang der Realisation.

Komposition und Realisation gehen ineinander über. Der Komponist entwirft den Plan eines Stückes, manchmal auch eine Partitur, die häufig ein Operationsschema für den Tonmeister und seinen Tontechniker darstellt.

Nach den Anweisungen dieser Partitur realisiert der Tonmeister dann — oft in Gegenwart des Komponisten — das Stück: er stellt ein Tonband her.

## SYNTHESIZER

Während in den beiden ersten Jahrzehnten der elektronischen Musik die Realisation wegen der Unzahl verschiedenartiger aber jeweils notwendiger Vorgänge unverhältnismäßig viel Zeit beanspruchte, hat die sprunghafte Entwicklung elektronischer Geräte hier seit etwa 1968 eine spürbare Vereinfachung gebracht. Grundlegend ist hier der von R. A. Moog 1964 entwickelte Synthesizer, auf dessen Prinzip viele andere nachfolgende Entwicklungen basieren (z. B. Arp, EMS u. a.). Dieses Prinzip ist die Spannungssteuerung. Die Veränderung von musikalischen Parametern geschieht hier nicht mehr durch manuelles Verstellen von Reglern, sondern gleichsam halbautomatisch durch Spannungsverläufe. Die gleichzeitig zu beobachtende zunehmende Miniaturisierung elektronischer Bauelemente ermöglichte auch den Kompaktaufbau verschiedenster Generatoren und

Formungsapparaturen sowie deren problemlose Hintereinanderschaltung. In letzter Konsequenz kann auch die Programmierung komplexer musikalischer Abläufe mit Hilfe eines Computers, der dann seinerseits den Synthesizer steuert, weiterhin den Realisierungsprozeß erleichtern.
Andererseits führt die relativ einfache Bedienungsweise auch zu der Möglichkeit, elektronische Musik *„live"*, d. h. *„in real time"* aufzuführen
*"Dem Komponisten elektronischer Musik hat die Einführung des Synthesizers in die Studiotechnik nicht nur die Realisationsarbeit bedeutend erleichtert, er kann vielmehr mit ihm seine kompositorischen Erfahrungen und sein Wissen von Materialzusammenhängen entscheidend erweitern."*
*„Die große Beweglichkeit dieser Klangproduktionsapparatur, bisher vom elektronischen 'Instrumentarium' völlig ungewohnt — das sich eher als äußerst spröde dem Komponisten gegenüber verhielt —, und die Kenntnis der komplexen Steuerungsverläufe und deren Lenkbarkeit können schnell die musikalisch-technische Phantasie in Bewegung setzen."* (EIMERT/HUMPERT, *Das Lexikon der elektronischen Musik.* Regensburg 1973, S. 338/339).

VORSCHLÄGE FÜR LERNKONTROLLEN (8. Kapitel: Im Studio)

1. Welche Musik wird besonders in Studios aufgeführt? (Begründung)
2. Beschreibe die verschiedenen Stilrichtungen der Neuen Musik.
3. Auf welche Geräte ist die Elektronische Musik angewiesen? (Kurze Beschreibung)
4. Weshalb wird Neue Musik von vielen Leuten abgelehnt?

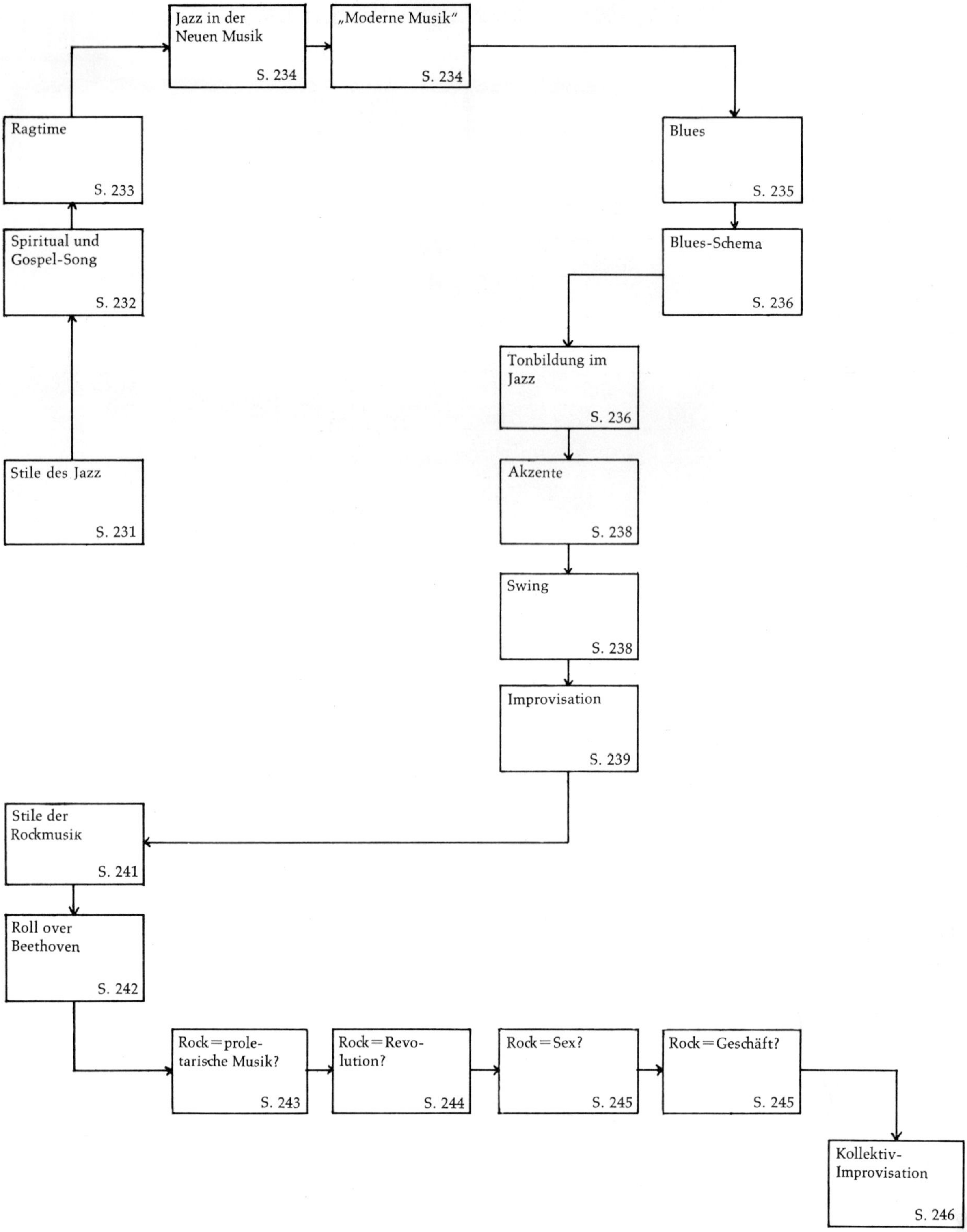
Stile des Jazz S. 231
Spiritual und Gospel-Song S. 232
Ragtime S. 233
Jazz in der Neuen Musik S. 234
„Moderne Musik“ S. 234
Blues S. 235
Blues-Schema S. 236
Tonbildung im Jazz S. 236
Akzente S. 238
Swing S. 238
Improvisation S. 239
Stile der Rockmusik S. 241
Roll over Beethoven S. 242
Rock=proletarische Musik? S. 243
Rock=Revolution? S. 244
Rock=Sex? S. 245
Rock=Geschäft? S. 245
Kollektiv-Improvisation S. 246

# 9. Kapitel Jazz und Rockmusik

STILE DES JAZZ

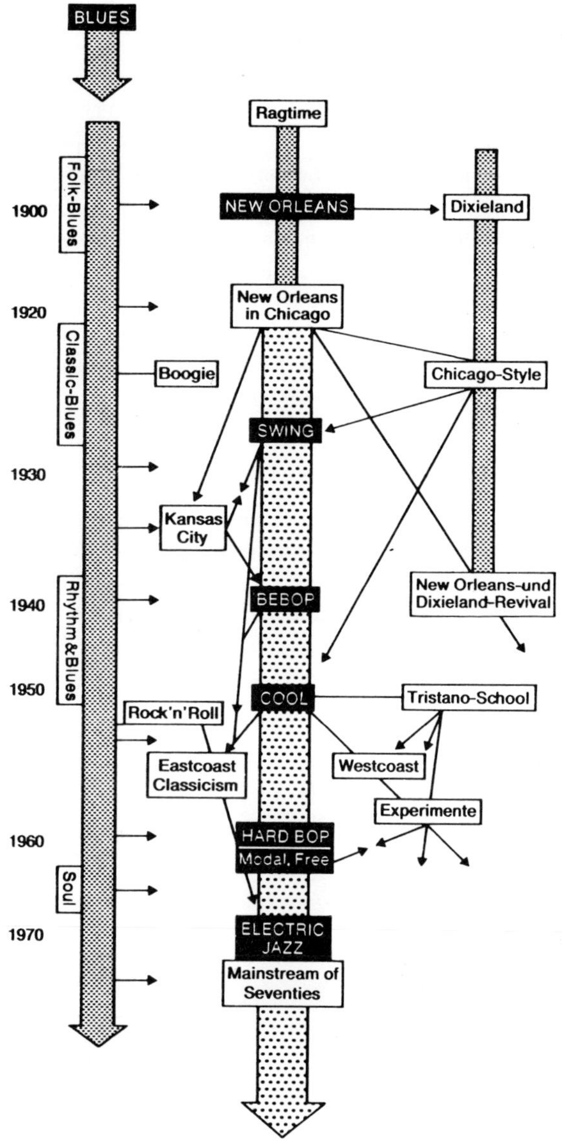


(Aus: J. E. Berendt, *Das Jazzbuch — Von Rag bis Rock.* Frankfurt am Main 4/1973, S. 14).

Definition:

*"Jazz ist eine in den USA aus der Begegnung des Schwarzen mit der europäischen Musik entstandene künstlerische Musizierweise. Das Instrumentarium, die Melodik und die Harmonik des Jazz entstammen zum größeren Teil der abendländischen Musiktradition. Rhythmik, Phrasierungsweise und Tonbildung sowie Elemente der Blues-Harmonik entstammen der afrikanischen Musik und dem Musikgefühl des amerikanischen Negers. Der Jazz unterscheidet sich von der europäischen Musik durch drei Grundelemente:*

1. *durch ein besonderes Verhältnis zur Zeit, das mit dem Wort 'swing' gekennzeichnet wird,*
2. *durch eine Spontaneität und Vitalität der musikalischen Produktion, in der die Improvisation eine Rolle spielt,*
3. *durch eine Tonbildung bzw. Phrasierungsweise, in der sich die Individualität des spielenden Jazzmusikers spiegelt.*
   *Diese drei Grundelemente schaffen ein neuartiges Spannungsverhältnis, in dem es nicht mehr — wie in der europäischen Musik — auf große Spannungsbögen, sondern auf eine Fülle kleiner, Intensität schaffender Spannungselemente ankommt, die aufgebaut und wieder abgebaut werden. Die verschiedenen Stile und Entwicklungsstadien, die die Jazzmusik von ihrer Entstehung um die Jahrhundertwende bis heute durchlaufen hat, werden zu einem wesentlichen Teil dadurch gekennzeichnet, daß den drei Grundelementen der Jazzmäßigkeit jeweils verschiedene Bedeutung zukommt und daß das Verhältnis zwischen ihnen wechselt."* (J. E. Berendt)

Aufgaben:

1. An Klangbeispielen das Besondere der einzelnen Stilrichtungen herausarbeiten. Welche für den Jazz typischen Elemente herrschen vor? Welche Instrumentalbesetzungen sind typisch?
2. An Klangbeispielen die *"weiße"* und *"schwarze"* Art zu singen, Trompete, Posaune oder Klarinette zu blasen, Klavier zu spielen gegenüberstellen.

Literatur:

J. E. Berendt, *Das Jazzbuch — Von Rag bis Rock.* Frankfurt am Main 4/1973 (Fischer Taschenbuch 6246).
C. G. Herzog zu Mecklenburg, *Stilformen des Jazz — Vom Ragtime zum Chicago-Stil.* Wien 1973.

## SPIRITUAL UND GOSPEL-SONG

Spiritual und Gospel-Song sind so etwas wie das religiöse Gegenstück zum Blues. Spiritual bedeutet *„geistlicher Gesang"*. Der Begriff fand sich bereits bei den amerikanischen Siedlern im 18. Jahrhundert. Er wurde von den afro-amerikanischen Negern als Bezeichnung für ihre *„Beschwörungsgesänge"* übernommen. *„Die Afro-Amerikaner erlebten die Epoche der Sklaverei . . . weder in dumpfer Niedergeschlagenheit noch in sorgloser Fröhlichkeit noch in trauriger Freiheitssehnsucht. Sie waren in eine etwas langwierige Einweihungsprozedur für ein neues Menschsein geraten, deren Unerquicklichkeit jedoch die sichere Wiedergebrt* Religion *garantierte. Sie leisteten also die von ihnen geforderte Arbeit und taten im übrigen alles, was sie konnten, um die Durchgangszeit abzukürzen, wobei sie sich der in ihrer Kultur wirksamsten Mittel bedienten: sie beschworen auf magische Weise*

Magie

*jene Zukunft herbei. Die Beschwörungsgesänge, die so entstanden, sind die ‚Spirituals'."* (Aus: J. Jahn, *Negro Spirituals.* Frankfurt—Hamburg 1962 — Fischer-Bücherei, Band 472 — S. 8.)

*Sie leisteten also die von ihnen geforderte Arbeit und taten im übrigen alles, was sie konnten, um die Durchgangszeit abzukürzen, wobei sie sich der in ihrer Kultur wirksamsten Mittel bedienten: sie beschworen auf magische Weise jene Zukunft herbei. Die Beschwörungsgesänge, die so entstanden, sind die ‚Spirituals'."* (Aus: J. Jahn, *Negro Spirituals.* Frankfurt—Hamburg 1962 — Fischer-Bücherei, Band 472 — S. 8.)

*„Die älteren Spirituals wurden grundsätzlich getanzt, doch wurde das Tanzen mit der Zeit zurückgedrängt. Was blieb, war neben Händeklatschen und Füßestampfen zur Bezeichnung des Grundrhythmus eine ekstatische Bewegung des Körpers, ein charakteristisches Schwingen (swinging) als Zeichen der ekstatischen Erregung."* (Aus: A. M. Dauer, *Jazz — Die magische Musik.* Bremen 1961, S. 107.)

*„Der* Gospel-Song *ist die moderne Form des Spirituals . . ., vitaler, swingender, jazzmäßiger als der alte Spiritual, bei dem manchmal noch eine gewisse Nähe zur* europäischen Kirchenmusik *nachwirkt."* (Aus: J. E. Berendt, *Das neue Jazzbuch.* Frankfurt—Hamburg 1959 — Fischer-Bücherei, Band 270 — S. 97.)

Kirche

Der Spiritual lebt heute nur noch auf dem Konzertpodium, in den Studios von Plattenfirmen, Rundfunk und Fernsehen. Der Gospelsong dagegen ist in den Negerkirchen der USA lebendig. Beim Gospel-Song (Gospel = frohe Botschaft) handelt es sich um eine Art freier Predigt, also nicht nur um Psalmen oder Stoffe aus dem Alten Testament. Der Geistliche trägt sie vor, die Gemeinde anwortet. Formal folgen sie daher in der Regel dem Ruf-Antwort-Schema. Die Musik ist nicht rein vokal, häufig treten eine Posaune, eine Gitarre, ein Harmonium oder ein Tambourin zum Gesang.

Spirituals wurden in Europa vor allem durch das Golden Gate-Quartett bekannt, Gospels durch Mahalia Jackson.

Aufgaben:

1. Wir vergleichen Spirituals und Gospel-Songs mit europäischen Kirchenliedern.
2. Wir analysieren Melodien, Texte und Vortragsweise von Spirituals und Gospel-Songs. Wo liegen Gemeinsamkeiten und Unterschiede?
3. Welches Lebensgefühl drückt sich in den alten Spirituals aus?

Vgl. Liedermagazin.

## RAGTIME

New Orleans

Heute gilt allgemein New Orleans als die Geburtsstadt des Jazz, obwohl sich in vielen anderen Städten Amerikas zur gleichen Zeit ähnliche Musizierweisen herausgebildet haben.

Der Ragtime gehört zu den wichtigsten Vorfahren des Jazz. Seine Kennzeichen sind motorischer Rhythmus und Synkopen in den Melodiestimmen. *„Er ist ursprünglich ein Klavierstil, — gekennzeichnet durch einen scharf gehämmerten Rhythmus, dem eine volksliedhafte Melodie gegenübergestellt wird. Polka und*

*Marsch der europäischen Tradition mischen sich hier mit den rhythmischen Auffassungen der Neger. Die Pianisten spielten ‚Rag' allenthalben von Texas bis Harlem und von Chicago bis New Orleans. Bald übertrug man ihn auf kleinere und größere Orchester."* (Aus: J. E. BERENDT, *Das Jazzbuch.* Frankfurt—Hamburg 1953 — Fischer-Bücherei, Band 48 — S. 14.)
Wie sehr die rhythmisch akzentuierte Spielweise des frühen Jazz den Vorstellungen der damals modernen Komponisten entgegengekommen ist, zeigen folgende Sätze über STRAWINSKYS Klavierspiel: „STRAWINSKY *spielte uns ‚Die Hochzeit' (Les Noces) vor, diesmal auf einem elektrischen Klavier. Mir gefiel diese Fassung sogar noch besser als die, die wir am Abend zuvor gehört hatten. Sie war präziser, kühler, härter, typischer für das, was ich um jene Zeit selber aus der Musik herausholen wollte."* (Aus: G. ANTHEIL, *Enfant terrible der Musik* München 1960, S. 115.)

## JAZZ IN DER NEUEN MUSIK

Stilelemente des Jazz wurden von vielen europäischen Komponisten aufgegriffen.
DVOŘÁK: Sinfonie *Aus der Neuen Welt* (vgl. S. 183)
DEBUSSY: *Minstrels* im ersten Buch der *Preludes pour le piano, Golliwogs Cake Walk* in *Children's Corner*
STRAWINSKY: *Ragtime, Piano Rag Music, Geschichte vom Soldaten, Ebony-Conzerto*
HINDEMITH: *Klaviersuite „1922", Neues vom Tage,* Erste Kammermusik, *Klarinettenkonzert 1947* (für BENNY GOODMAN)
WEILL: *Dreigroschenoper* (vgl. S. 162 f.)
KRENEK: Jazzoper *Johnny spielt auf*
MILHAUD: Ballett *Erschaffung der Welt*
Berendt bemerkt zu diesen Kompositionen: *„Drei Elemente sind in der Jazzmusik wesentlich, und diese drei Elemente fehlen in den Jazzversuchen der europäischen Komponisten: das erste ist die Improvisation; das zweite die Jazz-Tonbildung, die Schaffung eines individuellen Tones, in dem ‚Expression' vor ‚Schönheit' rangiert und an dessen Stelle im modernen Jazz immer stärker die Jazz-Phrasierung tritt; das dritte schließlich ist ‚swing'."* (Aus: *Prisma der gegenwärtigen Musik,* hrsg. von J. E. BERENDT und J. UHDE, Hamburg 1959, S. 186.)

Aufgabe:

HINDEMITH schrieb über den Ragtime der Klaviersuite „1922" die Anweisung: *„Spiele dieses Stück sehr wild, aber stets sehr stramm im Rhythmus, wie eine Maschine. Betrachte das Klavier als eine interessante Art Schlagzeug und handle dementsprechend."* Die Anleihen beim Jazz machten nicht nur HINDEMITH zum „Revolutionär". Wie konnte das kommen?

## „MODERNE MUSIK"

*„Was allgemein als moderne Musik gilt, wird viel zu wichtig genommen — im Vergleich zu dem, was musikalisch im 20. Jahrhundert wirklich bedeutend ist . . .*

*Denn* Stockhausen, Boulez, Berio *und wie sie alle heißen, die machen doch überhaupt keine moderne Musik, die sind doch auf dem Holzweg. Sie haben die falsche musikalische Basis, da sie die entscheidende Wende der neueren Musikgeschichte, den Einbruch des afro-amerikanischen Elements in die europäische Musik, nicht zur Kenntnis nehmen."* (Friedrich Gulda in einem Interview in: *Der Spiegel*, 1969, Heft 44, S. 214.)

Aufgaben:

1. Wie stehen wir zu den Äußerungen Guldas?
2. Was ist die musikalische Basis bei Stockhausen und Boulez im Vergleich zum Jazz? Wir begründen mit Klangbeispielen.
3. Was halten *wir* für moderne Musik? Welche Eigenschaften machen Musik modern?

Siehe auch Experimentelle Musik S. 225.

## BLUES

afro-europäische Kultur

Wie der Spiritual ist auch der Blues aus der Begegnung und Vermischung der traditionellen afrikanischen Kultur mit der europäischen entstanden.

Ursprünge

*„Die* Tongebung *des Jazz — des authentischen negerischen Jazz — leitet sich vom negerischen Gesangsstil, von den verschiedenen vokalen Musikformen profaner und religiöser Art her. Worksongs, Balladen, Blues, Spirituals sind vokale Formen der afro-amerikanischen Musik, die in Nordamerika schon eine lange Entwicklung durchgemacht haben. Dabei war und ist besonders der* Blues *von größter Bedeutung für den Jazz — diesem späten Zweig negerischen Musizierens auf nordamerikanischem Boden . . . Der Jazz verdankt dem Blues die Mehrzahl seiner typischen Elemente und Spieltechniken, in erster Linie seine spezifische Tongebung, die sich durch die Übernahme sprachlicher Gestaltungsmittel in die instrumentale Spielweise auszeichnet."* (Aus: Herzog zu Mecklenburg / W. Scheck, *Die Theorie des Blues im modernen Jazz.* Straßburg 1963, S. 12.)

Tongebung

Vorhaben: Wir stellen Beispiele aus vokalem und instrumentalem Jazz zusammen, in denen die für den Jazz charakteristische Tongebung besonders deutlich zu hören ist. In einer Tabelle führen wir auf, welche Merkmale für die Stimme und für einzelne Instrumente (Klarinette, Gitarre, Trompete, Posaune, Baß, Schlagzeug) besonders typisch sind. In diesem Zusammenhang versuchen wir, die folgenden Begriffe zu klären: Vibrato, Tremolo, dirty tones, smear, growl, wawa, shake, Schleiftöne, blue note, Glissando, hot tune.

Hinweis:

*„Dem Blues als* Lied *hängen fast in der gesamten Literatur die Bezeichnungen ‚traurig', ‚sentimental', ‚melancholisch' und ‚schwermütig' an, doch zu Unrecht. Es war* Alfons M. Dauer, *der in seinem Buch ‚Jazz, die magische Musik' 1961 nachdrücklich darauf hinwies, daß diese Adjektive falsch sind. Er nannte den Blues, die Klage, die nicht traurig ist', . . . Wie der Jazz seinen Namen nicht von den Afro-Amerikanern, sondern von Euro-Amerikanern erhielt, so auch der Blues. In Verkennung der afrikanischen Musikelemente, besonders der später so genannten ‚*blue notes*', die seine Tonleiter einer europäischen Moll-Tonleiter*

*ähnlich klingen lassen, hielten Euro-Amerikaner auch diese Lieder ihrer dunkelhäutigen Landsleute für traurig und nannten sie Blues. Die Afro-Amerikaner nannten sie nicht so. Wir haben dafür ein frühes Zeugnis.* HARISON BARNES, *ein schwarzer Pianist, der 1907 von einer Plantage nach New Orleans kam, notierte über die Musik des Blues: ‚langsame, traurige Melodie, heute nennt man sie Blues, damals nannten wir sie Ditties.' Ein Ditty ist einfach ein kleines Lied, ein* VOLKSLIED. *Auch* BARNES *verwendet das Adjektiv ‚traurig', doch vermutlich, um die bereits übliche Bezeichnung ‚Blues' zu rechtfertigen."* (Aus: J. JAHN, *Blues und Work-Songs.* Frankfurt—Hamburg 1964 — Fischer-Bücherei, Band 297 — S. 5 f.)

Das Jazz-Lexikon definiert daher: *„Blues, volkstümliche weltliche Gesangsform der nordamerikanischen Neger, die für die Entstehung des Jazz von großer Bedeutung ist."* Aus: ST. LONGSTREET, A. M. DAUER, *Knaurs Jazz-Lexikon.* München—Zürich 1957, S. 52.)

## BLUES-SCHEMA

Die Melodie des Blues besteht im allgemeinen aus 12 Takten, die einem festgelegten Akkordschema folgen, von der es zahlreiche Varianten gibt.

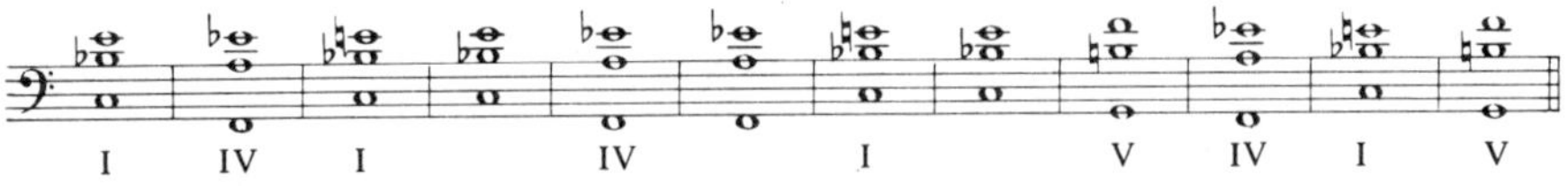


I = 1. Stufe = Tonika
IV = 4. Stufe = Subdominante
V = 5. Stufe = Dominante

Im vorletzten Takt begegnet zuweilen auch ein Dominant-Akkord. — Solche Akkordstrukturen dienen in den verschiedenartigsten Jazz-Stilen als Grundlage der Improvisation. Über den ROCK'N'ROLL hat es auch den BEAT beeinflußt.

Aufgabe:

Blues-Schema in Dixieland-Improvisationen und bei Rock'n'Roll-Titeln abhören. Erste, vierte und fünfte Stufe können dabei mit der Hand angedeutet werden (Faust, vier ausgestreckte Finger, fünf Finger gespreizt).

## TONBILDUNG IM JAZZ

*„Bekanntlich ist die Marschmusik eine der wenigen Formen, bei welcher der Rhythmus im abendländischen Musizieren eine funktionelle Aufgabe zu erfüllen hat. Diese Tatsache dürfte die wichtigste Voraussetzung gewesen sein, die Neger zur Nachahmung und Übernahme anzureizen."* (Aus: M. A. DAUER, *Der Jazz.*

Bremen 1961, S. 94.) Die MARCHING BANDS wurden im New Orleans der Jahrhundertwende nicht nur zu Truppenparaden verwendet, sie spielten zu allen möglichen Anlässen: bei Jubiläen, Geburtstagsfeiern, nationalen Gedenktagen und Begräbnissen.

funktionale Musik

Die Schwarzen kannten vorher bereits Formen der funktionalen Musik in den work songs, den street cries, den ring shouts. Die Tätigkeit, in deren Zusammenhang gesungen wurde, wirkte sich auf die Art des Singens aus. Umgekehrt spiegelte sich in der Art der Tonbildung (INTONATION, ARTIKULATION) der funktionale Zusammenhang.

Aufgabe:

Artikulation

Wir beobachten Straßenausrufer, Verkäufer vor Warenhäusern, auf Märkten, Aussteller auf Jahrmärkten. Gibt es auffallende Merkmale der Artikulation?

Hinweis:

Kommunikation

Ein wichtiger Ansatz zur Behandlung der Artikulationsweisen ergibt sich aus der Beobachtung des RUF-ANTWORT-SCHEMAS. Das gilt sowohl für den instrumentalen wie für den vokalen Bereich. Es stehen sich gegenüber: Ruf—Antwort, Vorsänger—Chor, Musiker—Hörer, Priester—Gemeinde, Solist—Chorus, Produzent—Konsumenten. Der kommunikative Charakter des Ruf—Antwort-Schemas geht bis in die Hände des Pianisten. COUNT BASIE *„hatte die Angewohnheit, mit seiner Rechten kurze, ausgeprägte Phrasen zu spielen und seine Linke ruhig zu lassen, damit man den Baß hören konnte.* BASIE *sagte: Ich hatte immer am Baß meine Freude, wir haben uns miteinander unterhalten."* (Aus: M. STEARNS, *Die Story vom Jazz.* München 1959, S. 209.)

Jazz und Politik

Auf Tonbildung und Sound haben die Jazzmusiker stets großes Gewicht gelegt. In ihnen artikulieren sich auch gesellschaftliche Zustände, denen die Schwarzen in Amerika ausgesetzt sind, über die sie sich aussprechen wollten.

Im Verlauf der Jazzgeschichte kann man verschiedene Stadien unterscheiden: Opposition gegen die traditionellen Einstellungen von Erziehern, Politikern, Pfarrern, Geschäftsleuten als den *„guardians of traditional moral and manners"* (NEW ORLEANS). Akzeptierung des Jazz durch die Weißen in Chicago, die in Negergemeinden lebten und die überkommenen gesellschaftlichen Normen und Vorurteile ablehnten. Im übrigen wandten sie sich gegen Musiker, die nicht improvisieren konnten. Durchbruch des Jazz in die von der Gesellschaft akzeptierte Tanzmusik (in den Tanzhallen) und in den Konzertsaal (symphonischer Jazz, GERSHWIN, *Rhapsody in blue*).

Kommerzialisierung im SWING (BIG BAND) durch SCHALLPLATTE, Film, Radio, Unterhaltungsindustrie.

Europäisierung im COOL JAZZ durch intellektuellen Anstrich und elitären Geschmack.

Neue Protestfunktion im Zusammenhang mit der Rassendiskriminierung (Free Jazz). Durch auffällige Kleidung der Musiker sowie durch kühne Harmonien und Klänge ist eine Schockwirkung beabsichtigt. Besinnung auf schwarze Tradition im Jazz, Anschluß an die Black Power-Organisation.

AKZENTE

*„Der beat ist zunächst unakzentuiert und ungegliedert. Er wird in den meisten Jazzstücken zu gleichgroßen Einheiten zusammengefaßt, die aus je 4 Schlägen bestehen (4/4-Takt). Jedes Instrument einer Jazzgruppe markiert nun den beat auf andere Weise; als Beispiel ist ‚im Notenbeispiel' die Technik eines Hard-Bop-Ensembles in einem zweitaktigen Ausschnitt dargestellt. Alle Instrumente, auch der Baß, der den beat ‚am reinsten' markiert, verwenden verschiedenartige Akzente; einige davon sind angegeben. Nicht nur die Schläge bzw. Töne, die ‚zwischen dem beat' liegen, werden unterschiedlich akzentuiert, sondern ebenso auch die Schläge bzw. Töne, die ‚auf dem beat' liegen bzw. der beat selbst. Die genaue Notierung dieser Akzente, die von Musiker zu Musiker feine Unterschiede aufweisen, ist außerordentlich schwierig . . ."* (J. Viera, *Grundlagen der Jazzrhythmik.* Wien 1970, S. 9.)

mittleres Tempo (medium)

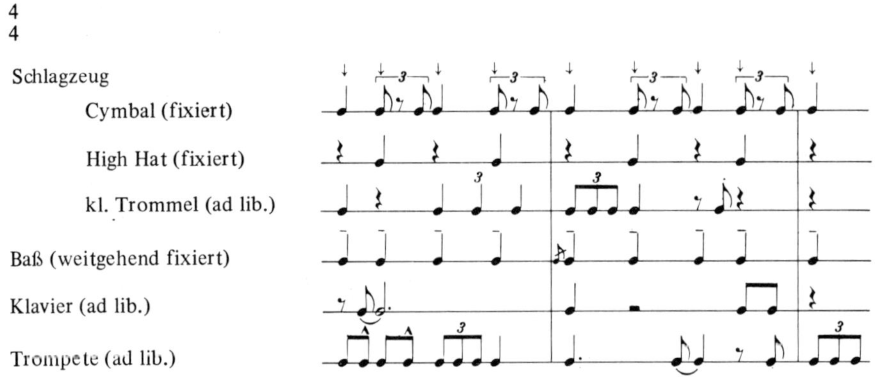


**„ad lib." bedeutet hier Bindung nur an Tempo bzw. Akkordstruktur.**

Aufgabe:

Die übereinander gelagerten Rhythmen auf beliebigen Instrumenten selbst zu realisieren versuchen.

Literatur:

Joe Viera, *Grundlagen der Jazzrhythmik.* Wien 1970
Joe Viera, *Grundlagen der Jazzharmonik.* Wien 1970
Joe Viera, *Arrangement und Improvisation.* Wien 1971
Max Abrams, *Die Technik des Drummers — Eine moderne Schlagzeugschule für Jazz und Popmusik.* Wien o. J.

SWING

*„Jazz muß swingen — eine Forderung, die ebenso unerläßlich ist wie etwa die, daß ein Walzer im 3/4-Takt stehen muß. Der swing gibt dem Jazz jene pulsierende, vorwärtstreibende Kraft, die ihn zu einer so lebendigen Musikform macht.*

*Wo der swing fehlt oder nicht empfunden wird, läuft der Jazz leicht Gefahr, banal und langweilig zu wirken, obgleich er auch ohne swing noch ursprünglich und vital erscheinen mag. Doch der swing ist nichts weniger als das zeitliche Ordnungsprinzip für alle Töne eines Jazzstückes.*
*Wer den swing nicht wirklich erfaßt hat, wird nie in der Lage sein, Jazz richtig zu hören . . .*" (J. VIERA, *Grundlagen der Jazzrhythmik.* Wien 1970, S. 4.)
Wie aber kommt der Swing zustande? Das Notenbeispiel soll den Sachverhalt verdeutlichen, wobei die Zeichen über den Noten die charakteristischen leichten rhythmischen Verschiebungen andeuten.
„*Nicht nur der häufige Betonungswechsel ist charakteristisch für den Jazz. Viel wichtiger noch sind jene Betonungen, die den Einsatzpunkt der Schläge bzw. Töne um ein Geringes vor den beat legen (Vorverschieben), und zwar so, daß der Eindruck kurzzeitiger Beschleunigung entsteht (>, >) . . . Die gegenteilige Erscheinung (< = Zurückverschiebung = Tempoverzögerung) tritt weit seltener auf. Da der beat unverändert weiterläuft, entsteht eine besondere Art von Tempoüberlagerung. Der Jazzbassist spielt somit . . . in zwei Tempi gleichzeitig, einem konstanten (beat) und einem ständig kleinen Änderungen unterworfenen. Beide Tempi decken einander beinahe (im Schriftbild häufig aus Gründen der einfacheren Schreibweise völlig), aber die Unterschiede zwischen ihnen sind ganz wesentlich. In ihnen steckt der swing.*" (VIERA, ebd. S. 12.)

legato

Betonung, die den Einsatzpunkt unverändert läßt

off-beats:

Betonung, die den Einsatzpunkt um ein Geringes vorverlegt

Betonung, die den Einsatzpunkt um ein Geringes mehr als bei > vorverlegt

Betonung, die den Einsatzpunkt um ein Geringes zurückverlegt.

## IMPROVISATION

Improvisation

Die Bedeutung der Improvisation für den Jazz wird immer wieder mit Recht betont. Da die Improvisationen unversehens (lateinisch: ex improviso), aus dem Stegreif erfunden werden und sich nur näherungsweise in Noten festhalten lassen, sind wir weitgehend auf Schallaufzeichnungen durch Platte oder Band angewiesen. Man hat daher die Geschichte des Jazz scherzhaft Geschichte der Schallplatte genannt. Es traf sich glücklich, daß die SCHALLPLATTE in den Frühtagen des Jazz erfunden worden ist.

Allerdings gibt es einige Spielregeln, die die Freiheit der Improvisation begrenzen. Für den Fall der Blues-Improvisation, die im Notenbeispiel festgehalten wurde, versuchen wir, das Gerüst und damit die Begrenzungen der Improvisation zu erarbeiten.

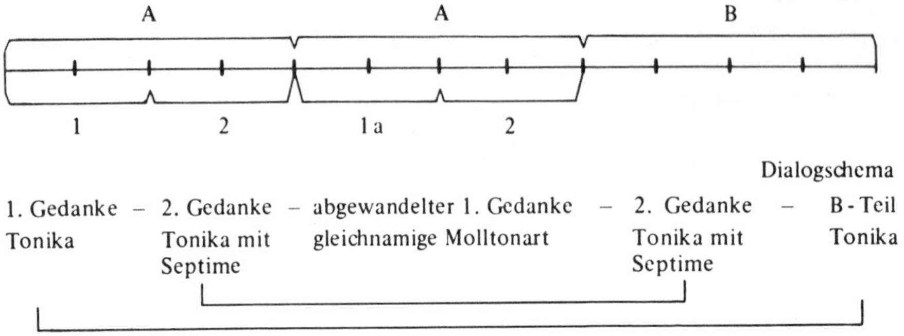


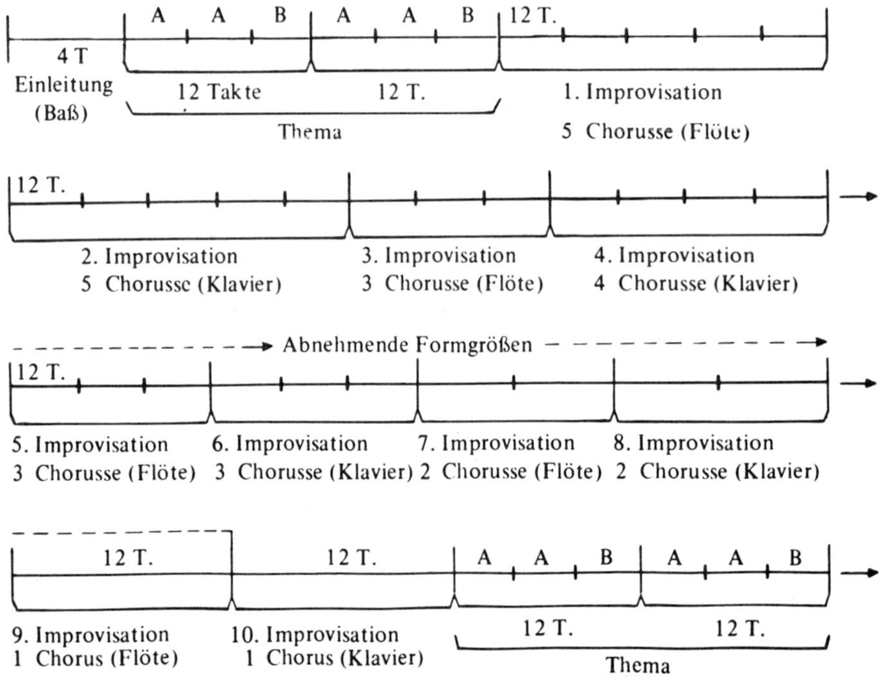


(Aus: Herzog zu Mecklenburg / W. Scheck, *Die Theorie des Blues im modernen Jazz*. Straßburg 1963, S. 118/119.)

Siehe auch Improvisation im Solokonzert S. 208.

Als Vorlage für eigene Improvisationsversuche könnte folgendes Thema von Joe Viera dienen (aus: *Band Clinic I.* Wien 1973, S. 22):

Thema 1 aus *Segmente 1—6*

## STILE DER ROCKMUSIK

Definition:

*„Rock ist eine ekstatische Musik, die über einem regelmäßig durchgeschlagenen Achtelrhythmus in der zwölftaktigen Blues- oder der 32taktigen Songform häufig in alternierende Gruppen aufgespaltene Vokalsätze baut, die Bluestonalität eine modale oder hemi-pentatonische Harmonik bevorzugt und vornehmlich zu elektrisch verstärkter Gitarrenbegleitung in extremen Stimmlagen zu gleitender Intonation vorgetragen wird."* (S. Schmidt-Joos)

Aufgaben:

1. Klangbeispiele der Rockszene und ihrer Vorläufer den verschiedenen Stilrichtungen zuordnen.
2. Eine eigene Rock-Definition versuchen.

Literatur:

S, SCHMIDT-JOOS und B. GRAVES, *Rock-Lexikon.* Reinbek 1973 (rororo 6177).
G. REBSCHER, *Materialien zum Unterricht in Popularmusik.* Wiesbaden 1973.

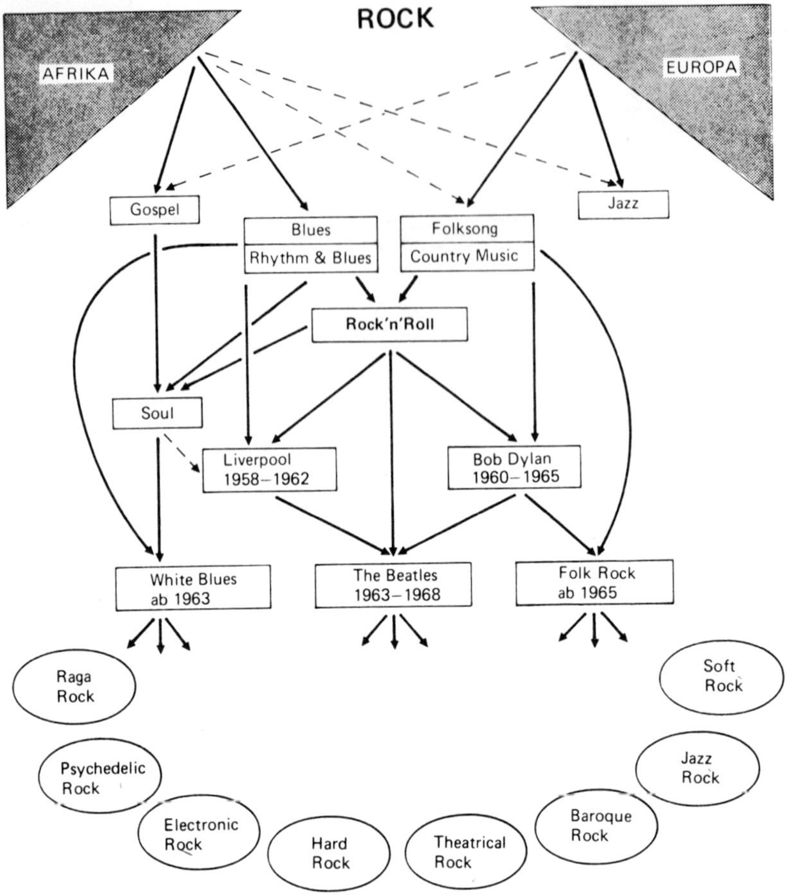


(Aus: S. SCHMIDT-JOOS und B. GRAVES, *Rock-Lexikon.* Reinbek 1973, S. 18.)

## ROLL OVER BEETHOVEN

Ein zwölfjähriger Schüler übersetzte diesen Titel von CHUCK BERRY mit *„Rock'n' Roll ist besser als Beethoven"*. Laut Lexikon bedeutet *„to roll over"* aber *„sich umdrehen"*. Der Text lautet vollständig:

Gonna write a little letter gonna mail it to my local D.J.,
it's a jumpin little record I want my jockey to play,
Roll Over Beethoven, gotta hear it again today.

My temperature's risin, the juke box's blowin a fuse,
My heart's beatin a rhythm, singing out rhythm and blues,
Roll Over Beethoven, they're rockin in two by two.

Well if you feel you like it, go get your lover and reel and rock it,
roll it over and move on up now, go for cover and reel and rock it,
roll it over, Roll Over Beethoven, tell Tschaikovsky the news.

Early in the morning I'm a givin you the warnin, don't you step on my blue
hey diddle diddle gonna play my fiddle, I aint got nothin to lose, [suede shoes,
Roll Over Beethoven, tell Tschaikovsky the news.

She wiggles like a glow-worm, dances like a spinning top,
she got a crazy partner, you should of seen her reel and rock,
long as she got a dime, the music will never stop.

Well if you feel you like it, go get your lover and reel and rock it,
roll it over and move on up now, go for cover and reel and rock it,
roll it over, Roll Over Beethoven, dig these rhythm and blues.

Roll Over Beethoven, Roll Over Beethoven,
Roll Over Beethoven, Roll Over Beethoven,
Roll Over Beethoven, dig these rhythm and blues?

Aufgaben:

1. Versuch einer Übersetzung und Interpretation.
2. Wie stehen wir zu der Aussage? Das eigene Werturteil über ROCK'N'ROLL und BEETHOVEN begründen.

Literatur:

KUHNKE, LÜCK, MILLER, SCHROEDER, SCHULZE, *Roll over Beethoven — Zur Geschichte der Populären Musik 1.* Lilienthal/Bremen 1973.

## ROCK = PROLETARISCHE MUSIK?

*„Eine Rock-Phrase richtig artikulieren zu können, setzte voraus ..., sich bewegen, gehen und sprechen zu können wie ein Farbiger. Nur in einem langen Einfühlungs- und Anpassungsprozeß war das zu erreichen, und erfahrungsgemäß gelang es Proletarierkindern am leichtesten. Sie waren kulturell unverkrampft, emotional locker (was vielen Rockmusikern später den Vorwurf moralischer Haltlosigkeit eingetragen hat) und in einer ähnlichen sozialen Lage wie die von der weißen Gesellschaft ausgesperrten und unterdrückten Schwarzen. Dementsprechend war der Rock'n'Roll der fünfziger Jahre eine rein proletarische Musik."*
(S. SCHMIDT-JOOS und B. GRAVES, *Rock-Lexikon.* Reinbek 1973, S. 13.)
*„Liverpool wurde zum Dampfkessel, in dem Jugendliche Blues, Rock'n'Roll und Skiffle unter starkem sozialen und psychologischem Druck sowie mit äußerstem Engagement zur Beatmusik verkochten. Das 1,28 Millionen Einwohner umfassende Industriegebiet an der Mündung des Mersey River ähnelte in vielem der Atmosphäre in den Negergettos. Es hatte die höchste Arbeitslosenziffer, die scheußlichsten Elendsquartiere und das bunteste Völker- und Rassengemisch in ganz England. 43 Prozent aller Wohnungen waren Slums. Die Zahl der Ver-*

*brechen war fast doppelt so hoch wie der Landesdurchschnitt. Für den Lebenskampf in der hochindustrialisierten Gesellschaft fand der junge Mensch dort am Ende der fünfziger Jahre beinahe aussichtslose Startbedingungen vor. Allein die Popmusik schien eine Chance zur Selbstverwirklichung zu bieten, und viele Jugendliche gingen diesen Weg."* (ebd. S. 14.)
*„Daß die Rock-Musik zur Musik der subkulturellen Bewegung werden konnte, ist nicht mit ihrem politischen Charakter zu erklären. Sie konnte es werden, weil sie ihren Hörern die Identifikation ermöglichte. Die Hörer erfuhren, daß diese Musik etwas mit ihren eigenen Angelegenheiten und Gefühlen zu tun hatte."* (H. Salzinger, *Rock Power oder Wie musikalisch ist die Revolution?* Frankfurt am Main 1972 — Fischer Taschenbuch 1280 — S. 92.)

## ROCK = REVOLUTION?

Mick Jagger von den Rolling Stones: *„Weißt du, ich bin schüchtern und aggressiv. Darum setze ich große Hoffnungen auf das, was ich mit meiner Arbeit bewirke. Aber ich habe auch die große Befürchtung, daß es alles zwecklos ist und daß es Scheiße ist. Man weiß ja: Wie soll man gegen Beethoven oder Shakespeare oder sonstwas ankommen? Insgeheim wollte ich wohl etwas schreiben, das über ,We shall overcome' hinausging. Ich weiß nicht warum. Das Stück, das sie immer gesungen haben, und ich dachte: ,Warum schreibt nicht einer etwas für die Leute von heute. Genau das aber ist mein Job und unser Job.' Die gleiche Hoffnung hab ich für ,Working Class Hero'. Es ist ein anderes Konzept, aber ich fühle, daß es ein revolutionärer Song ist . . ."* (H. Salzinger, *Rock Power cder Wie musikalisch ist die Revolution?* Frankfurt am Main 1972 — Fischer Taschenbuch 1280 — S. 74.)

Hier der Text von *Working Class Hero* (nach Salzinger, ebd. S. 75 f.):

John Lennon: Working Class Hero

As soon as you're born they make you feel small
By giving you no time instead of it all
Till the pain is so big you feel nothing at all
A working class hero is something to be
A working class hero is something to be

They hurt yout at home and they hit you at school
They hate you if you're clever and they despise a fool
Till you're so fucking crazy you can't follow their rules
A working class hero is something to be
A working class hero is something to be

When they've tortured and scared you for 20 odd years
Then they expect you to pick a career
When you can't really function you're so full of fear
A working class hero is something to be
A working class hero is something to be

Keep you doped with religion and sex and tv
And you think you're so clever and classless and free

But you're still fucking peasants as far as I can see
A working class hero is something to be
A working class hero is something to be

There's room at the top they are telling you still
But first you must learn how to smile as you kill
If you want to be like the folks on the hill
A working class hero is something to be
Yes, a working class hero is something to be
If you want to be a hero well just follow me
If you want to be a hero well just follow me

## ROCK = SEX?

ALLEN GINSBERG sagte, als er Liverpool besuchte und die CLAYTON SQUARES mit ihrer Beat-Show hörte: *„Der Beat ist das Instrument der sexuellen Befreiung. Ich habe nichts in England gefunden, was so sexy ist wie die ‚Clayton Squares'. Sie sind die große Vibration. Diese kleinen Mädchen, vierzehn oder fünfzehn Jahre alt, die da unten sitzen und euch zuhören, sind noch Jungfrauen; sie kennen den Sex nur vom Hörensagen. Aber der Beat beginnt in ihnen zu vibrieren, und irgendwo in ihrem Körper beginnen sie zu verstehen."*
Die Gitarre kann als Sex-Symbol gelten. Auch in den Texten zahlreicher Rockmusik-Titel kommt das Thema Sex zur Sprache. Das Bild der Frau ist zumeist immer noch von den Wunschvorstellungen des Mannes geprägt. Textbeispiele finden sich etwa bei H. SALZINGER, *Rock Power oder Wie musikalisch ist die Revolution?* Frankfurt am Main 1972 — Fischer Taschenbuch 1280 — S. 81 ff.
Das Neuartige scheint darin zu liegen, daß sexuelle Vorgänge direkt geschildert und nicht mehr — wie früher — durch sprachliche Bilder angedeutet werden. Allerdings wirkt hier die englische Sprache als Filter. Deutsch werden derartig direkte Aussagen nur bei Live-Darbietungen gemacht. Sie sind durchaus vergleichbar den „Wirtinnen"-Versen. Vgl. hierzu F. S. KRAUS, *Das Minnelied des deutschen Land- und Stadtvolkes.* Hanau 1968; *Volkserotik,* hrsg. von K. SCHUSTEK. Hanau 1968.

Vgl. LIEDERMAGAZIN.

## ROCK = GESCHÄFT?

*„Inzwischen hat jeder die Botschaft begriffen: Rock verkauft sich. Er ist eine profitable Angelegenheit, für die Unterhaltungsindustrie — Plattenfirmen, Radio- und Fernsehsender, Hersteller von Stereoanlagen und Musikinstrumenten — ebenso wie für Kleiderfirmen, Zeitungen, Limonadenmarken und die großen Automobilfabriken. Rock ist der sicherste Weg zu den Herzen und zu den Brieftaschen der Generationen von acht bis fünfunddreißig.*
*Rock war von Anfang an nichts als eine kommerzielle Angelegenheit . . . Paradoxerweise war es jedoch gerade dieser unverfrorene Handelswarencharakter,*

*der die Hoffnung erzeugte, es handle sich um eine revolutionäre Ausdrucksform. Zum einen haben die Firmen, die ihn produzieren, nie etwas davon verstanden. Solange die Musik die Sensibilität der Geschäftsleute nicht allzu sehr verletzte . . . und solange sie sich verkaufen ließ, kümmerten sie sich nicht darum, was sie aussagte. So hat der Rock innerhalb des kommerziellen Rahmen immer eine gewisse Freiheit genossen.*
*Außerdem verlieh die totale Hingabe an den Markt dem Rock wichtige ästhetische Vorteile. Um verkauft zu werden, mußte er ankommen, deshalb konnte er sich nur mit Dingen beschäftigen, die das Publikum wirklich angingen."*
(H. SALZINGER, *Rock Power oder Wie musikalisch ist die Revolution?* Frankfurt am Main 1972 — Fischer Taschenbuch 1280 — S. 122.)
Verteilung und Vertrieb der Popmusik erfolgt auf drei Ebenen: international, national und regional. Auf internationaler Ebene sind beteiligt: die Plattenkonzerne (EMI, Polydor international, CBS usw.), Radio Luxemburg, das internationale Management der Gruppen und Stars. Auf nationaler Ebene wirken das Fernsehen (Disco 74, Jugendsendungen, Shows), Popzeitschriften und Postervertrieb, Konzertbüros (Organisation von Konzerten und Tourneen), nationales Management. Regional sind wichtig: Funksendungen, Plattenläden, Presse, Beatklubs, Diskotheken, Jugendklubs, Fanklubs, Konzerte, Pop- und Unterhaltungssendungen der regionalen Fernsehprogramme. Festivals stehen auf der Grenze zwischen regionalen und nationalen Ereignissen.

## KOLLEKTIV-IMPROVISATION

Das Instrumentarium kann frei gewählt werden, also beispielsweise Flöten (möglicherweise nur das Mundstück) und Schlaginstrumente beliebiger Art, aber ebenso geeignet sind die menschliche Stimme und Händeklatschen, Fingerschnippen usw.
Es gibt dazu eine Reihe von Anregungen in der Literatur (siehe weiter unten), hier seien als eine Möglichkeit die folgenden methodischen Schritte empfohlen:

1. Ausprobieren der Instrumente, jeder stellt seines den anderen vor.

2. Alle zusammen erproben ihre Instrumente. Dabei entsteht in der Regel viel Lärm und großes Durcheinander. Diese Übung hat daher bei Versuchen den Namen „Chaos" erhalten.

3. Versuche, das Chaos auf irgendeinem Weg zu ordnen, zu strukturieren.

   a) durch ein Bild, eine SUGGESTIVVORSTELLUNG: z. B. Eisenbahn nähert sich und durchfährt einen Bahnhof; ein Stein wird ins Wasser geworfen, Kreise breiten sich aus; Ameisen bauen einen Ameisenhaufen usw.
   b) durch musikalische Anweisungen: jeder denkt sich einen Rhythmus aus und versucht ihn durchzuhalten, ohne sich durch die anderen beirren zu lassen; Versuch, sich im Rhythmus allmählich anzupassen; Inprovisation über einem gleichbleibenden Rhythmus (Ostinato); Solist und Tutti wechseln miteinander ab; usw.
   c) durch einen Dirigenten, der anzeigt, wer spielen, wer pausieren soll; an welchen Stellen laut oder leise, schnell oder langsam gespielt werden soll; wie breit oder wie eng ein Toncluster sein soll usw.

d) durch eine Graphik, die gemeinsam interpretiert wird.
Die Graphik kann als Tafelzeichnung von den Schülern selbst entworfen werden.

4. Einbeziehen technischer Geräte wie Kurzwellenempfänger, Mikrophon und Tonbandgerät, Hall- (Echo-) Gerät u. a.

5. Klangerzeugung aus körperlichen Bewegungen, aus dem TANZ.

Ziele:

Kreativität

a) Hören lernen
b) die Erfindungsgabe (Kreativität) zu fördern
c) zwischen Klängen, Rhythmen, musikalischen Gebilden feiner differenzieren zu lernen
d) grundlegende musikalische Formungsprinzipien zu erfahren (Spannung—Entspannung, Identität—Verschiedenheit, Wiederholung, Abwechslung, Anfang, Schluß usw.)
e) bestimmte Rollen oder Funktionen zu erproben (Solist, Zuhörer, Anstoßgeber, Nachahmer, Dirigent; Gegenüber, Miteinander).

Ein Problem stellt die Kontrolle solcher musikalischer Aktionen dar. Wie gut die Lösung einer bestimmten Aufgabe gelungen ist, läßt sich nur aus der Distanz einiger nur Zuhörender oder mit Hilfe von MIKROPHON und TONBAND beurteilen. Insbesondere das Tonband erweist sich als unbestechlich, da jederzeit wiederholt und von neuem überprüft werden kann.

Literatur:

L. FRIEDEMANN, *Instrumentale Kollektivimprovisation als Studium und Gestaltung neuer Musik.* Wien 1969; *Gemeinsame Improvisation auf Instrumenten mit ausführlichen Spielregeln.* Kassel 1964.
G. MEYER-DENKMANN, *Klangexperimente und Gestaltungsversuche im Kindesalter.* Wien 1970.
B. DENNIS, *Experimental Music in Schools.* Oxford 1970.

VORSCHLÄGE FÜR LERNKONTROLLEN (9. Kapitel: Jazz und Rockmusik)

1. Nenne die wesentlichen Stilelemente des Jazz und beschreibe die Unterschiede zur europäischen Musik.
2. Welche sozialen Verhältnisse haben zur Entstehung und Verbreitung der Rockmusik beigetragen?
3. Was ist zeitgemäße Musik? Eigene Meinung mit Begründung.

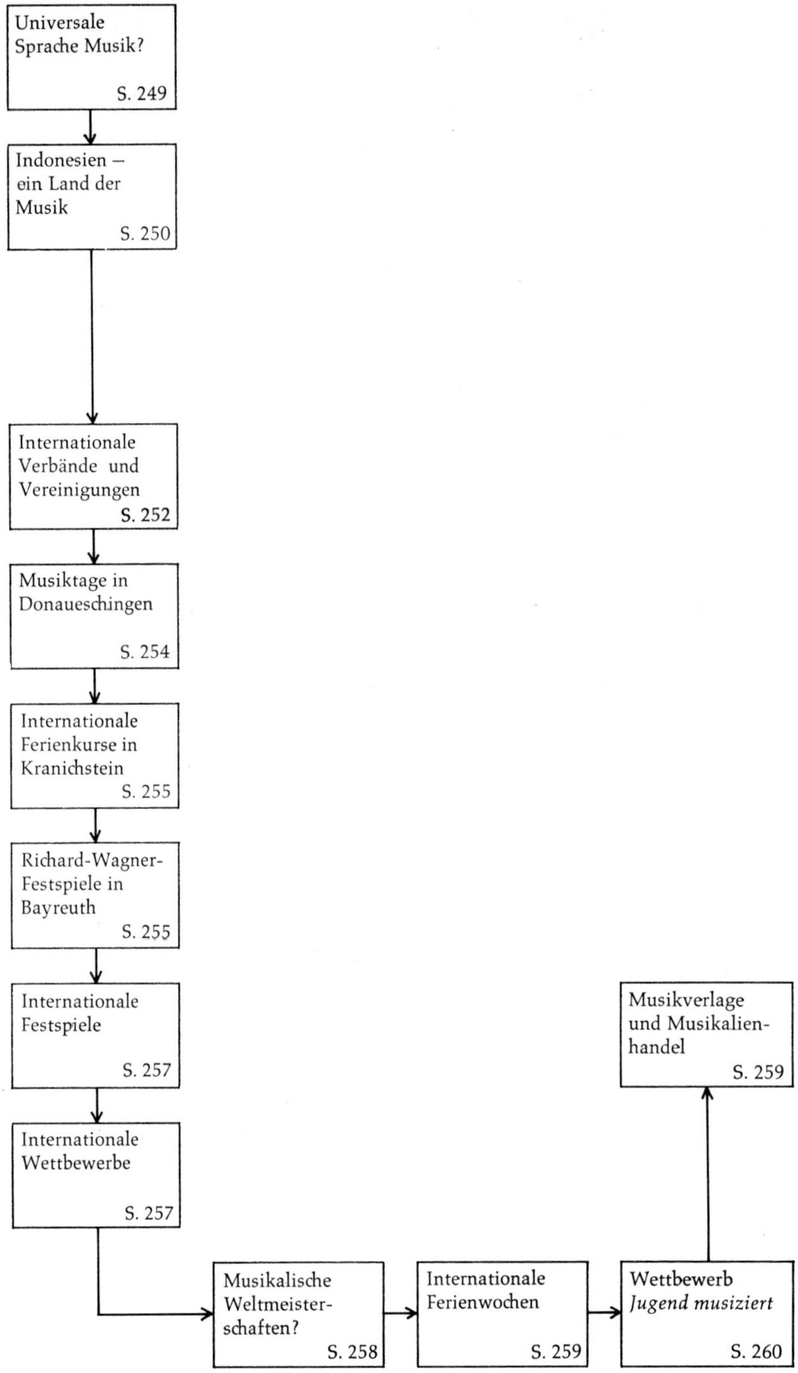
Universale Sprache Musik? S. 249
Indonesien – ein Land der Musik S. 250
Internationale Verbände und Vereinigungen S. 252
Musiktage in Donaueschingen S. 254
Internationale Ferienkurse in Kranichstein S. 255
Richard-Wagner-Festspiele in Bayreuth S. 255
Internationale Festspiele S. 257
Internationale Wettbewerbe S. 257
Musikalische Weltmeisterschaften? S. 258
Internationale Ferienwochen S. 259
Wettbewerb *Jugend musiziert* S. 260
Musikverlage und Musikalienhandel S. 259

# 10. Kapitel Internationales Musikleben

## UNIVERSALE SPRACHE MUSIK?

*„Ein Japaner kann die westliche Musik sehr viel leichter verstehen als die indische. Dennoch gibt es in* JAPAN *mancherlei Schwierigkeiten, weil die traditionelle Tonkunst von der westlichen Musik im Grunde höchst verschieden ist. Eine der besten Möglichkeiten, diese Schwierigkeiten zu meistern und eine echte Synthese zu erreichen, bestünde darin, die gegenwärtige Lage unter einem wirklich internationalen Blickwinkel zu sehen und die Musik aller Völker zu studieren. Die Japaner müßten die Musik der ganzen Welt ebenso gut kennen wie die Tonkunst des Westens. Das trifft für alle Nationen zu."*
(Der japanische Musikwissenschaftler SHIGEO KISHIBE in: *The world of music* 2, 1967, S. 20.)

Ein zeitgenössischer Komponist äußert sich über europäische und außereuropäische Musik:

*„Alle außereuropäischen Kulturen haben einen gemeinsamen Nenner. Hier herrscht eine Zeitvorstellung, für die uns das Verständnis fehlt. Genauso wie ein Japaner* MEYERBEER *und* BERLIOZ *kaum auseinander halten kann, genauso verwechseln wir sehr leicht zwei verschiedene orientalische Stücke. Hüten wir uns daher vor dem Vagen, den oberflächlichen Kenntnissen und den Vorurteilen. Trotz einiger wirklich versierter Spezialisten ist die Gefahr einer beständigen Verbreitung von Irrtümern groß; denn die Kultur ist ein Mikroskop: Jeder betrachtet, was ihn selbst interessiert, und deswegen gibt es so wenige gemeinsame Unternehmungen, so wenig Koinzidenz.*

Orient und Okzident

*Die musikalischen Techniken im Orient und Okzident können nicht miteinander verknüpft werden. Hellsichtige und standfeste Komponisten werden sich dessen schnell bewußt. Die Mythen und Religionen aus grauer Vorzeit werden gewiß verschwinden: Das ist der Lauf der Geschichte. Wir sehen es mit jedem Tag deutlicher. Der Beitrag, den jedes wie auch immer geartete Studium der verschiedenen Idiome leistet, ist positiv zu veranschlagen und hat dann einen bleibenden, fruchtbringenden Wert, wenn dieses Studium mehr ist als bloße Analyse."*
(PIERRE BOULEZ in: *The World of Music* 2, 1967, S. 10.)

Aufgaben:

1. Wir hören Beispiele AUSSEREUROPÄISCHER MUSIK. Ist sie
   a) primitiv oder kunstvoll
   b) altmodisch oder fortschrittlich
   c) einförmig oder abwechslungsreich?
2. Haben wir Vorurteile dieser Musik gegenüber?
   Wenn ja, worin bestehen sie?
3. Gibt es europäische Musiker, die von asiatischer, afrikanischer oder amerikanischer Musik beeinflußt sind?
4. Ist eine Musik denkbar, in der alle Musikkulturen aufgehen?

Vorhaben:

Wir bilden Arbeitsgruppen, die sich mit einzelnen Musikkulturen genauer beschäftigen.
a) Abhören von Klangbeispielen
b) Versuch, das Gehörte in selbst erfundenen Notationen festzuhalten
c) Instrumentenbau, geographische Voraussetzungen
d) Zusammenhang mit Tanz und Kult
e) Gesellschaftliche Bedingungen

Literatur:

Eine Dokumentation von Klangbeispielen außereuropäischer Musik liegt auf Schallplatten vor bei Bärenreiter Musicaphon.
Die unter dem Patronat der UNESCO herausgegebenen Reihen der Musik des Orients und Afrikas stellen den großangelegten Versuch dar, durch authentische, mit ausführlichen, dreisprachigen Kommentaren und reichem Bildmaterial versehene Dokumentationen die alten musikalischen Kulturen der Völker des Nahen und Fernen Ostens und des afrikanischen Kontinents zu erfassen und für die Zukunft zu bewahren, bevor sie im Zuge eines weltweiten zivilisatorischen Fortschritts der Vergessenheit anheimfallen.

*Musik des Orients*. Herausgeber: ALAIN DANIÉLOU.
Bisher wurden in dieser Reihe veröffentlicht:

Afghanistan / Indien I—IV / Iran I—II / Japan I—VI / Kambodscha / Laos / Tibet I—III / Tunesien / Türkei I—II / Viet-Nam I—II / Aserbeidschan I / Georgien I / Malaysia.

*Anthologie Afrikanischer Musik*. Herausgeber: PAUL COLLAER.
Bisher wurden in dieser Reihe veröffentlicht:

Die Musik der Dan / Musik aus Rwanda / Musik der Ba-Benzélé-Pygmäen / Musik der koptischen Kirche in Äthiopien / Musik der Kuschiten Südwestäthiopiens / Nigeria-Hausa Musik I / Nigeria-Hausa Musik II / Die Musik der Senufo / Musik aus Kanem / Musik der zentralafrikanischen Republik.

Hinweis:

Seit 1959 gibt der INTERNATIONALE MUSIKRAT eine Vierteljahresschrift heraus, die den dreisprachigen Titel *Die Welt der Musik — The World of Music — Le Monde de la Musique* trägt. Die Titelbilder der Ausgaben 1967/68 machen deutlich, wie gleichberechtigt die verschiedenen nationalen Musikkulturen nebeneinander stehen:
HERBERT VON KARAJAN — Japanisches „Kabuki"-Theater — Elektronischer Rechner im Dienst der Musik — Japanischer Tänzer — Indisches Kathakali-Tanztheater — Der Jazzmusiker DUKE ELLINGTON — Der Flamenco-Tänzer RAFAEL DE CÓRDOBA.

## INDONESIEN — EIN LAND DER MUSIK

In Südostasien gibt es eine Reihe von Ländern mit sehr reicher und zum Teil Jahrhunderte alter musikalischer Tradition. Es soll hier nicht von der Musik Chinas und Japans die Rede sein, sondern von Indonesien. Das Zentrum der

ein Beispiel

Vietnam

indonesischen Musik liegt auf den Inseln Java und Bali. 1933 zählte der Musikforscher Jaap Kunst allein auf Java 17281 Orchester, darunter 12476 vollständige Gamelan-Orchester mit je 30 bis 75 Instrumenten.
Auf die Kultur Javas wirkten zahlreiche Strömungen ein: zuerst aus Indochina, dann aus Süd- und Nordindien und schließlich aus Arabien und Persien.
Die Musik ist mit dem Leben der Javaner eng verbunden, mit ihren Tänzen, dem Theater, mit Literatur, Kunst und Volksbräuchen. Ein Augenzeuge berichtet darüber: *„Wenn der Arbeiter eine Zeitlang außerhalb seines Dorfes arbeiten muß, so nimmt er wenigstens seine Bambusflöte mit, um abends musizieren zu können. Selbst das Reisstampfen der Frauen folgt einem musikalischen Rhythmus ... An zahlreichen Festen wird Gamelan gespielt: zum Neujahrsfest, bei Turnieren, bei der Erfüllung eines Gelübdes, bei der Beschneidung, zum siebten Monat der ersten Schwangerschaft und bei anderen Gelegenheiten. Einzelnen Gamelan-Orchestern in den Sultanspalästen wird soviel Ehre erwiesen, daß man ihnen jeden Donnerstag Weihrauch- und Speiseopfer darbringt ... Dasselbe gilt von einzelnen Kompositionen, denen Weihrauch geopfert wird, bevor sie gespielt werden."* (Paul Amman)

Der heutige GAMELAN hat zwei verschiedene TONSYSTEME. Das eine teilt die Oktave in fünf Töne und wird SLENDRO genannt, das andere teilt die Oktave in sieben Töne und trägt die Bezeichnung PELOG. Die Töne dieser Systeme sind unregelmäßig verteilt. Sie werden ausschließlich melodisch angewandt, Harmonie und Akkord sind im Gamelan unbekannt.

Die Abbildung zeigt die Abstände der Töne bei SLENDRO und PELOG. Zum Vergleich ist unser "temperiertes" Tonsystem eingetragen, bei dem alle zwölf (Halb-) Töne gleich weit voneinander entfernt sind.

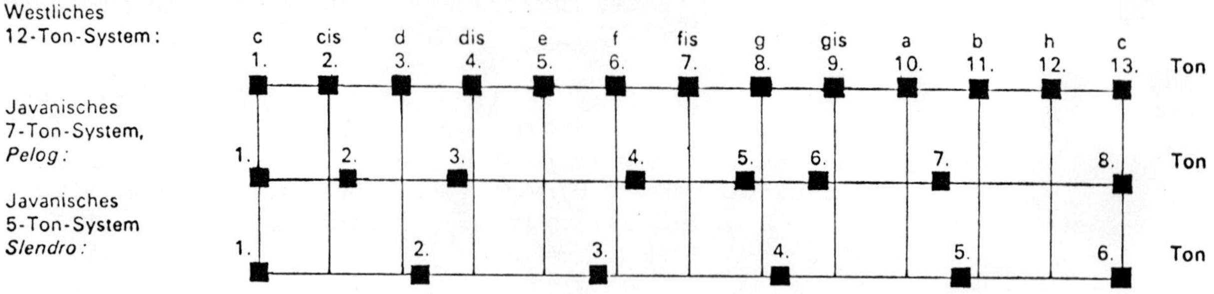


Da die javanischen Tonstufen zum Teil sehr stark, zum Teil aber auch nur ein bißchen von den westlichen abweichen, klingt die Gamelan-Musik europäischen Ohren fremd. Einige Töne halten wir für falsch, weil sie uns ungewohnt sind. Für Indonesier klingt der PELOG weich, ausgeglichen, gemeinschaftlich, ehrfurchtheischend; der SLENDRO dagegen klingt hart, männlich, hell, lebendig, kriegerisch. Der Gamelan kennt keine Harmonien. Dafür aber können bis zu 15 Melodien gleichzeitig gespielt werden, jede mit verschiedenem Charakter und verschiedenem Rhythmus. Dadurch entsteht ein für die indonesische Musik typischer Klangkomplex. Der für unsere Ohren fremde Klang hängt darüber hinaus mit den Instrumenten zusammen . . .

Aufgaben:

1. Auf einem Globus oder einer Landkarte verschaffen wir uns eine Übersicht über die Länder Südostasiens mit eigenständigen Musikkulturen. Wer möchte sich näher mit einer von ihnen beschäftigen?
2. Wir besorgen uns Klangbeispiele von Gamelan-Musik. Können wir heraushören, ob sie im Pelog oder im Slendro stehen?
3. Hat die Musik in unserem Leben eine ähnliche Bedeutung wie bei den Indonesiern? Wir nennen die Ähnlichkeiten und Unterschiede.

Literatur:


KURT REINHARD, *Einführung in die Musikethnologie.* Wolfenbüttel und Zürich 1968.

JAAP KUNST, Artikel *Javanische Musik,* in MGG VI, Sp. 1784—1797.


## INTERNATIONALE VERBÄNDE UND VEREINIGUNGEN

Eine ganze Reihe von Vereinigungen auf übernationaler Basis hat die Förderung musikalischer Belange zum Ziel. Die wichtigsten sind im INTERNATIONALEN

Musikrat zusammengefaßt. Dieser wurde 1949 in Paris als eine *„non governmental organization"* der Unesco gegründet. Insgesamt sind 52 Staaten vertreten, darunter die Bundesrepublik und die DDR.

Der Deutsche Musikrat wurde 1953 als Sektion des Internationalen Musikrats gegründet. Er will *„als Dachverband für alle Bereiche der Musik auf die öffentliche Meinung, die Erziehung und Gesetzgebung einwirken, um der Musik die ihrer gesellschaftlichen Bedeutung entsprechende Stellung zu wahren und für die Weiterentwicklung der Musikkultur Sorge zu tragen"*. (So in der Satzung.) Ihm gehören 44 Vereinigungen und Institutionen als Verbandsmitglieder und 51 namhafte Persönlichkeiten des deutschen Musiklebens als Einzelmitglieder an.

Feste und Kongresse

Zum Internationalen Musikrat gehören neben den 52 Nationalkomitees dreizehn Einzelmitglieder und dreizehn internationale Mitgliedorganisationen. Diese sind teilweise vor dem Internationalen Musikrat gegründet worden.

So die Internationale Gesellschaft für Neue Musik (IGNM), die 1922 in Salzburg entstand. Seither veranstaltet sie alljährlich Weltmusikfeste, auf denen ausschließlich Werke zeitgenössischer Komponisten aufgeführt wurden und werden. Auf Grund der politischen Verhältnisse war Deutschland zwischen

Liberia

1936 und 1945 nicht in der IGNM vertreten. Bis 1936 war Paul Hindemith Präsident der Deutschen Sektion. 1968 wurde Wolfgang Fortner zum Präsidenten gewählt. 1969 fand wieder ein Weltmusikfest in Deutschland statt (Hamburg).
1927 konstituierte sich die Internationale Gesellschaft für Musikwissenschaft. Sie ging hervor aus der 1899 gegründeten Internationalen Musikgesellschaft, die mit Beginn des Ersten Weltkriegs aufgelöst werden mußte. Die Internationale Gesellschaft für Musikwissenschaft gibt eine wissenschaftliche Zeitschrift heraus und veranstaltet in unregelmäßigen Abständen musikwissenschaftliche Kongresse, auf denen Fachgelehrte aus ihren Spezialgebieten Referate und Vorträge halten.
1947 entstand die Internationale Vereinigung der Jeunesses Musicales. Die deutsche Sektion heißt Musikalische Jugend Deutschlands (MJD). Sie hat eine eigene Musikzeitung, die seit 1969 den Titel *neue musikzeitung* trägt. Die MJD ist auch als Veranstalter von Musikwochen und durch die Förderung von musikalischem Nachwuchs hervorgetreten. Ziel war ursprünglich, junge Menschen zum Besuch von Opern und Konzerten anzuregen. Darüber hinaus wurden Chöre und Jugendorchester gegründet. Ständig werden Diskussionen, Komponistenabende und Konzerte durchgeführt.
Von den weiteren Mitgliedsorganisationen des Internationalen Musikrates soll hier nur noch eine erwähnt werden: die 1953 in Brüssel gegründete Internationale Gesellschaft für Musikerziehung (ISME, International Society for Music Education). Sie hat es sich zur Aufgabe gemacht, die Eigenart des Musikunterrichts in den verschiedenen Ländern zu untersuchen, zu vergleichen und zu veröffentlichen.

## MUSIKTAGE IN DONAUESCHINGEN

In der südbadischen Residenzstadt der Fürsten von Fürstenberg-Donaueschingen wurde 1913 eine Gesellschaft der Musikfreunde gegründet, die sich zunächst der Aufführung alter Musik widmete. 1921 jedoch veranstaltete sie unter dem Ehrenvorsitzenden Richard Strauss erstmals Kammermusikaufführungen zur Förderung zeitgenössischer Tonkunst. Im Geleitwort des Arbeitsausschusses heißt es: *„Aus der Erwägung heraus, auch ihrerseits in bescheidenem Maß für die Förderung des musikalischen Nachwuchses eintreten zu können, ist die Gesellschaft der Musikfreunde zu Donaueschingen dem Gedanken nähergetreten, durch eine musikalische Sonderveranstaltung, die dem Schaffen ausschließlich noch unbekannter oder umstrittener musikalischer Talente gewidmet sein soll, den Jungen den Weg zur Öffentlichkeit ebnen zu helfen."*
Nach dem Zweiten Weltkrieg wurde die Tradition mit den jährlich seit 1950 stattfindenden Donaueschinger Musiktagen fortgesetzt. In den zahlreichen Veranstaltungen sind viele deutsche und ausländische Komponisten erstmals einem bedeutenderen Publikum vorgestellt worden. Vor dem Krieg wurden hier Hindemith, Krenek, Schönberg, Fortner aufgeführt, nach dem Krieg Stockhausen, Boulez, Penderecki u. a. Avantgarde

Literatur:

Artikel *Donaueschingen,* in: MGG III, Sp. 662—667.

## INTERNATIONALE FERIENKURSE IN KRANICHSTEIN

Gleich nach Beendigung des Zweiten Weltkrieges fanden sich in Darmstadt Musikwissenschaftler, Kritiker, Komponisten und Konzertveranstalter zusammen, um dem Musikleben in Deutschland eine Verbindung zur internationalen Entwicklung seit 1933 zu schaffen.

Die ersten Sommerkurse auf Schloß Kranichstein fanden im Jahre 1946 statt, während der ersten Nachkriegsjahre standen sie zunächst im Zeichen HINDEMITHS. Sein *Ludus Tonalis* und sein *Marienleben* in der Neufassung von 1948 wurden hier uraufgeführt. Zahlreiche Werke STRAWINSKYS, die Streichquartette BARTÓKS und nicht zuletzt die Werke der sogenannten WIENER SCHULE (SCHÖNBERG, BERG, WEBERN) folgten in beispielhaften Aufführungen.

Information, Experiment, Diskussion

1953 wurde in Kranichstein ein Konzert zum 70. Geburtstag des 1945 verstorbenen Komponisten ANTON WEBERN veranstaltet, das in Zusammenhang mit einem Komponistengespräch (EIMERT, NONO, STOCKHAUSEN) Schule gemacht hat. Von diesem Jahr an galt Kranichstein als die Hochburg der SERIELLEN MUSIK.

In den weiteren Jahren zeigt sich, daß nach Kranichstein — zu den Darmstädter Ferienkursen — alle diejenigen kamen, die als Interpreten oder Komponisten an neuester Musik interessiert waren.

„Vorhut" — gegen wen?

Auch heute noch — im Jahre 1971 — gilt Darmstadt als das Zentrum der deutschen AVANTGARDE.

## RICHARD-WAGNER-FESTSPIELE IN BAYREUTH

1872 hatte RICHARD WAGNER in der oberfränkischen Stadt Bayreuth den Grundstein für ein Festspielhaus gelegt, das nur seinen Werken vorbehalten bleiben sollte. 1876 wurde dieses Haus auf dem „grünen Hügel" mit einer Gesamtaufführung des vierteiligen *Ring des Nibelungen* eröffnet. Aber erst 1882 hatte das Unternehmen mit der 16maligen Aufführung von WAGNERS letztem Werk, dem *Parsifal*, auch finanziellen Erfolg. So konnte nach WAGNERS Tod 1883 seine Witwe COSIMA die RICHARD-WAGNER-FESTSPIELE in Bayreuth zu einer ständigen Einrichtung machen. 1906 übernahm WAGNERS Sohn SIEGFRIED die Leitung der Festspiele, die dann durch den Ersten Weltkrieg unterbrochen und erst 1924 wieder aufgenommen wurden. Auch der Zweite Weltkrieg brachte eine Unterbrechung (bis 1951). Dann übernahmen die Enkel WIELAND († 1968) und WOLFGANG WAGNER die Leitung der Festspiele.

In dem von RICHARD WAGNER selbst entworfenen Festspielhaus, das wie ein Amphitheater angelegt ist und einen extrem tiefliegenden Orchestergraben besitzt, finden ca. 1900 Zuschauer Platz. In jedem Jahr gibt es etwa 30 Aufführungen.

Zwischen 1933 und 1945 erfreuten sich die Werke WAGNERS, deren Stoff auf germanische Mythologie und mittelhochdeutsche Heldendichtung zurückgeht, besonderer Beliebtheit.

Nach 1951 hat WIELAND WAGNER einen Neubeginn gesetzt. Seine neuartigen Inszenierungen wurden beispielhaft für einen zeitgemäßen Aufführungsstil.

Aufgabe:

Nationalgefühl

Welche Textstellen in *Die Meistersinger von Nürnberg* lassen sich im Sinne eines übersteigerten Nationalgefühls interpretieren?

Hinweis:

*„Siegfried sagt zu Mime: ‚seh' ich dich steh'n, gangeln und geh'n, knicken und nicken, mit den Augen zwicken: beim Genick möcht ich den Nicker packen, den Garaus geben dem garst'gen Zwicker!' und kurz danach: ‚Ich kann dich ja nicht leiden, vergiß das nicht so leicht!' Daran klingt die Beschreibung der jüdischen Sprache im Aufsatz über das Judentum an, die keinen Zweifel läßt, aus welchen Quellen die Unwesen Mime und Alberich geschöpft sind: ‚als durchaus fremdartig und unangenehm fällt unserm Ohr zunächst ein zischender, schrillender summsender und murksender Lautausdruck der jüdischen Sprechweise auf: eine unserer nationalen Sprache gänzlich uneigentümliche Verwendung und willkürliche Verdrehung der Worte und der Phrasenkonstruktion gibt diesem Lautausdrucke vollends noch den Charakter eines unerträglich verwirrten Geplappers, bei dessen Anhörung unsere Aufmerksamkeit unwillkürlich mehr bei diesem widerlichen Wie, als bei dem darin enthaltenen Was der jüdischen Rede verweilt', die damit als Rede niedergeschlagen wird."* (Aus: Th. W. Adorno, *Versuch über Wagner*. Frankfurt 1952, S. 24f., geschrieben 1937/38)

Rassismus

Bayreuth, Festspielhaus

NS-Ideologie

ADORNO versucht in dem zitierten Buch u. a. herauszuarbeiten, daß der germanischen Lichtgestalt Siegfried in Mime und Alberich zwei Vertreter einer nach WAGNERS Ansicht minderwertigen Rasse gegenüberstehen. Da der nationalsozialistischen Ideologie diese Gegenüberstellung natürlich auch nicht verborgen geblieben war, konnten die Machthaber des Dritten Reichs WAGNERS Werk sehr leicht für sich in Anspruch nehmen.

Literatur:

H. MAYER, *Richard Wagner.* Hamburg 1959, rowohlts monographien 29.
W. WAGNER, *Richard Wagner und das neue Bayreuth.* München 1962, List-Bücher Nr. 237.

## INTERNATIONALE FESTSPIELE

Nicht nur Bayreuth ist durch seine international beachteten Festspiele bekannt. Freunde von FESTSPIELEN und MUSIKFESTEN haben sicher schon die eine oder andere der folgenden Städte besucht: Edinburgh, Salzburg, Luzern, Prag, Warschau, Amsterdam, Verona, Aldeburgh, Lissabon und andere im europäischen Ausland; weiterhin Berlin, München, Brühl, Schwetzingen, Hannover, Stuttgart, Konstanz, Göttingen, Nürnberg, Braunschweig, Bonn, Donaueschingen, Bremen, Hamburg, Wiesbaden, Kassel. Die Aufstellung ist unvollständig. Jeder Ort folgt in seinen musikalischen Festspielen bestimmten Traditionen. An dem einen widmet man sich besonders der zeitgenössischen Musik, an einem anderen der Oper oder der Kirchenmusik. Oft sind bekannte Musiker für die Ausrichtung der Festspiele verantwortlich, so KARAJAN in Salzburg oder BRITTEN in Aldeburgh.

1. Welche Städte in unserer Nachbarschaft richten Musikfestspiele aus? Wer hat schon einmal auf einer Ferienreise Festspiele besucht?
2. Wir beschäftigen uns mit den Traditionen an einem von uns gewählten Festspielort.
3. Aus welchen Gründen werden Festspiele veranstaltet?

Literatur:

Über *Musikfeste in Deutschland* informiert ein Veranstaltungskalender, der von INTER NATIONES herausgegeben wird. Die Anschrift lautet: 53 Bonn-Bad Godesberg, Kennedyallee 91—103.

## INTERNATIONALE WETTBEWERBE

Es gibt eine große Anzahl von internationalen Musikwettbewerben, die jedes Jahr regelmäßig stattfinden, und auf denen die Leistungen der Teilnehmer durch die Vergabe von Preisen und Anerkennungen gewürdigt werden. Nach einer Statistik des DEUTSCHEN MUSIKRATES wurden auf 42 Wettbewerben in zehn Jahren (1956—1966) über tausend 1., 2. und 3. Preise vergeben.
Einige solcher Wettbewerbe:

Beispiele

CONCOURS MUSICAL INTERNATIONAL „REINE ELISABETH DE BELGIQUE" (Brüssel)
CONCURSO INTERNATIONAL DE CANTO (Rio de Janeiro)

INTERNATIONALER WETTBEWERB INSTITUT DE MUSIQUE DE CANADA (Montreal)
INTERNATIONALER MUSIKWETTBEWERB DER ARD (Rundfunkanstalten in der Bundesrepublik) (München)
INTERNATIONALER J. S. BACH-WETTBEWERB (Leipzig)
CONCOURS INTERNATIONAL DE PIANO „MAGDA TAGLIAFERRO" (Paris)
CARL FLESCH INTERNATIONAL VIOLIN-COMPETITION (London)
CONCORSO INTERNAZIONALE DI DIREZIONE D'ORCHESTRA (Rom)
INTERNATIONALER MUSIKWETTBEWERB (Wien)
INTERNATIONALER CHOPIN-WETTBEWERB (Warschau)
INTERNATIONALER (KLAVIER-) WETTBEWERB „CLARA HASKIL" (Luzern)
INTERNATIONALER MUSIKWETTBEWERB „PRAGER FRÜHLING" (Prag)
INTERNATIONALER MITROPOULOS-WETTBEWERB (New York)

Aufgabe:

Wir untersuchen die Namen der hier aufgeführten WETTBEWERBE. Was geht daraus hervor?

Literatur:

Statistische Angaben werden regelmäßig veröffentlicht vom Deutschen Musikrat, 53 Bonn-Bad Godesberg, Michaelstraße 4 a.

## MUSIKALISCHE WELTMEISTERSCHAFTEN?

Wie im Sport werden auch in einigen musikalischen Disziplinen Weltmeisterschaften ausgetragen. So z. B. im Akkordeonspiel. Einer dieser Weltmeister war der Däne MOGENS ELLEGAARD mit seinem Knopf-Tastatur-Akkordeon.

Aufgabe:

Wir untersuchen die positiven und negativen Aspekte solcher Weltmeisterschaften.

Hinweis:

Weltmeisterschaften gibt es auch für Mundharmonika, dagegen nicht für die klassischen Instrumente wie etwa Violine, Klavier usw.
Bei den positiven Aspekten sollte unbedingt herausgearbeitet werden, daß Konkurrenzen dieser Art sich sehr auf den allgemeinen Leistungsstand auswirken können. Da die heutige Zeit dem Sport eine außerordentlich große Aufmerksamkeit widmet und viele Jugendliche im Sport Ehrgeiz entwickeln, erscheint die Verwendung sportlicher Prinzipien durchaus legitim.
Negativ dürfte vor allem zu bemerken sein, daß zwar schnelles und virtuoses Spiel gefördert wird, daß jedoch die stilistisch eingeengte Literatur für diese Instrumente nicht unbedingt auch musikalische Fortschritte mit sich bringt. Untersucht werden sollten auch der Nationalstolz-Gedanke und ökonomische Hintergründe.

Musik-Olympiade?

## INTERNATIONALE FERIENWOCHEN

Außer den Wettbewerben werden zur Förderung des musikalischen Nachwuchses internationale ARBEITSWOCHEN und FERIENKURSE durchgeführt. Jugendliche aus aller Welt werden von international angesehenen Komponisten, Dirigenten, Sängern und Instrumentalisten unterrichtet. Musikinteressierte Jugendliche erhalten in Musizier- und Chorwochen Gelegenheit, sich bei der Erarbeitung musikalischer Werke kennenzulernen. Derartige internationale Begegnungen erfüllen eine politische Funktion und werden daher von den Regierungen gefördert.

Internationale Musik-Arbeitswochen und Ferienkurse werden vor allem von folgenden Organisationen regelmäßig veranstaltet:

Arbeitsgemeinschaft Musik in der Evangelischen Jugend
3542 Willingen, Am Tiasbusch 5

Arbeitsgemeinschaft für Musik in der Jugend
2000 Hamburg 36, Alsterglacis 5

Europäische Föderation Junger Chöre
7500 Karlsruhe, Vincentiusstraße 2

Internationaler Arbeitskreis für Musik
3500 Kassel-Wilhelmshöhe, Heinrich-Schütz-Allee 33

Musikalische Jugend Deutschlands
8000 München 19, Hirschgartenallee 19

Verband Evangelischer Kirchenchöre Deutschlands
8500 Nürnberg 35, Jägerstraße 33

Werkgemeinschaft Lied und Musik
4000 Düsseldorf, Carl-Mosterts-Platz 1

Diese Organisationen veröffentlichen jährlich ihren Veranstaltungsplan.

## WETTBEWERB „JUGEND MUSIZIERT"

1970 fand der Wettbewerb „JUGEND MUSIZIERT" zum siebten Mal statt. Er wird jährlich durchgeführt und steht unter der Schirmherrschaft des jeweils amtierenden Bundespräsidenten.
Bundespräsident DR. GUSTAV HEINEMANN betonte in seiner Grußbotschaft zum Wettbewerb 1970: *„Die Bundeswettbewerbe ‚Jugend musiziert' haben seit Jahren im Rahmen der deutschen Musikerziehung ihren festen Platz und gelten als internationales Forum für eine bundesweite Auslese musikalisch begabter Jugend."*
Der Wettbewerb soll außerdem bewußt machen, daß früher Anfang für das instrumentale Musizieren notwendig und leistungsfördernd ist.
„JUGEND MUSIZIERT" wird in fünf Altersstufen gewertet und in drei Phasen durchgeführt. In der 1. Altersstufe spielen bis zu 10 Jahre alte Kinder, die

Stufe 2 umfaßt 11- bis 13jährige, in der 3. Gruppe werden 14- bis 16jährige gewertet, die 4. Gruppe ist für 17- bis 19jährige bestimmt, während ältere Jugendliche (bis zu 24 Jahren) nur in der 5. Gruppe (Gruppenwertung) zugelassen werden.
In der ersten Phase läuft der Regionalwettbewerb in einzelnen Orten und Gemeinden, in der zweiten Phase findet unter den Ortssiegern ein Wettbewerb auf Landesebene statt. Die besten Spieler dieser Phase gelangen in den Bundeswettbewerb.
Alle Teilnehmer erhalten Urkunden, Preise und gegebenenfalls Sonderprämien. Es werden Geldpreise vergeben, die als Ausbildungsbeihilfen oder für die Beschaffung von Instrumenten gedacht sind. 1970 konnten den 127 ausgezeichneten Teilnehmern vom Bundesminister für Jugend, Familie und Gesundheit Preise in Höhe von insgesamt 45 000 Mark überreicht werden. Darüber hinaus konnten über 40 000 Mark als Stipendien und Förderungsprämien der Deutschen Stiftung Musikleben, der Oscar und Vera Ritter-Stiftung, der Fritz Behrens-Stiftung und des Edwin Fischer-Fonds vergeben werden.
Weitere Informationen erteilt das Sekretariat „Jugend musiziert", 8 München 19, Hirschgartenallee 19. Hier können auch Schallplatten mit Aufnahmen von den Wettbewerben bezogen werden.

Aufgabe:

Wozu dienen Musikwettbewerbe?

Literatur:

*Referate und Informationen des Deutschen Musikrats.* Zu beziehen über die Geschäftsstelle, 53 Bonn-Bad Godesberg, Michaelstraße 4 a.

Siehe auch Jugendorchester S. 91.

## MUSIKVERLAGE UND MUSIKALIENHANDEL

Notendruck

Johann Gutenberg hatte 1445 in Straßburg den Buchdruck mit beweglichen Typen erfunden. Es dauerte nur wenige Jahrzehnte, bis man diese Erfindung auch für die Herstellung von Noten genutzt hat. Als die ersten Notendrucker sind Ottavio Petrucci (Venedig 1501) und Pierre Attaingnant (Paris 1528) bekannt geworden. Bis dahin konnte Musik nur handschriftlich verbreitet werden.
Die ersten Buchdrucker waren gleichzeitig Verleger. Sie wählten aus, was gedruckt werden sollte, druckten die Noten und organisierten den Verkauf der Noten.
Heute zählen zum Aufgabenbereich des Musikverlegers neben den Noten Bücher, Zeitschriften und neuerdings auch Schallplatten. Reiz und Risiko der Arbeit eines Musikverlegers liegen in der Auswahl aus Musik und Musikliteratur der Vergangenheit und Gegenwart. In dieser Auswahl wird das Profil eines Verlags deutlich. Es kann jeweils abgelesen werden am Verlagskatalog. Er gibt Auskunft darüber, was angeboten wird: U- oder E-Musik, Musik aus den Bereichen von Oper, Operette, Kammermusik, Lieder, Haus- und Spielmusik, Musical, Klavierliteratur, Schlager, Beat usw., aus welcher Zeit und von welchen Komponisten, Literatur zur Musikerziehung und Musikwissenschaft.

*„Das Wort* MUSIKVERLAG *bezeichnet den gewerbsmäßig mit der Vervielfältigung und Verbreitung von Werken der Tonkunst und musikalischem Schrifttum beschäftigten selbständigen Zweig des Buchhandels."* (MGG IX, Sp. 1169). Es sind dem Idealismus des Verlegers also Grenzen gesetzt. So dürfte die verlegerische Initiative auf einen Kompromiß hinauslaufen zwischen dem, was der Verleger durch seinen Einsatz besonders fördern will, und den Veröffentlichungen, die mit Sicherheit Gewinn abwerfen—was nicht immer das gleiche ist.

Interesse und Ertrag

Der MUSIKALIENHANDEL vermittelt die Ware, die der Verleger bereitstellt, an den Verbraucher: Noten, Musikbücher, Zeitschriften und Schallplatten. Darüber hinaus sind hier Musikinstrumente, elektroakustische Geräte, häufig auch die Eintrittskarten für Konzerte erhältlich. In der Regel führt eine Musikalienhandlung Erzeugnisse einer Vielzahl von Verlagen und Herstellern.

Aufgaben:

1. Welche Auswirkungen hatte vermutlich die Erfindung des Notendrucks auf das Musikleben?
2. Welche Musikverlage kennen wir? Wir sehen in Notenmaterial nach.
3. Welche Musikzeitschriften kennen wir, und von welchen Verlagen werden sie herausgegeben?

Vorhaben:

In einer Musikalienhandlung besorgen wir uns Kataloge (Prospekte) mehrerer Musikverlage und versuchen, daraus deren Profil zu bestimmen.

1971 zählte der Deutsche Musikverleger-Verband, Bonn, in der Bundesrepublik und West-Berlin ca. 320 Musikverlage zu seinen Mitgliedern.
Bedeutende Verlage der Bundesrepublik sind (nach ihrer Gründungszeit aufgezählt): Breitkopf & Härtel (seit 1719, jetzt in Wiesbaden), B. Schott's Söhne (seit 1770, Mainz), C. F. Peters (seit 1800, jetzt Frankfurt am Main), Bärenreiter (seit 1923 Augsburg, seit 1927 Kassel). Die Verlagsgeschichte ist gleichzeitig eine Geschichte des deutschen Musiklebens.

internationale Verflechtungen

Die Musikverlage arbeiten längst in internationalem Rahmen. Deutsche Verlage haben Zweigstellen in aller Welt und ausländische Verlage entsprechend in der Bundesrepublik. Dies gilt gleichermaßen für E- und U-Musik.
SUBVERLEGER haben — vor allem im Bereich der U-Musik — für einzelne Werke aus dem Ausland die Verwertungsrechte für ein begrenztes eigenes Gebiet erworben.

Hinweis:

Artikel *Musikverlag* sowie Artikel über wichtige *Verlage* in MGG.
*Musikverlage in der Bundesrepublik Deutschland und West-Berlin,* hrsg. vom Deutschen Musikverleger-Verband. Bonn 1965.
*Lehrbuch des Musikalienhandels.* Bonn 1971.

Indonesien

VORSCHLÄGE FÜR LERNKONTROLLEN (10. Kapitel: Internationales Musikleben)

1. Wir tragen Beispiele außereuropäischer Musik zusammen und führen ihre besonderen Merkmale an.
2. Wo finden internationale Festspiele statt? Von wem werden sie veranstaltet, welches sind die Motive der Veranstalter?
3. Wozu sind Musikwettbewerbe gut?

# Personenverzeichnis

(Komponisten mit Lebensdaten)

# Stichwortverzeichnis

# Taschenbuch-Bibliographie

Für Lerngruppen, die mit *Musik aktuell* arbeiten, dürfte es nützlich sein, einen „Handapparat" in Form einer Taschenbuch-Sammlung zur Verfügung zu haben, um sich relativ schnell weitere Informationen besorgen zu können.

Sämtliche Titel der folgenden Sammlung (Stand: März 1974) sind "wohlfeilen Taschenbuchreihen" entnommen; auf die Aufführung recht teurer, manchmal ebenfalls als Taschenbuch bezeichneter Bände wurde verzichtet, ebenso auf Paperbacks. Vollständigkeit war nicht beabsichtigt, der Leser sollte immer wieder ergänzen. Der folgende Katalog kann nur als Ausgangsbasis dienen. Weitere Literaturhinweise finden sich in den angeführten Taschenbüchern.

Es werden lediglich Verfassernamen und Titel der jeweiligen Schrift angegeben. In Klammern dahinter die Bezeichnung der jeweiligen Taschenbuchreihe und die Reihen-Nummer.

Die Zeichen bedeuten:

| | | |
|---|---|---|
| BS | = | Bibliothek Suhrkamp |
| BV | = | Bärenreiter-Verlag (Taschenbücher in Koproduktion mit dtv) |
| D | = | Dalp-Taschenbücher |
| dtv | = | Deutscher Taschenbuch-Verlag |
| ES | = | Edition Suhrkamp |
| F | = | Fischer-Bücherei |
| Go | = | Goldmann-Taschenbücher |
| Gö | = | Sammlung Göschen |
| Ha | = | Reihe Hanser |
| He | = | Herder-Taschenbücher |
| HL | = | Humboldt-Langenscheidt-Taschenbücher |
| Hy | = | Heyne-Taschenbücher |
| I | = | Insel-Bücherei |
| K | = | Knaur-Taschenbücher |
| Li | = | Lichtenberg-Taschenbücher |
| Lt | = | List-Taschenbücher |
| R | = | Reclams Universalbibliothek |
| rde | = | rowohlts deutsche enzyklopädie |
| rm | = | rowohlts monographien |
| rororo | = | Rowohlts Taschenbücher |
| TB | = | Musik-Taschenbücher, Hans Gerig |
| Ul | = | Ullstein-Taschenbücher |
| Ur | = | Urban-Taschenbücher |
| V | = | Kleine Vandenhoeck-Reihe |


Abendroth, W., *Kurze Geschichte der Musik* (Lt 326)
Abraham, L. U., *Einführung in die Notenschrift* (TB 260)
—, *Harmonielehre I und II* (TB 250 und 259)

| | |
|---|---|
| Adler, G., *Handbuch der Musikgeschichte* (dtv 4039/42) | |
| Adorno, Th. W., *Dissonanzen* (V 28/29/29a) | |
| —, *Einleitung in die Musiksoziologie* (rde 292/93) | |
| —, *Mahler. Eine musikalische Physiognomik* (BS 61) | Gustav Mahler |
| Aldridge, A., *The Beatles Songbook* (dtv 745) | The Beatles |
| *Arbeitersongbuch*, hrsg. von P. Kühne u. a. (F. 1403) | |
| v. Arnim, L. A. Brentano, C., *Des Knaben Wunderhorn* (dtv KW 1, 2, 3) | |
| Bach, J. S., *Sonaten und Partiten für Violine allein* (I 655) | J. S. Bach |
| Barbaud, P., *Joseph Haydn* (rm 49) | Joseph Haydn |
| Baruch, G. W., *Taschenbuch für Konzertfreunde* (He 319) | |
| Bauer, H., *Taschenlexikon der Musik* (HL 4) | |
| Benary, P., *Rhythmik und Metrik* (TB 254) | |
| Berendt, J. E., *Das Jazzbuch* (F 6047) | |
| Blaukopf, G., *Gustav Mahler oder Der Zeitgenosse der Zukunft* (dtv 950) | Gustav Mahler |
| Boetticher, W., *Von Palestrina zu Bach* (Ur 30) | |
| Boucourechliev, A., *Robert Schumann* (rm 6) | Robert Schumann |
| Bourniquel, C., *Frédéric Chopin* (rm 25) | Frédéric Chopin |
| Brodde, O., *Heinrich Schütz. Weg und Werk* (BV) | Heinrich Schütz |
| Copland, A., *Vom richtigen Anhören der Musik* (rde 277/78) | |
| Dahlhaus, C., *Musikästhetik* (TB 255) | |
| David, J. N., *Die zweistimmigen Inventionen von Bach* (V 34/34a/34b) | J. S. Bach |
| —, *Die dreistimmigen Inventionen von Bach* (V 75/77) | |
| —, *Die Jupiter-Symphonie* (V 21) | W. A. Mozart |
| Davies, H., *Alles, was du brauchst, ist Liebe. Die Story der Beatles* (K 228) | The Beatles |
| Deppisch, W., *Richard Strauss* (rm 146) | Richard Strauss |
| Dibelius, U., *Mozart-Aspekte* (dtv 802 und BV) | W. A. Mozart |
| —, *Musik auf der Flucht vor sich selbst* (Ha 28) | |
| —, *Verwaltete Musik. Analyse und Kritik eines Zustandes* (IIa 63) | |
| Dürr, A., *Die Kantaten von J. S. Bach* (dtv WR 4080/81 und BV) | J. S. Bach |
| Eggebrecht, H. H., *Heinrich Schütz* (V84) | Heinrich Schütz |
| *Epochen der Musikgeschichte in Einzeldarstellungen.* Mit einem Vorwort von F. Blume (dtv 4146 und BV) | |
| Fischer, E., *Von den Aufgaben des Musikers* (I 665) | |
| Fischer-Dieskau, D. (Hrsg.), *Texte deutscher Lieder — ein Handbuch* (dtv 3091) | |
| Freitag, E., *Arnold Schönberg* (rm 202) | Arnold Schönberg |
| Friedenthal, R., *Georg Friedrich Händel* (rm 36) | Georg Fr. Händel |
| Furtwängler, W., *Johannes Brahms und Anton Bruckner* (R 7515) | Johannes Brahms<br>Anton Bruckner |
| Geck, M., *Bach-Interpretationen* (V 291) | J. S. Bach |
| Gradenwitz, P., *Wege zur Musik der Gegenwart* (Ur 70) | |
| Graßhoff, F., *Die große Halunkenpostille. Songs, Balladen, Moritaten* (dtv 150) | |
| Grebe, K., *Militärmusik* (Lt 165) | |
| —, *Georg Philipp Telemann* (rm 170) | Georg Ph. Telemann |
| Greither, A., *Wolfgang Amadé Mozart* (rm 77) | W. A. Mozart |
| Grun, B., *Durchs Notenschlüsselloch betrachtet. Musikeranekdoten* (dtv 425) | |
| Hagen, R., *Jazz in der Kirche? Zur Erneuerung der Kirchenmusik* (Ur i. V.) | |
| Helm, E., *Béla Bartók* (rm 107) | Béla Bartók |

Herchenröder, J., *Wir sammeln Schallplatten* (HL 127)
Hernried, R., *Systematische Modulation* (Gö 1094)
Herzfeld, F., *Schallplattenführer für Opernfreunde* (Ul 399/400)
Ludwig van Beethoven — Heß, W., *Beethovens Bühnenwerke* (V 132)
Hetmann, F., *Protestlieder aus aller Welt* (F. 830)
J. S. Bach — Hindemith, P., *J. S. Bach. Ein verpflichtendes Erbe* (I 575)
Hoffmann, R., *zoom boom.* Die elektrische Rock- und Popmusik (dtv 946)

Jacques Offenbach — Jacob, W., *Jacques Offenbach* (rm 155)
Jahn, J., *Negro Spirituals* (F 472)
—, *Blues und Work Songs* (F 597)
Johnen, K., *Allgemeine Musiklehre* (R 7352/53)
Jung, K. M., *Taschenbuch der Oper* (HL 122)

Kaut, J., *Festspiele in Salzburg* (dtv 668)
Kloiber, R., *Handbuch der Oper*, 2 Bde (dtv 3109, 3110 und BV)
Kneif, T., *Musiksoziologie* (TB 262)
Kreisler, G., *Lieder zum Fürchten — Nichtarische Arien* (dtv 582)
—, *Zwei alte Tanten tanzen Tango — Gesammelte Gesänge* (dtv 244)
Arnold Schönberg — Krieger, G., *Schönbergs Werke für Klavier* (V 288)
Giuseppe Verdi — Kühner, H., *Giuseppe Verdi* (rm 170)
J. S. Bach — R. Wagner — Kuntz, W., *Die Brücke von Bach zu Wagner* (Ur 88)

Manicke, D., *Der polyphone Satz I, Grundlagen und Zweistimmigkeit* (TB 251)
J. S. Bach — Marcel, L.-A., *Johann Sebastian Bach* (rm 83)
Richard Wagner — Mayer, H., *Anmerkungen zu Richard Wagner* (ES 189)
—, *Richard Wagner* (rm 29)
W. A. Mozart — Mozart, W. A., *Briefe* (I 516)
Musikhandbuch, *Musiklehre und -leben*, Lexikon der Komponisten, Interpreten (rororo 6167, 6168)

*Nationalhymnen der Erde* (R 8441)
Nettl, P., *Tanz und Tanzmusik* (He 126)

Oehlmann, W., *Die Musik des 19. Jahrhunderts* (Gö 170)
—, *Die Musik des 20. Jahrhunderts* (Gö 171/71a)
Ott, S., *Kunst und Staat. Der Künstler zwischen Freiheit und Zensur* (dtv 5367)

Panofsky, W., *Die hundert schönsten Konzerte* (HL 128)
Pape, W., *Instrumentenhandbuch (Streich-, Zupf-, Blas- und Schlaginstrumente)* (TB 264)
Pepping, E., *Der polyphone Satz* (Gö 1148; 1164/64a)
Pössiger, G., *Die großen Sänger und Dirigenten* (Hy-Sb 95)

Reinecke, H. P., *Stereo-Akustik* (TB 253)
Renner, H., *Die Grundlagen der Musik* (R 7774/76)
Rennert, G., *Opernarbeit. Inszenierungen 1963—1973* (dtv 967 und BV)
Rühmkorf, P., *Über das Volksvermögen* (rororo 1180)

Salzinger, H., *Rock-Power* (F 1280)
Sartorius v. Waltershausen, H. W., *Die Kunst des Dirigierens* (Gö 1147)

| | |
|---|---|
| Schmidt-Joos, S., *Das Musical* (dtv 319) | |
| Schmidt-Joos, S. und B. Graves, *Rock-Lexikon* (rororo 6177) | |
| Schneider, M., *Franz Schubert* (rm 19) | Franz Schubert |
| Schober, F. (Hrsg.), *Let it bleed. Die Rolling Stones in Altamond* (Ha 45) | Rolling Stones |
| Schreiber, W., *Gustav Mahler* (rm 181) | Gustav Mahler |
| *Schubert — Zeugnisse seiner Zeitgenossen* (F 609) | Franz Schubert |
| Schubert, K., *Die Technik des Klavierspiels* (Gö 1045) | |
| Schumann, R., *Liederkreis* (I 710) | Robert Schumann |
| Shapiro, N., Henthoff, N., *Jazz erzählt. Von New Orleans bis West Coast* (dtv 69) | |
| Silbermann, A., *Das imaginäre Tagebuch des Herrn Jacques Offenbach* (Ul 2713) | Jacques Offenbach |
| Stauder, W., *Das kleine Buch der Musikinstrumente* (HL 70) | |
| Steger, H., Howe, K., *Der neue Opernführer* (Go 2408/9) | |
| Stein, F. A., *Verzeichnis der Kammermusikwerke von 1650 bis zur Gegenwart* (D 360) | |
| —, *Verzeichnis der Orchestermusik von 1700 bis zur Gegenwart* (D 366) | |
| —, *Verzeichnis deutscher Lieder seit Haydn* (D 385) | |
| Stephan, R. (Hrsg.), *Musik* (Fischer-Lexikon 5) | |
| —, *Neue Musik. Versuch einer kritischen Einführung* (V 49) | |
| Stevens, S. S., Warshofsky, F., *Schall und Gehör* (*rororo* Life-Bild-Sachbuch 15) | |
| Stockmeier, W., *Musikalische Formprinzipien* (TB 252) | |
| Strawinsky, I., *Musikalische Poetik* (I 713) | Igor Strawinsky |
| Stuckenschmidt, H. H., *Schöpfer der neuen Musik* (dtv 67) | |
| Stürzbecher, U., *Werkstattgespräche mit Komponisten* (dtv 910) | |
| Szabolcsi, B., *Béla Bartók, Weg und Werk, Schriften und Briefe* (dtv WR 4085 und BV) | Béla Bartók |
| Tappert, W., *Wörterbuch der Unhöflichkeit — Richard Wagner im Spiegel der Kritik* (dtv 475) | Richard Wagner |
| Wagner, W., *Richard Wagner und das neue Bayreuth* (Lt 237) | |
| v. Westermann G., Schumann, K., *Knaurs Opernführer* (K 216) | |
| —, *Knaurs Konzertführer* (K. 240) | |
| Wied, Prinz zu, *Königinnen des Balletts* (Lt 194) | |
| Wiora, W., *Die vier Weltalter der Musik* (Ur 56) | |
| Würz, A., Schimkat, R. (Hrsg.), *Ludwig van Beethoven in Briefen und Lebensdokumenten* (R 8648/50) | Ludwig van Beethoven |
| Würz, A. (Hrsg.), *Mozart in seinen Briefen* (R 7872/73) | W. A. Mozart |
| Zillig, W., *Variationen über neue Musik* (Lt 271) | |
| Zobeley, F., *Ludwig van Beethoven* (rm 103) | Ludwig van Beethoven |

Ergänzungen:

# Bildnachweis

Archives of the International Institute for Comparative Music-Studies and Documentation, Berlin: 251
Bärenreiter-Bild-Archiv: 30, 40, 41, 112, 113, 135, 142, 158, 168, 194, 218
Bayerische Staatsbibliothek, München: 112
Foto-Braun, Ottobrunn: 118, 119
Ilse Buhs, Berlin: 169
Crimella, Milano: 145
dpa, Hamburg 78
EMS Elektronik Musik Studios, Ditzingen 229
Foto Gillhausen: 253
C. Hartzenbusch, Junkersdorf: 145
Hugo Jehle: 39
R. Kayaert, Brüssel: 160
Günter Kleinen: Titelfoto
Photo-Lill, Hannover: 33, 35
Louis Mélancon, New York: 133
Hans Müller, Hamburg: 127
NDR-Pressefoto, Hamburg: 220, 221, 222
Oberfränk. Ansichtskartenverlag, Bayreuth: 256
Publifoto, Neapel: 141
Foto Siemens: 155
Foto R. Spreng, Basel: 126
Foto Roger Sturtevant, San Francisco: 125
Foto Dr. Svoboda, Prag: 160
Unesco, Paris: 262
Foto Verwaltung der staatl. Schlösser, Gärten und Seen, München: 141
Foto H. Vössing, Münster: 124